W9-DFN-677

Tiempo de México

El sueco que se fue con Pancho Villa

Aventuras de un mercenario en la Revolución mexicana

Primero vivo

Adolfo Arrioja Vizcaíno

EL SUECO QUE SE FUE CON PANCHO VILLA

Aventuras de un mercenario en la Revolución mexicana

OCEANO

EDITOR: Rogelio Carvajal Dávila

EL SUECO QUE SE FUE CON PANCHO VILLA
Aventuras de un mercenario en la Revolución mexicana

D. R. © EDITORIAL OCEANO DE MÉXICO, S.A. de C.V.
Eugenio Sue 59, Colonia Chapultepec Polanco
Miguel Hidalgo, Código Postal 11560, México, D.F.
☎ 5282 0082 📠 5282 1944

PRIMERA EDICIÓN

ISBN 970-651-402-3

IMPRESO EN MÉXICO / PRINTED IN MEXICO

A Karin Enbhom de Palmquist,
embajadora magnífica.

Índice

ÍNDICE

[...] el factor externo no determina
nuestra historia política pero ésta
no puede entenderse sin aquél.

Lorenzo Meyer

Cuando los indígenas se encontraban en lo más profundo
de su desesperación, sus dioses antiguos parecieron compadecerse de
ellos y así aparecieron dos signos esperanzadores.
En 1909, hubo una erupción del volcán de Colima y el cielo
se tornó oscuro y amenazador. Los descendientes de los sacerdotes
que oficiaron antes de la Conquista salieron de sus escondites y
predijeron que la guerra de reivindicación estaba cerca.
En 1910, apareció un presagio en los cielos —el cometa Halley.
Algunos indígenas pensaron que era un buen signo,
pero cuando el ganado empezó a inquietarse y la gente no podía dormir,
se convirtió en un mal presagio —significaba guerra, peste y muerte—
y los chamanes predijeron guerra, ¿pero quién la encabezaría?
Entonces como un milagro, una voz extraña comenzó a llamarlos a rebelarse
en contra de sus opresores, prometiéndoles a cambio Tierra y Libertad...

Ivar Thord-Gray

Todo historiador debería ser
jurisconsulto y todo jurisconsulto
debería ser historiador.

Jean Ortolan

Introducción

La obra

Corrí con la buena suerte de que un grupo de manos generosas, interesadas en construir puentes culturales —a través de la historia— entre México y Suecia, pusieran en las mías las memorias y el archivo personal de un personaje al que, haciéndole justicia, se puede calificar de excepcional. Esas manos generosas, además, me permitieron consultar y fotocopiar expedientes recientemente desclasificados del Ministerio de Asuntos Exteriores de Suecia, que versan sobre el convulsionado México de 1909-1920.

Para mi sorpresa me encontré con que México, sin habérselo propuesto, desempeñó un papel determinante en la escena internacional de esos años. Las cosas se presentaron de la siguiente manera: en febrero de 1913, un ambicioso militar, Victoriano Huerta, con el nada disimulado apoyo del embajador estadunidense Henry Lane Wilson, lleva a cabo un golpe de Estado que conduce al asesinato del presidente Madero y del vicepresidente Pino Suárez, que, apenas dieciséis meses atrás, habían sido electos constitucionalmente en un hecho político insólito en la historia nacional. Pero como el gobierno maderista había resultado indeciso, ineficaz y, a fin de cuentas, caótico, todos los gobiernos europeos se apresuraron a otorgar a Huerta el consabido reconocimiento diplomático (inclusive, el del gobierno inglés llegó firmado nada menos que por el rey Jorge V, quien por unos momentos abandonó su manía de coleccionar estampillas postales de diversos lugares del mundo, para ocuparse de lo que pasaba en el país que, gracias al buen entendimiento que llegó a darse entre Porfirio Díaz y lord Cowdray, era el principal proveedor de petróleo de su Marina Real). Creían (los países europeos) que —en el crudo mundo de la realpolitik— Huerta, con todo y su siniestro pasado, o posiblemente gracias a él, representaba una posibilidad de restauración del orden que, desde 1911, se había derrumbado estrepitosamente en México. Además, los diplomáticos europeos no podían ignorar el hecho, por demás evidente, de que el gobierno de Huerta había sido literalmente fabricado por Lane Wilson en las oficinas de la legación estadunidense en México.

Pero quien pretenda predecir los vuelcos de la política exterior estadunidense, debe estar preparado para llevarse un buen número de sorpresas, puesto que dicha política se basa en una combinación única en la historia de la humanidad: el avance de los más materialistas intereses capitalistas con una santa moralidad que pretende hacer aparecer todas las acciones del gobierno estadunidense como inspiradas en los más nobles de los propósitos, a pesar de que, en el fondo, solamente persigan el control económico y militar de la mayor parte del mundo.

A los pocos días del aparente triunfo en México del embajador Lane Wilson, su patrón, el presidente Taft —un gigante de levita, sombrero y bastón, que se despachaba seis comidas diarias—, tuvo que dejar el poder, puesto que las últimas elecciones presidenciales las había ganado otro Wilson, éste de nombre Woodrow. Con Taft se fueron la diplomacia del dólar, la diplomacia del petróleo, la elevada concentración de tropas en la frontera con México y Henry Lane Wilson y el andamiaje de su reciente golpe de Estado militar.

Woodrow Wilson, antiguo profesor de ciencia política, capitalizó el descontento que en la mayoría del electorado de su país provocó la recesión de 1909, que en gran medida se debió a la complacencia con la que Taft trató a las grandes corporaciones como la Standard Oil, propiedad de Rockefeller; se declaró "pacifista" y se lanzó al desarrollo de un programa encaminado a la sustitución de la diplomacia del dólar por una doctrina que dio en llamar "de la seguridad colectiva internacional", cuyo propósito, nada más ni nada menos, era la paz mundial. Los resultados del pacifismo de Woodrow Wilson resultaron por demás predecibles. En el corto espacio de dos años —de 1914 a 1916— invadió militarmente México dos veces: la primera ocupando el puerto de Veracruz y la segunda el norte de Chihuahua; y lanzó de lleno a Estados Unidos a esa carnicería interminable que fue la primera guerra mundial. Al término de la guerra, en 1918, fundó la Sociedad de Naciones —antecedente directo de la actual Organización de las Naciones Unidas—, sólo para encontrarse con que su propio congreso rechazaba el ingreso de Estados Unidos a semejante organismo, por considerarlo costoso y superfluo.

Para sorpresa de sus futuros aliados europeos, uno de los primeros actos de gobierno de Woodrow Wilson consistió en desconocer a Victoriano Huerta y en promover, por todos los medios a su alcance, el derrocamiento del usurpador, inclusive a través de una revolución. ¿Qué buscaba realmente Wilson con semejante proceder? ¿Restaurar en México el orden y la legitimidad constitucional? O bien, ¿terminar de convulsionar, en nombre de la pretendida restauración de la democracia, a un país pobre y dividido para que, ni en sueños, pensara en salirse de la esfera de gravitación política de Estados Unidos que, desde 1818, diseñara su predecesor John Quincy Adams?

Al iniciarse en 1914 la guerra europea, el gobierno de Wilson —por obvias razones de ubicación geográfica y estratégica— decide prestarle una atención muy especial a Suecia, puesto que la quiere neutral tanto frente a la agresión de la Alemania del káiser Guillermo II (a quien don Porfirio Díaz había depositado en calidad de óleo monumental en el salón de embajadores del Palacio Nacional), como frente a la revolución constitucionalista que Venustiano Carranza encabeza en contra de Victoriano Huerta. Es así como se genera una nutrida correspondencia entre el Departamento de Estado en Washington y el embajador de Suecia en Estados Unidos, y que este último transmite con fidelidad al Ministerio de Asuntos Exteriores en Estocolmo.

Lo que el Departamento de Estado estadunidense quiere es convencer al gobierno de Suecia para que apoye la revolución constitucionalista, toda vez que de otra suerte surtirán efecto las tenebrosas maniobras del Estado Mayor alemán que, afanosamente, busca provocar un serio enfrentamiento militar entre México y Estados Unidos, que mantenga por tiempo indefinido a este último alejado del teatro europeo de guerra. En el camino de tanta correspondencia diplomática, se formulan algunas revelaciones sorprendentes para quien crea conocer la verdadera historia de la Revolución mexicana.

Toda esa información reposa en los expedientes desclasificados sobre México (1909-1920), que obran en los Archivos Nacionales de Suecia (Riksarkivet) y a los que este autor tuvo acceso ilimitado.

Pero lo anterior no habría bastado, si no se me hubiera permitido, de igual manera, el ilimitado acceso a las memorias y al archivo personal de Ivar Thord-Gray. Lejos de ser un soldado de fortuna o un mercenario como se le ha pretendido calificar, Ivar Thord-Gray fue un personaje en verdad extraordinario. Oficial de inteligencia militar, con grados en artillería y caballería de los ejércitos británico y estadunidense, había recorrido medio mundo (Inglaterra, Sudáfrica, Filipinas y China) antes de llegar a México. A pesar de su posición como instructor militar y oficial de enlace en labores de inteligencia militar al servicio de Estados Unidos y de Gran Bretaña, evaluó correctamente la situación política mexicana y llegó a experimentar una genuina simpatía por la revolución constitucionalista y por sus líderes, en especial por el carismático Lucio Blanco. Antropólogo y etnógrafo por vocación, estudió en profundidad las civilizaciones autóctonas de México, en especial la tarahumara y la yaqui.

A parte de sus tratados sobre tácticas y estrategia militar (que, en su tiempo, se publicaron y difundieron ampliamente en Estados

Unidos y Gran Bretaña), Ivar Thord-Gray es autor del primer libro publicado en Suecia sobre el México antiguo (*Frän Mexikos Forntid*, Estocolmo, 1923) y del único diccionario tarahumara-inglés/inglés-tarahumara que existe en el mundo (University of Miami Press, Coral Gables, Florida, 1955).

Con semejante bagaje histórico y cultural, no me extrañó encontrar en las memorias y en los archivos de Thord-Gray, interesantes revelaciones y análisis sobre un buen número de hechos que se presentaron en el contradictorio curso de la Revolución mexicana.

Así fue como nació este libro; parte biografía, parte ensayo histórico y parte análisis de la intervención y la participación extranjera en la Revolución mexicana. Las páginas de este libro lo explican por sí mismas, y aun cuando está muy lejos de pretender ser una obra definitiva sobre los temas que aborda, sí busca dejar aclarados algunos asuntos clave en el desarrollo de nuestro movimiento revolucionario:

a) Lo que realmente ocurrió en el caso de la muerte del ciudadano británico William S. Benton —aparentemente asesinado por órdenes de Pancho Villa— y que trajo como resultado el que Woodrow Wilson desconociera al propio Villa como líder de la revolución antihuertista y transfiriera todo su considerable apoyo al movimiento constitucionalista encabezado por Venustiano Carranza.

b) La lucha diplomática por la conservación de las considerables concesiones petroleras británicas que, a mediados de 1914 (es decir, recién estallada la guerra entre Alemania y Gran Bretaña), el Primer Jefe Venustiano Carranza estuvo tentado a revocar, en virtud de que el gobierno británico reconoció y apoyó a Victoriano Huerta prácticamente hasta el último momento. Lucha diplomática en la que Thord-Gray, como oficial británico de inteligencia, tuvo una intervención decisiva; y en la que, por cierto, el pomposo, materialista y antiyanqui embajador de Su Majestad, sir Lionel Carden, desempeñó una papel tan lamentable como ridículo.

c) El origen de la palabra "bilimbiques", para designar despectivamente al casi siempre escaso valor de cotización del peso mexicano.

d) Los ritos, usos, costumbres, creencias, tradiciones y lengua del pueblo tarahurama —una de las etnias más notables que hasta la fecha habita territorio mexicano— así como la descripción de los indescriptibles lugares en los que ha sobrevivido por siglos.

e) Las verdaderas razones geopolíticas que llevaron a Woodrow Wilson a ordenar la ocupación militar del puerto de Veracruz y a impedir, al mismo tiempo, que la ocupación se extendiera hacia el interior de la república.

f) Las facultades extraordinarias que el congreso de Estados Unidos otorgó al mismo presidente Wilson para ocupar y bloquear todos los puertos mexicanos que considerara necesarios, en adición al de Veracruz; facultades que Wilson finalmente decidió no ejercer.

g) El financiamiento que Rockefeller y su criatura corporativa, la Standard Oil Company, otorgaron a Francisco I. Madero para que derrocara a Porfirio Díaz, a cambio de futuros privilegios y concesiones petroleras que, por cierto, Madero jamás les confirió.

h) Los efectos que la consolidación de la Compañía de los Ferrocarriles Nacionales de México, efectuada en 1907, y la recesión estadunidense de 1909, tuvieron en los orígenes de la Revolución mexicana.

i) La intervención que el Estado Mayor alemán tuvo en la organización y el financiamiento de la invasión que Pancho Villa llevó a cabo en Columbus, Nuevo México, y que forzó al "pacifista" Woodrow Wilson a ordenar la Expedición Punitiva de Pershing, que durante casi un año ocupó el norte del estado de Chihuahua.

j) La forma verdaderamente magistral en la que Venustiano Carranza y Luis Cabrera —el ideólogo de la Revolución— manejaron el célebre telegrama Zimmerman (que prometía a México, a cambio de su colaboración con Alemania, la restitución de los territorios de Texas, Arizona y Nuevo México, al término de la primera guerra mundial) para lograr del gobierno de Wilson el retiro incondicional de las tropas de Pershing y la entrega de los principales activos para el ensamblaje de una fábrica de armamentos, que habían quedado bloqueados en los muelles de Nueva York como consecuencia de las protestas de uno de esos selectivos "grupos de pacifistas" estadunidenses, que no querían que llegara un solo rifle a México, mientras veían con santa indiferencia cómo el gobierno de Washington enviaba toneladas de pertrechos de guerra a Europa.

k) En fin, en qué forma el manejo del telegrama Zimmerman ocasionó la ruptura definitiva entre Obregón y Carranza, que condujo a la aventura política de este último de tratar de perpetuarse en el poder a través de la ingenua y patética figura del en ese entonces embajador de México en Washington, Ignacio Bonillas, que culminó con la trágica muerte de don Venustiano en un villorrio de casas de adobe perdido en los vericuetos de la sierra de Puebla, llamado Tlaxcalantongo.

Es cierto que un buen número de estos temas han sido documentadamente abordados por el distinguido historiador de la Universidad de Chicago, Friedrich Katz, en sus excelentes obras *La guerra secreta en México* y *Pancho Villa*. Sin embargo, en lo personal he procurado recurrir, en todos los casos en que me fue posible, a fuentes documentales directas; he tratado que mis enfoques y análisis obedezcan a una idiosincrasia esencialmente mexicana; y, sobre todo, he realizado, en todos los casos, mi mejor esfuerzo para llegar a conclusiones definitivas y objetivas —que dejen en claro al lector qué fue lo que en realidad ocurrió—, apartándome deliberadamente de la variedad de hipótesis sin respuesta final, a las que —dicho sea con el debido respeto— suele ser tan afecto el profesor Katz.

De cualquier manera, quien desee conocer con claridad el detalle de todos estos asuntos relacionados que contribuyeron a configurar el destino final de la Revolución mexicana —sin la cual no se puede explicar ni entender el México actual—, aderezado con las incontables peripecias del personaje central, con una serie de anécdotas políticas, con la descripción de importantes batallas y con una que otra aventura novelesca, queda cordialmente invitado a leer los veinte capítulos y el epílogo que componen este libro.

El título

Rafael F. Muñoz es uno de los autores más curiosos y, probablemente, menos comprendidos y estudiados de la literatura mexicana del siglo XX. Nacido en la ciudad de Chihuahua en 1899, en el seno de una familia de abogados y terratenientes, pasó su infancia y su temprana juventud entre los libreros de la enorme biblioteca decimonónica de la casa paterna y las vastas extensiones de las haciendas familiares. Siendo aún jovencito le tocó presenciar la fragorosa entrada de Pancho Villa a Chihuahua y algunas de las primeras hazañas y atrocidades del Centauro, al que no vaciló en calificar de "una especie de Huitzilopochtli; espantoso pero enorme".[1] Debido a la posición de su familia se ve forzado a emigrar a Estados Unidos, en donde aparentemente estudia periodismo en San Francisco, California. Mermado el patrimonio familiar por los avatares de la Revolución, en 1920 regresa al país y se instala a vivir en la ciudad de México, toda vez que obtiene un trabajo como reportero del principal periódico de esos años: *El Universal*, en el que con el tiempo llegará a ser jefe de redacción. En 1923, con motivo del asesinato de Villa, en su calidad de chihuahuense y de testigo presencial de algunos de los sucesos de la Revolución, *El Universal Gráfico* le encomienda la elaboración de algunos relatos sobre la vida, hechos y leyenda del más famoso de todos los revolucionarios mexicanos. Atenido a sus recuerdos, sin consultar fuentes bibliográficas y mezclando con habilidad los hechos estrictamente históricos con un lirismo descarnado, a veces, y casi poético, otras, reúne el material que años después le permitiría escribir dos de las más grandes novelas sobre la Revolución mexicana, *¡Vámonos con Pancho Villa!* y *Se llevaron el cañón para Bachimba*, que resultan éxitos instantáneos de librería; al grado de que en todo México, durante décadas, cuando se hablaba de alguien que había participado en la Revolución, se solía decir "ése es uno de los que se fue con Pancho Villa"; es decir, "irse con Pancho Villa" se convirtió en sinónimo de participar en el movimiento revolucionario.

Extrañamente después de estos éxitos literarios, don Rafael F. Muñoz durante muchos años dejó de escribir; aducía que la comunidad literaria mexicana —generalmente dividida en capillitas, grupitos y facciones que suelen obedecer a diversos y variados intereses, no necesariamente literarios— no le había dado el primerísimo lugar que creía merecer como el mejor escritor de la Revolución. Independientemente de que este juicio haya sido válido o no, ya que desde mi muy personal punto de vista, el autor por excelencia de la Revolución mexicana es, sin discusión alguna, Martín Luis Guzmán, el hecho es que don Rafael dejó durante la mayor parte de su vida sus mejores recuerdos en el arcón privado de su mente, ignorando los deseos de la cauda de lectores y admiradores que había formado gracias a sus dos novelas ahora clásicas.

Sintiéndose incomprendido, prefiere llevar una vida bohemia y llena de ironías. En 1929, contrajo matrimonio con Dolores Buckingham la linda señorita británica hija única del rico tesorero de la compañía de petróleo El Águila, cuyo principal accionista, lord Cowdray, aparecerá continuamente —no siempre por las mejores razones— en las páginas de este libro. La pareja procrea dos hijos y pasa los aproximadamente cuarenta y tres años de su vida de casados, en una enorme casona colonial del pueblo de San Ángel, amueblada al estilo de un castillo inglés: colección de armas antiguas, armaduras, grandes escaleras, mesas y cómodas estilo Regencia, paneles gigantescos de madera de roble y nogal y demás parafernalia importada de Surrey o de Chelsea. Don Rafael se reserva el uso de una enorme y desordenada biblioteca, en la que manda colgar un óleo antiguo en el que aparece un distinguido caballero de los tiempos de la Colonia, tocado en el pecho por la antigua Orden de Calatrava, al que, con el concurso de un pintor anónimo, altera todas las facciones para que parezca su hermano gemelo, a fin de poderlo presentar a todos sus visitantes como el lejano fundador de la noble dinastía a la que su familia, supuestamente, pertenecía.

Con los años su relación con doña Dolores Buckingham se vuelve de lo más extraña. Protegido por ese gran escritor, poeta y estadista que fue don Jaime Torres Bodet, ocupa diversos cargos en las secretarías de Educación Pública y de Relaciones Exteriores. Dada la ubicación que por esos años tenían las respectivas oficinas, pasa la mayor parte de su tiempo en lo que ahora se conoce como el Centro Histórico de la ciudad de México. Es así como se le descubre una serie de hábitos singulares. Jamás se baña en su casa, sino en los baños del hotel Regis, que durante esos años cobraron la dudosa fama de ser uno de los más importantes mentideros políticos de la capital de la república, por la afición de sus parroquianos —todos ellos funcionarios públicos y políticos— de discutir la cosa pública, mientras se encontraban entregados a tan íntimos menesteres.

Doña Dolores, dedicada por completo a los placeres del gardening y de los tea parties en la casona de San Ángel que trataba de asemejarse a un castillo inglés, al parecer no tenía tiempo para hacerse cargo de su ropa, pues se dice que don Rafael llevaba personalmente, cada semana, sus trajes príncipe de Gales, sus camisas, corbatas y calcetines a una tintorería y lavandería de chinos, que por ese entonces operaba su giro en una calle cercana a lo que nuestro autor solía llamar el Paseo de Bucareli. Es más, hay quien afirma que usaba ropa interior desechable para no causarle inconvenientes domésticos a su británica cónyuge.

En tiempos del presidente Adolfo López Mateos (1958-1964), cobró cierta notoriedad por asistir a las múltiples giras que este gobernante organizó para visitar, a costa del erario público, un buen número de países, elegantemente ataviado de traje y corbata pero calzando unos enormes zapatos tenis color marrón, bajo el argumento de que él sería el único al que no se le "hincharían los pies", al tratar de seguir el paso al peripatético jefe de Estado.

El reconocimiento —cuya falta lo mantuvo tantos años en el silencio literario— le llegó al final de su vida, cuando menos lo esperaba. En 1972 es designado miembro de número de la Academia Mexicana de la Lengua, como un tardío premio a su vibrante y auténtica narrativa que se funde con las raíces mismas del México bronco y desdichado. Sin embargo, la paradoja lo persigue hasta el final del camino: tres semanas antes de la fecha señalada para la solemne ceremonia de recepción como académico de la lengua (27 de julio de 1972), don Rafael F. Muñoz fallece de un derrame cerebral. De su proyecto de discurso de aceptación quedan, como involuntario testamento, las siguientes palabras: "[...] la libertad de información y la de prensa solamente pueden existir donde previamente se han endurecido los cimientos de otras: la de vivir en paz, la de vagar sin itinerario, la de soñar y la de sonreir, de gritar, de analizar, hacer crítica de nuestros gobiernos sin temor a ellos, y lo que es mejor aún, sin temor de nosotros mismos. Así, tendremos siempre libertad para existir, libertad para ser humanos".

Pues bien, esta caja ambulante de contradicciones —hijo de terratenientes, periodista, bohemio, paradójico cónyuge de una rica heredera británica, aspirante a descendiente de la linajuda Orden de Calatrava, funcionario público, escritor que dejó de escribir y autor de dos de las novelas más vibrantes que jamás se hayan escrito sobre la Revolución mexicana— es el autor del lema en presente, que en pasado sirvió de inspiración para ponerle título a esta obra.

Ivar Thord-Gray tuvo una corta pero activa participación en la División del Norte: fue el responsable de dos piezas de artillería, reconstruidas por él mismo (dos ejemplares de los famosos "cañones Mondragón", diseñados por el militar de carrera porfirista, Manuel M. Mondragón, que posteriormente se uniría, de manera sucesiva y desventurada, a Félix Díaz y Victoriano Huerta, y que cursó altos estudios militares en la prestigiada academia militar francesa de Saint-Cyr), que coadyuvaron al inverosímil triunfo villista en la batalla de Tierra Blanca, que permitió al Centauro tomar el control del principal centro ferrocarrilero del norte del país y sentar las bases de lo que, meses después, serían sus espectaculares tomas de Torreón y Zacatecas.

Después del triunfo de Tierra Blanca, Thord-Gray —siguiendo instrucciones de los servicios estadunidense y británico de inteligencia militar, para los que trabajaba— se incorpora al Ejército Constitucionalista en Hermosillo, Sonora, del que formará parte como instructor militar con el grado de capitán primero de artillería y, posteriormente, con el de coronel de caballería, en la larga, azarosa y sufrida marcha hasta la capital de la república, de la que partiría, después de una extraordinaria y novelesca entrevista con Emiliano Zapata, vía el Veracruz ocupado por los marines estadunidenses, hacia la Europa de los inicios de la primera guerra mundial para reincorporarse a su alma mater militar: el servicio británico de inteligencia.

Aunque Ivar comenzó su participación en el movimiento revolucionario mexicano al lado del general Villa, el periodo más prolongado y, por ende, el más importante de dicha participación, se dio en las filas del Ejército Constitucionalista, bajo el mando directo del carismático general y líder político, Lucio Blanco. No obstante, en coincidencia con el lenguaje popular derivado de la más conocida de las novelas de don Rafael F. Muñoz, basta esto para afirmar —como el título de este libro lo hace— que Ivar Thord-Gray es el único sueco que "se fue con Pancho Villa".

Pero a mayor abundamiento de lo anterior, preciso es hacer referencia a otros dos factores. La figura del Centauro del Norte, después de la batalla de Tierra Blanca y de la incorporación de Thord-Gray a las huestes encabezadas por don Venustiano Carranza, aparecerá continuamente en las páginas de esta obra, gracias a sus continuos enfrentamientos con Carranza —al que llamaba sin recato alguno, "viejo barbas de chivo"— y con Álvaro Obregón, al que daba en llamar "el compañerito", y al que estuvo a punto de fusilar hasta en dos ocasiones; y gracias al papel central y definitorio que Villa jugó en la intriga armada por el Estado Mayor alemán que ocasionó la invasión a Columbus, Nuevo México, y la desairada Expedición Punitiva encomendada por Woodrow Wilson al general John J. Pershing.

A esto habría que agregar que, a la vuelta de casi noventa años, en todo el mundo Pancho Villa ha quedado, dentro de la percepción simplificada que es propia de la cultura general, como el eje y el símbolo de la Revolución mexicana. Un testigo presencial de los hechos revolucionarios, Marte R. Gómez, describe acuciosamente este fenómeno casi general, con las siguientes palabras: "Todos esos constituyen los elementos de la leyenda que justifica que el nombre de Villa sea pregonado en varios idiomas y hecho popular en diferentes países, para los que ha sonado la hora de la violencia.

"En la Guerra Civil española, una de las brigadas republicanas más distinguidas que ganó fama como desesperada, se llamó 'Pancho Villa'.

"Una de las columnas que se significaron a lo largo del camino de Yenán, obedeciendo órdenes de Mao Tse-tung, fue bautizada con el nombre de 'Brigada General Francisco Villa'.

"Los nicaragüenses que se duelen todavía del asesinato de su caudillo César Augusto Sandino, lo nombran 'su' Pancho Villa; y los primeros contingentes que se organizaron para liquidar a las tropas coloniales francesas [en la Indochina] y que tomaron Dien Bien Phu, construyeron el que se identificó como batallón de avanzada 'Pancho Villa'.

"Las características de esa popularidad no se detuvieron ni ante el dique de los Castillos de Loire. En las caballerizas del Castillo de Chaumont, famosas por los ejemplares de pura sangre que se pueden admirar en los macheros, como llamarse el Cid, o lo que fuera, el acucioso observador que fue el Abate de Mendoza anotó una lustrosa placa de bronce, anunciando que allí estaba Pancho Villa [...] Santos Chocano, en un arranque lírico, llamó a Villa 'bandolero divino' [...] Con sus buenas y sus malas cualidades [Villa] alienta y palpita en el corazón sencillo de millones de seres, muchos de los cuales no son siquiera mexicanos."[2]

Todo está dicho entonces acerca del título que escogí para este libro.

Reconocimientos

Como señalé al principio, esta obra se pudo escribir gracias a manos generosas que desinteresadamente me apoyaron. Estoy, por lo tanto, en la obligación moral de ponerle a esas manos nombres y apellidos. Karin Enbhom Palmquist, embajadora de Suecia en México, que no solamente sugirió y apoyó la idea original sino que entusiastamente me abrió, como si fuera poseedora de una especie de varita mágica, las puertas de los Archivos Nacionales de Suecia, del archivo personal y de las memorias de Ivar Thord-Gray, y del Instituto de Estudios Latinoamericanos de la Universidad de Estocolmo. De no haber sido por tan invaluable colaboración este texto no habría contado con el material bibliográfico necesario para escribirse con el propósito de ser un aporte original al estudio de la participación y intervención extranjera en la Revolución mexicana. Por eso está especialmente dedicado a ella.

Al doctor Erik Norberg, director general de los Archivos Nacionales de Suecia, tengo que agradecerle la ilimitada colaboración que me prestó durante los largos días del final de la primavera sueca de 1998, que pasé haciendo mis labores de investigación en el moderno y funcional edificio que alberga los archivos encomendados a su eficaz cuidado; así como el hecho de que se haya tomado la molestia de realizar una investigación documental especial en los archivos reservados de las Fuerzas Armadas Reales suecas, para confirmarme que, a diferencia de lo que me comentaron algunos de sus descendientes, Ivar Thord-Gray nunca militó en el ejército de su patria sino en los de Gran Bretaña, Estados Unidos y México.

A la señora Agneta Claesson, hermana de la embajadora Palmquist y directora adjunta de los Archivos Nacionales de Suecia, debo expresarle mi gratitud por haberme hecho entrega personal de los expedientes desclasificados sobre el México de 1909 a 1920; y por haberme auxiliado en la autentificación de todas las copias que, a mi solo criterio y sin restricción alguna, decidí extraer de esos expedientes. También me hizo el favor de corroborarme que, al término de la primera guerra mundial, Ivar Thord-Gray, debido a la posición que ocupaba en el servicio británico de inteligencia militar, tuvo acceso a los expedientes clasificados del derrotado Estado Mayor alemán y, gracias a ello, estuvo en posición de averiguar, con toda precisión y sin sombra alguna de duda, el papel determinante que dicho Estado Mayor desempeñó en la invasión villista a Columbus, Nuevo México.

A la señora Gunilla Nygren (*née* Hallström), nieta de Ivar, debo agradecerle la entrega en mano de una copia del archivo personal de su inquieto abuelo, de un ejemplar de la excelente obra ilustrada *Björkö Saga*, que me permitió familiarizarme con el lugar de nacimiento de Thord-Gray, y por las calurosas palabras con las que me animó a llevar a cabo lo que en mayo de 1998 era un proyecto lejano e incierto.

Mención especial merece el doctor Weine Karlsson, director del Instituto de Estudios Latinoamericanos de la Universidad de Estocolmo, por haberme organizado en el prestigiado instituto a su cargo una concurrida conferencia sobre "Aspectos de la historia de México a través de los murales de sus grandes pintores del siglo XX"; por haberme permitido consultar uno de los pocos ejemplares que aún existen del diccionario tarahumara-inglés/inglés-tarahumara, escrito por Thord-Gray, y por su magnífica disposición a ayudar en todo lo que se me ofreció durante mi estancia en Estocolmo.

Tampoco puedo olvidar el entusiasta apoyo logístico que para la buena organización de esa conferencia me prestó el licenciado Rickard Lalander, asistente del doctor Weine Karlsson, y los consejos que me brindó el académico del citado instituto, doctor David Wirmark, quien en una época fungiera como embajador de Suecia en México.

Del lado mexicano tengo una deuda imborrable de gratitud con mi querido y admirado amigo, Emilio Zebadúa González, doctor en historia por la Universidad de Harvard, en virtud de que gracias a sus buenos oficios y a su confianza en mis —aún no probadas— capacidades de abogado metido a historiador, esta obra aparece publicada.

Resulta imposible dejar de señalar la inapreciable colaboración de mi secretaria, la señora Susana Alvarado Rodríguez, en las arduas labores de transcripción y corrección, en los cada día más complejos sistemas de cómputo y de procesamiento de palabras, de lo que fue el manuscrito original de este libro.

Las palabras finales, no por razones de importancia sino de cortesía hacia los demás, están reservados para mi esposa Virginia, que, con toda generosidad, supo regalarme los espacios necesarios dentro del hogar familiar para poder trabajar en las noches, los fines de semana, los días festivos y hasta en los días de recuperación de una grave enfermedad que me persiguió de junio a noviembre de 1999, este proyecto que hoy se convierte en realidad.

El paraíso de los cazadores

La isla de Björkö, bañada por el mar Báltico —casi siempre tenebroso pero intensamente hermoso, con su singular historia, y aspecto, de Mediterráneo nórdico—, se localiza en el archipiélago que flota entre el puerto de Estocolmo y la más o menos lejana costa finlandesa. Es una isla de belleza típicamente escandinava. Plena de bosques, es florida en el verano, cuando la luz tiende a ser casi transparente; melancólica y apta para la reflexión y el estudio en el otoño y también en la primavera; helada y tormentosa en los tiempos invernales. Sin embargo, cuenta con una presencia permanente e inevitable: el mar. El mar que es invitación y desafío; incitación a cruzarlo para conocer otras tierras, otras gentes, otras culturas y otras costumbres. Incitación a la aventura y, tal vez, a la conquista. Por algo, en una época, Björkö fue una base vikinga; punto de partida para la exploración y la conquista, que tiene al mar como aliado pero también como enemigo. Una herencia vikinga que los pobladores de Björkö suelen recordar con feroces grabados en las proas de embarcaciones; con la imagen de una rubia bailarina de ballet que parece la encarnación de una diosa guerrera vikinga —Offerlunden— refulgente con cinturón, brazaletes y largo pectoral de oro (que, dicho sea de paso, deja los firmes senos al descubierto) que hacen juego con su larga cabellera; y con una ceremonia singular: la ceremonia del fuego que periódicamente se renueva, en gélidos atardeceres, en la cima de una colina que domina la vista del mar omnipresente.

En ese ambiente, tan lejano a las complejidades multiculturales y multigeográficas que caracterizan a México, pasó Ivar Thord-Gray los primeros años de su vida. Esa etapa formativa se desarrolló en un ambiente propicio para el estudio y para la aventura; ambas experiencias tendrán un impacto decisivo en su vida, al grado de convertirlo en un personaje polifacético: oficial de inteligencia militar en, por lo menos, once guerras internacionales o con ramificaciones internacionales; arqueólogo, antropólogo y etnógrafo; empresario, banquero, escritor, académico, y, al final de su vida, doctor honoris causa en artes y ciencias por la Universidad de Uppsala.

En las memorias[1] en las que narra su activa participación en la Revolución mexicana (1913-1914), Thord-Gray recuerda, con especial entusiasmo, la experiencia más grata de sus años mozos: el día en el que su padre le regaló su primer rifle con bayoneta y lo llevó a cazar en los bosques de Björkö. A partir de ese momento nacerá en él una afición que lo acompañará durante toda su vida, y de la que dará abundantes muestras en sus correrías por las sierras Tarahumara y Madre Occidental en los estados mexicanos de Chihuahua, Sonora, Sinaloa y Nayarit.

Es necesario hacer un paréntesis que amerita una explicación directa, más que una nota a pie de página: el libro de memorias de Thord-Gray lleva por título *Gringo Rebel* (nombre que debe conservarse en su versión original puesto que la obra —publicada en 1960 por la University of Miami Press— fue escrita directamente en inglés y publicada en español hasta 1985, por Ediciones Era, con una interesante, aunque contradictoria, presentación de Jorge Aguilar Mora). Por lo tanto, semejante título reclama las siguientes acotaciones:

1. "Gringo" es el apodo que comúnmente se utiliza en México para identificar a los estadunidenses. Aun cuando se le ha pretendido atribuir una connotación más bien despectiva y hasta ofensiva, la verdad es que su origen histórico es bastante inocente. En los años de 1846-1848, Estados Unidos, sin más razón que la de poseer una fuerza militar superior, siguió en contra de México una injusta guerra —cuya existencia, por cierto, es deliberadamente ignorada en un buen número de libros de historia estadunidense— cuyo resultado final fue la anexión al imperio estadunidense de los vastos territorios mexicanos de Texas, California, Arizona y Nuevo México, que representó la pérdida de más de la mitad del territorio nacional. Pues bien, en dicha guerra el ejército estadunidense vistió —tal vez por primera ocasión en su ahora ya larga historia militar— a sus fuerzas de infantería con uniformes de color verde ("green" en inglés). Así los comandantes, al lanzar a sus tropas a la batalla contra el mal alimentado y peor armado ejército mexicano, utilizaban como grito de guerra, "Green go!", que al español se traduce simplemente como "¡Vamos verdes!", pero que fonéticamente se escucha como "gringo". En tales condiciones, desde aquella tristemente célebre guerra de anexión, los mexicanos suelen llamar a los estadunidenses "gringos", muchas veces sin saber que lejos de insultarlos, en realidad los están llamando con el grito de guerra que identificó a su ejército invasor.

2. Por las razones que más adelante se explicarán, Thord-Gray, como oficial de inteligencia militar de los ejércitos de Gran Bretaña y de Estados Unidos, enfrentó graves sospechas de parte de los revolucionarios mexicanos —empezando por el más célebre de todos, Pan-

cho Villa—, que frecuentemente lo consideraron como un espía al servicio del gobierno estadunidense. Esto último, aunado a su aspecto inconfundiblemente anglosajón, trajo como inevitable consecuencia el que continuamente se le llamara "gringo". De ahí lo ingenioso del título de sus memorias: al bautizarlas como *Gringo Rebel*, está denotando tanto su participación en los ejércitos revolucionarios mexicanos como su vinculación con el servicio de inteligencia militar de Estados Unidos.

Retomo ahora el hilo original de la narración. Cabe señalar que el ambiente definitivamente marítimo de la isla de Björkö, debe haber impulsado a Thord-Gray a buscar su fortuna, literalmente, en los siete mares. Una pintura de su pariente —que pasó la mayor parte de su vida en Björkö—, el artista Gunnar Hallström, podría muy bien representarlo. Se trata de un pegaso que surca velozmente las aguas azul oscuro del mar Báltico en frenética búsqueda de un destino desconocido.[2]

Dotado de semejante mentalidad y espíritu, en el año de 1896 —catorce años antes del inicio de la Revolución mexicana—, Ivar Thord-Gray parte de Estocolmo en calidad de marinero de un buque mercante para enrolarse como oficial de carrera en el ejército imperial británico, el más poderoso de la época. Su sed de aventuras lo lleva a participar, en el otro extremo del mundo y en climas y ambientes totalmente distintos a los de Björkö y Estocolmo, en las guerras por el predominio británico en África del Sur.

Su participación en las guerras de Matabele y contra los zulúes, pero en particular, su participación en la célebre guerra de los bóers, le dejará un cúmulo de experiencias y habilidades. Se distinguirá como oficial de artillería y caballería; mostrará una aguda sensibilidad para el trabajo de inteligencia militar, que más que de entrenamiento táctico y militar requiere de agudos conocimientos políticos; obtendrá grados militares en lo que en ese entonces era el ejército más estricto y clasista del mundo; y desarrollará una afición especial por el estudio, y sobre todo, por el entendimiento humanista de las culturas aborígenes. Pero también adquirirá una enfermedad que lo perseguirá de por vida: la malaria, que años más tarde estará a punto de ocasionarle la muerte en una cueva de la Sierra de Chihuahua, y de la que solamente lo salvará Pedro, un fiel chamán tarahumara que poseía "[...] un conocimiento increíble sobre la historia de la tribu, leyendas, plantas, hierbas medicinales y curaciones".[3] Indio tarahumara a cuya memoria, inasible como la de todos los de su raza, está dedicado *Gringo Rebel*.

Los logros de Thord-Gray en África del Sur lo convierten en un oficial de inteligencia militar de alto valor en los conflictos internacionales, y, por lo tanto, de gran utilidad para los aliados de Gran Bretaña. Es así como combate, de manera destacada, con los estadunidenses en la guerra que libraron en los años de 1907 y 1908 por la posesión de las Islas Filipinas, hasta derrotar la rebelión nativa encabezada por un caudillo que llevaba el curioso nombre de Aguinaldo. Probablemente ahí haya hecho Thord-Gray los contactos necesarios con el servicio estadunidense de inteligencia militar que le permitieron, primero, literalmente "irse con Pancho Villa", después afiliarse al Ejército Constitucionalista de Venustiano Carranza y, finalmente, salir tranquilamente de México por el puerto de Veracruz, en 1914, cuando éste se encontraba férreamente bloqueado por los marines estadunidenses; salida que logró gracias a los buenos oficios de sus viejos compañeros de armas en Manila, el capitán Burnside, de inteligencia militar, y los tenientes Jacob Wuest y G. Maurice Kelly del 30º Batallón de Infantería, quienes lo recomendaron muy ampliamente nada menos que con el almirante Nettey, quien por esos días era el amo y señor del principal puerto mexicano.[4]

Concluida la guerra en Filipinas, Thord-Gray decide apoyar a otro aliado de Gran Bretaña: Francia, que iniciaba en el año de 1909 lo que, a la larga, sería su trágico involucramiento en Indochina. Así, se traslada a Tonkín y participa como oficial de enlace en la guerra de colonización que, aproximadamente sesenta años después, generaría el surgimiento del indómito pueblo vietnamita y la primera derrota militar en gran escala que Estados Unidos ha sufrido en toda su historia.

El año 1911 lo sorprende peleando con los italianos en Trípoli. Pero como el ejército italiano probablemente sea uno de los menos aptos del mundo, Thord-Gray, seguramente extrañando la eficacia y la seriedad de británicos y estadunidenses, rápidamente abandona Trípoli y se traslada a Shanghai, que, entre fines de 1912 y principios de 1913, hervía —textualmente— de agentes extranjeros interesados en intervenir en la revolución que de dentro y de afuera amenazaba la supervivencia del inmenso reino asiático. De nueva cuenta, la imagen del artista Gunnar Hallström, concebida en el paisaje marino que rodea la isla de Björkö, gracias a su pariente Thord-Gray —quien para lograr más rápidos y mayores ascensos en la rígida jerarquía del ejército británico, en África había cambiado su nombre original de Ivor Hallström por el más inglés de Ivar Thord-Gray— se vuelve realidad: es el pegaso que recorre aceleradamente todos los mares buscando nuevas aventuras en nuevos destinos.

En octubre de 1913, posiblemente fastidiado por la interminable y paciente indefinición política que caracteriza a los sucesos en China —especialmente cuando son provocados por la intervención extranjera—, nuestro personaje decide buscar otros horizontes. Así, en una reunión en el Club Alemán de Shanghai, en la que además de Thord-Gray participan un agente estadunidense que, por alguna razón siniestra, solamente se identificaba con la clave "Bradstock", un agente alemán de nombre Barón Von Trotta, y un supuesto revolucionario venezolano de apellido Alcántara, que aparentemente andaba metido de redentor de chinos por obra y gracia del destierro que le propinó el dictador caribeño de la época, Vicente Gómez, se discute ampliamente la situación de México y se intercambian puntos de vista completamente antagónicos. La existencia de un feroz movimiento revolucionario en un vasto país multicultural que, además, posee una frontera de más de tres mil kilómetros con Estados Unidos, intrigó enormemente a Thord-Gray, quien decide cruzar —una vez más— el oceano para unirse, en principio, a las fuerzas de Pancho Villa como asesor militar, y aprovechar la oportunidad para cumplir un viejo anhelo de conocer México; país que le había intrigado enormemente desde que siendo niño había leído, en las largas noches del invierno escandinavo, acerca de Moctezuma y sus guerreros aztecas.[5]

A principios de noviembre de 1913, Thord-Gray desembarca en San Francisco, California. Todo parece indicar que antes de trasladarse a México tuvo algún tipo de entendimiento con sus viejos conocidos del servicio estadunidense de inteligencia militar. Como se verá más adelante, su conducta posterior tiende a demostrar este supuesto, toda vez que es evidente que desde antes de llegar a México, poseía él información de primera mano acerca del caudillo revolucionario con el que quería tratar. Los comentarios que al respecto vierte en *Gringo Rebel* son bastante ilustrativos: "Todo el mundo consideraba en El Paso [Texas] que Villa era el líder indiscutible del movimiento rebelde en el norte de México, y todos estaban sorprendidos de que Villa hubiera reconocido a Carranza como el Primer Jefe, a pesar de que este último se encontraba en el lejano estado de Sonora. Los estadunidenses, *que verdaderamente sabían lo que estaba pasando*, decían que dicho reconocimiento no sería duradero, porque Villa era difícilmente subordinable. Además, su carácter violento lo hacía impredecible, caprichoso, casi maniático y capaz de hacer deliberadamente las cosas más terribles. A pesar de esta información, estaba ansioso por conocer a Pancho Villa, porque había hecho maravillas, casi lo imposible, como líder de [cargas] de caballería, lo cual me interesaba por ser yo un oficial de caballería".[6]

Armado de un permiso que, por seis meses, le otorgó el cónsul mexicano en Shanghai (que, por un verdadero milagro, seguía en funciones en semejantes tiempos de turbulencia política tanto para México como para China) para efectuar trabajos de investigación arqueológica, en noviembre de 1913, después de discutir largamente con funcionarios de la patrulla fronteriza estadunidense a los que les parecía un suicidio que un extranjero de clara apariencia anglosajona se dirigiera al México revolucionario, Thord-Gray ingresa por la frontera de El Paso, Texas, con Ciudad Juárez, Chihuahua. A partir de ese momento, empieza una sucesión de aventuras extraordinarias tanto de carácter militar como de carácter político y hasta diplomático, que se narrarán y analizarán a lo largo de este libro.

Detrás de todo siempre estará el espíritu indomable del cazador de los bosques de Björkö, que lo llevará desde Ciudad Juárez a la conquista de la ciudad de México, a casi tres mil kilómetros de distancia; de ahí a la primera guerra mundial, a la Revolución rusa, a un movimiento para derrocar al dictador venezolano Gómez y a un singular intento de restauración de la monarquía en Portugal. Marinero y cazador por vocación, no parará hasta alcanzar el grado de general y hasta que su cansado cuerpo le haga ver que ha llegado la hora de dedicarse a los negocios, a la investigación arqueológica y etnográfica, y a escribir sus memorias, en las que, a pesar de todos los lugares que conoció y de todas las guerras en las que participó, sólo se ocupa de transmitir a las futuras generaciones las experiencias que tuvo la oportunidad de vivir en la Revolución mexicana.

En esas memorias, cada vez que habla de la muerte, Thord-Gray la evoca como un tránsito al paraíso de los cazadores (literalmente "Happy Hunting Grounds", así, con mayúsculas). Es obvio que cada quien al llegar al final de su vida tiende a recordar las mejores vivencias de su niñez, quizá porque se dieron en una etapa de pureza, no contaminada por las posteriores realidades de la vida. A eso probablemente se deba el que nuestro personaje vinculara el paraíso con una feliz e interminable cacería.

Cualesquiera que hayan sido los motivos que llevaron a Thord-Gray a participar en la Revolución mexicana, dos cuestiones deben destacarse: su agudo juicio político —y en ciertos aspectos diplomático— sobre los sucesos que le tocó en suerte vivir; y su genuina admiración por México, que, en el prólogo de *Gringo Rebel*, lo llevó a escribir lo siguiente: "Los turistas nunca, y muy pocas veces los mexicanos educados, tienen la oportunidad de ver el maravilloso panorama de las grandes sierras de México, en donde podrían encontrar un espectáculo intensamente pintoresco y un escenario imponente de belleza extraordinaria. En algunos lugares los precipicios, conocidos como barrancas, caen perpendicularmente a través de paredes de roca sólida por miles de metros. Cuando uno mira hacia abajo se asombra ante la magnitud de estos tremendos abismos, e indudablemente uno se siente muy pequeño y sin importancia. Uno parece encontrarse en otro mundo, y en la penumbra, con la oscuridad bajo sus pies, un temblor recorre la espina dorsal, porque se recuerda el infierno de Dante".[7]

Se ha repetido hasta el cansancio que la única forma de entender el presente es conociendo perfectamente bien el pasado; y que las naciones que no aprenden de sus sufrimientos y errores históricos están irremisiblemente condenadas a repetirlos. Por eso debemos agradecer a Ivar Thord-Gray que nos haya legado, a todos los mexicanos, las sabias y prudentes lecciones de política y diplomacia contenidas en *Gringo Rebel*, escritas apenas cuatro años antes de partir para siempre a su paraíso de los cazadores.

Fatalidad geopolítica

Antes de narrar las andanzas de Ivar Thord-Gray en el México de 1913 y 1914, preciso es formular algunas reflexiones acerca de las causas que dieron origen a la Revolución mexicana y a las condiciones que prevalecían en el México que este intrépido militar sueco encontró. Para ello las reglas de la geopolítica —que entiende a la historia en función de un conjunto de factores geográficos que alteran el curso del devenir político de las naciones, en función de las "áreas de influencia" (no sólo política, sino también económica, militar y diplomática) que otras naciones más poderosas ejercen en la búsqueda de lo que el politólogo alemán del siglo XIX, Karl Haushofer, llamara el espacio vital o "Lebensraum"— serán de gran utilidad al ofrecer un enfoque original.

Hacia 1910 la larga dictadura presidencial del general Porfirio Díaz Mori llegaba a su ¿inevitable? final. Iniciada en el para ese entonces lejano año de 1876, había logrado, tras arduos esfuerzos y concesiones al capital extranjero, pacificar y modernizar al país.

Desde la consumación de la independencia nacional en el año de 1821, México había vivido una sucesión casi interminable de golpes de Estado, guerras civiles e intervenciones extranjeras, que no solamente impidieron cualquier forma de desarrollo económico sino que, en más de una ocasión, amenazaron seriamente con fracturar la unidad nacional.

La llegada a la presidencia de la República del caudillo y héroe de la lucha armada en contra de la intervención francesa (1862-1867), Porfirio Díaz, representó una sólida esperanza de cambio y renovación. Comandante indiscutible del ejército y político astuto, de inmediato pondrá manos a la obra de la pacificación del país y de su modernización económica. Para ello el acercamiento con el gobierno de Estados Unidos resultó indispensable. A corto plazo se trató de un indudable acierto. A largo plazo —como los hechos se encargarían de demostrarlo— se trató de un grave riesgo. Martín Luis Guzmán escribió al respecto: "Estados Unidos interviene de un modo sistemático, casi orgánico, en los asuntos interiores de México [...] quien tenga en

México el apoyo yanqui lo tendrá casi todo, quien no lo tenga, casi no tendrá nada, y nadie negará tampoco que ello es irremediable [...]".[1]

Plenamente consciente de esta prosaica realidad geopolítica, Porfirio Díaz alcanza un entendimiento pleno con el gobierno estadunidense. En particular a partir del año de 1884 en el que consolida su permanencia definitiva en la silla presidencial, después de habérsela prestado durante cuatro años (de 1880 a 1884) a su "compadre" Manuel González. A éste encomendó dos ingratas pero necesarias tareas económicas que, a partir de 1884, le allanaron el camino hacia el poder prácticamente absoluto, pasando sobre el cadáver político del finalmente desdichado "compadre": la sustitución de las viejas pero confiables monedas de plata por monedas de níquel y el reconocimiento y amortización de la vieja deuda inglesa, cuyos intereses se habían acumulado desde el año de 1825, cuando fue contratada por el primer presidente constitucional de México, Guadalupe Victoria.

Por cierto que ambas medidas económicas fueron ampliamente rechazadas y criticadas por la población, al grado de que cuando, tiempo después de haber dejado la presidencia, Manuel González se hizo cargo de la gubernatura del estado de Guanajuato —cuya ciudad capital junto con Querétaro probablemente sea la ciudad colonial más auténticamente bella de todo México—, sus moradores lo recibieron con la siguiente copla de estudiantina (conjunto musical compuesto por jóvenes estudiantes universitarios a la manera de las "tunas" que surgieron en las universidades españolas a partir del siglo XVI):

Ay, González, González,
ya vendiste el país muy barato.
Te pedimos González, González,
que no vendas también Guanajuato.[2]

Con las finanzas públicas saneadas gracias al sacrificio político del "compadre", Porfirio Díaz se dedica a cimentar su alianza con Estados Unidos. En 1884 el "espacio vital" que requerían los estadunidenses ya no era necesariamente de anexión territorial —como lo había sido en la injusta guerra de 1846-1848— sino de penetración económica. En ese sentido los ferrocarriles desempeñarían un papel determinante, pues constituían el principal —y el más moderno— medio de transporte de la época. Por lo menos desde 1867, al concluir la intervención francesa y el efímero imperio de Maximiliano de Habsburgo, las grandes compañías ferrocarrileras de Estados Unidos se habían acercado al gobierno mexicano para proponerle la construcción de grandes vías férreas para unir a la ciudad de México con los principales puntos fronterizos del sur de Estados Unidos. No se trataba de una propuesta nueva. Ya en 1825 el gobierno de Guadalupe Victoria había rechazado la petición del primer embajador estadunidense, Joel R. Poinsett, acerca del llamado Camino de Santa Fe (Santa Fe Trail), cuyo objetivo geoeconómico era el de establecer la dependencia económica de México respecto del comercio y la industria estadunidenses.

Pero en 1885 la visión política era completamente distinta. El presidente Díaz necesitaba del apoyo del gobierno de Estados Unidos para sostenerse en el poder con base en una oferta de progreso económico. La construcción de las vías férreas —con capital, tecnología y equipo estadunidenses— se lleva a cabo en gran escala, y, en unos cuantos años, dos inmensos ramales ferroviarios unen a la capital de la república mexicana con los lejanos puntos fronterizos de Ciudad Juárez, Chihuahua, y Nuevo Laredo, Tamaulipas. Esto último se combina con cuantiosas inversiones de empresas estadunidenses en áreas fundamentales como el petróleo y la minería. El espacio vital había pasado de la anexión territorial a la penetración económica.

Sin embargo, Porfirio Díaz —como el zorro político que siempre fue— buscó equilibrar la preponderancia yanqui atrayendo inversión europea. Gran Bretaña, solucionado el problema de los empréstitos que habían sido contratados desde 1825, canalizó significativas inversiones hacia los sectores petrolero, minero y financiero. Así, el primer banco comercial que operó en México llevó por nombre Banco de Londres, México y Sudamérica. Inclusive la tecnología inglesa fue determinante para que el gobierno de Díaz pudiera concluir la construcción del ferrocarril de México a Veracruz —que se había iniciado aproximadamente treinta años atrás—, porque, ante el escaso interés que las compañías estadunidenses mostraron por un proyecto que estaba más bien orientado al comercio con Europa, tuvo que ser llevado a cabo por el gobierno nacional; razón por la cual se le llegó a conocer como el Ferrocarril Mexicano, precisamente para diferenciarlo de los dos otros grandes sistemas ferroviarios que eran operados por poderosas empresas estadunidenses.

Por su parte, Francia llevó a cabo fuertes inversiones en los sectores textil y bancario, así como en los grandes almacenes comerciales, desconocidos en México hasta ese entonces. Algunos inmigrantes alemanes se establecieron en las ricas regiones cafetaleras de Veracruz y Chiapas, y la compañía sueca Ericsson obtuvo las primeras concesiones para la prestación del servicio telegráfico y telefónico. Se fundaron también fábricas cerveceras alemanas y algunos empresarios mexicanos fundaron, por su cuenta, compañías textiles y papeleras.

Es más, el gobierno mexicano llegó a contemplar seriamente la posibilidad de celebrar un acuerdo comercial nada menos que con el floreciente imperio japonés.

El cónsul sueco de la época da cuenta de la existencia de algunas empresas comerciales y agrícolas propiedad de ciudadanos de ese lejano país escandinavo, que operaron principalmente en el estado de Veracruz.

Hacia el año de 1900, México daba muestras de una estabilidad política y de un progreso económico que no había conocido en ochenta años de vida independiente. Sin embargo, la fachada del éxito mostraba algunas grietas que en el curso de los siguientes años se irían agrandando. Porfirio Díaz había tolerado y hasta alentado la formación de grandes latifundios con la idea —más o menos ortodoxa desde un punto de vista estrictamente macroeconómico— de que en esa forma se fomentaría el aprovechamiento intensivo de la tierra y se podría alcanzar la autosuficiencia alimentaria, la que, en términos generales, se logró.

No obstante, semejante sistema de explotación de la tierra estaba condenado, como todos los esquemas exclusivamente macroeconómicos, a mediano plazo, al más absoluto de los fracasos, porque los latifundios, que requerían de mano de obra intensiva, sujetaron a cientos de miles de campesinos y peones mexicanos —de por sí pobres e iletrados— a la más abyecta de las miserias. Esclavos del latifundista en cuyas tierras laboraban de sol a sol, no percibían remuneración alguna por sus servicios, sino solamente los artículos más indispensables para su subsistencia en las "tiendas de raya" de las grandes haciendas, lo que generaba endeudamientos en cadena que se transmitían de padres a hijos y de hijos a nietos. A principios del siglo XX los peones de las haciendas mexicanas vivían en peores condiciones que los siervos de la gleba de las baronías feudales de la Europa medieval. Por eso la Revolución mexicana tuvo, esencialmente, un propósito de reivindicación agraria.

Por otra parte, el régimen porfirista cerró todas las puertas posibles al desarrollo político, a partir de la peregrina premisa de que las inquietudes políticas perturbaban el desarrollo económico. Bajo el lema porfirista de "poca política y mucha administración", los principales colaboradores del régimen optaron por inspirar su actuación en función de la "ciencia pura" aplicable a las diversas materias de gobierno que les tocó en suerte administrar. Así, pronto recibieron el mote popular de "Científicos" que, con el tiempo, se transformó en un término derogatorio y despectivo que identificó a todos los privilegiados y reaccionarios que se opusieron a la Revolución mexicana. Inclusive bajo esta connotación lo utiliza Thord-Gray en *Gringo Rebel*, para señalar a los líderes intelectuales de las fuerzas contrarrevolucionarias.

No obstante, a fuer de ser justos, debe señalarse que entre los Científicos se encontraron muchas de las mentes más lúcidas y brillantes de la época. Como ejemplos más representativos cabe citar a Justo

Sierra, insigne educador y escritor, ministro de Educación Pública y fundador de la Universidad Nacional de México; a José Ives Limantour, probablemente el mejor ministro de Hacienda que en toda su historia ha tenido el Estado mexicano, perspicaz y, al mismo tiempo, audaz y prudente financiero y político; y a Joaquín Casasús, que tuvo el talento de conjuntar las dotes de un gran jurista con el ingenio de un hábil diplomático.

Aproximadamente en 1907, la luna de miel entre el gobierno porfirista y los estadunidenses llegó a su inevitable fin y se iniciaron los procedimientos de lo que sería un violento divorcio. Tres parecen haber sido las causas principales de esta grave ruptura:

1. El general Porfirio Díaz, en su yo interior, siempre fue un ardiente nacionalista, cuya experiencia en la guerra que tuvo que librar contra la intervención francesa le hizo ver los graves riesgos que México corría como nación si toleraba por demasiado tiempo la injerencia de intereses extranjeros en el territorio nacional. Para 1906 la conducta de las compañías ferrocarrileras estadunidenses había llegado a ser precisamente intolerable. No sólo controlaban el, para ese entonces, floreciente tráfico comercial entre México y Estados Unidos mediante la arbitraria fijación de los respectivos fletes y tarifas, sino que además reclamaban continuos subsidios del gobierno mexicano bajo la forma de donación y adjudicación de los terrenos adyacentes a los miles de kilómetros de vías férreas. En pocas palabras, México no recibía un centavo de su sistema ferroviario, con excepción del ya explicado caso del Ferrocarril Mexicano. En tales condiciones, el presidente Díaz, con el hábil concurso de su ministro de Hacienda, Limantour, decide nacionalizar los ferrocarriles. El proceso se lleva a cabo mediante la compra de las acciones respectivas a su valor de mercado y concluye el 28 de marzo de 1907, con la fundación de la Compañía de los Ferrocarriles Nacionales de México, que coloca a todo el sistema ferroviario nacional y a todos los ingresos que el mismo generaba, bajo el control directo del Estado. Debe consignarse que en ningún momento se empleó el que años después sería el progresista título de "nacionalización" sino el más simple y realista de "consolidación", y que el monto pagado a las empresas afectadas fue del orden de 6'271,965.32 pesos oro, que en ese entonces se cotizaban a la par con el dólar de Estados Unidos. Desde luego, esta inusual medida, adoptada en tiempos en los que el socialismo era una corriente política embrionaria, provocó incontables molestias en los más altos círculos políticos y financieros de la poderosa nación vecina.[3]

2. Porfirio Díaz, como buen militar, llevó a cabo una eficiente reorganización del ejército federal mexicano, que para el año de 1907 era ya un cuerpo compacto pero muy bien armado, cuyos principales

oficiales habían sido adiestrados en la prestigiada academia militar francesa de Saint-Cyr, así como en algunas destacadas academias prusianas. También se establecieron importantes contactos militares con el ejército japonés. Y fue esto último lo que, al parecer, alarmó al gobierno estadunidense, al que si algo lo caracteriza, es su continuo estado de alerta para afrontar toda clase de conflictos bélicos, reales o imaginarios. Todo hace suponer que la guerra ruso-japonesa, librada en el año de 1905, hizo ver a los estrategas militares yanquis el riesgo que para un gran ejército imperial representa el tener que enfrentarse fuera de su territorio al ejército pequeño, pero compacto, y extraordinariamente bien entrenado de un país supuestamente más débil. Por esta razón, Thord-Gray no abandonó México sino hasta que las tropas irregulares, que brillantemente adiestrara, derrotaron por completo al ejército federal que se había formado en los tiempos del presidente Porfirio Díaz. Aun cuando este punto de vista pudiera ser calificado como una mera opinión personal mía (aunque soportada por evidentes consideraciones geopolíticas), no está por demás volver a citar al siempre brillante Martín Luis Guzmán: "Querámoslo o no los mexicanos, México contará siempre como elemento de primera importancia en la política americana de Estados Unidos y como un factor no despreciable en determinadas coyunturas de su política asiática".[4] En 1907 ya no habría sido tan fácil para Estados Unidos librar una guerra de anexión en contra de México como la de 1846-1848, a pesar de que la cadena de periódicos Hearst, con la entusiasta aprobación del belicoso presidente Teddy Roosevelt, proclamaba a los cuatro vientos que había que "plantar la bandera estadunidense todo el camino hasta el canal de Panamá".[5]

3. Como consecuencia de las belicosidades de Teddy Roosevelt, entre otros, se organizó una invasión militar a la débil Nicaragua, a fin de imponerle una serie de onerosas condiciones políticas y económicas. Por instrucciones expresas y además perfectamente claras —nada de "protocolos diplomáticos" en este caso— del presidente Díaz, México fue el único país que protestó enérgicamente en contra de esta agresiva violación de la soberanía nicaragüense. La reacción del casi siempre intolerante Departamento de Estado estadunidense no fue nada grata, ni mucho menos amistosa para con el gobierno de su vecino del sur.

El 16 de octubre de 1909, en Ciudad Juárez, Chihuahua, y El Paso, Texas, tiene lugar la primera entrevista personal entre presidentes de México y Estados Unidos. Se trató de un acontecimiento memorable por diversas razones: fue una primera reunión entre jefes de Estado de dos naciones vecinas que por noventa años habían mantenido contradictorias relaciones que fluctuaron entre el recelo, el enfrentamiento militar, el aislamiento y la inevitable interdependencia geopolítica y geoeconómica. La fotografía oficial del momento muestra a dos personajes singularmente distintos: Porfirio Díaz mestizo, señorial, marcial, con un elegante uniforme militar cuajado de condecoraciones; William Taft —el mismo que según el escritor estadunidense E. L. Doctorow impuso la moda de consumir seis copiosas comidas al día, al grado de convertir a Estados Unidos en un país "especialmente flatulento"—[6] sajón, alto, excesivamente gordo, de rostro más bien abotargado y enfundado en una inmensa y sencilla levita. Los sitios en donde se llevaron a cabo las entrevistas privadas, más contrastantes no pudieron resultar: el edificio de la Cámara de Comercio de El Paso, Texas, elevado moderno, funcional y decorado con gigantescas banderas estadunidenses y con pequeños pabellones mexicanos que, quizá intencionalmente, parecían perderse en un mar de barras y estrellas; y el Salón Verde de la aduana de Ciudad Juárez, refinado, elegantemente afrancesado con la delicada decadencia decorativa típica del fin del siglo XIX, y adornado con dos sobrias pinturas al óleo de ambos presidentes, éstas sí del mismo tamaño. Pero lo más extraño de todo esto es que hasta la fecha se ignora qué fue exactamente lo que discutieron Díaz y Taft en las dos reuniones a puerta cerrada que sostuvieron.[7]

Lo que sí se sabe a ciencia cierta es que concluida la segunda reunión, Porfirio Díaz se despidió de Taft, abordó el lujoso tren presidencial y regresó a la ciudad de México, en donde al llegar, pronunció la que con el tiempo ha sido la más célebre de sus frases: "Pobre México, tan lejos de Dios y tan cerca de Estados Unidos".[8]

Por el fondo de esta frase es lógico suponer que las conversaciones con Taft deben haber girado en torno a las preocupaciones del gobierno estadunidense: la profesionalización con tintes franceses y prusianos del ejército mexicano; la nacionalización o consolidación de los ferrocarriles mexicanos; los acercamientos diplomáticos y militares de México con el imperio japonés; y el decidido apoyo de Porfirio Díaz a los oprimidos pueblo y gobierno de Nicaragua.

De igual manera, la frase en cuestión permite suponer que el saldo final de la entrevista no presagió nada bueno para el futuro cercano del régimen del viejo caudillo mexicano. Y como en política las coincidencias suelen estar predeterminadas, las coincidencias se empezaron a presentar.

Francisco I. Madero es el personaje menos apropiado que se puede encontrar para encabezar una revolución en un país que, como México, tiende periódicamente a sumergirse en las formas más crueles de la violencia, el sectarismo y la intolerancia.

Criado en el seno de una próspera familia de latifundistas del estado norteño de Coahuila, educado en Francia y rodeado de todos los privilegios de los que ampliamente disfrutaron las clases sociales elevadas durante el porfiriato, Madero, esencialmente partidario de la no violencia, seguirá un curso de vida que lo llevará a lo que, con el tiempo, resultarán posturas extremas y, por lógica, irreconciliables. Sucesivamente será filántropo, reformador social, espiritista y opositor político. Como muestra de su peculiar estado mental combina una activa campaña política de oposición a la reelección del presidente Porfirio Díaz en el año de 1910, con frecuentes sesiones espiritistas y con la formulación de unos extraños votos de castidad, a pesar de encontrarse legítimamente casado con una encantadora dama; por eso no tuvo hijos.

Al principio nadie lo tomó en serio; quienes lo conocen piensan que sus prácticas espiritistas lo están llevando al delirio político. Sin embargo, el largo gobierno del general Díaz empieza a dar muestras de debilidad. Obtenida la reelección en 1910, Díaz tiene que hacer frente a continuas muestras de descontento popular, tanto en el campo como en las ciudades. Las válvulas de expresión política, contenidas durante más de tres décadas, empiezan a estallar en movimientos agrarios, sindicales y antirreeleccionistas. La violencia, ese periódico mal endémico de México, asoma sus garras y amenaza con incendiarlo todo.

El símbolo y líder de toda esa oposición política, más incongruente no puede ser. Madero es pequeño de estatura, calvo, con barba de candado, perpetuamente sonriente y con un discurso que más se asemeja al de un predicador laico que al de un feroz revolucionario.

Madero es incapaz de iniciar la revolución en la fecha prometida: 20 de noviembre de 1910. Acosado por la policía porfirista se ve obligado a huir y a refugiarse en San Antonio, Texas, bajo el manto protector del gobierno estadunidense. Desde ahí coordina una serie de insurrecciones menores en el estado de Chihuahua, que constituirán el bautizo de fuego del más genial de los caudillos revolucionarios: Francisco Villa. En el mes de febrero de 1911 retorna a México, precisamente por Ciudad Juárez, para encabezar la lucha definitiva en contra del régimen de Porfirio Díaz. Aun cuando los revolucionarios cuentan con abundante armamento estadunidense, sus posibilidades de éxito frente al ejército federal, perfectamente entrenado y disciplinado, parecen ser más bien escasas. Pero la geopolítica no perdona. En el mes de abril de 1911, el presidente Taft expide un decreto ordenando la concentración de un elevado número de tropas estadunidenses en la frontera con México. *The New York Times* justifica la decisión en los términos siguientes: "La protección de las vidas e intereses de nuestros compatriotas es un derecho nuestro, derecho eminente, supremo, que constituye una excepción, y es superior al principio, por respetable que sea, de la inviolabilidad territorial, según la autorizada opinión de varios miembros del más augusto de nuestros tribunales. Que mediten y tengan muy presente esto Díaz y sus partidarios".[9]

El mensaje, más claro no podía ser, y el presidente Díaz lo entendió a la perfección: "[...] quien tenga en México el apoyo yanqui lo tendrá casi todo, quien no lo tenga, casi no tendrá nada [...]". Había llegado la hora de marcharse, ya que de otra suerte la intervención militar estadunidense habría sido inevitable. No importaba que la solidez del ejército federal pudiera sostener al gobierno por tiempo indefinido, o el hecho de que Madero estuviera notoriamente impreparado para gobernar a un país tan vasto y complejo como México. La fatalidad geopolítica se encontraba acantonada en la frontera norte y no había forma de evitarla, puesto que nadie está en posición de resistir lo que es irremediable.

El 25 de mayo de 1911, el presidente Porfirio Díaz presenta, ante el congreso federal, su renuncia irrevocable al cargo que por muchos años había venido desempeñando. Unos cuantos días después se embarca en Veracruz en el vapor alemán *Ypiranga* para exiliarse no en Estados Unidos —como lo hiciera en 1877 su predecesor Sebastián Lerdo de Tejada— sino en Europa, en donde fallecerá (a la edad de ochenta y cinco años) aproximadamente cuatro años después, no sin antes recibir diversos honores civiles y militares de los gobiernos y jefes de Estado de Francia, España y Alemania. Hasta la fecha sus restos mortales reposan en el panteón de Montparnasse en París, convertido —en atinada expresión del historiador mexicano Enrique Krauze— en el único desterrado post mortem de la historia de México.

La frialdad de las cifras habla por sí misma. A pesar de las acerbas críticas de que lo ha hecho objeto la historia oficial mexicana, al partir hacia su destierro europeo Porfirio Díaz dejó a México en la mejor situación financiera de toda su vida como nación independiente, tanto pasada como presente. Los siguientes números tomados de una obra publicada por el gobierno de México en el año de 1966,[10] son bastante ilustrativos (los montos son en pesos oro):

Exportaciones	260'056,288	(1900-1910)
Importaciones	194'854,547	(1900-1910)
Superávit en la balanza de pagos	65'201,681	(1900-1910)
Reserva del tesoro federal	75'000,000	(1910)
Superávit del presupuesto federal	140'201,681	(1910)
Bancos federales	32	(1910)

Una de las leyes básicas de la geopolítica —a la manera en que la concibió uno de los precursores del nazismo alemán, el ya citado profesor Karl Haushofer— nos dice que una potencia imperial no debe tolerar por mucho tiempo la prosperidad económica de sus vecinos, ya que de lo contrario pone así en peligro su propia seguridad y sus propios intereses, entendidos estos últimos en términos absolutamente expansionistas, desde luego.

Bastarían unos cuantos años de revolución para que las finanzas públicas del país se deterioraran tan gravemente que para 1915 se encontraban al borde del colapso total. Se pasó, en el corto espacio de cuatro años, de los "pesos oro" que se cotizaban a la par del dólar estadunidense, a los "bilimbiques", papel moneda sin ningún valor, al que más adelante se hará referencia en función del acucioso —y curioso— estudio económico que al respecto formula Ivar Thord-Gray en *Gringo Rebel.*

Pero el viejo zorro no parte al destierro sin antes tenderle una trampa política al bueno de Francisco I. Madero. Los Acuerdos de Ciudad Juárez —de donde el líder revolucionario militarmente no había podido avanzar—, que permitieron la salida del poder —y del país— de Porfirio Díaz, contenían dos cláusulas que ocasionaron que la revolución maderista naciera muerta:

1. La aceptación de un interinato presidencial de aproximadamente seis meses de duración, a cargo del ministro de Relaciones Exteriores del general Porfirio Díaz, Francisco León de la Barra, quien obviamente aprovechó ese precioso tiempo para proteger de la mejor manera que le fue posible los intereses del antiguo régimen.

2. El licenciamiento de las tropas revolucionarias y la subsistencia del ejército federal en cuyas manos —decididamente porfiristas— quedó el futuro a corto plazo del país. No en balde tres meses antes de asumir la presidencia de la República, Madero se quejaba del "[...] espíritu que reina en el ejército, que indebidamente se siente humillado por el triunfo de la Revolución".[11]

Venustiano Carranza, quien, andando el tiempo, sería el jefe del Ejército Constitucionalista —en el que activa y destacadamente participara Thord-Gray—, pronunció a propósito de los Acuerdos de Ciudad Juárez una frase que, a la postre, resultaría profética: "Revolución que transa es revolución perdida".[12]

El 6 de noviembre de 1911, Francisco I. Madero toma posesión como presidente constitucional de México, después de haber ganado por amplio margen las elecciones que se habían celebrado apenas un mes atrás. Parafraseando a Hobbes, su gobierno será corto, brutal y trágico. Durará exactamente un año, tres meses y dieciséis días; se desarrollará en medio de la violencia, la oposición política y militar y la más completa de las anarquías económica y administrativa; y concluirá en un baño de sangre.

Los signos más sobresalientes de Madero como gobernante son

la total incongruencia en sus decisiones y la ausencia completa de experiencia y oficio políticos. Partiendo del principio del respeto irrestricto a la ley y a la división de poderes, sostiene al senado y a un buen número de gobernadores porfiristas. Licencia y persigue a las tropas revolucionarias que fueron las que, en primer lugar, lo llevaron al poder, en un afán incomprensible por congraciarse con el ejército federal que siempre le fue hostil. Un ejemplo basta por mil palabras: al general Victoriano Huerta —uno de los militares más traidores y sanguinarios de los que se tenga memoria en la historia de México (en la que, por cierto, abundan ejemplares de este tipo) y que a la postre lo mandaría asesinar cobardemente— primero lo remueve del mando del Ejército del Sur que combatía la revolución agraria iniciada por el caudillo Emiliano Zapata; después lo nombra comandante del Ejército del Norte que derrota a la revuelta financiada por los latifundistas de Chihuahua y encabezada por el "revolucionario" Pascual Orozco; acto seguido, a pesar de las pruebas evidentes de sedición por parte de Huerta que ocasionan el injusto encarcelamiento de Pancho Villa en una prisión militar de la ciudad de México, lo asciende a general de división. Finalmente, no obstante las también abundantes muestras que tenía de su perfidia, de su alcoholismo y de sus desmedidas ambiciones, lo nombra comandante militar de la guarnición de la ciudad de México al inicio de los tristes sucesos, históricamente conocidos como la Decena Trágica, que culminarían con el derrocamiento y muerte del propio Madero.

En el camino traiciona las principales promesas que había hecho al movimiento revolucionario, en especial la de llevar a cabo una reforma agraria integral que restituyera a los pueblos y a las comunidades las tierras comunales que les pertenecían desde los tiempos inmemoriales de la Colonia española, y que les habían sido arrebatadas por los latifundistas del porfiriato, que en esa región eran paradójicamente de origen español; y por cuya restitución se había lanzado a la lucha revolucionaria el caudillo de las tierras del sur, Emiliano Zapata.

Para colmo gobierna con un gabinete heterogéneo, al que cambia prácticamente cada semana y en el que predominan los elementos porfiristas. El destacado internacionalista Fernando González Roa —que ocupara el cargo de subsecretario de Gobernación en uno de los tantos gabinetes del maderismo— narra con gran nitidez el desorden que reinó en el primer gobierno revolucionario y la falta de voluntad política del presidente Madero para cumplir con el principal postulado de los hombres que hicieron la Revolución: "En el último tercio del año de 1912 sobrevino una crisis ministerial en el seno del gabinete del señor Madero, crisis que estuvo a punto de provocar consecuencias incalculables en el sentido de la resolución del problema agrario. El señor Madero decidió remover al señor licenciado don Jesús Flores Magón de la Secretaría de Gobernación, a instancias del vicepresidente, don José María Pino Suárez. Como el señor Madero no quería privarse de los servicios del señor Flores Magón, éste a pesar de ello presentó su dimisión, después de haber obtenido del presidente la promesa de que no sería sustituido por el señor Pino Suárez. Entonces se trató inmediatamente de remplazarlo, y la cuestión del nombramiento del sustituto fue propuesta por el presidente en el Consejo de Ministros. Al mismo tiempo sugirió el señor Madero la conveniencia de que se estudiase la candidatura del licenciado don Luis Cabrera. Hubo con este motivo una discusión muy animada, porque las opiniones se dividieron; y habiéndose resuelto que el señor Cabrera fuera designado, se discutió si debería encargarse de la cartera de Gobernación o de alguna otra. Los pareceres también se dividieron; y habiendo tenido el señor presidente la bondad de interrogarme para que expusiera mi parecer, como encargado accidental de la cartera de Gobernación, me limité a decirle que en caso de designarse al licenciado Cabrera, como secretario de ese ramo, se preparara a alterar toda su política, porque siendo el suyo un gobierno de conciliación de partidos, y siendo la Secretaría de Gobernación su principal agente para la administración interior y para la gestión política, la presencia del licenciado Cabrera en tal puesto significaría un cambio total de propósitos y de procedimientos; que en cambio, si designara al licenciado Cabrera como secretario de Fomento, tal como alguno de los otros secretarios lo había propuesto, era seguro que el licenciado Cabrera se entregaría con grande energía a la resolución del problema agrario, sobre cuya existencia había unanimidad de pareceres; que podría considerarse como un hábil movimiento político entregar dicha secretaría, que tendría que servir de eje a la Reforma, al jefe de los radicales de la cámara de diputados, que precisamente estaban disgustados por la inactividad del gobierno para efectuar las reformas que el país demandaba con apremio; y que si había dificultades insuperables, los mismos radicales se convencerían, en caso de que existieran, de que no era llano reducir a la realidad la reforma, mientras que, por el contrario, si llegaba a hacerse algo práctico, su gobierno se haría inmortal, por haber iniciado la resolución de un problema tan viejo como el país. Dije, además, que en caso de que se iniciaran las reformas por la Secretaría de Fomento, bajo la dirección del licenciado Cabrera, éstas se irían realizando con carácter legal y constitucional, de manera que aun suponiendo que este cambio en el gabinete lo llevara a una transformación radical, esta transformación no se haría de golpe.

"Apenas vio el secretario de Fomento, don Rafael Hernández, que la discusión se llevaba a este terreno y que la gran mayoría se inclinaba a que el señor Cabrera fuera nombrado secretario de Fomento, interrumpió la discusión solicitando que se oyera el parecer del secretario de Hacienda, don Ernesto Madero, que no había asistido al consejo. El presidente convino en ello, y a mediodía del siguiente, me habló el señor Madero para noticiarme que había decidido no designar al licenciado Cabrera, sino que había determinado que el licenciado Hernández se hiciera cargo de la Secretaría de Gobernación y que el ingeniero don Manuel Bonillas pasara a la Secretaría de Fomento, tras de haber ocupado la de Comunicaciones. Después supe que don Francisco Madero padre, don Ernesto Madero y don Rafael Hernández, habían convencido al presidente de que desistiera de llevar al seno del gabinete al licenciado Cabrera. La causa fue la que expuso el señor Hernández en el consejo, un tanto velada y en medio de otras varias. La Secretaría de Fomento, dijo, es la que tiene en sus manos las riquezas de la nación y éstas no pueden aprovecharse sin el capital. Ahora bien, el capital veía un serio enemigo en el licenciado Cabrera, y era necesario evitar a todo trance que los ricos del extranjero y del país se alarmaran y se declararan enemigos abiertos del gobierno. En resumen, los capitalistas habían logrado su intento de impedir que un hombre independiente y verdaderamente revolucionario, iniciara la reforma social que el país estaba esperando después de siglos de inútiles esfuerzos."[13]

Como si todo lo anterior no bastara, Madero, que seguramente ignoraba los sabios y realistas conceptos del escritor revolucionario Martín Luis Guzmán sobre nuestra "fatalidad geográfica", decide no ajustarse a las exigencias y requerimientos del país que lo ayudó a derrotar a Porfirio Díaz, ganándose, por consiguiente, la peligrosa enemistad del tenebroso y manipulador embajador estadunidense Henry Lane Wilson, lo que, en cuestión de meses, resultará desastroso para su presidencia y para su vida.

La intervención de Estados Unidos en los sucesivos derrocamientos de Porfirio Díaz y Francisco I. Madero, queda claramente comprobada con las siguientes notas diplomáticas que obran en los Archivos Nacionales de Suecia, y las que en copias debidamente cotejadas me fueron amablemente proporcionadas:

"Lo que [Porfirio] Díaz ha hecho por México puede ser juzgado mediante la simple comparación de la situación en la que actualmente se encuentran sus vecinos. Su régimen podrá estar marcado por abusos y defectos, podrá no haberse ajustado a los principios democráticos, pero salvó a México de hundirse a los niveles de Nicaragua y Guatemala [...] El descontento general se agudizó debido a la crisis comercial en Estados Unidos, que afectó adversamente las condiciones económicas de México, cuyos bajos salarios y precios elevados, dieron una gran oportunidad a los agitadores que venían trabajando en contra del antiguo régimen. El descontento popular dio, sin duda alguna, un impulso formidable a la rebelión. Los temores de una guerra civil y de una anarquía generalizada empezaron a tomar forma. El gobierno de Estados Unidos movilizó a su ejército hacia la frontera con México y amenazó con una intervención directa, *respecto de la cual se cuentan con serias evidencias de que se trató de una amenaza verdadera.* Era obvio que una vez que las tropas americanas cruzaran la frontera se crearía una crisis de graves proporciones. El presidente Díaz, según parece, pensó que era preferible sacrificar su propia dignidad antes que poner en riesgo la independencia del país por el que tanto había hecho.

20 de mayo de 1911
Kongl Svenska
Cónsul General de Suecia en México
Al: Ministro de Asuntos Exteriores de Suecia,
Estocolmo."[14]

"[...] poderosas corporaciones americanas que poseen importantes intereses en México, ayudaron al señor Madero en su lucha en contra del general Porfirio Díaz, con dinero, con la intención de obtener de él privilegios y concesiones. Al no lograr todo lo que querían lo atacaron. Así Rockefeller pagó a grupos rebeldes para que destruyeran los puentes entre San Luis Potosí y Tampico, con el objeto de impedir la transportación y el suministro de petróleo [...].

17 de junio de 1913
A. J. Brai de Szecseny
Cónsul General de Suecia en México
Al: Ministro de Asuntos Exteriores de Suecia,
Estocolmo."[15]

Como puede advertirse, las leyes de la geopolítica y de la geoeconomía suelen ser mucho más implacables y efectivas que las que integran cualquier orden jurídico.

Enemistado con los revolucionarios, los porfiristas y los estadunidenses; visto con enorme desconfianza por los mandos del ejército federal; ridiculizado por la prensa, que, en una caricatura, llegó al extremo de colocarlo en toda la pequeñez de su estatura física al lado de un enorme lienzo que mostraba al general Porfirio Díaz en todo el esplendor de su uniforme militar de gala, al mando de un brioso y poderoso caballo,[16] Madero se acercaba, a pasos agigantados, a su inevitable fin.

A principios de 1913, el gobierno maderista enfrentaba varias rebeliones simultáneas que obedecían a los más variados intereses políticos. En el sur del país la inconquistable revolución agraria encabezada por Emiliano Zapata. Por el rumbo oriental de Puebla y Veracruz una revuelta de parte del ejército federal dirigida por Félix Díaz, sobrino de don Porfirio, y al que la opinión pública jocosamente bautizara como "el sobrino de su tío" para denotar que no poseía las mismas dotes de su brillante pariente. Y en el norte se gestaba un fuerte movimiento, también con ramificaciones dentro del ejército federal, que reconocía como su líder al general Bernardo Reyes, antiguo ministro y gobernador porfirista, y padre del que, con el tiempo, sería uno de los más notables escritores y diplomáticos del siglo XX mexicano: Alfonso Reyes.

Los sucesos que ocasionaron la caída y muerte del presidente Madero, históricamente se conocen como la Decena Trágica porque se desarrollaron en el plazo de diez días comprendido entre el 11 y el 21 de febrero de 1913. De hecho, comienzan dos días antes con la marcha del general Bernardo Reyes, recién liberado por sus seguidores de la prisión militar de Santiago Tlatelolco, ubicada al norte de la ciudad de México, al Palacio Nacional con el objeto de apoderarse de la sede del gobierno federal. La guarnición del Palacio, todavía leal a Madero, rechaza el ataque de Reyes, quien muere en el intento el 9 de febrero. El general Félix Díaz, también recién liberado de la prisión de Santiago Tlatelolco, y su principal lugarteniente, Manuel Mondragón, se apoderan del cuartel de La Ciudadela, y aprovechando los vastos pertrechos militares que ahí había, se fortifican para, desde ese lugar, tratar de atacar al Palacio Nacional.

Francisco I. Madero se traslada de la residencia presidencial del Castillo de Chapultepec (en donde al parecer, en el momento del inicio de la rebelión, se encontraba entregado a los esoterismos de una sesión espiritista) al propio Palacio Nacional, acompañado de los vítores de la población. Al llegar a Palacio comete el gravísimo error de colocar a las fuerzas leales que todavía le quedaban bajo el mando del general Victoriano Huerta, del que tenía sobradas pruebas de perfidia y deslealtad.

Huerta traba algunos combates con los rebeldes de La Ciudadela, en los que se sacrifican muchas vidas inocentes, pero por debajo de la mesa se pone a negociar con Félix Díaz y Manuel Mondragón, y tienen como árbitro e intermediario al embajador estadunidense Henry Lane Wilson. En unos cuantos días se negocia y se firma el Pacto de la Embajada —así llamado porque se firmó nada menos que en la oficina del embajador estadunidense—, por virtud del cual se acuerda la destitución del presidente Madero y de su vicepresidente José María Pino Suárez, así como de todo su gabinete; la disolución del Congreso de la Unión; la remoción de los gobernadores de los estados afines al maderismo; y la designación de Victoriano Huerta como presidente interino con la posibilidad de convocar a elecciones para ocupar la silla presidencial por sí mismo o bien designando en su lugar al general Félix Díaz, para el próximo periodo constitucional de cinco años.

Contando con los indispensables apoyos del ejército federal y de la embajada de Estados Unidos, Victoriano Huerta controla rápidamente la situación militar, toma La Ciudadela, retiene en su poder el Palacio Nacional, y ordena el arresto del presidente Madero y del vicepresidente Pino Suárez.

En un gesto de inaudita prepotencia y crueldad —del que no existe paralelo en los anales de las relaciones diplomáticas entre México y Estados Unidos— Henry Lane Wilson desoye los ruegos encarecidos de Sara P. de Madero y del embajador cubano, Manuel Márquez Sterling —cuyo gobierno ya había otorgado el correspondiente asilo diplomático—, que le piden gestionar un salvoconducto que permitiera la salida hacia La Habana de Madero y Pino Suárez; y despide además a los peticionarios de manera destemplada de su oficina, dejando de esa forma abierto el camino a los instintos asesinos de Huerta.

En la noche del 21 de febrero de 1913, como si fueran reos del orden común, Madero y Pino Suárez son trasladados del Palacio Nacional a la penitenciaría de la ciudad de México. Al llegar a este último lugar son asesinados por la espalda y sus cuerpos arrojados a una fosa común. Todo ello por instrucciones expresas de Victoriano Huerta y con la satisfecha complicidad del embajador Wilson.

Así concluyó la primera etapa de la Revolución mexicana. Se ha dicho que Madero representó, en su breve periodo presidencial, el único experimento verdaderamente democrático que ha ocurrido en toda la historia de México, caracterizada por el autoritarismo de personas o de partidos; que se trató de un genuino "apóstol de la democracia" cuya grandeza de espíritu no fue comprendida por los mexicanos de su tiempo; y que su legado político constituye un ejemplo a seguir por las generaciones futuras si es que se desea construir un México verdaderamente democrático. Son juicios excesivamente generosos formulados tanto por los sentimientos de culpa nacional provocados por su injusto magnicidio como por la comodidad que, a veces, representa el juzgar los hechos desde una lejana perspectiva histórica. Pero para quienes vivieron el breve periodo maderista la democracia constituyó la última de sus preocupaciones. El desorden, la inseguridad, las continuas sublevaciones revolucionarias y militares, la falta de congruencia y de decisión en el liderazgo y en la conducción del país, y la lenta pero inevitable destrucción del sólido edificio económico heredado del antiguo régimen, fueron las preocupaciones que dominaron las escenas pública y privada. Para muestra bastan los innumerables recortes periodísticos de la época plagados de críticas y burlas a la desafortunada gestión presidencial.

La experiencia del parlamentarismo inglés —iniciada en el lejano año de 1215 con la expedición del documento constitucional conocido como la Carta Magna—, que representa el ejemplo más acabado —tanto histórico como moderno— de democracia en acción, demuestra que la democracia no se puede construir con base en ideales, leyes, buenas intenciones, sonrisas, consejos de espíritus del pasado y extraños votos de castidad.[17] Por el contrario, la genuina democracia requiere de la construcción de un sólido esquema constitucional a lo largo de los siglos, con determinación, astucia y con el entendimiento clave de que la política diaria se desarrolla en el reino de lo posible y no en el de lo deseable. Además, se tiene que contar con un claro —y esencialmente frío— dominio de la economía y de las relaciones internacionales. De otra suerte, los principios democráticos naufragan en un mar de intereses creados y de presiones internacionales que inevitablemente conducen a la revolución o a la dictadura.

Madero no entendió nada de lo anterior. Creyó que podía gobernar aliándose con sus enemigos naturales —los políticos porfiristas y el ejército federal— y dándole tranquilamente la espalda a todas las fuerzas revolucionarias —del norte y del sur del país— que fueron las que, en primer lugar, lo llevaron al poder. Pensó que podía recibir el indispensable apoyo estadunidense para después, ya instalado en la silla presidencial con el teórico respaldo popular, renegar de todas las promesas que había hecho —presumiblemente durante su estancia prerrevolucionaria en San Antonio, Texas— para lograr ese apoyo. Un solo ejemplo demuestra la ligereza con la que Madero manejó las siempre delicadas relaciones internacionales.

A pesar de lo que la historia oficial ha dicho en contrario, Porfirio Díaz en los últimos años de su gobierno fue particularmente severo con la inversión extranjera. Nacionalizó los ferrocarriles —medio básico y estratégico de transporte de la época— y sujetó a las empresas —principalmente estadunidenses e inglesas— concesionarias del petróleo y la minería a un estricto régimen fiscal. Por esa razón en la nota diplomática que se reprodujo en la página 48 —y que hasta ahora se da a conocer en este libro— el cónsul general de Suecia en México claramente señala que: "[...] poderosas corporaciones americanas, que poseen importantes intereses en México, ayudaron al señor Madero en su lucha en contra del general Díaz con dinero, con la intención de obtener de él privilegios y concesiones [...]". La respuesta de Madero presidente: imponer una nueva política fiscal, todavía más severa que la del porfirismo, a las compañías petroleras.[18]

En esas condiciones el rápido y trágico fin del maderismo se dio como una lógica conclusión política y geopolítica. No es humanamente posible transitar por el mundo de los lobos de la política —nacional e internacional— sin más ropajes que los de una virginal oveja democrática.

A pesar de su origen espurio, el gobierno de Victoriano Huerta tuvo un buen inicio. Integró su gabinete con destacadas personalidades de los medios intelectual y académico y sus promesas de restaurar la paz social, la estabilidad política y el progreso económico fueron bien recibidas por la opinión pública nacional y por el cuerpo diplomático acreditado en México. La siguiente nota diplomática enviada por el cónsul general de Suecia en México a su gobierno, parece comprobar lo anterior:

"Lo que ahora se espera es que debido a la circunstancia de que el nuevo gobierno se encuentra integrado por hombres altamente calificados, se presentará un nuevo estado de cosas favorable.

26 de marzo de 1913
Kongl Svenska
Cónsul General de Suecia en México
Al: Ministro de Asuntos Exteriores de Suecia,
Estocolmo."[19]

Pero Huerta —esta vez con toda justicia— resultó una víctima más de la fatalidad geopolítica. Es de suponerse que si Taft hubiera seguido en la presidencia de Estados Unidos, después de haber logrado los objetivos de derrocar al caudillo Porfirio Díaz, de debilitar y dividir al ejército federal y de destruir la solidez de la economía mexicana, habría apoyado a un gobierno que, sin el carisma y la fortaleza de Díaz, ofrecía, de cualquier manera, ciertas perspectivas de orden y estabilidad. El siglo XX muestra una larga cadena de dictaduras iberoamericanas que fueron apoyadas entusiastamente por diversos gobiernos estadunidenses. Sin embargo, Victoriano Huerta se encontró con un nuevo tipo de presidente estadunidense: Woodrow Wilson. Escuchemos el punto de vista que sobre este singular personaje expresa el último de los genios de la geopolítica, Henry Kissinger, al compararlo con Theodore Roosevelt, del que Taft fue un inevitable y fiel seguidor: "Roosevelt fue un sofisticado analista del balance de poder. Insistió en un papel internacional para Estados Unidos porque su interés nacional así lo demandaba, y porque el balance global de poder era inconcebible para él sin la participación estadunidense. Para Wilson, la justificación del papel internacional de Estados Unidos era mesiánica. Estados Unidos tenía la obligación no de buscar un balance de poder, sino la de diseminar sus principios por todo el mundo. Durante la administración de Wilson, Estados Unidos surgió como un elemento clave en los asuntos internacionales, proclamando principios que, aun cuando reflejaban las verdades del pensamiento estadunidense, sin embargo, marcaron un cambio revolucionario respecto de los conceptos de los diplomáticos del viejo mundo. Estos principios consisten en que la paz depende de la instauración de la democracia, que los Estados deben ser juzgados con los mismos criterios éticos con los que se juzga a los individuos, y que el interés nacional consiste en la adherencia a un sistema universal de derecho".[20]

Las características de su gobierno y de Huerta mismo como individuo —que juzgaba a sus semejantes no con criterios éticos, sino con criterios etílicos— tenían, por fuerza, que aterrar a un moralista, y moralizador de la política, como Woodrow Wilson, ya que si de algo carecía el asesino de Madero era precisamente de cualquier tipo de principios morales. La forma criminal en la que llegó al poder mediante el asesinato del jefe de Estado y la disolución de un congreso libremente elegido; sus actitudes de vulgar crueldad que llegaron al extremo de ordenar el entierro del presidente Madero en una fosa común, y cuando, presionado por la opinión pública, tuvo que permitir su exhumación y un segundo entierro en un cementerio privado, de cometer la afrenta de impedir que el cuerpo se vistiera con la levita que había preparado su esposa, para que tuviera que ser inhumado con el infamante uniforme de un prisionero del orden común; y su, al parecer, casi permanente estado de ebriedad, resultaron intolerables e inaceptables para un predicador de un sistema universal de derecho, como Wilson.

Prácticamente desde su toma de posesión, ocurrida el 4 de marzo de 1913 —es decir, unos cuantos días después de la Decena Trágica—, Woodrow Wilson decide acabar con el gobierno de Victoriano Huerta. De inmediato se genera un conflicto diplomático. La totalidad de los gobiernos europeos acreditados en México —con Gran Bretaña a la cabeza y con Suecia incluida— habían optado por el reconocimiento de Huerta como un simple expediente para evitar males mayores y lograr la, ya para ese momento ansiada, normalidad de las relaciones comerciales. Wilson no solamente se niega a otorgar cualquier tipo de reconocimiento, sino que se propone derrocar a Huerta con todos los medios a su alcance, que eran muchos puesto que incluían el fomentar una nueva revolución y el llevar a cabo una intervención militar directa. Las siguientes notas diplomáticas enviadas por el embajador de Estados Unidos al gobierno sueco, son testimonio elocuente de lo anterior:

"El presidente [Woodrow Wilson] está horrorizado por la ilegalidad de los métodos empleados por el general Huerta y como un sincero amigo de México se encuentra profundamente deprimido ante la situación que se ha generado. Encuentra imposible considerar como otra cosa que un acto de mala fe hacia Estados Unidos el curso que ha seguido el general Huerta al disolver el congreso y al arrestar a los diputados [...] No se trata solamente de una violación constitucional de garantías, sino de la destrucción de toda posibilidad de que se puedan llevar a cabo elecciones libres y justas. El presidente considera que una elección celebrada en este momento y bajo las condiciones que actualmente prevalecen en México, no contaría con las seguridades con las que la ley protege al sufragio, y que el resultado que se obtuviera no representaría la voluntad del pueblo. El presidente no se siente justificado para aceptar el resultado de semejante elección o de reconocer al presidente que fuera escogido así.

17 de octubre de 1913
El embajador de Estados Unidos de América
A: Su Excelencia, el conde Albert Ehrensvärd,
Ministro de Asuntos Exteriores de Suecia,
Estocolmo."[21]

"Usurpaciones como la que ha llevado a cabo el general Huerta amenazan la paz y el desarrollo de América como nada más puede hacerlo. No solamente hacen imposible el desarrollo de un gobierno ordenado, sino que tienden a hacer por completo a un lado la misma ley y el orden, a poner las vidas y las fortunas de los ciudadanos y extranjeros por igual en permanente estado de peligro; a invalidar los derechos y las concesiones en la forma que al usurpador le parezca más conveniente para su propio beneficio; y a dañar el crédito y las bases de los negocios, tanto nacionales como extranjeros.

"Es el propósito de Estados Unidos, por consiguiente, el desacreditar y derrotar semejantes usurpaciones cualquiera que sea el lugar en el que ocurran. La política actual del gobierno de Estados Unidos es la de aislar al general Huerta por completo; cortarlo de cualquier simpatía de otros gobiernos extranjeros y de la recepción de cualquier tipo de créditos, sean morales o materiales, para de esa manera forzar su caída.

"Nuestro gobierno espera y cree que el aislamiento permitirá lograr este fin. Y esperará los resultados sin irritación o impaciencia. Si el general Huerta no se retira por la fuerza de las circunstancias, entonces será el *deber de Estados Unidos utilizar medios menos pacíficos para derrocarlo*.

28 de noviembre de 1913
El embajador de Estados Unidos de América
A: Su Excelencia, el conde Albert Ehrensvärd,
Ministro de Asuntos Exteriores de Suecia,
Estocolmo."[22]

El gobierno de Estados Unidos daba amplias explicaciones a los gobiernos europeos para mantener, como dice Kissinger, el sentido del equilibrio político internacional; pero la decisión final estaba tomada de antemano. Huerta tenía que irse del poder, así se necesitara para ello —como a la postre ocurrió— de una intervención militar estadunidense. El costo para México fue enorme en vidas, propiedades y desplome de las finanzas públicas. Wilson, por razones diametralmente opuestas a las de Taft, alcanzó los mismos objetivos geopolíticos y geoeconómicos. A fin de cuentas estos dos representantes de posturas encontradas en el espectro político estadunidense, revalidaron la tesis de la gravitación política expuesta muchos años antes por John Quincy Adams, según la cual el destino de todas las naciones del subcontinente iberoamericano —con México a la cabeza por obvias razones de vecindad geográfica— era el de gravitar dentro de la esfera de los intereses nacionales de Estados Unidos.

Pero al menos en este caso, y a pesar del elevado costo que tuvo que ser asumido por México, la gravitación política generó indudables beneficios sociales. El porfirismo como forma de gobierno ya había agotado su razón de ser y los intentos por revivirlo y prorrogarlo llevados a cabo —aunque parezca paradójico— tanto por Madero como por Huerta, solamente acentuaron la gravedad de los problemas estructurales por los que atravesaba la sociedad mexicana. Se requería de cambios profundos en materia agraria, laboral, social, educativa y cultural. De la revolución constitucionalista encabezada por Venustiano Carranza emergió, con el paso de los años, una sociedad un tanto más justa e igualitaria; un Estado más fuerte y mejor organizado, aunque ciertamente no más democrático; todo un programa nacional de educación pública; y un renacimiento cultural cuya muestra más acabada se encuentra en los extraordinarios murales de Diego Rivera.

Todo lo anterior probablemente no habría sido posible o se habría logrado un buen número de años después y a un costo social y económico quizá más elevado, de no haber sido por las ideas de moralidad internacional que profesaba Woodrow Wilson, quien como buen estadunidense debe de haber pensado que "there is no gain without pain"; lo que se podría traducir como: "no puede haber ganancia sin sufrimiento".

Gracias al señor Wilson el escenario quedó preparado para que en el norte del país se iniciara la verdadera Revolución mexicana que, en un principio y con la bendición y ayuda estadunidense, fue encabezada por el más extraordinario de los caudillos militares de esos tiempos: Pancho Villa.

La vida de Pancho Villa —como la de Ivar Thord-Gray—parece arrancada de una novela de aventuras. En ella se mezclan, por igual, hechos heroicos con violencias y arbitrariedades sin fin; rasgos de agudeza política con planteamientos ingenuos y, por ello, irrealizables; una tendencia manifiesta por granjearse la amistad y el apoyo de los estadunidenses, a los que admiraba por su sistema educativo y por su desarrollo tecnológico, con la organización de la única invasión militar que Estados Unidos ha sufrido en su territorio continental, descontando, desde luego, el intento de reconquista efectuado por los británicos en 1812. En fin, la planeación de un ambicioso programa de redistribución de la tierra y de la defensa nacional con una interminable destrucción de vidas, haciendas, vías, equipos y material ferroviario.

No es fácil resumir la vida de este extraordinario personaje en unas cuantas líneas pero, por otra parte, tampoco es imposible. Doroteo Arango —hasta donde se sabe con alguna certeza— nace en el año de 1878 en el poblado de San Juan del Río, estado de Durango. Su padre, Agustín Arango, modesto agricultor e hijo ilegítimo de un tal Jesús Villa, muere joven dejando a una familia de cinco hijos que pasan a depender, junto con su madre, de Doroteo, el hermano mayor, quien, para subsistir, se ve obligado a trabajar como peón en la hacienda de Gorgojito, propiedad de la acaudalada familia porfiriana López Negrete. El 22 de septiembre de 1894, el terrateniente Agustín López Negrete —en ejercicio de una costumbre muy arraigada entre los hacendados de esa época— trata de forzar sexualmente a Martina Arango, joven doncella de tan sólo dieciséis años de edad. Su hermano Doroteo interviene y hiere gravemente al agresor. Doroteo se da a la fuga, y a partir de ese momento inicia una vida singular —que culminará con su incorporación, en 1910, a las fuerzas del revolucionario Francisco I. Madero—, la que lo llevará a alternar una azarosa existencia de bandolero con periodos de paz, y hasta de respetabilidad, trabajando como honrado carnicero. Se sabe que durante ese periodo fue propietario, al menos, de dos carnicerías, una en Hidalgo del Parral y la otra en la ciudad de Chihuahua. También se sabe que en sus ratos de ocio —que deben de haber sido muchos y muy variados— cometió incontables delitos. Robos —principalmente del ganado que abunda en el rico estado de Chihuahua—, asaltos e incendios de haciendas, secuestros y varios asesinatos. Inclusive —como en su momento lo hizo Thord-Gray, aunque por distintas razones— cambia de nombre: de Doroteo Arango a Francisco (Pancho) Villa, adoptando el apellido de su abuelo paterno, con fines que no se sabe si fueron de recuperación de la perdida identidad familiar o de desvanecimiento de datos acerca de su propia identidad personal, para eludir la acción de la justicia porfirista que lo empezó a perseguir encarnizadamente. Un cronista de la época, Nemesio García Naranjo, de filiación huertista, trató de describirlo en los términos siguientes: "Villa amó siempre la revolución sin finalidad, porque en un lugar en donde se han roto los diques, podía su espíritu volar con salvaje e incontenible libertad [...] Antes de la revolución y después de ella, en el solio y los campos de batalla, rodeado de intelectuales respetables o de feroces asesinos, Villa fue siempre el mismo, con su sed abrazadora de disolución y pillaje, de concubinatos y de robos, de traiciones y de ultrajes [...]".[23]

Se trata de un juicio parcial e incompleto que, desde luego, revela las filias y las fobias de su autor. Villa fue mucho más que un simple bandido. Tuvo cuatro cualidades innatas que lo hicieron un ser humano diferente de casi todos sus semejantes: un claro y pragmático sentido de la justicia social; una notable capacidad de liderazgo; una singular vocación militar y estratégica; y las dotes de un jinete excepcional, que hicieron que fuera universalmente conocido como el Centauro del Norte.

Desde muy temprana edad tuvo plena conciencia de la terrible injusticia que para los peones del campo representaba el latifundismo propiciado por el régimen de Porfirio Díaz, que primero lo privó del privilegiado acceso a los beneficios de la educación y que, después, por defender el honor de una hermana menor de edad, lo privó del único medio de subsistencia para él y para su familia, arrojándolo, sin otra opción, al camino de la delincuencia organizada. Por eso cuando se lanzó a la Revolución lo hizo con plena conciencia de que se trataba de un movimiento social encaminado a cambiar, por la fuerza de las armas, una situación que era esencialmente inequitativa. Su preocupación por la educación de los niños —en quienes quería ver un futuro mejor para el país— se manifestó en múltiples formas y ocasiones. Así, por ejemplo, varias veces le expresó a su buen amigo y consejero político, el ingeniero Elías Torres, que soñaba con el día en el que pudiera enviar a miles de niños chihuahuenses a estudiar a Estados Unidos las "técnicas de los gringos", para que a su regreso, debidamente capacitados, coadyuvaran a sacar a México del permanente estado de atraso económico en el que se encontraba desde los primeros días de su independencia de España. "No crea usted —le dijo—, si yo pudiera mandaría a todos los niños pobres a estudiar y educarse en Estados Unidos, que entraran a las fábricas enormes que ellos tienen, que vieran los secretos de sus industrias, que se educaran con ellos; porque como nuestros hermanitos son más valientes que ellos y más vivos pronto aprenderán sus mañas para los negocios, para las industrias, para la guerra y entonces me ría [sic] yo de los gringos [...] o se reirían mis muchachitos si yo ya no vivía."[24]

Odiaba a los que consideraba como explotadores de la miseria y la ignorancia que postraba a la gran mayoría del pueblo mexicano, fueran hacendados porfiristas, latifundistas ingleses o estadunidenses o tenderos españoles. Quien ha vivido en México el trato preferencial que los gobiernos, por distintas razones, suelen dar a los extranjeros, comprenderá perfectamente las razones de Villa.

Su proyecto de reforma agraria, quizá no tan auténtico y visionario como el de Emiliano Zapata, posee, sin embargo, un claro sentido de la justicia distributiva, tomando en consideración las características propias de la explotación agrícola y ganadera en las vastas extensiones de los estados norteños de Chihuahua, Coahuila, Tamaulipas, Durango, Sonora y Sinaloa, son por entero diferentes a las que prevalecen en los predios, mucho más pequeños, del sureño estado de Morelos, cuna y tragedia de la revolución zapatista. Es en este sentido como debe juzgarse su proyecto de crear grandes colonias agrícolas, autosuficientes en lo económico y en lo militar, que fueran el producto de un régimen de propiedad privada, matizado por un conjunto de deberes y trabajos comunitarios; tal y como parcialmente lo logró en los últimos años de su vida, cuando estuvo al mando de la hacienda de Canutillo, en su natal estado de Durango.

Los largos años de bandidaje y abigeato por los que Villa tuvo que pasar para subsistir, le proporcionaron cualidades que le serían indispensables para alcanzar los descomunales éxitos que tuvo en las luchas revolucionarias. Sus escuelas fueron la necesidad de convertirse en un jinete soberbio, el requerimiento vital de saber conocer y saber mandar a hombres rudos y violentos, y los interminables vericuetos y laberintos de la imponente Sierra de Chihuahua (la Sierra Tarahumara), que tanto admirara Ivar Thord-Gray.

Todo ello envuelto en una personalidad contrastante y contradictoria que lo mismo lo impulsaba a cometer crímenes nefandos y a incurrir en arbitrariedades sin fin, que a tener arranques de indecible generosidad, no desprovistos de cierta ternura infantil. En una ocasión estuvo a punto de insubordinársele —pistola en mano— al mismo Francisco I. Madero. Cuando este último, con la superioridad moral y espiritual que, sin duda alguna, lo caracterizaron, lo reprende severamente, Villa suelta la pistola, se hinca y llorando humildemente le pide perdón. A partir de ese momento, Villa será un adorador incondicional de la figura de Madero, al grado de que cuando ocupa militarmente la gran ciudad capital —aproximadamente dos años después del sacrificio del primer presidente revolucionario— personalmente se encarga de cambiar el nombre de una de las principales calles del Centro Histórico de la ciudad de México, remplazando el nombre de la vieja calle de Plateros del México colonial, por el más apropiado al México que intentaba surgir de la Revolución: avenida Francisco I. Madero.

En 1909 Villa traba amistad con Abraham González, el jefe del movimiento antirreeleccionista en el estado de Chihuahua. González, conocedor de su don de mando, de su soberbio dominio de la equitación, de su notable manejo de las armas y de sus evidentes resentimientos sociales, lo incorpora al movimiento revolucionario, aún en estado de gestación. A principios de 1911, Villa conoce a Madero, quien, procedente de San Antonio, Texas, había entrado al país por el punto fronterizo de Ciudad Juárez, Chihuahua. Después de tratarlo emite un juicio definitivo que, a su vez, es una definición de Villa mismo: "Si todos los ricos de México fueran así, no habría revolución".[25]

Las primeras escaramuzas revolucionarias permiten que salga a la luz pública el innato genio militar de Pancho Villa, quien se distingue en la toma de Ciudad Juárez y en las batallas de San Andrés y Santa Rosalía (nombres de las haciendas chihuahuenses en cuyas cercanías se libraron), gracias a su capacidad y genio natural que, en corto tiempo, le permite reclutar, organizar y dirigir una poderosa fuerza de caballería.

Los Acuerdos de Ciudad Juárez, que marcan el retiro definitivo del país del presidente Porfirio Díaz y el triunfo de la revolución maderista, interrumpen abruptamente la breve carrera militar del ya para ese entonces Centauro del Norte. Como se recordará, Madero, pasando por encima de la decidida oposición de Venustiano Carranza —"Revolución que transa se suicida"—, acepta el interinato presidencial del ministro porfirista Francisco León de la Barra y el licenciamiento de las tropas revolucionarias. Villa se disciplina a los mandatos de su jefe, recibe una cuantiosa indemnización en dinero en efectivo y se retira a la vida privada, abriendo de nueva cuenta una carnicería en la ciudad de Chihuahua.[26]

Cuando el "revolucionario" Pascual Orozco —que también había participado convenencieramente en la toma de Ciudad Juárez—, financiado por los latifundistas chihuahuenses, se rebela en contra del presidente Madero, Villa acude de inmediato al llamado de su guía y mentor político y, acatando sus órdenes, se incorpora con una brigada propia de caballería, al ejército federal que comandaba el siniestro general Victoriano Huerta. En principio Huerta lo recibe con buen ánimo, reconociéndole el grado de general de brigada. Sin embargo, las sorprendentes cargas, maniobras y contramaniobras que Villa ejecuta admirablemente en la campaña que termina con la breve rebelión orozquista, provocan la desconfianza y los celos militares del taimado asesino de Madero, quien, tomando como pretexto una supuesta —y jamás probada— insubordinación de Pancho Villa, ordena sin más trámites su inmediato fusilamiento. La intervención de último minuto, cuando el pelotón de fusilamiento ya se había formado, de un teniente coronel de nombre Guillermo Rubio Navarrete, el que, según Martín Luis Guzmán, actuaba por órdenes expresas del general Raúl Madero, hermano del presidente, impide la ejecución. Sin embargo, por presiones e insidias del propio Huerta, es trasladado a la ciudad de México en calidad de reo de insubordinación militar, en donde se le recluye en una fría y oscura celda de la prisión de Santiago Tlatelolco.[27]

En Santiago Tlatelolco conoce al general Bernardo Reyes —quien muchos pensaban sería el próximo presidente de la República— y traba con él una cordial amistad. Reyes, conocedor de las dotes militares del futuro jefe de la División del Norte, decide contribuir a su formación y le imparte algunos rudimentos de lengua española, historia de México y civismo.

Pero Villa pronto desespera de su situación. Madero, agobiado por los problemas de gobernabilidad del país y por sus continuas indecisiones y cambios de opinión, lo deja abandonado a su suerte en la gélida prisión militar. Su proceso penal —como la gran mayoría de los procesos legales en México— se desarrolla con lentitud, ineptitud y corrupción. Hastiado de todo esto, Villa logra sobornar al secretario del juzgado —de nombre Carlos Jáuregui—, quien le proporciona los medios necesarios para huir de la cárcel, disfrazado nada menos que de abogado litigante.

En compañía de Jáuregui —que con el tiempo se convertirá en uno de sus secretarios— Villa emprende un largo recorrido por la costa occidental de México hasta cruzar la frontera y llegar a Tucson, Arizona, de donde se traslada a El Paso, Texas. Ahí entra en contacto con el jefe revolucionario José María Maytorena, y presumiblemente con algunos oficiales y agentes del ejército estadunidense, como "míster Kelly" y "míster White" —nombres probablemente apócrifos—, el general Hugh L. Scott, comandante del puesto militar fronterizo de Fort Bliss, y el entonces coronel Pershing, el mismo que años más tarde lo perseguirá incansablemente —por cierto, sin encontrarlo— por toda la insondable Sierra de Chihuahua, para intentar castigarlo por su audaz invasión militar al poblado de Columbus, Nuevo México.

Para ese entonces, el presidente Wilson ya había condenado, en los términos más enérgicos, al régimen de Victoriano Huerta, y la frontera norte de México era un hervidero de levantamientos revolucionarios. Villa cruza la frontera con ocho hombres y se lanza a la conquista de la ciudad de Chihuahua. Pero no se vaya a pensar que se trató de una aventura alocada. Del otro lado de la frontera había quedado asegurada una línea de suministro de armas, municiones y de lo que el propio Villa llamaba "bastimento".

Pronto reúne una respetable fuerza de aproximadamente novecientos hombres de caballería. A sangre y fuego toma la plaza fuerte de Torreón, infligiendo una severa derrota al ejército federal. Es tal su éxito militar que los jefes revolucionarios de Chihuahua, Coahuila y Durango unánimemente lo nombran jefe de la División Norte. Impulsado por los éxitos de Torreón, Pancho Villa se arroja de frente sobre la ciudad de Chihuahua. Pero, para su gran sorpresa, la plaza se le resiste. Es entonces cuando decide llevar a cabo un extraordinario golpe de audacia que, en palabras del historiador Enrique Krauze, lo convierte en el Centauro Fílmico, y en los hechos, en el amo y señor del estratégico punto fronterizo de Ciudad Juárez.

El propio Krauze narra el suceso de la siguiente manera: "Acción de película. Mientras una parte de los efectivos distrae al enemigo en las afueras de Chihuahua, la otra, bajo el mando de Villa, intercepta y descarga dos trenes de carbón en la estación Terrazas. Sus hombres abordan los vagones y la caballada los sigue por fuerza, rumbo a Ciudad Juárez. En cada estación a partir de Terrazas, Villa apresa al telegrafista y pide instrucciones a la base de Ciudad Juárez, fingiéndose el oficial federal a cargo de los convoyes. Una y otra vez aduce imposibilidad de seguir su trayecto hacia el sur, y una y otra vez se le ordena el repliegue al norte. La noche del 15 de noviembre de 1913, mientras los federales dormían a pierna suelta o se solazaban en las casas de juego, una señal luminosa anuncia el asalto. En un santiamén las tropas villistas toman el cuartel, la jefatura de armas, los puentes internacionales, el hipódromo y las casas de juego. Los periódicos estadunidenses y la opinión pública se sorprenden ante la increíble acción. En Fort Bliss, el general Scott la compara con la guerra de Troya".[28]

Es el inicio de la fama mundial de Villa. Los periódicos de Estados Unidos y Europa dan cuenta pormenorizada de la hazaña a sus lectores. La leyenda se empieza a tejer. Los calificativos de la prensa internacional no conocen límites: "Robin Hood mexicano", "jinete del lejano oeste', "futuro pacificador de México", y otros del mismo tenor que, de golpe, lo colocan en la primera fila del escenario mundial. Es por esa época cuando una compañía fílmica de Estados Unidos le ofrece veinticinco mil dólares (una cifra fabulosa para ese entonces) por permitirle filmar sus ya célebres cargas de caballería. Lo cual implica otra hazaña —ésta de carácter cinematográfico—, ya que el Centauro realiza sus cargas a una velocidad promedio de más de noventa millas por hora.

Unos cuantos días después de la audaz toma de Ciudad Juárez, cuando Villa se encontraba en los preparativos para la batalla de Tierra Blanca que le permitiría apoderarse de la ciudad de Chihuahua y asumir la gubernatura del estado del mismo nombre, Ivar Thord-Gray —después de abandonar la lejana y también convulsionada Shanghai y tras breves estancias en San Francisco, California, y El Paso, Texas, en donde recabó de estadunidenses "bien informados" valiosos datos que le permitieron concluir que el Centauro era el líder indiscutido de la naciente revolución— decide cruzar la frontera mexicana para, en el lenguaje de la época, "irse con Pancho Villa".

Tierra Blanca

El primer encuentro de Thord-Gray con Pancho Villa parece arrancado de las páginas de lo que se conoce como la "novela histórica de la Revolución mexicana". Indudablemente pudo haber sido descrito por alguno de los grandes escritores de ese género, como Martín Luis Guzmán o Rafael F. Muñoz. Los hechos ocurrieron del siguiente modo: en cuanto cruza la frontera, Thord-Gray se dirige al cuartel general villista y pide lo reciba el general en persona; logra su deseo casi de inmediato. El escenario es de lo más extraño: Villa se encuentra en un cuarto oscuro y sin ventilación que apesta a sudor humano y a colillas de cigarro. Sin embargo, el centro de la habitación está adornado por un enorme, y costoso, jarrón de porcelana china que, a juicio del conocedor militar sueco, es de los tiempos de la dinastía Ming. El ya para entonces legendario caudillo, a pesar de su fama de bandido y asesino, produce en Thord-Gray la siguiente impresión: "Su cuerpo lucía poderoso, robusto, de aspecto fiero, con una enorme cabeza redonda y con un rostro ligeramente inflamado. Los labios eran anchos y fuertes pero sensuales al mismo tiempo. El labio superior cubierto por un corto pero abundante bigote. Los ojos enrojecidos como si les faltara sueño. El cabello quedaba fuera del alcance de mi vista por estar cubierto por un sombrero que usaba ligeramente echado hacia atrás. Vestía pantalones de cuero con la parte suave de este material llegándole a la altura de las rodillas. Su cara se veía sucia y mostraba una media sonrisa gorilesca, pero con un cierto aspecto de bondad que iluminaba un rostro que, de otra suerte, parecía duro y rudo".[1]

Pero si la primera impresión fue más o menos favorable, la recepción no pudo ser peor. Villa, receloso de la injerencia de asesores extranjeros que, apenas llegados, creían saberlo todo acerca de México y miraban con cierto desdén a los jefes revolucionarios —como lo había comprobado en sus tratos con un militar de origen bóer y de apellido Viljoen,[2] que Francisco I. Madero había traído consigo desde San Antonio, Texas—, lo recibe de mala manera, rompe en pedazos la "visa" que le había otorgado el cónsul de México en Shanghai (seguramente nombrado por el gobierno de Porfirio Díaz), no cree que venga a México a realizar investigaciones arqueológicas, lo califica de "espía gringo" al servicio de Victoriano Huerta y, sin más, le ordena regresar por donde vino.

Ante semejante acogida, Thord-Gray piensa en regresar a China, considerando que ahí las intrigas y los juegos militares de las fuerzas de ocupación y del Kuomintang son más lentos pero más comprensibles que las actitudes de este extraño hombre, al que, ya indignado por el trato que le estaba dispensando, no duda en calificar de primate gigantesco, digno de la selva africana o malaya.[3]

En el trayecto hacia la salida del campo villista, Thord-Gray se topa con un oficial estadunidense que desesperadamente intenta arreglar dos piezas de artillería. Se trataba de dos de los formidables cañones "Mondragón", así llamados porque fueron diseñados por el célebre oficial porfirista que había sido destacado alumno en la —no menos célebre— academia militar de Saint-Cyr. Exactamente de la clase de oficiales cuya presencia en el ejército federal mexicano llegó a incomodar seriamente, en los últimos años del régimen porfirista, a los servicios estadunidenses de inteligencia militar.

El oficial "gringo" —como lo describe Thord-Gray— estaba en un serio apuro. Había apenas iniciado un curso rudimentario de artillería en una institución militar del sur de Texas cuando se involucró en un grave conflicto con uno de sus superiores por un lío de faldas. Amenazado con una corte marcial, prefiere huir a México para incorporarse a las tropas villistas. El Centauro, ante la ausencia de una mejor alternativa, lo designa "comandante de artillería".

Ahora sudaba y temblaba ante la posibilidad de que, en uno de sus conocidos arranques, el general Villa lo despachara a lo que Thord-Gray daba en llamar "el paraíso de los cazadores", porque no encontraba la forma de hacer disparar las codiciadas piezas de artillería, de cuya posesión se enorgullecía el jefe de la División del Norte por habérselas arrebatado al ejército federal durante la épica toma de Ciudad Juárez.

Thord-Gray, con la vasta experiencia militar adquirida en Sudáfrica, Indochina, las Filipinas y China, pronto descubre la causa del desperfecto: los seguros de la pieza de carga de los cañones estaban rotos y, por lo tanto, no había forma de asegurar ni la carga de las balas, ni mucho menos su disparo. Thord-Gray estaba explicando al improvisado "oficial de artillería" cómo se podría trasladar el cuerpo central de los cañones a un taller que él conocía —seguramente gracias a sus buenos contactos militares en Estados Unidos— en El Paso, Texas, en el que, tomando como modelo los seguros rotos, en un plazo aproximado de un par de días, bajo su dirección, le podían fabricar unos nuevos, cuando Villa, acompañado de su lugarteniente Rodolfo Fierro —conocido como el Carnicero por la forma verdaderamente salvaje en la que solía asesinar a los prisioneros de guerra—, se presenta súbitamente en el lugar. Al ver que Thord-Gray no había obedecido sus órdenes de regresar por donde había venido, ordena su arresto, probablemente con el más siniestro de los propósitos, pues la presencia de Fierro —que miraba al militar sueco con una mezcla de recelo y rencor— no parecía presagiar nada bueno.

Por fortuna, el oficial estadunidense interviene de inmediato y, a través de un intérprete, le explica a Villa que Thord-Gray es un experto en artillería cuya colaboración, en esos momentos, podría ser de vital importancia. El Centauro, que necesitaba desesperadamente los cañones, cambia súbitamente de actitud —cual era su costumbre— y le pide a Thord-Gray que se explique. Cuando Ivar le dice que necesita trasladar las piezas a El Paso, Texas, Villa vuelve a estallar y a amenazar con palabras altisonantes —cual era también su costumbre— al recién encontrado experto en artillería. Al final, llegan a un arreglo: las piezas se desmontarían en un taller de Ciudad Juárez y Thord-Gray cruzaría la frontera exclusivamente con los seguros para fabricar los correspondientes remplazos en El Paso, Texas. Sin embargo, Villa es claro y perentorio: Thord-Gray solamente cuenta con dos días.

Ivar cumple con lo prometido —lo cual demuestra que debió haber tenido magníficas relaciones en los medios militares de Estados Unidos— y regresa al cuartel villista a supervisar el remontaje de las piezas y la instalación de los nuevos seguros de disparo. Todo ello en medio de grandes muestras de alegría de parte del antes angustiado oficial estadunidense. Concluida su misión, Villa lo arresta de nueva cuenta. Esta vez porque al día siguiente lo necesita para probar los cañones. Sin embargo, sólo le pone centinelas de vista y le permite recorrer el campamento a sus anchas para que conozca —y juzgue— la disposición y el grado de preparación de las tropas.

La prueba de los cañones, practicada al día siguiente, constituye para Thord-Gray toda una bienvenida al surrealismo mexicano. Los cañones carecen de mirillas telescópicas y de indicadores de rango y alcance. Para probarlos, Villa ordena disparar sobre una casa de las afueras de Ciudad Juárez, sin tomarse la molestia de notificar el hecho a los cuatro habitantes de la misma. Ambos cañones disparan con gran estruendo pero las balas estallan a trescientos metros de su objetivo. Para Thord-Gray es un fracaso en términos militares, con una ventaja en términos humanos: los inocentes habitantes de la casa tienen tiempo de huir despavoridos hacia el refugio de una cañada vecina. Para Villa el solo hecho de que los cañones hubieran disparado cerca del blanco, sin estallar o volverse a descomponer, es todo un éxito que, con cierta ingenuidad, lo lleva a exclamar, según el mismo Thord-Gray:

"Estos cañones pueden ser ahora usados en contra de ese usurpador Huerta en esta nuestra lucha por tierra y libertad".[4] El círculo surrealista queda así cerrado: el disparo —con notorio desprecio de cuatro vidas inocentes—, de dos cañones sin mirillas telescópicas ni indicadores de rango y alcance, que, obviamente, no pudieron dar en el blanco, representó, para los villistas, un indicio irrefutable de futuras victorias militares.

Thord-Gray se lleva una sorpresa más: el Centauro, ahora sonriente y efusivo, le da un gran abrazo; lo llama "compañerito" (su expresión favorita para denotar amistad hacia alguien) y en el acto lo nombra "jefe de artillería de la División del Norte", con el rango de capitán primero. El hecho de que su fuerza de artillería se redujera a dos piezas apenas servibles, a un aprendiz estadunidense y a unos cuantos indios tarahumaras armados de machetes que apenas hablaban unas cuantas palabras de español, en modo alguno perturbó o afectó la confianza en sí mismo de este tan improvisado como extraordinario personaje.

Ganada de manera tan singular la confianza del Centauro, Thord-Gray empieza a desarrollar su trabajo. En la misma tarde de la "prueba de artillería", a través de un intérprete, le hace ver la necesidad de que su afamada caballería se organice mejor, que mejore su entrenamiento, que sus comandantes aprendan y practiquen tácticas y estrategias militares y, sobre todo, que se establezca un adecuado sistema de comunicaciones que es esencial para el buen funcionamiento de todo ejército que se respete. Al respecto, le recuerda una célebre frase de Napoleón —del que Villa había oído hablar, gracias a que el presidente Madero lo mencionó en varias ocasiones—: "El secreto del éxito en la guerra está en las comunicaciones".[5]

El Centauro no le presta demasiada atención. Se refiere a Napoleón como "ese hombre" del que solía hablar Madero y, a renglón seguido, lo contradice afirmando que el secreto de la guerra no está en organizar las comunicaciones propias, sino en destruir las del enemigo. Para lo demás —el entrenamiento, las tácticas y la estrategia— simplemente no tiene tiempo. Hay que confiar en las cualidades militares innatas de él y de sus hombres. Ante semejante actitud, Thord-Gray se concreta a comentar: "Este hombre, brillante en otros aspectos, parecía no ver o calcular más que para los próximos días. Su confianza en sí mismo era enorme, pero no se daba cuenta de las deficiencias que se derivaban de la falta de entrenamiento y del modo de vida de sus tropas. Sus viejas asociaciones de sus tiempos de bandidaje estaban incrustadas en el cuerpo de su ejército. Todo eso hacía que el imponer disciplina resultara sumamente difícil. Sabía que algo faltaba, especialmente entre sus oficiales, pero se negaba de plano a recibir cualquier tipo de instrucciones en materia de estrategia militar. El bandido triunfante era, en el fondo, demasiado orgulloso".[6]

Las profecías militares de Thord-Gray inevitablemente se cumplirían en las batallas de Celaya, que ocasionaron el derrumbe del villismo ante el Ejército Constitucionalista precisamente por esa fe ciega en las cargas interminables de caballería, agravada por la ausencia absoluta de estrategia, táctica militar y un sistema confiable de comunicaciones.

Pero eso ocurriría aproximadamente dos años después. Por el momento era necesario volver a atacar al ejército federal que intentaba marchar hacia la reconquista de Ciudad Juárez. Villa, en consecuencia, se da por enteramente satisfecho con su nuevo capitán de artillería, y le ordena prepararse para marchar con sus renovados cañones Mondragón, a las tres de la mañana, rumbo a la ciudad de Chihuahua. Thord-Gray exclama: "¡Qué hombre! Así estaba yo con dos cañones, diez indígenas que casi no hablaban el español habilitados de artilleros, sin ningún oficial capacitado, sin mirillas telescópicas de ninguna clase, sin indicadores de rango y alcance y con los cargadores de municiones vacíos en más de sus dos terceras partes. No obstante, dio órdenes de prepararse para entrar en acción [...] Villa poseía sin duda alguna un cuerpo lleno de energía y fortaleza dispuesto a afrontar los más graves riesgos para alcanzar sus objetivos, sin temor alguno. De alguna forma me empezó agradar este Atila del norte de México. No obstante, me preguntaba cuál era la razón de su prisa si las tropas no estaban listas, pero debí haber supuesto lo que en realidad sucedía: que el enemigo avanzaba velozmente en nuestra contra y que solamente se encontraba a la distancia de un día de marcha. El recién llegado, a pesar de comandar los cañones, era un gringo. Por lo tanto no era necesario informarlo de nada".[7]

Antes de iniciar la marcha hacia lo que sería su primera —y única— batalla al mando del general Francisco (Pancho) Villa, Thord-Gray experimenta dos sorpresas culturales en relación con lo que es la vida en México: la pureza de sentimientos de los indígenas y la perfidia de los mestizos.

Le es asignado como guía y explorador un indígena tarahumara, originario de los altos de la Sierra Madre en la parte occidental del estado de Chihuahua, que posee, como todos los de su raza, fama de ser un gran corredor de distancias. El encuentro impresiona profundamente a nuestro personaje. Se trata de un "chamán", una especie de médico-brujo con asombrosos conocimientos de herbolaria, que ha castellanizado su nombre cambiándolo a Pedro, y que será una venturosa e inagotable fuente de información que, con el tiempo, hará de Thord-Gray un verdadero experto en la lengua, cultura y costumbres de los tarahumaras.

Al prepararse para la marcha Ivar conversa largo con Pedro y empieza lo que será un constante aprendizaje antropológico. Así aprende su primera —y probablemente la más importante, por su profundo significado— palabra del idioma tarahumara: *norawa*, que quiere decir "amigo", pero no en el sentido convencional que el hombre occidental suele atribuirle a dicha palabra, sino con un significado mucho más profundo que hace referencia tanto a una amistad de carácter social como a una especie de hermandad de sangre, que genera entre los amigos obligaciones y derechos recíprocos. De igual manera, Thord-Gray descubre, gracias a Pedro, los extraordinarios poderes medicinales que puede llegar a tener la planta alucinógena comúnmente conocida en México como "peyote"; cuyos poderes mágico-curativos hasta la fecha siguen intrigando y atrayendo a propios y extraños.

A partir de ese momento comienza una singular amistad y colaboración militar, lingüística, antropológica, medicinal y cultural entre el rubio escandinavo criado en la lejana isla de Björkö y el tarahumara puro, oriundo de los más remotos confines de la más formidable sierra de un país de sierras formidables. Amistad de sangre cuyas obligaciones y derechos recíprocos trataré de narrar puntualmente a lo largo de estas páginas.

Pero por otra parte, Thord-Gray también sabrá de lo que es capaz un resentido mestizo mexicano. El mestizo —a diferencia del criollo que desciende directamente del español y del indio que proviene de una raza generalmente pura— es producto de una mezcla, cuyo origen remoto está en la violación de una india por un español, lo que desde los remotos tiempos de la estamentada sociedad colonial, lo ha colocado en una posición de desventaja en la también sutilmente clasista sociedad mexicana. Desventaja social que, con los siglos, se ha agravado por las sucesivas mezclas de mestizos entre sí. Al saberse socialmente despreciado, por no ser ni indio ni blanco, el mestizo se ha acostumbrado, por generaciones, a vivir en el recelo, a desconfiar de los demás —los de su misma clase especialmente incluidos— y a actuar, cuando puede, con traición, perfidia y crueldad.

Rodolfo Fierro, el lugarteniente de Villa, fue un magnífico ejemplar de esta clase. Rotos, gracias a la Revolución, los límites y reglas usuales de la convivencia civilizada, el mestizo resentido que habitaba dentro de él pudo dar rienda suelta a sus más bajos —y hasta entonces reprimidos— instintos. Las narraciones de la Revolución mexicana abundan en la sarta de crueldades, tropelías y actos del más puro bandidaje que perpetró a diestra y siniestra, aunada a una gran cantidad de torpezas en los campos de batalla y a una serie de traiciones y engaños sin fin, hasta que, un buen día, encontró el merecido final a su vida, cuando muere en un nauseabundo pantano.

Consecuencia de un evidente atavismo cultural: el odio ancestral hacia el hombre blanco, Fierro no toleraba a los "gringos". Por consiguiente, desde el primer momento decide deshacerse de Thord-Gray, con el pretexto de que operaba como "espía gringo" en el campo villista. Así, utilizando el nombre de Villa, envía un telegrama a Venustiano Carranza —quien por consenso de los principales jefes revolucionarios había recibido el mando supremo del movimiento con el título de "Primer Jefe del Ejército Constitucionalista"— anunciándole que había encontrado a un experto extranjero que le podía arreglar y manejar sus cañones. La intención era transparente: transferir al "espía gringo" lo más pronto posible al otro cuerpo del ejército revolucionario que operaba en el noroccidental estado de Sonora, también fronterizo con Estados Unidos, antes de que la superioridad de conocimientos militares pudiera desplazarlo en la confianza, y en los posibles afectos, del volátil Centauro, al que Fierro le era brutalmente leal.

Aprendidas sus primeras lecciones de multiculturalidad mexicana, Thord-Gray parte con destino a su primera batalla revolucionaria, la que se librará en tierras antaño habitadas por comanches y tarahumaras; batalla que sería el punto de partida que, eventualmente, le permitiría llegar a la lejana y gran ciudad que en Björkö se imaginara como la orgullosa capital del imperio azteca.

Tierra Blanca se localiza aproximadamente a cuarenta kilómetros de distancia de la ciudad de Chihuahua. Es una llanura arenosa, abierta al viento y a los demás elementos de la naturaleza que tengan a bien presentarse en la zona. La monotonía del paisaje se rompe, de vez en vez, con la aparición de algunas dunas y cañadas. A simple vista no pareciera ser el sitio ideal para librar una gran batalla; sin embargo, ése fue el lugar que el general Mercado escogió para esperar a las tropas de Pancho Villa. Las razones estratégicas son difíciles de encontrar, sobre todo tratándose de un militar de carrera. No obstante, parece ser que Mercado no quiso exponer a la población de la ciudad de Chihuahua a los rigores de un sitio prolongado —que a él mismo habría debilitado— y que, además, trató de proteger el importante centro ferrocarrilero que se localizaba en los alrededores de Tierra Blanca, en donde se había concentrado toda una batería de trenes del ejército federal.

Las perspectivas de un triunfo militar para Villa eran bastante escasas. Según narra Thord-Gray, los federales contaban con una fuerza perfectamente bien equipada y provista de aproximadamente siete mil hombres. Tenían varios convoyes de trenes a su disposición y, por lo menos, dos baterías de artillería, de cuatro piezas cada una, en perfecto estado de funcionamiento.

A todo esto, los villistas sólo podían oponer un ejército de cinco mil quinientos hombres mal armados y sin reservas de municiones; una fuerza de caballería que llevaba dos días sin comer y pastar; dos cañones que había que disparar al simple cálculo de la vista del propio Thord-Gray; y una gran desorganización. Para colmo, los revolucionarios estaban medianamente alimentados y pésimamente vestidos. No obstante, Ivar ve las cosas con moderado optimismo cuando, no sin cierta sorna, comenta: "Lo mismo dijeron de los revolucionarios estadunidenses los oficiales [británicos] del rey Jorge III".[8]

La marcha de Ciudad Juárez a Tierra Blanca constituye un espectáculo fascinante, como choque cultural, para el disciplinado militar y antropólogo sueco. Lo que más le impresiona es la calma y austera fortaleza con las que los tarahumaras toman la orden de entrar en batalla; así como la imagen de resignación ancestral de las soldaderas —figura sin par en la Revolución mexicana— que marchan al unísono con sus hombres armadas de carabinas, listas para ocupar su lugar en la línea de fuego y sufrir al parejo todos los avatares de la guerra. No obstante, los rostros a la vez estoicos y ansiosos de estas singulares mujeres, acaban por resultarle deprimentes, puesto que le daban la impresión de que marchaban amortajadas en sus rebozos a su propio funeral. Primer contacto con la cultura mexicana de la muerte, la que lo mismo es juego, burla, mito, realidad, sacrificio, altar, que compañera inevitable de camino.

La batalla de Tierra Blanca se libra a lo largo de los días 24, 25 y 26 de noviembre de 1913, y en opinión de Thord-Gray, es todo un compendio de errores y omisiones de ambas partes, en el que la táctica y la estrategia militares brillaron por su ausencia. La estrategia del Centauro, que siempre se caracterizó por las cargas directas de caballería y por la fuerza militar bruta —ejercida casi siempre sin estrategia ni disciplina— deja atónito al experimentado militar sueco. Las fuerzas villistas se despliegan a todo lo ancho del campo de Tierra Blanca, sin dejar una sola unidad de reserva, lo que las deja ingenuamente expuestas a un contragolpe por la retaguardia. Villa cambia continuamente de opinión y, en ocasiones, debilita el centro de sus líneas para apoyar a los flancos, y en otras desprotege a estos últimos para reforzar el centro. La artillería de dos piezas, reconstruida por Ivar, se tiene que ocultar detrás de unas dunas para poderla utilizar como un elemento de sorpresa, cuando las circunstancias del combate así lo permitan, tomando en cuenta la imposibilidad material de apuntar los cañones con un mínimo grado de precisión. En fin, todo es confusión y desorganización. De manera que, en un principio, Thord-Gray considera que el ejército revolucionario se dirige inevitablemente a su propia destrucción.

Pero del otro lado las cosas no son mucho mejores. El general Mercado se comporta como un verdadero burócrata de la guerra. A pesar de la notoria superioridad del ejército federal en armas, municiones y organización, actúa con temor e indecisión. Maneja la artillería con torpeza e imprecisión; concentra a la infantería en posiciones defensivas en vez de aprovechar la innecesaria extensión de las líneas villistas para penetrarlas y tomarlas por la retaguardia; y mantiene a la caballería en la reserva, a pesar de que de antemano sabía que lo que precisamente iba a enfrentar eran cargas de caballería.

Planteada en esos términos, la batalla no puede culminar y transcurren los dos primeros días. Thord-Gray se desespera ante la prolongación de los combates; sabe perfectamente que al encontrarse cortos de municiones la prolongación de la lucha sólo puede traer la derrota. Angustiado envía al chamán Pedro —a toda la velocidad que dan sus entrenadas piernas tarahumaras— a entregar a Villa un mensaje apremiante: "Ataque frontal o muerte".[9] Pero antes de que el veloz Pedro pueda alcanzar su destino, Pancho Villa ha pensado lo mismo y toma las clásicas decisiones que, de ahí en adelante, serán la clave de todas sus victorias y derrotas militares: cargas continuas de caballería, audaces movimientos y una sobredosis de valor ciego, basada en el célebre corrido que, por esos días, se empezaba a cantar: "si me han de matar mañana, que me maten de una vez".

De pronto la inmensa y polvosa llanura de Tierra Blanca, perdida y flotando en los vastos confines del estado de Chihuahua —cuyas dimensiones territoriales son del tamaño de toda Francia—, se ve iluminada por una imagen histórica. Como salida de la nada, la caballería villista se lanza de frente —sin la imprescindible ayuda de sables, como lo ordenaba la usanza militar europea— contra la principal posición del enemigo. A pesar de enfrentar la evidente superioridad de los cañones y las ametralladoras de los federales, la carga se desliza por la agreste llanura como si se tratara de la filmación de una película. Las bajas son irrelevantes; lo importante es el objetivo. Víctima del ataque de una fuerza incontenible cuya fuerza deriva de una pasión bélica innata, alimentada por años de privaciones y humillaciones, el ejército federal empieza a retroceder y a abandonar posiciones que, hasta ese momento, habían sido con fuerza defendidas. Thord-Gray puede al fin ayudar a la causa. Ordena sacar los cañones de su escondite, los monta en el pico de una duna y, a simple golpe de vista, los apunta y dispara con la intención de desarbolar una de las dos baterías enemigas. No logra su propósito porque los cañones sólo están en condiciones de ser disparados con el más rudimentario de los cálculos. Pero, en cambio, logra un objetivo mayor. Los federales, de por sí asombrados por la feroz e inesperada carga de caballería, se desmoralizan al ver que los villistas también cuentan con una sonora —y hasta ese momento ignorada— fuerza de artillería. El pánico se apodera entonces de las tropas leales al usurpador Victoriano Huerta, y se produce una desbandada general hacia la retaguardia, que esperaba pertrechada en las hondas cañadas que marcan el límite de los llanos de Tierra Blanca.

El día lo gana la audaz —y en cierto sentido inconsciente— carga de caballería. El arrojo y la determinación mostrados por una escasa fuerza de solamente trescientos jinetes soberbiamente montados pero únicamente armados de machetes y cuchillos, produce en Thord-Gray reminiscencias históricas. En sus propias palabras, le parece haber visto la carga de una legión romana.[10]

Al día siguiente, 26 de noviembre, le toca su turno a la audacia. Un grupo de antiguos guerrilleros comandados por Rodolfo Fierro —que en su juventud había trabajado como ferrocarrilero— aprovecha la retirada de los federales para colarse por la retaguardia y se dedica a colocar cargas de dinamita en los carros de carbón —tenders en inglés— de los trenes federales con el objeto de inutilizarlos sin destruirlos. Ivar pone de su parte. Sin poder emplear la puntería requerida, dirige sus cañones a varias máquinas que estaban en movimiento; obviamente, no las alcanza, pero, como contrapartida, destruye las vías circundantes, inmovilizando así, por varios días, el movimiento ferrocarrilero en una zona que era vital para las comunicaciones entre Chihuahua y Ciudad Juárez.

Al mismo tiempo, Villa ordena un ataque general sobre las últimas posiciones del ejército federal. Cortadas sus comunicaciones ferroviarias, atacados por una fuerza incontenible y bombardeados por una artillería que ni siquiera sabían que existía, los federales emprenden la retirada en el más completo de los desórdenes, abandonando a los villistas el siguiente botín, que Thord-Gray —con precisión escandinava— inventaría adecuadamente: "[...] cuatro locomotoras en buen estado, cuatro largos trenes debidamente abastecidos, ocho cañones de campaña, un cañón especial de cinco pulgadas montado en una plataforma de ferrocarril, siete ametralladoras, cuatrocientos rifles, más de cuatrocientas mil rondas de municiones y trescientos cincuenta caballos [...]".[11]

El epílogo de la batalla proporciona a Ivar una visión más de la forma en que se peleó la Revolución mexicana. Fierro ordena que, sin misericordia alguna, se remate a todos los heridos para que no se conviertan en un lastre que dificulte futuros desplazamientos militares. Los oficiales del ejército federal son fusilados sin mayor trámite, como si se tratara de una costumbre prestablecida. Un oficial capturado, que años atrás había sido compañero de correrías de Pancho Villa, lo manda llamar con el obvio propósito de tratar de salvar la vida. Villa lo reconoce, lo saluda con una amplia sonrisa, lo abraza y lo palmea afectuosamente en la espalda. Acto seguido se hace a un lado y segundos después Fierro lo fusila.[12]

Hoy resulta imposible explicar, y mucho menos justificar, actos de esta naturaleza. Es más, a esto se debe que los detractores de Villa lo califiquen reiteradamente como un individuo esencialmente sanguinario, cuyo único propósito en la vida era el de llevar a cabo una cadena interminable de crímenes, violencias y destrucciones de toda laya. Pero estos actos deben entenderse dentro del contexto histórico en el que se produjeron. La Revolución mexicana fue una guerra y en toda guerra actos de esta clase suelen ser acontecimientos habituales. Además, la Revolución mexicana fue una lucha de clases, en la que estallaron al unísono odios, resentimientos y complejos acumulados a lo largo de varias décadas. Y las luchas de clases, por fuerza, son a muerte y sin misericordia posible. Quienes participaban en las batallas lo hacían con plena conciencia de que, en todo momento, la muerte los estaría acechando. Por eso, en tan turbulenta época, los fusilamientos se tomaban, en uno y otro bando, como una consecuencia natural de la lucha.

A pesar de la insensata brutalidad que lo rodea, Thord-Gray entiende mucho mejor que varios historiadores mexicanos de la época —particularmente Nemesio García Naranjo y Jorge Vera Estañol— la verdadera naturaleza y las verdaderas motivaciones de Pancho Villa: "Los seguidores de Villa eran principalmente convictos fugados, bandidos profesionales, peones de hacienda inconformes y arrieros que, como él mismo, habían huido de la esclavitud a que los sometían los latifundistas y de las deudas interminables [de las tiendas de raya]. El ser interior de Villa era lento y a la vez profundo, casi siempre incapaz de ser prudente, ya que siempre actuaba bajo la fuerza de su propio impulso, lo que al principio le dio grandes éxitos, pero posteriormente lo dominó a tal grado que le provocó derrotas innecesarias. Con frecuencia sus impulsos lo empujaban en la dirección incorrecta, lo que le ocasionó múltiples problemas e, inclusive, le llevó a consumar varias uniones ilícitas. Sin embargo, los peones e indios lo consideraban como una especie de Robin Hood, porque, en todo momento, los ayudaba en sus más apremiantes necesidades. Sus hazañas militares en contra de las tropas del gobierno federal se volvieron legendarias y se narraban, de voz en voz, alrededor de las fogatas en los campamentos, en las chozas de adobe, y se atesoraban en los corazones de los humildes rancheros, peones y arrieros, porque al igual que ellos, Villa no era más que un animal perseguido".[13]

La batalla de Tierra Blanca permite a los villistas tomar el control del principal centro ferroviario del norte de México, instalarse en la ciudad de Chihuahua y convertirse en los dueños y señores del estado más grande de la república mexicana, al dominar sus dos principales ciudades y todas sus vías de comunicación. El ingenio popular se desborda y el Centauro hace su entrada triunfal a la capital del estado al son de la "Marcha de Tierra Blanca", pieza musical especialmente compuesta para conmemorar la ocasión. Los periódicos estadunidenses vocean el siguiente encabezado: "Pancho Villa Rides to Victory" (Pancho Villa cabalga a la victoria). Unos cuantos días después, el 8 de diciembre de 1913, Villa es proclamado gobernador del estado de Chihuahua.

Pero el frío y objetivo criterio militar de Thord-Gray lo lleva a establecer conclusiones que distan mucho de la euforia generalizada: "La larga lista de victorias que justamente se registran en honor y elogio del genio militar de Villa, no deberían incluir ésta que resultó tan importante, casi decisiva, porque Villa hizo todo mal y aún así quedó en calidad de conquistador. Se lanzó de cabeza al frente de su caballería e infantería montada sin contar con avanzadas adecuadas y [por lo tanto] debió haber sido capturado con todo su ejército en las primeras horas de la batalla si el comandante federal hubiera sabido algo acerca de caballería y artillería. Disponía de ambas. Villa se lanzó al combate sin tropas de reserva y con muy poca munición, lo que debió haberlo hecho cauteloso. Mantuvo sus caballos ensillados innecesariamente, sin pastura o agua durante casi dos días con sus noches. Perdió la iniciativa y permitió que se le inmovilizara desde un principio, empezando a hundirse como un caballo en arenas movedizas. Tuvo que luchar desesperadamente para salir de la situación en la que él mismo se había colocado sin saber cómo hacerlo, lo que sin duda alguna fue algo extraño tratándose de Villa. Aparentemente estaba aprendiendo, a duras penas, la diferencia entre manejar un gran ejército y manejar una partida de guerrilleros. Esta batalla, que casi se convierte en su Waterloo, le enseñó, espero, la necesidad de contar con tropas de reserva".[14]

A pesar de lo severo de su juicio militar, Ivar no es del todo justo con Pancho Villa, pues parece ignorar que, al final del día, la batalla fue ganada gracias a la audacia y al genio de Villa. De no haber sido por esa imponente carga de caballería —que al mismo Thord-Gray le pareció digna de una legión romana— y por la inmovilización, por la retaguardia, de los trenes del enemigo —en la que Ivar y sus improvisados cañones desempeñaron un papel determinante—, el ejército federal, a pesar de la incompetencia de su general en jefe, habría aniquilado a las fuerzas villistas.

Pero cualesquiera que hayan sido las deficiencias o los méritos militares de la batalla de Tierra Blanca, el hecho es que, en palabras del principal biógrafo de Villa y, a la vez, el mejor escritor de la Revolución mexicana, Martín Luis Guzmán, con la victoria de Tierra Blanca el Centauro abrió "el camino de la Revolución".[15]

Después de su derrota en Tierra Blanca las tropas federales, todavía bajo el mando, no muy afortunado, del general Mercado, se repliegan a la población de Ojinaga, fronteriza a Presidio, Texas. Villa, corto de municiones y pertrechos, es incapaz de perseguirlas. No obstante, tiene un plan para el cual los servicios de Thord-Gray le parecen imprescindibles. El 29 de noviembre de 1913, a escasos tres días de la conclusión de la batalla, lo manda llamar a su cuartel general en la ciudad de Chihuahua. Lo recibe con los pies cómodamente instalados sobre un rústico escritorio de madera, acompañado de Rodolfo Fierro, a quien Ivar no pierde la oportunidad de definir como su "guardaespaldas, amigo, consejero y malvado compañero".[16] Sin preámbulos Villa le indica que tiene que trasladarse de inmediato a Tucson, Arizona, a recoger un importante cargamento de armas y municiones que deberá entregar a uno de sus agentes del lado mexicano de la frontera, precisamente en la ciudad de Nogales, Sonora, y sin más le hace entrega, en efectivo, de una cuantiosa cantidad en dólares de Estados Unidos. A continuación —siempre dándole el amistoso trato de "compañerito"— le informa que concluida su misión deberá trasladarse a Hermosillo, Sonora, pues ha sido reasignado a las fuerzas del Primer Jefe, Venustiano Carranza, "quien tiene unos cañones que necesitan reparación".[17] El corto tiempo que dura la entrevista Fierro se lo pasa sonriendo socarronamente pues, por una parte, existe la seria posibilidad de que Thord-Gray sea detenido por la caballería estadunidense, que desde mayo de 1911 se encontraba custodiando la frontera, y sea sometido a juicio por contrabando de armas; y por la otra, aun si la misión es todo un éxito, el odiado "gringo", de cualquier forma, dejará de formar parte de las fuerzas villistas, lo que para Fierro es motivo de especial satisfacción, pues el Carnicero, además de odiar a todos los "gringos", no quería en las tropas villistas a verdaderos expertos militares que hicieran patente su patética incapacidad militar.

Pero cualesquiera que hayan sido los sentimientos que mutuamente se inspiraron Fierro e Ivar, lo cierto es que de este incidente se deriva una pregunta obligada: ¿cómo es posible que Villa, receloso por naturaleza y acostumbrado a toda suerte de engaños y traiciones, haya confiado ciegamente, y en una cuestión de vida o muerte para su futuro militar, en un extranjero que apenas acababa de conocer y que fácilmente podía huir con esa elevada suma de dinero (al parecer se trataba de veinticinco mil dólares) a Estados Unidos, o bien, para congraciarse con Carranza, podía entregar las codiciadas armas y municiones estadunidenses al Ejército Constitucionalista?

La única respuesta posible a esta pregunta es que el desconfiado Pancho Villa había recibido seguridades de sus agentes en El Paso, Texas, de que Thord-Gray tenía una larga asociación con la inteligencia militar estadunidense, que estaba en México para apoyar a las fuerzas revolucionarias y que, por consiguiente, era de plena confianza. También debe de haber recibido indicaciones de reasignarlo al ejército carrancista.

Martín Luis Guzmán, en sus *Memorias de Pancho Villa*, involuntariamente parece corroborar lo anterior, cuando pone en boca del Centauro el siguiente comentario: "Hice por ese tiempo [diciembre de 1913] viaje a Ciudad Juárez, según lo requerían los arreglos financieros y unas pláticas sobre la situación internacional. Porque entonces pidió hablar conmigo el general americano del Fort Bliss, un hombre de mucha civilización, nombrado Hugo L. Scott, del cual ya había yo recibido cariñosos saludos a la mitad del puente fronterizo de Ciudad Juárez. Aquel general quería ahora venir a visitarme y que yo lo visitara a él".[18]

Martín Luis Guzmán no abunda más en el tema. Pero es evidente que cualquier duda que Villa pudiera haber albergado acerca de la confiabilidad de Thord-Gray, probablemente le fue disipada en sus conversaciones con el general Scott, que precisamente giraron en torno a la "situación internacional": léase el apoyo estadunidense a todos los que luchaban en contra de Victoriano Huerta.

En compañía del fiel chamán Pedro, Ivar emprende el largo viaje por tren de Chihuahua a Tucson, Arizona, en donde recibe de inmediato información privilegiada —y en ese tiempo altamente clasificada— con el contenido de la nota diplomática en la que el presidente Woodrow Wilson le declara la guerra al gobierno de Victoriano Huerta (véanse las páginas 54-55, capítulo "Fatalidad geopolítica"). ¿Quién le pudo haber enterado, a principios de diciembre de 1913, del contenido confidencial de una nota diplomática que apenas se había girado a las cancillerías europeas el 28 de noviembre anterior? De nueva cuenta la única respuesta posible tiene que ser la misma: el servicio estadunidense de inteligencia militar.

Sabiendo que pisaba terreno firme, Thord-Gray se dirige al hotel Santa Rita a entrevistarse con el agente estadunidense de Pancho Villa. La transacción es muy rápida. A cambio del dinero Ivar recibe un buen número de cajas que portan la etiqueta de "Maquinaria Agrícola", y que contienen cuatrocientas carabinas 30-30 marca Winchester y cerca de cuarenta mil rondas de municiones. Todo nuevo y de la mejor calidad. Sin mayores pérdidas de tiempo, ordena que todo sea empacado en varios trenes de mulas al cuidado de arrieros mexicanos y, con la mayor velocidad que las circunstancias permitían, marcha de nuevo a la frontera.

El cruce de la frontera tiene todo el sabor de una intriga internacional. Aunque Wilson ha levantado el embargo de armas a los revolucionarios mexicanos, de cualquier manera su contrabando sigue siendo un delito federal, castigado con severidad por la legislación estadunidense. Además, la patrulla fronteriza cuenta con instrucciones expresas de detener y registrar cualquier partida medianamente sospechosa.

Cerca de la mal delineada frontera, el grupo de Thord-Gray es interceptado por una patrulla estadunidense que dispara por encima de sus cabezas. Aunque apresura el paso todo lo que puede, el grupo está a punto de ser flanqueado por la patrulla. Ante la inminencia de una posible captura, uno de los arrieros mexicanos dispara, en repetidas ocasiones, sobre los soldados estadunidenses sin herir a nadie y sólo con el propósito de proteger la fuga del tren de mulas. Ivar se angustia de inmediato. Se trata de un acto hostil en contra de Estados Unidos.[19] Algo que, dada su posición, seguramente no se podía permitir. El "acto hostil" salva, sin embargo, el día, puesto que mantiene ocupada a la patrulla mientras el cargamento se desvía por una cañada —fuera del alcance de las balas— que conduce directamente a territorio mexicano.

En las afueras de Nogales, Sonora, Thord-Gray hace entrega de su valioso cargamento a un representante del general Villa, quien temeroso de que las armas y municiones vayan a ser descubiertas por los carrancistas parte casi de inmediato hacia los vericuetos de la Sierra Tarahumara. El chamán Pedro, deseoso de visitar a los de su tribu, pide permiso para partir también. Concedido el permiso quedan de verse en unas semanas en Hermosillo, Sonora, sede provisional del cuartel general del Ejército Constitucionalista.

Tras un breve descanso en el hotel Escobosa de Nogales, Thord-Gray decide regresar al lado estadunidense para sincerarse con el teniente a cuyo cargo se encontraba la patrulla fronteriza. Si algo le preocupaba enormemente era actuar en contra de los intereses de Estados Unidos, puesto que eso habría significado la ruptura del cordón umbilical que lo mantendría vivo y actuante en México. Después de identificarse, el teniente lo recibe de la manera más amistosa posible y no muestra ningún inconveniente en discutir el reciente incidente del no frustrado contrabando de armas. Sabiendo muy bien con quién estaba tratando, el teniente de rurales —"rangers"— se acerca al oído del avezado asesor militar sueco y, en tono de conspirador, le susurra las siguientes palabras: "Pudimos haber matado a la mayoría de los contrabandistas y haber confiscado todo el cargamento que llevaba. Pero yo mismo di órdenes [a mis hombres] de disparar al aire".[20]

Thord-Gray no necesita saber más. La mano —negra o blanca, según se la quiera ver— del gobierno de Estados Unidos en el destino de la Revolución mexicana estaba a la vista de quien tuviera la capacidad —por cierto no muy grande— de hacer un análisis geopolítico para verla. Por si alguna duda quedara, el mismo Thord-Gray, unos cuantos días después de su entrevista con el jefe de la patrulla fronteriza, descubre la siguiente nota en un periódico estadunidense: "Informan funcionarios del Departamento de Justicia de El Paso, Texas, que todas las existencias de municiones en los depósitos y las armerías de esta ciudad están agotadas. Se cree que han sido contrabandeadas a través de la frontera para ser entregadas a las fuerzas de [Pancho] Villa".[21]

Plenamente sabedor del papel decisivo que Estados Unidos va a desempeñar en los acontecimientos por venir y de los intereses que él mismo va a representar, Thord-Gray decide cumplir con las instrucciones expresas que ha recibido y parte de Nogales hacia Hermosillo, cruzando la mayor parte del también vasto y noroccidental estado mexicano de Sonora, para unirse al Ejército Constitucionalista que encabeza Venustiano Carranza. En su fuero interno se despide de Villa —que tanto lo ha impresionado— con las siguientes palabras: "Así terminó mi asociación con Pancho Villa, amado por los pobres, odiado por los Científicos y temido por el ejército federal. Era un hombre duro, incansable y, a veces, cruel, pero habría dado su camisa por ayudar a un amigo".[22]

¿Por qué razón Thord-Gray recibió instrucciones de abandonar las tropas villistas y ponerse a disposición del Ejército Constitucionalista, cuando la opinión pública estadunidense rebosaba de admiración y entusiasmo por las hazañas militares del general Francisco Villa?

Para contestar esta pregunta, preciso es hacer referencia a la creciente división del movimiento revolucionario que por esos años se gestó entre villistas y carrancistas, y a la postura que al respecto adoptó el gobierno de Woodrow Wilson. Lo cual, inevitablemente, nos conduce al incidente diplomático que mayor repercusión tuvo en el curso de la Revolución mexicana y el que, sin embargo, hasta la fecha no ha sido aclarado por completo: el caso Benton.

El caso Benton

El estado de Coahuila tiene una larga tradición de autonomía en los avatares históricos de la república mexicana. Su lejanía de la ciudad capital y la lucha continua de sus habitantes contra los casi siempre adversos elementos naturales y las incursiones de los comanches provenientes de las planicies texanas, forjaron en sus hombres y mujeres un fuerte carácter propenso a la lucha en todas sus formas, pero también al orden y al trabajo. Es una región árida, montañosa, en la que destacan algunos vergeles que hicieron del cultivo de la vid la principal fuente de riqueza durante muchos años.

En 1811 el diputado por Coahuila, Miguel Ramos Arizpe, presenta a las Cortes Constitucionales de Cádiz (España) un bien documentado memorial de lo que llama "Las provincias de oriente de la Nueva España", y en el que, con fundadas razones, reclama la autonomía de la región como el único medio de mantener el dominio español sobre la América mexicana. Nadie le hace el menor caso. Sin embargo, exactamente diez años después se consuma la independencia de México de España, apelando como razón de fondo a la autonomía política y económica de las provincias.

Instalado el Primer Congreso Constituyente mexicano (1823-1824), Ramos Arizpe lo preside. Tras derrotar una fuerte oposición integrada por elementos conservadores y por un genio de la política que aportó toda la fuerza intelectual que le daba su íntimo y directo conocimiento de la Ilustración europea —el ilustre fray Servando Teresa de Mier—, el diputado por Coahuila logra que se apruebe el proyecto —elaborado por él en una medida importante— de una Constitución federal que basa la unidad y el futuro de la naciente República en la libertad política o soberanía interna de las provincias, que pasan a convertirse en estados.[1] Su influencia es tal que el destacado politólogo Jesús Reyes Heroles comenta: "De no haber existido el sistema federalista estadunidense, él [Ramos Arizpe] habría acabado por inventarlo".[2]

A lo largo del siglo XIX Coahuila mantiene una tradición liberal y federalista, que resiente por igual las intromisiones del gobierno del centro (léase la ciudad de México) que las presiones que, de cuando en cuando, suelen llegar del vecino del norte. Es, además, un estado cuyo gobierno pone especial énfasis en la educación. El Ateneo Fuente o Colegio del Estado es probablemente la mejor institución educativa fundada en el norte de la república en todo el siglo XIX.

En ese medio nació, creció y se formó Venustiano Carranza. Hijo de una familia de rancheros, y con el paso de los años ranchero él mismo, aunque no hacendado ni latifundista como lo fueron los protegidos de los Científicos porfirianos, Carranza, merced a su tenacidad personal, se hace dueño de una sólida formación cultural. Asiste, desde luego, al Ateneo Fuente y en la ciudad de México a la Escuela Nacional Preparatoria, dirigida en ese tiempo por el distinguido educador Gabino Barreda. Es ahí donde adquiere la vocación por el estudio de la historia de México que lo acompañará a lo largo de toda su vida. También se interesa por la historia europea, particularmente por la historia de Francia en su versión conservadora. Sus estudios lo hacen plenamente consciente de la gravedad geopolítica que, para México, representa su cercanía con Estados Unidos. Siempre tuvo grabadas en su mente las certeras palabras del presidente Porfirio Díaz, pronunciadas en su exilio parisino: "El peligro está en el yanqui que nos acecha".[3]

Del gusto por la historia inevitablemente pasa al gusto por la política. En 1887 es electo presidente municipal del poblado de Cuatro Ciénagas, Coahuila. De ahí seguirá una larga carrera política que lo llevará a ser diputado y, por muchos años, senador de la República. Todo ello al amparo de Porfirio Díaz, a quien le ha sido ampliamente recomendado por su amor al orden y por ser enérgico y honrado. No obstante en 1909 —cuando el país se encontraba, en palabras del escritor mexicano Agustín Yáñez, "al filo del agua"— el ordenado, enérgico y honrado Venustiano Carranza rompe con el presidente Díaz porque no lo apoya en la realización de su sueño dorado: ser gobernador de Coahuila. En tal virtud, decide unirse al, para ese entonces, creciente movimiento antirreeleccionista encabezado por Francisco I. Madero. Pero no se piense que obró por impulso o por despecho. Todo lo contrario: sus largos años de militancia política y su profundo conocimiento de la historia de México lo habían convertido en palabras de unos en un "viejo zorro de la política", y en opinión de otros en "un costal de mañas políticas". Por eso calcula atinadamente que el reinado del viejo caudillo liberal está llegando a su fin y que si de lo que se trata es de enfrentar a una naciente revolución, la mejor forma de hacerlo es tratando de encabezarla.

En San Antonio, Texas, se une a Madero quien, a cambio de su apoyo y consejo político, promete hacerlo gobernador de Coahuila en cuanto el movimiento triunfe. Pero, en el momento clave, Madero desaprovecha el consejo político de Carranza cuando más lo necesitaba.

Como ya se ha dicho, al negociarse los acuerdos de Ciudad Juárez que permitieron la presidencia interina del ministro porfirista León de la Barra y el licenciamiento de las tropas revolucionarias para mantener intocado al ejército federal, Carranza se opone abiertamente a semejante arreglo.

No obstante, Madero cumple su promesa, y en agosto de 1911, pasando por encima del candidato de León de la Barra, Carranza es, al fin, electo gobernador de Coahuila. Su gobierno se caracteriza por el rescate de los tradicionales valores liberales coahuilenses que los gobernadores porfiristas habían relegado a un segundo plano por obsequiar los deseos del centro: fomento de la educación pública, fortalecimiento de la libertad municipal, y autonomía política y administrativa frente a los requerimientos del gobierno federal.

Poco a poco se va distanciando de Madero. De lejos lo ve vacilar, cambiar de opinión, desestabilizar a su propio gabinete, confiar en quienes son sus enemigos naturales, dejarse intimidar por el siniestro embajador estadunidense Henry Lane Wilson. En una palabra, transar. El viejo zorro no pierde el tiempo. Pronto coordina un plan con los gobernadores de los circunvecinos estados de San Luis Potosí, Aguascalientes y Chihuahua, que lo reconocen como el Primer Jefe de la Revolución para el caso —que cada día se ve más probable— de que se rompa el orden constitucional.

Al sobrevenir la usurpación de Victoriano Huerta, Carranza correctamente advierte que ha llegado el momento de jugarse el todo por el todo. El 26 de marzo de 1913 —apenas un mes después de la Decena Trágica— proclama el Plan de Guadalupe (que lleva el nombre de la hacienda coahuilense en donde lo expidió), por el que se desconoce a todos los poderes de la República constituidos al amparo del gobierno huertista y se designa al mismo Carranza como Primer Jefe del ejército, al que se denomina Constitucionalista.

Detrás de esta denominación emerge toda una doctrina jurídica. Carranza, como buen conocedor de la historia patria, comprende de inmediato que el orden constitucional ha sido roto de una manera brutal y vergonzosa, y que la única forma que tiene de dotar a su movimiento de legitimidad y prestigio es enarbolando la bandera del constitucionalismo mancillado por un militarote ebrio —tanto de poder como de alcohol— para regresar al país a la senda de las instituciones.

El movimiento político es perfecto y, sobre todo, moralmente válido. Pero además, sin saberlo el propio Carranza, representa un precedente único en la historia del federalismo, puesto que constituye un ejemplo singular de restauración del pacto federal por parte del gobierno de una entidad federativa agraviada por la ruptura de ese mismo pacto como consecuencia de un golpe de Estado.

Armado de semejante autoridad moral y constitucional, Venustiano Carranza pronto es reconocido como el nuevo jefe de la Revolución por todos los sectores afines al sacrificado presidente Madero, incluyendo de manera especial a los cada día más poderosos revolucionarios sonorenses como Álvaro Obregón, Benjamín Hill, Salvador Alvarado y Plutarco Elías Calles.

Sin embargo, se presenta un serio obstáculo en la figura de Pancho Villa, que no solamente ha logrado conjuntar el cuerpo más poderoso de tropas revolucionarias —la famosa División del Norte— sino que, además, cuenta con valiosos apoyos y simpatías nada menos que en el "acechante" Estados Unidos.

El choque es inevitable. Se trata de dos personalidades por entero diferentes. Carranza es un viejo tiburón de la política nacional con fundadas pretensiones intelectuales. Por si eso no bastara, es también un ranchero de toda la vida que está acostumbrado a que los peones lo obedezcan sin chistar. Villa, por su parte, es precisamente un peón al que las circunstancias de la vida y una indudable dosis de buena suerte, lo han transformado en un temible general revolucionario.

Thord-Gray con su acucioso sentido de la observación y con el conocimiento de los hombres y de sus instintos y pasiones que la azarosa vida que escogió le había permitido adquirir a sus, para ese entonces, "maduros" treinta y cinco años, juzgó atinadamente el inminente conflicto: "El viejo [Carranza] era indudablemente un astuto político, lleno de habilidades y de sabiduría, pero parecía carecer del más elemental de los sentidos comunes cuando tenía que tratar con Pancho Villa. Carranza jugaba sus cartas con habilidad, pero algunas veces lo traicionaba su manera de ser y actuaba como si fuera un hacendado frente a un peón alzado. Creyó que su sentido de la diplomacia y su aceptación de algunas de las demandas de Villa habían convertido a este último en su servidor incondicional, cuando en realidad sus múltiples subterfugios convirtieron a Villa, que previamente le había sido leal a su manera, en un oponente cada vez más difícil de controlar".[4]

Estos conceptos son avalados por otro testigo presencial de los hechos, Martín Luis Guzmán, quien en sus *Memorias de Pancho Villa* narra con todo detalle cómo el Centauro al principio quiso someterse al mando supremo de Carranza y cómo las incontables intrigas y envidias políticas los fueron separando, al grado que cuando Pancho Villa llevó a cabo las exitosas tomas de Torreón y Zacatecas, el Primer Jefe lo privó del carbón necesario para la movilización de sus trenes con el objeto de evitar que tomara la ciudad de México. De este último incidente se derivaría una enemistad mortal que culminaría con los dos intentos de Villa de fusilar al general carrancista Álvaro Obregón; con la propuesta del Centauro a la Convención Revolucionaria que se celebró en la ciudad de Aguascalientes en octubre de 1914, de que la única forma lógica de resolver el diferendo era mediante el suicidio simultáneo del propio Villa y de Carranza, y con la destrucción, ocurrida en abril de 1915, de la División el Norte en las sangrientas batallas de Celaya, a manos de las fuerzas constitucionalistas comandadas por el mismo Álvaro Obregón.

Thord-Gray comprende perfectamente bien la razón de fondo del problema: "La probable verdad del asunto era que Carranza y Obregón veían con recelo y alarma la creciente popularidad de Villa entre los mexicanos y la opinión favorable que le dispensaba el gobierno americano [...];[5] es más hasta donde yo sé, de parte de Villa no existió una insubordinación deliberada, pero el desafío y el odio fueron creados por las actitudes del viejo [Carranza] y por su falta de entendimiento de quien era su general más importante".[6]

El conflicto entre Villa y Carranza colocó al gobierno estadunidense en una encrucijada. Los principios morales y estratégicos de Woodrow Wilson no admitían compromiso alguno: había que derrocar al usurpador Victoriano Huerta apoyando a los revolucionarios. Pero al dividirse la Revolución en dos bandos que, en vez de ayudarse mutuamente, se hostilizaban con todos los medios a su alcance, ¿a cuál apoyar? ¿Al del caudillo que se había convertido en el héroe romántico de la siempre romántica prensa y cinematografía estadunidenses y, que como tal, cabalgaba siempre con el sol a sus espaldas, hacia las más increíbles de las victorias? ¿O al severo político porfiriano que había hecho de la restauración del orden constitucional todo un credo social?

La respuesta moral que el presidente Wilson requería se la dio el caso Benton, y gracias a la trágica muerte de este pérfido súbdito de la pérfida Albión, la doctrina de la seguridad colectiva internacional se convirtió en una reticente pero efectiva aliada del constitucionalismo mexicano.

Como afirma Thord-Gray con la certeza de quien conoció los hechos de primera mano: "Antes del incidente Benton, Villa era el general mexicano favorito de Estados Unidos, en lo que Carothers [el agente especial de Wilson ante Villa] probablemente tuvo mucho que ver. La ejecución de Benton agravó a tal grado el resentimiento público que ya se había generado en Estados Unidos en contra de Villa, que este último quedó irremisiblemente condenado al fracaso. Washington oficialmente cambió de opinión y Carranza se convirtió en el elegido para ocupar la silla dorada en el Palacio Nacional".[7]

A pesar de la importancia decisiva que tuvo en el curso y en el destino de la Revolución mexicana, la muerte del ciudadano británico William S. Benton no ha sido aclarada del todo, particularmente en lo que toca a las razones de fondo que tuvo Pancho Villa para actuar como lo hizo. Martín Luis Guzmán narra los hechos en todo su macabro esplendor: en febrero de 1914, Villa se traslada a Ciudad Juárez "para surtirme de equipo y municiones, visto que Estados Unidos ya habían resuelto abrirnos el tráfico de sus fronteras".[8] En su cuartel general lo aborda Benton, que era el disgustado propietario de una hacienda en Chihuahua llamada Santa Gertrudis que acababa de ser expropiada por órdenes de Villa. Sin más, airadamente le reclama la inmediata devolución de su feudo. De acuerdo con su biógrafo, el Centauro literalmente le contesta: "Amigo, sus tierras no se las puedo devolver. Pero como no quiero perjudicarlo, masque se lo merezca, porque usted es inglés y no conviene que yo levante conflictos internacionales, voy a darle lo que su hacienda valga, según pagó usted por ella que más dinero no le he de dar. Y se me larga usted de México y nunca vuelve por aquí".[9]

Benton se enfurece con Villa, lo llama bandido y hace de inmediato el ademán de ir a desenfundar su pistola. Aparentemente el Centauro lo inmoviliza y lo entrega a su guardia. Con Benton puesto a buen recaudo, Villa cavila qué hacer con él y, como sucedió con todas sus decisiones equivocadas, decide aceptar el consejo que el Carnicero Rodolfo Fierro —según el mismo Martín Luis Guzmán— le da en los términos siguientes: "Mi general, conforme a mi opinión, con este inglés no caben misericordias. Es malo su pasado. Ha vendido su ayuda a las tropas de Victoriano Huerta. Ha venido a matarlo a usted. ¿Qué esperamos entonces? Vamos ejecutándolo ahora mismo, mi general, para que de una vez pague la cuenta de sus culpas".[10]

Sin ponerse a pensar en las inevitables repercusiones internacionales, Villa —con su impetuosidad acostumbrada— ordena a Fierro que lo lleve esposado al poblado de Samalayuca, que de ahí lo saque al campo y que lo fusile sin mayores averiguaciones.

Fierro que es incapaz de hacer nada de frente, al llegar al sitio que ha escogido para la ejecución, ordena a sus hombres que caven una fosa para llevar a cabo el fusilamiento al borde mismo de la fosa, y ahorrarse así el posterior traslado del cadáver. Sin embargo, antes de que se termine de cavar la fosa, se acerca a Benton por la espalda y lo mata de un tiro de pistola en la cabeza.

El escándalo internacional no tarda en estallar. Los periódicos de todo el mundo no se cansan de llamar a Villa bandido y asesino. En Londres la Cámara de los Comunes condena públicamente el crimen y pide una intervención militar directa de Estados Unidos. El presidente Wilson y su secretario de Estado, William Bryan Jennings, exigen explicaciones directas a Villa a través de su agente especial Carothers. Después de múltiples discusiones, ires y venires, el Centauro y Carothers llegan a un arreglo: la entrega inmediata de los documentos que acrediten que Benton fue sometido a un juicio justo y la devolución del cadáver a una comisión internacional que se trasladaría ex profeso a la ciudad de Chihuahua. Esto, desde luego, plantea a Villa dos serios problemas: Benton no fue sometido a ningún juicio, justo o injusto; y tampoco fue fusilado.

El primer problema lo cree resolver fácilmente a través de sus secretarios, a quienes apresuradamente pone a redactar los papeles de un juicio apócrifo —una ocurrencia bastante común en el México de aquella época— que entrega ceremoniosamente a Carothers, atados por un listón rojo, como si se tratara de las cartas credenciales de un embajador plenipotenciario.

El segundo problema intenta resolverlo con una macabra ingenuidad digna de mejor causa. Ordena a Fierro que desentierre el cadáver de Benton de donde malamente lo enterró; que fusile al cadáver y le aplique el correspondiente tiro de gracia; y que lo lleve a enterrar en el panteón de la Regla en la ciudad de Chihuahua, para que ahí quede a disposición de la comisión internacional que Carothers pretende encabezar. De haber tenido dicha comisión acceso al cadáver, el escándalo diplomático seguramente habría sido mayor, puesto que la más elemental de las autopsias habría revelado que Benton no fue fusilado después de un "juicio justo" —como alegaba Villa— sino asesinado a mansalva.

El problema se resuelve gracias a la enorme sagacidad política de Venustiano Carranza que saca al jefe de la División del Norte del hoyo diplomático en el que sus instintos, su imprudencia y su impreparación para todo lo que no fuera faenas guerreras, lo habían metido. Don Venustiano toma el asunto en sus manos y prácticamente de un plumazo, lo resuelve. Ordena a Villa —que en realidad no sabe qué hacer— que impida el acceso a Chihuahua de la ya para entonces famosa comisión internacional, y le notifica a Woodrow Wilson que toda vez que Gran Bretaña ha reconocido al gobierno de Victoriano Huerta, no tiene derecho alguno de formular ningún tipo de reclamaciones al gobierno constitucionalista, y mucho menos a través del Departamento de Estado estadunidense, que no reconoce a Huerta y que pugna por su caída por ser un gobernante de origen espurio y, por ende (hear that, Mr. Wilson), moralmente intolerable.

En esta forma el viejo zorro logra un triple objetivo: *a*) detener una creciente presión internacional que busca el desprestigio de las fuerzas revolucionarias; *b*) aislar diplomáticamente a Huerta separando a Estados Unidos de las potencias europeas; y *c*) mantener a Villa en el descrédito internacional.

La narración de los hechos por parte de Martín Luis Guzmán parece ser definitiva. Inclusive el conocido historiador mexicano, Enrique Krauze, en su monumental *Biografía del poder*, apenas le dedica a este incidente unas cuantas líneas, como si se tratara de una verdad histórica ya consumada: "Había ocurrido ya el asesinato de William Benton, ranchero inglés con quien Villa había tenido varios enfrentamientos antes de que Rodolfo Fierro, su pistolero favorito, lo ultimara a mansalva".[11]

No obstante, la muerte de Benton tiene un trasfondo que Thord-Gray nos ayuda a explorar con las luces de su posición como agente del servicio estadunidense de inteligencia militar. Su descripción de los hechos aun cuando concuerda en términos generales con la de Martín Luis Guzmán, revela que el caso tuvo un trasfondo especial, porque Benton actuó a sabiendas de que podía provocar impunemente a Villa, por lo delicado de la situación internacional, y así obtener ventajas financieras que de otra suerte no habrían estado al alcance de su avaricia. Al parecer, el único error de Benton —único y fatal para él— consistió en que no contó con el carácter mercurial del Centauro, con su poco entendimiento de las normas más elementales de la diplomacia y con la facilidad con la que Rodolfo Fierro solía despachar almas al purgatorio o al infierno, según fuera el caso, particularmente si se trataba de extranjeros con aspecto de "gringos".

Dentro de este contexto, Thord-Gray nos proporciona el verdadero perfil y los antecedentes del súbdito británico William S. Benton.

Establecido en los últimos años del gobierno porfirista en el estado de Chihuahua, contrae nupcias con una dama de la sociedad local, de nombre Máxima Esparza. Mediante sus conexiones familiares pronto adquiere tierras y ganado, lo que le da el sustento necesario para poder dedicarse, en gran escala, a su verdadera actividad: el contrabando de armas y ganado. Gracias al idioma establece importantes conexiones en Texas y Arizona que le permiten enriquecerse rápidamente. Además, aprovecha una de las hambrunas que, hasta la fecha, periódicamente azotan a Chihuahua para especular con tierras, ensanchando así considerablemente su hacienda de Santa Gertrudis, que había recibido en calidad de dote al unirse por la vía matrimonial con la acaudalada familia Esparza.

El tráfico de ganado en Chihuahua era un negocio común en la época como, al parecer, lo sigue siendo hasta la fecha. Las inmensas extensiones territoriales de la región que se expresan en praderas y llanuras interminables que acaban fundiéndose con la sierra imponente y sobrecogedora, permiten que las manadas se dispersen, y se reproduzcan, prácticamente, sin control alguno. Por consiguiente, cualquiera que posea los recursos para contratar gavillas de peones especializadas en la persecución y recolección de ganado, y que posea además los contactos adecuados del otro lado de la frontera, puede hacer del contrabando de ganado uno de los negocios más prósperos del mundo.

A principios de 1911 el contrabando de armas de Texas a Chihuahua se transforma, casi de la noche a la mañana, en otro lucrativo giro comercial. Merced a su tráfico con reses, Benton estaba en inmejorable posición para intercambiar ganado por armas. Y eso es exactamente lo que hace. Y lo hace, cual era su costumbre, sin escrúpulo alguno. Vende armas por igual a los revolucionarios y al ejército federal, siempre y cuando se le paguen en dinero contante y sonante, es decir, en dólares estadunidenses o en pesos mexicanos oro. Al iniciarse la revuelta villista, el Centauro —conocedor de sus habilidades comerciales— pide a Benton que actúe como su agente en Texas. El trato es simple: Villa entrega a Benton todo el ganado que sus tropas son capaces de confiscar a los hacendados del estado; Benton lo traslada a Texas y, previa la deducción de una jugosa comisión en dólares, le hace entrega al general de las armas y las municiones que el resto del valor del ganado le hubieran permitido adquirir. El negocio era redondo pero dependía, en gran medida —y eso Benton no podía ignorarlo—, de la conocida volatilidad del carácter de Villa.

En tales condiciones, la discusión que ocasionó la muerte de Benton, según Thord-Gray, nada tuvo que ver con las tierras de Santa Gertrudis, sino con las excesivas comisiones que Benton se adjudicaba por las ventas del ganado confiscado por Villa que, según narra el mismo Thord-Gray, legítimamente pertenecía a los amigos, socios y parientes políticos del traficante británico; para el cual no había otro valor en la vida que no fuera el dinero.

Al trasladarse el Centauro a Ciudad Juárez para —según se señaló con anterioridad— llevar a cabo algunos "arreglos financieros", Benton busca entrevistarse con él para tratar de aclarar la cuestión de sus comisiones y, posiblemente, para discutir futuros negocios. De acuerdo con *Gringo Rebel* los hechos ocurrieron de la siguiente manera: "El 16 de febrero de 1914, Benton demandó una entrevista con Villa, pero se le dijo que aguardara hasta el día siguiente. Benton, mal acostumbrado por años de intimidar a peones y rancheros mexicanos, perdió la paciencia y por la fuerza entró al cuartel general de Villa. Cuando se le ordenó que saliera, llamó a Pancho Villa 'maldito robavacas' [el burro hablando de orejas] e intentó sacar su pistola, pero la guardia de Villa lo sujetó y lo detuvo antes de que pudiera causar algún daño. Es de hacerse notar que, en ese momento, las pistolas de Villa se encontraban en una mesa fuera de su alcance.

"Se le arrestó, por supuesto, y se hiciera lo que se hiciera, nada podía cambiar la decisión de Villa. Benton tenía que pagar por su insulto. Se le sentenció a muerte. Inclusive, el buen amigo de Villa, Carothers, nada pudo hacer. El poder del imperio británico, la amenazante fuerza de Estados Unidos, nada podía salvar a Benton. [Aparentemente] fue fusilado en Samalayuca, un lugar que se encuentra sobre la vía del ferrocarril aproximadamente a veinticinco millas de Ciudad Juárez.

"Si Benton no hubiera sacado su pistola ante un hombre desarmado, la historia habría acabado de una manera diferente [...] Si las pistolas de Villa hubieran estado, como de costumbre, a su alcance, Benton habría sido muerto al segundo en el que intentó sacar su propia pistola, y el incidente ahí habría terminado sin alcanzar la menor trascendencia [...] Tengo informes en el sentido de que Villa no ordenó realmente la ejecución sino que ésta fue precipitada por Fierro, temeroso de que Villa cambiara de opinión y perdonara a Benton."[12]

El panorama queda así un tanto más claro. Benton se sintió seguro de enfrentar a Villa porque sabía que su condición de extranjero y de agente confidencial del villismo lo ponía a salvo de una represalia definitiva. Por su parte, Villa no podía revelar públicamente la naturaleza de su relación con Benton porque habría puesto al descubierto sus fuentes de aprovisionamiento de armas y municiones. Por eso, a pesar del grave insulto recibido dudó durante varias horas acerca del curso de acción que debía seguir. Finalmente, la violencia atávica de Fierro decidió la cuestión y Villa tuvo que pagar un precio muy elevado por haber dado rienda suelta a los instintos primitivos de su sanguinario lugarteniente.

En descargo de Villa debe decirse que su poca educación y su escaso conocimiento de los intrincados vericuetos de la política internacional no le permitieron advertir la magnitud de la tormenta que se le vendría encima. Los principios morales y, en cierto sentido, moralistas, de Woodrow Wilson y de gran parte de la prensa estadunidense, no podían condonar el asesinato a mansalva de un hombre de negocios extranjero, y mucho menos podían ignorar los reclamos del gobierno británico que, aún cuando discrepaba de Washington en torno al reconocimiento diplomático del gobierno de Victoriano Huerta, era su aliado natural en la delicada cuestión del equilibrio político europeo que, por esos días, empezaba a verse seriamente afectado por la hostil prepotencia del káiser Guillermo II de Alemania. El hecho de que el "hombre de negocios" británico hubiera sido un conocido traficante de armas y de ganado robado era una cuestión que podía ser cómodamente relegada al olvido. En lo sucesivo, el apoyo militar y económico de Estados Unidos sería para el carrancismo, cuyo Primer Jefe poseía todos los atributos de un serio y experimentado político que pugnaba por el más moral de los principios políticos: la restauración del orden constitucional.

Es así como Ivar Thord-Gray marcha a donde en verdad se le necesita: a Hermosillo, Sonora, lugar de ubicación provisional del cuartel general del Ejército Constitucionalista, destinado a ser, a partir del caso Benton, y por las fuerzas combinadas de la legitimidad y la geopolítica, el triunfador último de la Revolución mexicana.

Al partir, el autor de *Gringo Rebel* se despide del inolvidable Centauro del Norte con palabras en las que se entremezclan la usual objetividad escandinava con una extraordinaria sensibilidad social y humana: "El éxito de Villa se fundó en la violencia. Fue su violencia en Torreón, Juárez, Tierra Blanca, Chihuahua, Ojinaga y muchos otros lugares lo que eliminó a las fuerzas de Huerta, antes de que Carranza y Obregón estuvieran organizados, y sin esta violencia —por terrible que haya sido— los peones y los indios probablemente seguirían en la esclavitud y la dependencia.

"Si intentamos juzgar los crímenes o la moralidad de Pancho Villa, con todo espíritu de justicia, debemos considerar el bien que hizo a los pobres, sus victorias sobre los tiranos y opresores, la benevolente influencia que ejerció sobre una multitud de peones oprimidos a quienes dio una Nueva Esperanza.

"La plétora de libros, artículos y películas que sobre la vida de Pancho Villa se han producido constituyen para quienes en verdad lo conocimos una ficción nauseabunda. Todo lo que se ha escrito sobre él parece ser de oídas; rumores que sus enemigos políticos han esparcido deliberadamente. Este autor no pretende ofrecer disculpas a nombre de Villa, porque desde el punto de vista de la opinión estadunidense, en muchas formas, fue un malvado.

"Pero, a pesar de todo, yo vi en Villa una simplicidad y un entusiasmo casi infantiles que me agradaron enormemente, pero Carranza y Obregón no vieron en él más que a un bárbaro violento; sin embargo, él hizo más que cualquier otro hombre por liberar a los peones y a los indios del injusto sistema de peonaje y esclavitud al que se encontraban inicuamente sometidos."[13]

Quien no se despidió de Villa sino hasta que fue brutalmente asesinado por orden de Álvaro Obregón, fue el gobierno británico. Cuando en 1920, el presidente interino Adolfo de la Huerta negociaba el desarme de las tropas villistas y el eventual retiro del Centauro a la paz rural de la hacienda de Canutillo, el entonces ministro de Guerra del gobierno de Su Majestad, Winston Churchill, escribió a la Foreign Office que: "Observo en el telegrama de México, fechado el 29 del último mes, que se ha planteado la cuestión de que el gobierno británico exija que se proceda contra el general Villa por el asesinato del señor Benton en 1914. Espero que no se deje caer en el olvido ese brutal asesinato de un súbdito británico. Me interesé por el caso en su momento y nunca lo he olvidado a lo largo de la guerra. Estaba seguro de que llegaría la oportunidad de llevar a ese asesino ante la justicia. Uno de los verdaderos signos de una gran nación es el cuidado y la paciencia con que persigue las demandas relacionadas con la vida y la seguridad de sus súbditos. Confío sinceramente en que se hará todo lo posible".[14]

Pero como Estados Unidos, con tal de que la paz retornara a México después de más de diez años de sangre y violencia, ya había decidido no perseguir a Villa por los sucesos de Columbus, para tranquilidad de todas las partes interesadas en lo que hasta ese momento parecía la casi imposible doma del Centauro, a la Foreign Office le hizo ver al enérgico ministro de Guerra las limitaciones que en este caso enfrentaba el gobierno británico al señalarle que: "Si a Villa se le concede el indulto Gran Bretaña nada puede hacer [porque] el gobierno mexicano le tiene más miedo a Villa que a Gran Bretaña".[15]

La realpolitik acabó por imponerse a la larga memoria de Churchill. Pero para Villa —acostumbrado a matar y a olvidar— el fantasma de William Benton tardó más de seis años en disiparse.

Carranza, Obregón y compañía

En opinión de Thord-Gray, el Hermosillo de la época era una encantadora ciudad antigua de aproximadamente quince mil habitantes y adornada por varios edificios imponentes, construidos alrededor del bello Jardín Zaragoza que, al día de hoy, conserva ese peculiar e inocente encanto de la provincia mexicana, y entre los que destacaba el hotel Arcadia, en el que se hospedó por varias semanas. Es precisamente en el bar de este hotel en donde traba amistad con dos periodistas estadunidenses —cuya ayuda posteriormente le permitirá salir de un serio problema—, Timothy Turner de la Associated Press y George Weeks del *New York Herald*, quienes, ante el reconocimiento de facto que había sido otorgado por el presidente Wilson al gobierno constitucionalista, se encontraban cubriendo directamente la campaña revolucionaria de las huestes de Venustiano Carranza.

Turner y Weeks rápidamente le informan que Carranza, deseoso de mantener una imagen de independencia ante Washington, no acepta en sus filas combatientes extranjeros, particularmente si se trata de "gringos". En todo el Ejército Constitucionalista, de aproximadamente quince mil hombres, solamente hay tres extranjeros: un mayor alemán de apellido Kloss, al que se le aceptó por ser un experto en el manejo de ametralladoras y porque don Venustiano, al igual que Porfirio Díaz, era un secreto admirador de la organización, disciplina y eficiencia del ejército prusiano; y dos hermanos estadunidenses de apellido Smith, a los que fue necesario aceptar porque eran los únicos capaces de volar un avión de dos plazas desde el que lanzaban granadas de mano al enemigo, ya de por sí aterrorizado por la aparición del extraño engendro aéreo.

A pesar de las advertencias pero sabedor de las credenciales que poseía, Ivar prácticamente al día siguiente de su llegada a Hermosillo, se entrevista con el general Álvaro Obregón, que se había convertido en la mano derecha del Primer Jefe. La impresión inicial es un tanto contradictoria: "El general Obregón actuó, en un principio, de manera innecesariamente ruda. Era un hombre corto de estatura, robusto y de aproximadamente treinta y tres años de edad. Su cabeza redonda parecía una bala de cañón en la cual el pelo estaba rígidamente peinado hacia atrás, su negro bigote era corto pero ligeramente vuelto hacia atrás en las comisuras de los labios. Los ojos más bien pequeños eran claros y especialmente penetrantes. En su conjunto no era un hombre mal parecido. Venía de un poblado cercano a Huatabampo donde poseía un rancho no lejos del río Mayo en el sur de Sonora.

"Cuando Francisco Madero inició su insurrección en contra de la reelección del presidente Díaz, Obregón con la ayuda financiera de José María Maytorena, un prominente terrateniente de Sonora, reclutó algunos indios mayos y yaquis para formar lo que con el tiempo sería un regimiento. Cuando Carranza llegó a Sonora por invitación de Maytorena, se convirtió casi inmediatamente en la mano derecha de Carranza. La formación del cuerpo del Ejército del Noroeste había comenzado.

"La actitud de Obregón mejoró después de un rato de plática y se volvió razonablemente decente pero parecía obvio que estaba tratando de ocultar algo. Me tomó varias semanas descubrir de qué se trataba, y entonces comprendí que se trataba de algo simple y entendible. Tenía temor de revelar ante un experto que creía americano su limitado conocimiento sobre cuestiones militares. Pero a diferencia de otros muchos generales, como Pancho Villa, estaba más que dispuesto a aprender, y así lo hizo."[1]

A pesar de que las credenciales y recomendaciones que Thord-Gray seguramente le mostró mejoraron la disposición hacia él, Álvaro Obregón no se compromete y deja la decisión final en manos de Venustiano Carranza. La entrevista con el viejo zorro se produjo unos cuantos días después y resultó exitosa en términos generales, puesto que el Primer Jefe ya contaba con antecedentes de las capacidades del futuro autor de *Gringo Rebel* como oficial de artillería y de su larga asociación con el servicio estadunidense de inteligencia militar. Además era sueco y no "gringo", lo que contribuía a su política de mantener una aparente independencia de los dictados de Washington.

"Cuando me presenté ante Carranza su figura patriarcal me produjo una primera impresión de calidez humana. Medía cerca de dos metros de altura, su complexión era robusta y atlética y debe de haber tenido alrededor de cincuenta y cinco años de edad. Vestía una mezcla de bien cortado uniforme militar con traje de calle y su actitud digna y paternal lo hacía sentirse a uno confortable y seguro en todos sentidos. Sus anteojos oscuros descansaban sobre su larga nariz, y su larga barba blanca le daba la inteligente apariencia y la sabiduría de un Salomón.

"Extranjeros y mexicanos por igual me habían advertido que la presencia altiva e imponente de Carranza ocultaba su arrogancia; que era orgulloso, dominante, necio, insensible y a veces muy poco comunicativo. Pero todos estaban de acuerdo en que cuando expresaba sus puntos de vista siempre iba directamente al grano.

"Pero cuando lo dejé después de una hora de conversación mis sentimientos hacia él eran de total amistad. Como era necio no me dejó unirme a la caballería, y me dijo que tenía que hacerme cargo de la artillería porque en esa arma sólo contaba con dos oficiales. No me dijo una sola palabra sobre los telegramas que se habían cruzado entre él y Villa, pero me dio órdenes de presentarme al mayor Mérigo con el rango de capitán primero como instructor de artillería y comandante de batería.

"George Weeks me dijo que este nombramiento era algo notable porque todos los extranjeros habían sido rechazados con excepción de Kloss y de los dos pilotos americanos. Ni Carranza ni Obregón aceptaron más extranjeros en el ejército durante la revolución. Mi nombramiento fue firmado por el general Álvaro Obregón, en su carácter de comandante del Cuerpo del Ejército del Noroeste."[2]

El nombramiento en cuestión lleva en el margen superior izquierdo el antiguo escudo nacional mexicano con el águila de frente, alas extendidas y la siguiente leyenda: "República Mexicana. Ejército Constitucionalista. Cuerpo del Ejército del Noroeste. Comandancia núm. 929". En su breve texto se lee: "Esta comandancia ha tenido a bien disponer cause alta con esta fecha en el Primer Regimiento de Artillería que es a las órdenes del C. Mayor Juan Mérigo, con el grado de Capitán 1°.

"Sufragio efectivo. No reelección. Hermosillo, diciembre 9 de 1913. El general en jefe [firmado] Álvaro Obregón. Al C. Ivar Thord-Gray. Presente".[3]

La cercanía de Ivar con Carranza y Obregón que, a su debido tiempo, serían ambos presidentes de México, le permite conocer y tratar a varios personajes que, también con el tiempo, tendrían una importante participación en la vida nacional: Plutarco Elías Calles (futuro presidente de la República y fundador del partido político de Estado que, por medios tanto democráticos como antidemocráticos, gobernó México a lo largo de los últimos setenta años), Martín Luis Guzmán (el futuro gran escritor de la Revolución mexicana), Alberto Pani (futuro secretario de Hacienda y Crédito Público), Adolfo de la Huerta (futuro presidente de la República), Miguel Alessio Robles (futuro secretario de Estado y cronista de la Revolución), José Vasconcelos (notable escritor y futuro secretario de Educación Pública; autor de la reforma educativa más importante que se ha llevado a cabo en la historia de México) y Manuel Chao (futuro gobernador del estado de Chihuahua).

También tiene oportunidad de conocer y tratar al más brillante de los generales revolucionarios: Felipe Ángeles, cuyo entrenamiento y genio militares, así como su inquebrantable lealtad al presidente Madero, fueron motivo de incontables envidias e intrigas en el campo carrancista. Martín Luis Guzmán, ante los continuos desdenes de que se hacía objeto a Ángeles, se preguntaba por qué, a pesar de todo, no se hallaba entregado en cuerpo y alma al despacho de los asuntos militares de la Revolución, para lo cual su capacidad era mil veces superior a la de los generales improvisados.[4] Thord-Gray coincide plenamente con la opinión del distinguido escritor: "Felipe Ángeles era alto, delgado, de piel aceitunada, bien parecido; se consideraba de ascendencia indígena. Ángeles era excepcional entre los rebeldes porque había nacido y se había formado como un Científico, y poseía el tipo de un hidalgo español, además de ser extremadamente meticuloso en cuanto a su apariencia.

"Ángeles se había educado en el extranjero y había estado en las escuelas de artillería de Francia y Alemania. Desafortunada y extrañamente, Carranza no aprovechó su magnífica formación. Los dos, Carranza y Obregón, eran buenos hombres, pero aparentemente, ignoraron deliberadamente todas las propuestas de Ángeles. Así un auténtico genio militar se desperdició en donde más se necesitaba."[5]

El destino de Felipe Ángeles fue siempre trágico. Leal hasta el último día al presidente Madero, es expulsado del ejército federal. Refugiado en el constitucionalismo —por envidias de los inevitables y abundantes mediocres— se le ignora y se le relega. Aliado a Villa a quien trata de civilizar y redimir, es finalmente vencido por la ignorancia sanguinaria del Centauro y sus lugartenientes, con el Carnicero Rodolfo Fierro a la cabeza. Derrotado y desilusionado Ángeles es acusado de alta traición. Se le somete a una amañada corte marcial —llevada a cabo, por cierto, en el señorial Teatro de los Héroes de la ciudad de Chihuahua— que, actuando bajo las órdenes de Álvaro Obregón, lo declara culpable y lo fusila. Sin embargo, en un acto de justicia que podría llamarse poética, una obra de teatro sobre él fue repuesta recientemente en una interesante versión que puede calificarse de posmoderna.[6]

Posiblemente Martín Luis Guzmán haya tenido en mente, entre otros, a Felipe Ángeles cuando escribió las siguientes palabras: "Yo tenía entonces ideas demasiado optimistas —y, en consecuencia, absurdas— sobre la posibilidad de ennoblecer la política de México. Creía aún que a los ministerios podían y debían ir hombres de grandes dotes intelectuales y morales, y hasta consideraba deber de los buenos revolucionarios el eximirnos de los altos puestos para ponerlos en manos de lo más apto posible y lo más ilustre".

Las primeras experiencias de Thord-Gray como oficial de artillería del Ejército Constitucionalista —tal y como sucedió después de su primer encuentro con Villa— lo hacen pensar seriamente en la posibilidad de regresar a las elaboradas y sutiles intrigas diplomáticas y militares de Shanghai. El mayor Juan Mérigo, a cuyo mando se le asigna, resulta ser todo un farsante en el peor sentido de la palabra. Es corto de estatura, regordete, ignorante, vano, cobarde y posee una, muy probablemente justificada, fama de homosexual, hasta apesta a perfume barato de mujer a varios metros de distancia.

Desde un principio muestra un fundado temor de que el experimentado militar sueco lo desplace del cómodo —y en cierto sentido prestigioso, si tomamos en cuenta el lugar y la época— puesto de comandante de una artillería casi inexistente. Los temores se agravan cuando Ivar organiza a un grupo de indios yaquis, hasta ese momento ignorados y despreciados por el mestizo Mérigo, quienes, correctamente instruidos, demuestran tener una inusual capacidad natural para la comprensión y el desarrollo de las más complejas e intrincadas técnicas de artillería.

Mérigo, como todos los mediocres e ignorantes que tienen que enfrentarse a un talento superior, trata de neutralizar a Thord-Gray mediante la intriga y la traición. Un día que se presenta al campo de entrenamiento ordena, sin más, su arresto. Ivar que en el Oriente había aprendido y practicado el jiu-jitsu lesiona de sendos golpes en el cuello a dos de los subordinados de Mérigo. Finalmente, es controlado por un buen número de hombres armados y trasladado a la prisión militar, acusado de insubordinación y de haber lesionado a dos soldados.

La estancia de Ivar en la cárcel es corta y divertida. Su amigo Tim Turner de la Associated Press lo visita de inmediato llevándole una suculenta comida del hotel Arcadia. Cuando Thord-Gray arroja por entre los barrotes de la celda el pedazo de carne podrida que Mérigo le había ordenado como comida, la carne aterriza a los pies del semidormido cabo de guardia, el que, al oir el ruido, piensa que ha llegado un oficial y de inmediato se pone de pie y presenta el rifle en un saludo cómicamente marcial al pedazo de carne putrefacta que ha caído a sus pies. Minutos después Turner descorcha una botella de champaña con gran estrépito. El mismo cabo de guardia cree que Ivar pretende salir de la cárcel a balazos y despavorido corre en busca de un destacamento militar que se coloca en posición de tiradores en el corredor de la prisión, como si se tratara de evitar una fuga en gran escala... encabezada por un corcho de champaña.

Finalmente Turner informa lo sucedido a Carranza y Obregón, quienes ordenan la inmediata liberación del recién designado asesor militar. Mérigo, como el típico cobarde que es, se encarga de liberarlo personalmente y lo conduce al cuartel general de Lucio Blanco, comandante en jefe de la caballería carrancista, en medio de aparatosas y fingidas muestras de afecto.

Como despedida de este siniestro personaje, cabe señalar que años más tarde Mérigo se vería involucrado en los notorios crímenes de la llamada Banda del Automóvil Gris. Se trataba de un grupo de delincuentes que cometía sus fechorías en un vehículo de ese color y que durante algún tiempo se dedicó a asaltar las más ricas residencias de la ciudad de México hasta que fue capturado por la policía, en medio de un gran escándalo público. Mérigo, gracias a sus conexiones "revolucionarias", no fue a dar con sus delicados huesos a la cárcel pero cayó en un gran descrédito militar y político. Jamás volvió a figurar ni a ocupar ningún cargo importante, a diferencia de lo que sucedió con los más cercanos colaboradores del señor Carranza. En los años sesenta escribió un librito —en su supuesto descargo, más de cuarenta años después de ocurridos los hechos— que tuvo una escasa circulación y que llevó por título *La Banda del Automóvil Gris y yo*, por el general Juan Mérigo. Explicación no pedida, acusación manifiesta.

Lucio Blanco fue uno de los generales más carismáticos de la revolución carrancista. Joven, dinámico, apreciado y admirado por sus tropas y, según se cuenta, por las bellas doncellas y señoras sonorenses, parecía destinado a llegar, simplemente por la fuerza de su atrayente personalidad, a las más grandes alturas políticas y militares. Oriundo de Coahuila, indiscutiblemente leal a Carranza, había sido uno de los firmantes del Plan de Guadalupe que, como ya se vio, constituyó el fundamento de legitimidad constitucional del movimiento encabezado por don Venustiano.

En los inicios del constitucionalismo, Lucio Blanco da una muestra de su celo revolucionario al expropiar un vasto latifundio en el estado de Tamaulipas, perteneciente al general Félix Díaz, el sobrino de don Porfirio. Carranza lo reprende de manera severa. No es que se opusiera a las medidas radicales que la situación del país demandaba, particularmente en contra de los partidarios y corifeos del antiguo régimen, sino que quería que todo se realizara dentro de la legalidad más estricta. Por eso le pide a Blanco que calme sus ímpetus transformadores hasta que llegue el momento política —y legalmente— correcto. Tiempo después, el mismo don Venustiano expedirá en el puerto de Veracruz, el 6 de enero de 1915, la primera ley de reforma agraria en la historia de México, en la que de manera especial se cuidan todas las formas jurídicas y constitucionales.

Con el arribo de Carranza a Sonora y la consiguiente formación del cuerpo del Ejército del Noroeste, Lucio Blanco asume el cargo de comandante en jefe de las tropas de caballería. De inmediato trata de organizar una fuerza medianamente capaz y eficiente con la ayuda de su coterráneo y amigo el teniente coronel Miguel M. Acosta, otro joven, carismático y bien parecido, oficial constitucionalista.

En esas labores se encontraba cuando Thord-Gray se presenta, recién liberado de su corta detención. De inmediato se establece una buena y fluida comunicación entre Ivar, Blanco y Acosta que, con el tiempo, se transformará en una excelente amistad. A petición de los jóvenes y todavía inexpertos oficiales carrancistas, Thord-Gray les imparte un curso intensivo de caballería, en el que destacan los aspectos relativos a formación de tropas, escuadrones, regimientos, brigadas y divisiones. En particular les hace ver la absoluta necesidad —toda vez que se trata de un ejército que apenas se encuentra en su etapa formativa— de contar con una escuela de capacitación y entrenamiento de oficiales. Cuando Blanco le pregunta quién puede hacerse cargo de semejante escuela, Ivar simplemente le contesta: "Arregla mi transferencia a la caballería y yo me haré cargo. De lo contrario prefiero regresar a Estados Unidos".[7]

Lucio Blanco se encarga de convencer al general Obregón, quien, para sorpresa de Thord-Gray, le asigna la doble encomienda de organizar una escuela de caballería y otra de artillería. Los cursos se inician el 18 de diciembre de 1913. Dos de los más asiduos asistentes a las clases de estrategia y tácticas son los generales Obregón y Blanco, aunque la asistencia del primero, por ser el general en jefe, se mantiene en reserva para ocultar a las tropas que su comandante en jefe es un general más o menos improvisado. Sin embargo, el instructor sueco se admira de la voluntad que Obregón pone en aprender y de la rapidez con que lo hace. También se admira de la capacidad innata de los indios yaquis para desarrollar complicadas maniobras de caballería, a pesar de encontrarse armados únicamente de arcos, flechas, hachas y cuchillos de obsidiana. La admiración de Thord-Gray por estos guerreros aborígenes es tal, que en sus memorias escribe: "De hecho, de no haber sido por los arcos y flechas de los yaquis, la revolución de 1913-1914 no habría tenido éxito. A lo largo de todos los difíciles días en los densos matorrales de Sonora, Sinaloa y Tepic [actualmente estado de Nayarit], el arco y la flecha fueron nuestras armas supremas. Los federales armados de rifles modernos y con ametralladoras a su disposición con frecuencia eran obligados a evacuar sus posiciones. Estos extraordinarios indios con sus arcos, flechas y cuchillos lograron capturar miles de rifles al enemigo, que nos serían indispensables en las batallas por venir".[8]

Entre los cursos de artillería y caballería, Ivar, como buen agente de inteligencia militar, se mantiene al tanto de los últimos incidentes diplomáticos. Así se entera de que la reina de Holanda envió un telegrama a Victoriano Huerta en el que le pide que renuncie a la presidencia por el bien de México y de la causa de la paz. El contenido del —supuestamente secreto— telegrama es divulgado por el corresponsal del *New York Herald* en la ciudad de México, Richard Conover. Furioso, el secretario de Relaciones Exteriores de Huerta, Querido Moheno, manda llamar a Conover para que le revele sus fuentes de información. Ante la firme negativa del periodista, Moheno —con escaso tacto diplomático— lo manda arrestar y ordena su inmediata expulsión del país, con lo cual agrava el ya de por sí notorio desprestigio del gobierno huertista ante la prensa internacional. Pero lo importante es que la firme política aislacionista seguida por el presidente Wilson en contra de Huerta empieza a rendir sus primeros frutos: la unidad de las potencias europeas en torno a la legitimidad internacional del gobierno del asesino de Madero, muestra los primeros signos de fractura.

El 5 de enero de 1914 —después de haberle impartido a Obregón una larga clase acerca de los bloques de concreto, las alambradas de púas y las trincheras de emergencia que se utilizaron en Sudáfrica durante la guerra de los bóers— Thord-Gray parte con el grueso del Ejército Constitucionalista hacia Navojoa, Sonora.

En el camino ocurren dos incidentes, uno de los cuales, hasta donde tengo yo entendido, no aparece consignado en ninguno de los múltiples libros que se han escrito sobre la Revolución mexicana, con la única excepción de *La guerra secreta en México* del profesor Friedrich Katz.

El importante puerto de Guaymas en el oceano Pacífico se encontraba ocupado por el ejército federal, lo que bloquea el acceso de los revolucionarios a la recepción de cualquier tipo de suministros por mar. Pero lo singular del caso estriba en el hecho de que Guaymas se sostiene gracias al apoyo que los federales reciben nada menos que del imperio japonés. Ivar, sumamente familiarizado con los asuntos militares del Lejano Oriente, es capaz de detectar la presencia de, por lo menos, dos buques de guerra japoneses anclados tranquilamente en la bella bahía. Además recibe información del periodista Tim Turner en el sentido de que el embajador de Japón en México se encuentra conversando con el comandante de la guarnición federal en Guaymas. Aun cuando se trata de un tema que no es fácil investigar, valdría la pena —tomando como punto de partida lo que al respecto se dice en *Gringo Rebel*—[9] averiguar hasta dónde llegaron las relaciones políticas, diplomáticas y militares entre los gobiernos de Porfirio Díaz y Victoriano Huerta con el, en ese entonces, emergente imperio japonés, ya que todo parece indicar que la Revolución mexicana fue campo propicio para ensayar un intrincado juego geopolítico. Inclusive dentro de este contexto cobra perfecto sentido la conversación —que ya mencioné— que tuvieron el general Villa y el general estadunidense Hugh L. Scott en Ciudad Juárez, Chihuahua, que Martín Luis Guzmán, en sus *Memorias de Pancho Villa*, reproduce de la siguiente manera:

"Le decía yo [Villa]:

–Señor, vienen a México enviados japoneses que nos piden alianza de guerra contra el pueblo de Estados Unidos.

Él me preguntaba:

–¿Y cuál es, señor general, la actitud de México ante sus peticiones?

Yo le respondía:

–Al enviado que vino a proponerme eso le expresé yo estas palabras: Viva seguro, señor, que de haber guerra entre el Japón y Estados Unidos, o entre ellos y otra nación cualquiera, no siendo México, para ellos serán todos los recursos que nosotros podamos afrontar."[10]

Por otra parte, Thord-Gray, al tratar de instruir a sus hombres en las labores de avanzada que todo ejército debe practicar como salvaguarda elemental, es sorprendido, a bordo de un armón ferroviario, por una partida de yaquis que le tiende una emboscada de la cual sale ileso gracias a que la táctica de los indios simplemente consiste en atacar y huir. "Su desaparición me recordó la forma en la que los impi de la tribu de los zulúes se desvanecían en los bosques de N'Kansha, durante la rebelión de los zulúes en 1906".[11] En ese incidente captura e incorpora a sus tropas a Tekwe (que significa "águila" en la lengua yaqui), que con el paso del tiempo se convertirá en otro de sus fieles guías y guerreros indígenas.

El 21 de enero de 1914, Ivar con el principal contingente del Ejército Constitucionalista, arriba a la ciudad de Culiacán en el estado de Sinaloa, situado al sur de Sonora. La entrada de Carranza a la población —que por cierto padecía una epidemia de viruela— deja atónito al austero y práctico militar sueco. Y es que el Primer Jefe no entraba simplemente a las ciudades, sino que hacía de sus traslados una especie de visitas de Estado. Lo recibían multitudes con flores y arcos triunfales. El ceremonial era elaboradísimo: himnos, marchas militares, corridos populares, guardias de honor, discursos, banquetes y bailes, hacían de la presencia de don Venustiano un espectacular festejo público que se prolongaba por varios días. Martín Luis Guzmán, en *El águila y la serpiente*, establece un curioso paralelismo entre el Primer Jefe y Porfirio Díaz, cuando comenta que a él esos fandangos le recordaban que "en México presidente, marcha de honor e himno nacional son tres partes de un solo todo". Thord-Gray agrega de su cosecha: "A lo mejor se trataba de algo necesario, pero a mí me parecía que se gastaban grandes sumas de dinero en homenajear innecesariamente a Carranza, ya que ese dinero se habría podido emplear mucho mejor en adquirir lo que en verdad necesitábamos: armas, municiones y uniformes".[12]

Pasada la tumultuosa recepción al vanidoso señor Carranza, Thord-Gray se concentra de nueva cuenta en el progreso de sus escuelas de artillería y caballería. La tarea a desarrollar se vuelve enorme y urgente, puesto que ya se planea la marcha sobre la ciudad de México, lo que requiere que los cursos se impartan de la mañana a la noche. No obstante, se da tiempo para infiltrarse al cuartel general del Primer Jefe a fin de averiguar cuáles han sido las últimas intrigas diplomáticas. Así se entera que don Venustiano ha recibido diversos telegramas de Europa y de Estados Unidos en los que se le exige que renuncie a la Revolución y que haga las paces con el gobierno federal. Indignado con justa razón, apunta: "Las sugerencias eran ridículas para el hombre que luchaba en contra del criminal general Huerta. Si Carranza hubiera hecho lo que se le pedía, habría renegado de sus sagradas promesas. Además Huerta lo habría juzgado por traición y, junto con todos nosotros, lo habría colgado del árbol más cercano".[13]

El 5 de febrero de 1914, Lucio Blanco le ordena que se traslade al territorio de Nayarit con el objeto de auxiliar al joven general Rafael Buelna que marcha hacia el sur como avanzada del constitucionalismo a la toma de la ciudad de México. Sus instrucciones son en el sentido de tratar de impartir al bravo pero inexperto general algunos principios fundamentales en materia de estrategia, táctica y administración militares. Pronto Thord-Gray descubre otro de los tradicionales males de México —que, por cierto, subsiste hasta la fecha—: entregar a hombres muy jóvenes cargos de elevada responsabilidad pública para los cuales están notoriamente impreparados, lo que los lleva, por una parte, a perder la cabeza y a llenarse de exageradas ambiciones y, por la otra, a cometer una serie de tonterías que más temprano que tarde ocasionan su estrepitoso derrumbe. Además la experiencia los deja frustrados de por vida ya que jamás vuelven a ocupar un cargo de la misma jerarquía y pasan el resto de sus días añorando los perdidos tiempos de gloria y poder, y lamentando los errores cometidos y las oportunidades desperdiciadas.

Rafael Buelna resulta ser un general de veinticinco años de edad, valiente y decidido, pero que, por razones obvias, carece de cualquier tipo de formación militar. Su ejército se compone de antiguos tenderos, profesores de escuela, vaqueros, peones e indios yaquis que, salvo estos últimos, están tratando de aprender el arte de la guerra en el campo mismo de batalla. Ha logrado un impresionante avance desde Sonora hasta el sur de Nayarit a la altura del río Lerma-Santiago, y su marcha hacia la ciudad de México parece ser incontenible. Sus colaboradores más cercanos —tan o más jóvenes que él— le han llenado de humo la cabeza, haciéndole creer que su marcha invencible le permitirá tomar, en unos cuantos meses, la capital de la república, que en menos de un año será el ministro de Guerra y que eventualmente ocupará la presidencia de México.

El hecho de que para lograr tan elevadas distinciones primero tenga que derrotar a un poderoso ejército federal, bien equipado, numeroso y comandado por oficiales egresados del prestigiado Colegio Militar del Castillo de Chapultepec, que, por meses, le ha venido manejando una hábil retirada estratégica, parece representarle tan sólo un inconveniente menor, fácilmente superable.

En semejante ambiente la labor de entrenamiento militar encomendada a Thord-Gray resulta prácticamente imposible. Buelna sólo acepta recibir cursos privados para no denotar ante sus hombres su completo desconocimiento de las estrategias y tácticas militares. Presume de entender todo rápidamente y de no requerir más que de orientaciones generales. Sin embargo, cuando trata de poner en práctica lo que cree haber aprendido, hace de los ensayos de maniobras un verdadero desastre. Ivar se desespera. Le hace ver a Buelna que no es posible llevar a cabo la larga marcha de más de mil kilómetros hacia la ciudad de México sin escuadrones de avanzada, y sin un sistema de inteligencia militar que le permita detectar los movimientos del enemigo, la disposición de sus tropas, su nivel de equipamiento, sus fuentes de abastecimiento y, sobre todo, la moral de sus hombres; para así estar en posibilidades de planear adecuadamente la estrategia militar a seguir. La respuesta que recibe de Buelna es típica de la arrogancia juvenil: "Los federales están derrotados y en retirada. Buelna es invencible".[14]

Bajo tal criterio las tropas de este imberbe general revolucionario continuaron sus desorganizadas marchas sin avanzadas, protección de flancos y tropas de reservas, pero también sin encontrar ningún tipo de resistencia. Lo que lleva a Buelna a decirle a Thord-Gray, en otro de sus arrebatos juveniles: "Tú eres el alumno ahora, porque estás aprendiendo cómo hacer la guerra a la mexicana".[15]

Al final, lo inevitable ocurre. La paciente retirada estratégica llevada a cabo por el comandante federal rinde sus frutos y las tropas revolucionarias inocentemente caen en una emboscada en las cercanías del río Lerma-Santiago. Buelna desoye la recomendación de Thord-Gray de intentar una retirada ordenada hacia el norte utilizando el tren de aprovisionamientos que tienen a su disposición. En cambio, pretende defender un puente sobre el río Yago —un afluente del Lerma-Santiago— que, según el inexperto general, le resulta indispensable para su inminente marcha hacia Guadalajara —la segunda ciudad en importancia en México—, que es la clave para apoderarse de la capital del país.

Tratar de defender un puente cuando se ha caído en una emboscada es el colmo de la insensatez militar. La necedad de Buelna casi provoca una catástrofe. El ataque federal es sistemático y contundente y poco a poco va envolviendo a los revolucionarios, a los que finalmente domina el pánico y, abandonando el puente en el que el iluso Buelna fincaba sus ilusiones, se amontonan en el tren de provisiones con el objeto de emprender una desaforada fuga hacia el norte. Pero se trata de un movimiento tardío y precipitado. El tiempo perdido como consecuencia de la absurda orden de Buelna de tratar de defender el puente sobre el río Yago, permite a los federales posicionarse en unas colinas cercanas al lugar en donde el tren se encuentra inmovilizado y, desde ahí, disparar a las despavoridas tropas revolucionarias que se amontonan en los desvencijados vagones, hasta ser víctimas de una verdadera masacre.

El día —o lo que queda del día— lo salvan, tal y como ha sucedido en muchas batallas en la historia de México, los indios; esta vez, por supuesto, los yaquis quienes, encabezados por Tekwe, montan una carga de caballería que mantiene ocupados, por un tiempo, a los federales, hasta que el tren puede ser desalojado, y lo que resta de la infantería de Buelna queda en condiciones de huir, sin orden ni concierto, lo más lejos que puede.

La derrota —fruto de la imprevisión, la impreparación y la prepotencia— tiene graves efectos tanto en la moral como en la posición estratégica del Ejército Constitucionalista. El juicio de Ivar, como de costumbre, es contundente: "La infantería, con sus oficiales que tan sólo el día de ayer vociferaban y presumían, recibió tal castigo que su moral quedó prácticamente destrozada, al grado de que parecía una ruinosa caravana de gitanos de segunda clase [...] Cuando los restos de nuestra infantería empezaron a volverse a formar, se descubrió que la mayoría de los soldados habían arrojado sus rifles en su prisa por escapar. Según pude establecer, perdimos todo el territorio que va del río Lerma-Santiago, en Nayarit, hasta el poblado de Rosario en Sinaloa, o sea, una extensión aproximada de ciento sesenta kilómetros. Nuestras bajas fueron sumamente elevadas: trescientos cincuenta muertos, doscientos ochenta heridos, trescientos desaparecidos. También perdimos alrededor de mil rifles y carabinas, un cañón de campaña, un tren completo y todos nuestros suministros".[16]

Después de este desastre, "el joven e invicto general Rafael Buelna" jamás volvió a ocupar un cargo de verdadera importancia en el ejército o en el gobierno constitucionalista. Su nombre apenas se menciona en los múltiples libros que se han escrito sobre la Revolución mexicana.

Bilimbiques

La historia económica de México en el siglo XX podría resumirse narrando las sucesivas —y las más de las veces trágicas— devaluaciones que su moneda ha sufrido. El siglo se inicia con una moneda sólida y respetada en el extranjero, conocida como "pesos fuertes" o "pesos oro", emitida por el gobierno de Porfirio Díaz, que en los mercados internacionales se cotizaba a la par con el dólar de Estados Unidos. Pero la felicidad económica duró aproximadamente once años. Para 1912, gracias a la errática presidencia del señor Madero y al golpe de Estado de Victoriano Huerta, la moneda mexicana sufrió un acelerado proceso de depreciación, al grado que en Estados Unidos, hacia finales de 1912, ya no se podía adquirir ningún bien de consumo —armas y municiones principalmente— con pesos mexicanos.

Esto creó un grave problema para la jefatura constitucionalista del señor Carranza que, ante la falta sistemática de dinero, recurría a la confiscación de todo lo que necesitaba mediante el simple expediente de entregar a los afectados "pagarés" que se redimirían al triunfo de la Revolución. Las protestas no se hicieron esperar, porque los comerciantes empezaron a cerrar sus negocios ante la imposibilidad de seguir operando en moneda de cuño corriente; inclusive, en las transacciones privadas se tuvo que regresar al primitivo sistema del trueque. Ante tal situación, Carranza, contrariando los principios más elementales de la economía política, pero actuando bajo los impulsos de la necesidad, que es la madre de todos los ingenios pero también de todos los vicios, decide organizar un novedoso sistema de financiamiento del que, al menos en México, en Estados Unidos y en Europa, no se tenían antecedentes: emitir papel moneda, al amparo de su firma y la de sus generales, sin el respaldo de un banco central o de una reserva federal y, por supuesto, sin contar con una reserva monetaria; es decir, no se trató del "dinero enfermo o malo" del que habla la conocida ley económica de Gresham, sino de dinero fantasma. Thord-Gray describe el esquema con toda precisión: "Carranza pensó que era una buena idea para la solución de los problemas financieros del Partido Revolucionario el imprimir su propia moneda, en vez de andar confiscando joyas, ganado y propiedades, entregando pagarés a cambio. Se hicieron diversos tipos de placas. Se obtuvo el mejor papel que había en México, pero se emitió la peor moneda posible. Las máquinas de hacer billetes empezaron a trabajar y Carranza dispuso de un flujo interminable de moneda de la peor calidad, pero que logró el objetivo deseado puesto que mantuvo contentos a los soldados y, en general, facilitó la vida a todos los demás".[1]

El sistema funcionó de la siguiente manera: se asignaba a cada comandante de cuerpo del ejército una cantidad semanal que se distribuía entre los oficiales que, a su vez, cubrían los haberes a los hombres que se encontraban bajo su mando. Como es de esperarse, los actos de corrupción fueron inmediatos e inevitables, y pronto comandantes y oficiales empezaron a darse la gran vida. A pesar de esto, los soldados rasos recibían un haber diario de un peso con cincuenta centavos, lo que constituyó un incentivo más que suficiente para que quisieran seguir uncidos al carro de la Revolución, puesto que esa pequeña cantidad de dinero representaba para ellos una mejoría significativa, si se le comparaba con los "vales" para las tiendas de raya que se les entregaba como única paga cuando trabajaban como peones acasillados —especie décimononica de los "siervos de la gleba de la Europa medieval"— en las haciendas porfirianas.

No obstante, subsistía el problema de conseguir dólares, ya que sin ellos no había modo de obtener armas y municiones. Carranza también lo resolvió con su sagacidad acostumbrada. Forzó la circulación de su papel moneda en los territorios ocupados por el Ejército Constitucionalista, amenazando a quienes se negaran a recibirlo con la cárcel, el paredón y la confiscación de sus propiedades. En esa forma "los billetes carranclanes" como pronto los bautizó la voz popular, se pudieron destinar a la compra de ganado, joyas y hasta de inmuebles que se permutaron a traficantes estadunidenses a cambio de los ansiados dólares.

De inmediato otros líderes revolucionarios siguieron el ejemplo del Primer Jefe. El más notable de todos fue, por supuesto, Pancho Villa, quien frenéticamente se dio a la tarea de imprimir sus propios billetes en cuanto papel encontró, incluyendo el usado en el baño, que empezó a escasear por completo en varios lugares del país, según cuenta el mismo Ivar en su correspondencia personal. Los billetes emitidos por el Centauro eran tan voluminosos, mal hechos y arrugados, que en la época fueron popularmente conocidos como "las sábanas de Villa".

Carranza se permitió otro golpe de audacia. Como todas las aduanas de la frontera norte se encontraban bajo su control, decretó que los impuestos de importación —el único ingreso fiscal seguro con el que el gobierno podía contar en esos turbulentos tiempos— se cubrieran única y exclusivamente en dólares, desconociendo para estos efectos su propia moneda. Esto ocasionó una airada protesta por parte del gobierno estadunidense, de la que el viejo zorro se deshizo en forma por demás ingeniosa. Thord-Gray narra, divertido, los hechos: "Cuando Carranza emitió un decreto estableciendo que México no aceptaría su propio papel moneda para el pago de impuestos aduanales, el señor Bryan, secretario de Estado del presidente Wilson, se enojó y protestó vigorosamente ante el señor Carranza por su atrevimiento en no reconocer el valor de su propia moneda. Esto, dijo el señor Bryan, implica el desconocimiento de una ley comúnmente aceptada por todas las naciones civilizadas. La respuesta de Carranza a Bryan debe de haber herido un poco la vanidad de este último porque las objeciones cesaron de inmediato. En su tranquila y hábil manera Carranza le dijo al Departamento de Estado en Washington que había tomado la idea del gobierno de Estados Unidos, que tenía establecida una restricción similar claramente impresa en ciertas emisiones especiales de dólares en billete".[2]

No hay nada como conocer la historia para saber manejar adecuadamente las relaciones diplomáticas; y tampoco hay nada como darle a los moralistas una pequeña lección de moral internacional tomada de su propio —y peculiar— concepto de la moralidad; particularmente en el caso de Bryan, al que la escritora estadunidense Barbara W. Tuchman no duda en calificar como el secretario de Estado más inverosímil que la compleja política estadunidense haya jamás podido encontrar.

Pero al margen de la admirable sagacidad de don Venustiano, el país se hundió inevitablemente en el caos financiero. Los "pesos fuertes" no se volvieron a emitir y la Revolución, en su secuela, trajo consigo la paralización de la industria y el comercio, la destrucción de las entidades productivas, el colapso del crédito público y del crédito internacional, el desplazamiento y la huida del país de miles y miles de personas —la mayoría de ellas pertenecientes a las clases educadas—, la escasez de todo tipo de artículos y bienes de consumo y graves problemas de hambruna en varias ciudades y regiones de México.

Un agente diplomático de nombre George Radison Hughes suscribió ante un notario público del Distrito de Columbia, Washington, con fecha 13 de abril de 1915, la siguiente declaración jurada (affidavit) que posteriormente fue entregada al secretario de Estado Bryan, para que tomara nota, a través del dicho de un testigo presencial, de lo que realmente estaba ocurriendo en México: "La destrucción de la ciudad de México y de su población nativa y extranjera ha comenzado. La capital se ha convertido en un silencioso sepulcro. Se pudre en toda clase de miasmas [...] Las epidemias de tifo, viruela y otras plagas mortales florecen en la mugre en la que tenemos que vivir, y están diezmando a la población. Si hubiera comida no habría forma de comprarla, porque no existe dinero ni ningún otro instrumento de cambio. Carranza ha declarado nulos todos los billetes emitidos en Chihuahua, pero la población de la capital tampoco quiere aceptar los billetes carrancistas por temor a que cuando Villa regrese se vengara declarando nulo el papel de Carranza. Pero si hubiera dinero y comida, no habría ninguna tienda abierta en donde se pudiera adquirir. Los peones se alimentan de carne de caballo, de gatos y de ratas. Caballos y perros mueren de hambre en las calles. Los bebés mueren colgados de los senos de sus madres porque esos senos carecen de nutrientes para producir leche. Los millonarios de ayer son los mendigos de hoy, porque todo su dinero ha perdido hasta el más mínimo poder de compra. La población se está volviendo loca por el hambre, la pestilencia y la opresión. Los habitantes han sido privados de su dinero, de sus tiendas, de cualquier cosa que aun en la semicivilización se puede encontrar. Los sacerdotes han sido encarcelados, las monjas han sido arrojadas a la calle, cientos de empresarios y profesionistas se encuentran también en prisión, las masas se dedican, sin control, al saqueo y al pillaje; las iglesias han sido saqueadas del altar a la sacristía. El servicio de tranvías ha dejado de operar. Los automovilistas se esconden del ejército por temor a las continuas confiscaciones. Quienes se presentan en el Palacio Nacional a pedir dinero o comida son inmediatamente arrestados y enlistados en las filas del ejército que combate a los zapatistas [...] Durante las últimas cuarenta noches la población se ha ido a dormir con el estruendo de los rifles y las ametralladoras retumbándole en los oídos. Pleitos a balazos entre los oficiales del ejército ocurren todos los días en cualquier parte de la ciudad. Los soldados saquean las tiendas y las casas abandonadas de la zona residencial, secuestran mujeres a punta de pistola a la luz del día y las arrastran a los cuarteles. Cualquier objeto que le guste a un soldado es confiscado en el acto. Impuesto tras impuesto se establece sin equidad ni razón. Todos los días desaparecen prominentes hombres de negocios [...] No hemos tenido ningún tipo de periódicos desde el pasado 15 de enero. Vivimos en un microcosmos que está tan lejos del mundo exterior como Marte lo está de la Tierra".[3]

El esquema geopolítico de Taft —oculto tras los ropajes de la doctrina de la seguridad colectiva de las naciones ideada y propalada por su sucesor Wilson— se había consumado. El sólido gobierno de Porfirio Díaz con las finanzas públicas debidamente saneadas, dueño y señor de las principales vías generales de comunicación, poseedor de un disciplinado y eficiente ejército federal y a punto de consolidar productivas relaciones diplomáticas y comerciales con Francia, Inglaterra, Alemania y Japón, se había desmoronado por completo. En su lugar, ahora reinaban el caos, la lucha de las facciones revolucionarias, el desastre financiero, la inseguridad pública, el hambre y la miseria. México no volvería a ser visto como una amenaza geopolítica para Estados Unidos.

A todo lo largo del siglo XX —salvo por un pequeño periodo, en términos históricos, que va de 1952 a 1970, conocido como el "desarrollo estabilizador"— México no ha sabido lo que es la estabilidad financiera. Las continuas devaluaciones de la moneda con sus nocivos efectos sobre precios, salarios, capacidad de ahorro, tasas de interés y disminución del nivel general de vida de la población han sido una ocurrencia cíclica de 1970 a la fecha. El país ahora inscrito, gracias a las habituales presiones estadunidenses, en el esquema de lo que se ha dado en llamar la "globalización internacional", se encuentra, en el futuro inmediato —como Rusia, Brasil, Argentina, Chile, Venezuela y las naciones asiáticas—, a merced de los vaivenes y de los incesantes movimientos de los capitales especulativos de origen trasnacional. Las expectativas a corto plazo no parecen ser muy promisorias, aunque la vida y su instrumento material por excelencia —la economía— tienen que seguir adelante.

Pero los mexicanos pueden perder todo menos el sentido del humor. En la época en la que Carranza, Villa, Zapata y otros jefes revolucionarios empezaron a emitir papel moneda sin respaldo alguno, la voz popular dio en llamar a esos billetes "bilimbiques". El término ha subsistido hasta la fecha, al grado de que cada vez que el peso sufre una seria devaluación —lo cual, por desgracia para México, ocurre con bastante frecuencia— se vuelve a hacer referencia a la devaluada moneda con el derogatorio nombre de "bilimbiques".

Para mí el origen de la palabra permaneció ignorado y perdido entre otras tantas voces populares que integran el "caló" mexicano, hasta que leí *Gringo Rebel*, en cuyo tercer capítulo Thord-Gray explica su origen, asociándola con los "vales" que, en calidad de sueldos, entregaban los hacendados porfirianos a los peones acasillados para que adquirieran los más elementales bienes de subsistencia en las tiendas de raya, que para tal efecto operaban en las haciendas. Ivar cuenta la historia de la siguiente manera: "Tim Turner de la Associated Press creía conocer el origen de la palabra bilimbiques. Así me dijo que había en Sonora un hacendado americano de nombre William Weeks que pagaba a sus trabajadores con vales o piezas de cartón redimibles a cambio de artículos de consumo necesario en la tienda de su hacienda. Cuando los peones se referían a esos vales intentando decir William Weeks su pronunciación [castellanizada] arrojaba la palabra bilimbiques".[4]

Si ése es efectivamente el origen de la palabra, entonces los peones de William Weeks, involuntariamente, le dieron un adecuado significado histórico, ya que si algo explica la continua depreciación del peso mexicano hasta degradarlo a la triste categoría de "bilimbique", es precisamente la inevitable dependencia que, a lo largo del siglo XX, la economía mexicana ha tenido respecto del capital y la inversión estadunidenses. Geopolítica y geoeconomía unidas en lo que Martín Luis Guzmán diera en llamar "fatalidad geográfica".[5]

No está por demás cerrar este capítulo acerca de la peculiar política monetaria carrancista, contando una anécdota relacionada con el tema, que abunda en la tragedia económica que sufrió el pueblo mexicano durante el periodo revolucionario y en el notable sentido del humor con el que tomó —y toma hasta la fecha— sus desventuras. Esta anécdota no proviene de ninguna fuente bibliográfica, sino, como diría el prestigiado escritor mexicano Carlos Fuentes, "de los relatos de mi abuela" (en este caso paterna) que son, sin duda alguna, la mejor y la más auténtica forma de expresión de la tradición oral, la que, a su vez, es el modo más puro de preservar la memoria colectiva de los pueblos. Por lo tanto, como diría mi abuela, "va de cuento":

En 1918, ya instalado como presidente constitucional de la República, Venustiano Carranza intenta reconstruir la reserva monetaria del país. Para ello, con su mezcla acostumbrada de "Maquiavelo de pueblo" —Martín Luis Guzmán dixit— y autoritarismo presidencialista, decreta que, hasta nuevo aviso, el gobierno federal recaudará todos los impuestos en oro, plata y otros metales preciosos; pero que efectuará sus pagos única y exclusivamente en papel moneda.

Aunque la medida fue enteramente lógica desde el punto de vista económico, provocó una terrible indignación entre los habitantes de una ciudad que había sufrido por años toda clase de privaciones y que había aprendido a desconfiar visceralmente de toda clase de "bilimbiques", empezando por los que llevaban el sello carrancista.

Así, un buen día apareció en una de las paredes laterales del Palacio Nacional un cartel con la siguiente leyenda:

> EL ÁGUILA DE CARRANZA ES MUY CHISTOSA:
> COME ORO Y PLATA Y DEFECA PAPEL.

Se dice que don Venustiano Carranza montó en santa cólera ante el desprecio popular con el que eran recibidos sus "bilimbiques", y mediante bando solemne que se colocó también en las paredes del Palacio Nacional, ofreció una considerable recompensa de diez mil pesos a quien proporcionara datos fidedignos que permitieran la pronta localización de los autores del injurioso letrero, a fin de imponerles un castigo ejemplar. Al día siguiente, en la pared del costado del Palacio

Nacional, que paradójicamente da a una calle llamada Moneda, exactamente abajo de uno de los "bandos solemnes", apareció otro cartel que decía:

¿CON QUÉ PAGAS,
CON LO QUE COMES
O CON LO QUE CAGAS?

Los "bilimbiques" habían quedado definitivamente incorporados a la cultura popular mexicana.

Interludio tarahumara

La absurda derrota de Buelna en Nayarit y el consiguiente repliegue del Ejército Constitucionalista hacia el norte, permiten la penetración de las tropas federales al estado de Sinaloa, lo que conlleva la amenaza de ruptura de las vitales líneas de comunicación y abastecimiento que los revolucionarios habían logrado establecer entre Hermosillo y Culiacán, las dos principales ciudades de la región. Por eso cuando Thord-Gray se reporta al cuartel del general Lucio Blanco lo recibe con aprensión el joven comandante, quien, acompañado de su Estado Mayor, le pide la aportación de ideas frescas que permitan detener el avance de los huertistas.

El experimentado militar sueco aprovecha la ocasión para impartir a Blanco una indispensable lección de estrategia. Desde su arribo a México ha tratado de convencer, primero a Villa y después a Obregón, de la importancia decisiva de un principio fundamental, sin el cual no es posible derrotar a un ejército profesional: la imperiosa necesidad de contar con un cuerpo de exploradores bien entrenados que permita detectar, anticipar y, eventualmente, derrotar los movimientos del enemigo.

Esta vez, los improvisados generales no tienen otra alternativa que la de escucharlo y permitirle poner en práctica sus tácticas y estrategias, largamente aprendidas en los ejércitos británico y estadunidense. No hay mejor maestro que la derrota, y ha llegado la hora en que los constitucionalistas, por fin, han entendido que el entusiasmo y los ideales no sirven de nada si no van acompañados de una sólida organización y disciplina militares. Lo mejor que a cualquiera puede sucederle en la vida es experimentar en cabeza propia.

Las propuestas de Ivar se aceptan en el acto. Lucio Blanco le permite organizar una fuerza de exploradores integrada por veinticinco veteranos en el recorrido de los senderos, vericuetos y trampas de las formidables sierras Madre Occidental y Tarahumara. Desde luego, se trata de una mezcla de indios yaquis, mayos y pimas que, de generación en generación, se han acostumbrado a recorrer y a conocer hasta los más apartados rincones de las tierras de sus mayores. Al grupo se suman los fieles compañeros de aventuras de Thord-Gray: el chamán tarahumara Pedro y el águila yaqui Tekwe.

El objetivo consiste en localizar una avanzada del ejército federal que, presumiblemente, se dirige al puerto de San Blas en las costas de Sinaloa. El 23 de febrero de 1914, comienza lo que será una larga y penosa marcha, que los lleva a visitar diversos poblados de la región como El Fuerte, Bajada del Monte y Yecorato sin encontrar el menor rastro del enemigo. No obstante, los exploradores ponen en guardia a su jefe por dos razones de peso: no confían en los informes de los habitantes de los poblados que han visitado, ya que, de acuerdo con su experiencia, se trata de gente tan ladina como desconfiada; y se encuentran reconociendo un terreno abierto paralelo a las montañas, que es un lugar perfecto para una emboscada. El 25 de febrero, a escasos dos días de haber iniciado la marcha, las premoniciones se convierten en realidad. A las orillas del río Fuerte, Pedro descubre dos cuerpos de federales que suman, cuando menos, doscientos cincuenta hombres tanto de infantería como de caballería y que, sin lugar a dudas, constituyen la fuerza de avanzada para la destrucción de las comunicaciones revolucionarias entre Hermosillo y Culiacán.

Thord-Gray sabe perfectamente bien que no hay tiempo que perder. De inmediato escribe una nota al coronel Miguel M. Acosta, miembro del Estado Mayor de Lucio Blanco, en la que, después de darle cuenta de la situación, le aconseja el inmediato envío de un escuadrón de caballería que proteja todos los puentes ferroviarios de la línea Hermosillo-Culiacán y del ramal que va al puerto de San Blas. La nota se encomienda a un experimentado explorador yaqui que parte a todo galope hacia el cuartel general instalado en Culiacán. Pero subsiste otro grave problema: veinticinco hombres mal armados —por valientes que se les suponga— no pueden enfrentar a un cuerpo de ejército profesional que los supera a razón de quince a uno. Sería un positivo suicidio.

Ivar ordena la dispersión de su grupo de exploradores para que, al partir cada uno por distinto rumbo, su captura y eventual fusilamiento resulte materialmente imposible. En lo que a él toca, Pedro propone que, en unión de Tekwe, crucen el río Fuerte para dirigirse a unas cuevas ubicadas en lo alto de la sierra, en las que, convenientemente escondidos, pueden aguardar el envío de refuerzos. Ivar accede y, a partir de ese momento, empieza a sufrir un verdadero calvario, que, sin embargo, se ve atenuado por una enriquecedora experiencia antropológica.

En el trayecto hacia las cuevas, Thord-Gray resbala y cae en un profundo pozo de agua del que sólo lo salva de morir ahogado el aferrarse a la larga lanza que siempre lleva consigo y que en esta ocasión le tiende, casi milagrosamente, el invaluable chamán Pedro. Apenas ha salido del pozo cuando los federales los descubren y los fuerzan a emprender —con manos, uñas y pies— el arduo ascenso a las cumbres de la sierra, el que tienen que efectuar mediante un continuo escalar por entre filosas rocas, topándose a cada paso con cañadas, desfiladeros y víboras de cascabel. La huida en semejantes condiciones es toda una experiencia novedosa para el veterano combatiente de las crueles guerras libradas en el sur del continente africano, al grado de que llega a tener la impresión de que está siendo cazado "como un coyote".[1]

Las cuevas a las que finalmente arriban son enormes, se comunican entre sí y pueden acomodar fácilmente a cuarenta hombres. Sólo tienen un inconveniente: están infestadas de escorpiones. La estancia tiene por fuerza que ser corta. Sin embargo, le sirve a Ivar para continuar —gracias a Pedro, al que califica de maestro y profesor, "porque tenía el don de hacerme entender todo, y de mostrar una extraordinaria paciencia para enseñarme aquellas cuestiones que no comprendía de inmediato"—[2] su aprendizaje del idioma tarahumara. Las palabras y las explicaciones fluyen, como por encanto, de la boca del chamán: *machiri* (escorpión), *amuri* (moras o cerezas), *okiri* (rata de campo), *chiwi* (patos salvajes), *hikuri* (peyote), *hikuri wanane* (cactus), *kobisi* (pinole), *sayawi* (víbora de cascabel), y otras más que se irán identificando en el curso de esta narración.

Al terminar la apresurada y magra cena de la noche, Ivar, Pedro y Tekwe escuchan dos disparos en las cercanías. Al parecer la patrulla huertista no estaba dispuesta a darse por vencida tan fácilmente. Pedro comenta que el enemigo tiene que venir acompañado de caballería, por lo que "podría seguirnos hasta este lugar".[3] De cualquier manera el peligro es inminente. Tekwe, que sabe que todavía están en territorio yaqui, se pone manos a la obra y desaparece silenciosamente de la cueva. Regresa después de la medianoche acompañado de dos prisioneros, desarmados y con las manos atadas. Se trata de dos exploradores de la tribu de los odami o tepehuanes, que habita en el sur del estado de Chihuahua, y que han sido reclutados por el ejército federal. Cuando los interroga, Thord-Gray se lleva una ingrata sorpresa: los tepehuanes, al contestar una pregunta de Pedro sobre las razones que los han llevado a perseguir y a tratar de matar a sus hermanos de raza y sufrimientos, paladinamente confiesan que los huertistas les han ofrecido cincuenta cabezas de ganado —la verdadera moneda de la época como se vio en el capítulo anterior— a cada uno, a cambio de la captura y entrega del estadunidense que "está entrenando a los indios en los métodos que el hombre blanco posee para hacer la guerra, a fin de que maten a otros indios".[4]

El mensaje es inequívoco: las tropas que defienden al régimen de Victoriano Huerta no van a descansar hasta poner a buen recaudo

—probablemente enviándolo al "paraíso de los cazadores"— al Gringo Rebel que está tratando de llevar a cabo la profesionalización del Ejército Constitucionalista. Las alternativas no son muchas. Es indispensable internarse en las profundidades de la Sierra Tarahumara, cuyos vericuetos, cañadas, desfiladeros y cuevas son infinitamente más intrincados que los de, la ya de por sí, imponente Sierra Madre Occidental. En lo que concierne a los tepehuanes —de quienes, a pesar de todo, Thord-Gray admira el orgullo, determinación y la fiereza que muestran al no insinuar la menor petición de clemencia—[5] lo mejor es dejarlos en manos de Tekwe, para que el águila yaqui disponga de ellos según los usos y costumbres de su legendaria tribu que no toleran la liberación de los prisioneros de guerra, porque según la sabiduría adquirida a través de la memoria colectiva de incontables generaciones de guerreros, enemigo de raza que es liberado, inevitablemente regresará, más temprano que tarde, a matar a los hermanos de raza de quien lo liberó. Cruda lección bélica forzada por las complejidades de un país irremisiblemente dividido en un interminable y fragmentado mosaico de razas y culturas, en apariencia parecidas pero, en realidad, radicalmente diversas entre sí. Algo que, por cierto, no se enseña en las academias militares inglesas a las que Thord-Gray debía su formación bélica.

En tales condiciones, Pedro e Ivar se lanzan a los laberínticos vericuetos de la Sierra Tarahumara, dejando tras de sí a Tekwe para que "disponga" de los tepehuanes y se cerciore de que no se encuentran en los alrededores otros guías indígenas que, incentivados por los soldados huertistas, busquen capturar, a toda costa, al Gringo Rebel. La idea, por supuesto, no es la de romper el trío, puesto que Pedro tiene buen cuidado de ir dejando marcas en el camino —que incluyen varias mojoneras arregladas al peculiar estilo tarahumara, es decir, mediante la acumulación, en forma aparentemente desordenada, de piedras de varios tipos— para que Tekwe pueda alcanzarlos en el menor tiempo posible.

Cuando finalmente el chamán se siente seguro en tierra tarahumara, organiza un rudimentario campamento en la cima de un acantilado que no sólo otorga el dominio visual sobre los alrededores, sino que proporciona una vista admirable del interminable paisaje circundante compuesto de montañas, bosques, desfiladeros, barrancas y ríos, en progresión casi interminable.

Pronto son localizados por Tekwe, quien simplemente les informa que dispuso de los tepehuanes en la misma forma en que los tepehuanes habrían dispuesto de él de haberse encontrado en la situación inversa. También les informa que logró localizar una fuerza de nueve federales comandada por un joven oficial de alto rango, que lucen listos para iniciar la marcha en su persecución. Aun cuando los distrajo con dos disparos desde la retaguardia, considera que con ello tan sólo logró comprar un poco de tiempo. Por lo tanto, es necesario internarse aún más en territorio tarahumara hasta dar con la tribu de Pedro, que es la única que puede darles verdadera protección. El chamán no se preocupa. Conoce la región mejor que la palma de su mano y, además, apenas el año anterior sirvió de guía en una de las tantas correrías serranas del general Pancho Villa.

Las profundidades de la Sierra Tarahumara resultan ser un reto singular, que a Thord-Gray le recuerda continuamente las zonas más agrestes e intimidatorias del formidable continente africano. El nuevo escape prueba ser todavía más arriesgado que el anterior. Después de caminar un buen trecho se topan con una enorme pared rocosa, de aproximadamente ciento setenta metros de altura, que les cierra el paso por completo. No hay opción. Es preciso escalarla —de nueva cuenta, a manos, uñas y pies— con todos los impedimentos que representan los rifles, los arcos, las flechas, las lanzas, los cuchillos y las mochilas de provisiones. Con las manos y las rodillas escoriadas y ensangrentadas, Ivar consuma la hazaña de llegar a la cima de la monstruosa pared natural siguiendo el prudente consejo de Pedro de no voltear a ver, ni una sola vez, el pavoroso abismo que va quedando a sus pies. Culminada la ascensión lo primero que se escucha es una serie de disparos provenientes de los fusiles federales que recurren a ese último y desesperado expediente al darse cuenta de que se han topado con la misma barrera natural. El artillero sueco les contesta desde las alturas para obligarlos a regresar a las cañadas de las que acaban de emerger. No tiene caso. La densa noche cobriza de las interminables sierras de Chihuahua pesadamente ha empezado a caer, ocultándolo todo: naturaleza, hombres, bestias y alimañas. Pedro guía la marcha a través de un tupido bosque cuya oscuridad habitual se ha hecho aún más siniestra con la caída de la noche. Las habilidades de gato montés que muestra el chamán obligan a Thord-Gray a comentar: "No podía dejar de maravillarme la forma en la que Pedro encontraba siempre el camino correcto en la más negra de las oscuridades, lo que me hacía llegar a la conclusión de que él, como los nativos de las tribus de África o Malasia, tenía desarrollados los más agudos instintos de un animal salvaje".

La mañana, después de la ardua noche dedicada a cruzar incontables cañadas y arroyos, sorprende a Ivar en la compañía de una vieja e indeseable conocida: la malaria africana, enfermedad que lo había acosado intermitentemente en los últimos seis años como el recuerdo más persistente de la guerra de los bóers. La receta la conoce de memoria: reposo absoluto con dosis intensivas de quinina, alternada con aspirinas cada dos horas. El problema estriba en que, en medio de tantas peripecias, ha perdido su botiquín y no hay forma de que se tienda a descansar en ninguna parte, ni siquiera por el corto espacio de una hora. El chamán resuelve el problema con la más pura de las formas de la medicina tarahumara: lo pone a masticar peyote (*hikuri*). Al poco tiempo la droga obra milagros. No será un invento del hombre blanco pero el hecho es que Thord-Gray cae en un extraño estado de excitación y energía que pronto le hace olvidar su grave enfermedad. Apenas a tiempo. Han llegado a un profundo precipicio que solamente es posible salvar saltando sobre una apertura de aproximadamente tres metros de longitud que cae sobre un precipicio cuyo fondo no se alcanza a ver. El salto es indispensable para alcanzar la planicie contigua y poder así descender al enorme valle donde vive la tribu de Pedro. Despojado de toda su impedimenta por Tekwe y el propio Pedro, que saltan varias veces sobre el abismo como si estuvieran caminando por una calle de Hermosillo, Ivar consuma el salto con piernas temblorosas y en el proceso contrae una justificada acrofobia que, de vez en cuando, lo perseguirá en los últimos años de su vida.

Separados de los federales por otra formidable barrera natural, y, por lo tanto, temporalmente a salvo, entre Pedro y Tekwe cargan a Thord-Gray para depositarlo en una cueva oculta por la maleza, en la que, ayudado por otra dosis de peyote, puede al fin descansar. El efecto de la droga es ahora opuesto. Pasado el periodo de excitación y energía, Ivar cae en un pesado sopor que acaba por convertirse en un tranquilo sueño, en el que pasa de su temor a encontrarse ya en el paraíso de los cazadores a ilusiones mucho más mundanas: se sueña rodeado de mujeres hermosas.

Al amanecer, las bellas damiselas se transforman en una nutritiva sopa de pinole (*kobisi*) con la que el chamán trata de reconfortarlo. Su memoria antropológica parece recordarle el sabor de una bebida de los zulúes sudafricanos llamada "kaffir". Además, Pedro decide que lo que necesita es una buena "cura de sudor" (como las que en varias ocasiones de su azarosa vida tomara Pancho Villa con excelentes resultados) y, puesto manos a la obra, lo envuelve en varias pieles de cordero —por cierto sin curtir— lo que a la postre acabará por llenarlo de insectos. Pero por lo pronto, gracias al forzado calor, vuelve a caer en un denso sueño sin sueños, en el que las guapas doncellas ahora brillan por su ausencia.

La estancia de Thord-Gray en la cueva tarahumara acaba por convertirse en una verdadera pesadilla, que ni siquiera el peyote puede aliviar. El hedor de las pieles es insoportable, en la cueva se respira un aire fétido, las comidas se componen de sopa de pinole y carne medio cocida de víbora de cascabel (*sayawi*), y toda clase de insectos han invadido el sufrido cuerpo del asesor militar del Ejército Constitucionalista. Cuando, harto de tanto martirio y ansioso de respirar aire fresco, decide salir de la cueva, lo primero que encuentra es a un soldado huertista que de inmediato le apunta con su carabina. Tekwe, que monta guardia en el promontorio que sirve de techo a la cueva, elimina la amenaza con un certero lance de su cuchillo de monte, y despacha instantáneamente al federal al paraíso de los cazadores.

La situación se ha agravado de manera considerable. Los federales han dado con el campamento de la tribu de Pedro y lo primero que hacen es tomar como rehén al hijo del jefe para tratar de obtener la información que les permita localizar al buscado "gringo". El rehén, un muchacho de tan sólo quince años de edad, trata de huir y es asesinado en el acto. Los tarahumaras huyen asustados, lo que deja a los huertistas en calidad de dueños del campamento. Pedro y Tekwe piden instrucciones a Ivar, que débil y semiinconsciente, les ordena que procedan como mejor les parezca. El águila yaqui no requiere de mayores incentivos: reagrupa a los mejores guerreros de la tribu y los lanza a una batalla salvaje en la que se mezclan los disparos de fusil y ametralladora con el ulular de lanzas, flechas, cuchillos de obsidiana y ancestrales gritos de guerra. La superioridad numérica y el conocimiento del terreno acaban por imponerse; no sin sufrir algunas bajas, los tarahumaras derrotan y capturan a los esbirros del general Huerta. Tekwe retorna a la cueva para someterle a Thord-Gray el correspondiente parte de batalla. Como sabe que el militar sueco tiene una verdadera obsesión por las formaciones marciales, le presenta a los soldados derrotados perfectamente bien alineados. Se trata de una formación singular, pues todos los soldados están convenientemente muertos. Es un espectáculo feroz, pero significa que la cacería humana ha terminado... por el momento.

Ivar, débil y drogado, lo único que quiere es salir de la pestilente cueva. Los tarahumaras —que por instigación de Pedro y Tekwe lo reconocen ahora como su Jefe Supremo— le organizan una especie de silla de manos —"digna de un jefe caníbal"—[6] y lo trasladan a la mejor tienda del campamento. Instalado con un poco más de comodidad, Thord-Gray está ahora en condiciones de juzgar con más claridad la situación: "Un poco más tarde, el jefe y otros dos miembros importantes de la tribu vinieron a verme para agradecerme el que los hubiera liberado, a ellos y a su pueblo, de los huertistas. Aunque personalmente yo no había hecho nada, después de una respetuosa conversación, pude advertir a través de sus rostros de implacable enojo que contrastaban con el sol que se hundía en las montañas, que el control de Huerta sobre los indios de esta parte de la sierra se había convertido en una cosa del pasado".[7]

Superado el peligro militar, quedaba el grave problema que

ofrecía el delicado estado de salud en el que Ivar se encontraba. La malaria no había cedido; por el contrario, había empeorado debido a los efectos del peyote, a los esfuerzos realizados para llegar a la pestilente cueva y a la falta de sueño y de quinina. El chamán, consciente del valor estratégico que para la causa revolucionaria representaban los conocimientos y la experiencia del diestro militar sueco, se resuelve a volver a entrar en acción con todo su arsenal, legendariamente adquirido, de medicina tarahumara.

La cura se asemeja mucho a un baño sauna finlandés. Pedro y Tekwe cavan un hoyo en el suelo como de dos metros de profundidad y uno de ancho, en cuyo fondo encienden un buen fuego que calienta las piedras redondas y casi uniformes con las que se tapa la circunferencia del hoyo. Sobre las piedras colocan un gran manojo de ramas de cedro que, al calor, despiden un intenso aroma adormecedor. Las ramas quedan cubiertas, a su vez, por gruesos sarapes que sirven de asiento a Thord-Gray, a quien sujetan a continuas frotaciones en el pecho, los hombros y la espalda con un aceite que, según el chamán, se obtiene de los fluidos de una gigantesca víbora de cascabel. Después de dos horas de semejante tratamiento, Ivar queda, literalmente, empapado en sudor. Cuando Pedro considera que los espíritus malignos que provocan la malaria han abandonado el cuerpo de su paciente, lo envuelve en pesadas pieles de borrego y lo lleva a dormir a una de las tiendas del campamento.

Al despertar Thord-Gray se siente como nuevo. La fiebre ha desaparecido por completo y por primera vez en varios días puede comer con gran apetito. Aunque un tanto mareado, pronto vuelve a caminar con su agilidad acostumbrada. Sus primeros pensamientos se orientan a buscar el regreso inmediato a Culiacán para reanudar sus labores al servicio del Ejército Constitucionalista. Sin embargo, Pedro y Tekwe lo disuaden haciéndole ver que, por lo menos, necesita dos días de completo descanso para terminar de reponer sus fuerzas y evitar una peligrosa recaída. Además le explican que el tiempo perdido se puede recuperar parcialmente gracias a que unos guías tarahumaras les acaban de mostrar un nuevo camino que, descendiendo por unas ocultas barrancas, les permitirá regresar a Sinaloa en menos de la mitad del tiempo que les tomó llegar al campamento en el que ahora se encuentran.

Forzado por las circunstancias, Ivar dispone del tiempo libre necesario para sentirse inmerso en la original belleza del agreste paisaje que lo rodea. La inmensidad de la Sierra de Chihuahua no es solamente insondable, sino sobrecogedora. En sí misma es un espectáculo natural fantástico, que se manifiesta al sorprendido ojo humano en un laberinto interminable y revolvente de montañas, picos nevados, precipicios, desfiladeros, barrancas y cascadas casi transparentes que caen a plomo desde decenas de metros de altura. Todo ello coronado por un lejano cielo azul metálico por el que furiosamente navegan caprichosas formaciones de nubes cuyos tintes pasan, a lo largo del día, del blanco al azul-blanco y del rosa nevado a un rojo crepuscular que parecería encontrarse tinto en sangre.

La sensibilidad del antropólogo sueco no puede quedar inmune ante tanta belleza. "Sentado ahí admiraba las estrellas, brillantes durante la noche, que gradualmente empezaban a palidecer. Podía ver los picos de las montañas por encima de la bruma del amanecer, cual si fueran las torres de los castillos en la tierra de los sueños, pues sabía lo que guardaban las siniestras sombras escondidas en las profundidades de las traicioneras fisuras y los precipicios que abundaban en esas montañas cubiertas de bosques. Conforme la oscuridad se retiró para ceder su lugar a la luz del día, estas amenazantes visiones gradualmente desaparecieron para que surgiera un panorama maravilloso. En un espacio abierto pude descubrir algunos venados en las cercanías de los bosques. Por encima de mi cabeza y hasta donde mis ojos alcanzaban a ver, al paisaje lo dominaban los picos desnudos de las montañas, en los que aquí y allá aparecía un árbol solitario que trataba de sobrevivir contra toda clase de elementos adversos. El silencio era impresionante."[8]

El escaso tiempo libre también le permite familiarizarse con algunas de las costumbres y las tradiciones de los tarahumaras. Así aprende que los tarahumaras jamás cazan a un oso, porque el chamán le explica que: "Hay dos clases de osos [*ohi*]: uno es el oso verdadero y el otro un tarahumara muerto o bien un augur que se ha transformado en oso. Por lo tanto, nunca se debe tratar de matar a un oso para obtener comida, porque puede tratarse de un Hombre-Oso. Todos los osos de color café claro son nuestros abuelos, o al menos nuestros antepasados. Y nosotros no matamos a un ancestro ni por comida ni por cualquier otra razón".[9]

¿Mito o realidad? Probablemente un mito cuyo origen se pierde en el legendario tiempo de la tradición oral del pueblo tarahumara. El hecho es que, como consecuencia de lo anterior, el cazador de los bosques que pueblan la isla de Björkö, durante su ajetreada estancia en México, no tiene oportunidad de probar uno de sus platillos favoritos: el filete de oso.

Pero quizá la experiencia tarahumara que mejor quedó grabada en la memoria de Thord-Gray, fue el haber podido presenciar una carrera maratónica que le permitió apreciar la singular resistencia física de esta tribu singular y, desde luego, única no solamente en México, sino en todo el continente americano.

La competencia (*rarahipa*) consistió en el enfrentamiento de dos equipos, de seis corredores cada uno, pertenecientes uno a la tribu de Pedro y otro a una tribu vecina. Las reglas eran sencillas, aunque extenuantes. Se trataba de correr en una pista previamente marcada de aproximadamente seis y medio kilómetros de extensión, a la que había que darle ocho vueltas hasta completar una agotadora carrera del orden aproximado de cincuenta y dos kilómetros, lo que implica un recorrido superior al del moderno maratón olímpico. Pero, además, para que cada equipo pudiera avanzar, su líder tenía que patear lo más lejos posible una pelota hecha a base de resina de pino compactada (*komaka*), para correr a alcanzarla, patearla de nueva cuenta y así sucesivamente hasta alcanzar la meta. Los corredores tenían estrictamente prohibido tomar la pelota con la mano, salvo cuando caía en una barranca, en cuyo caso debían retornarla a la pista en el mismo lugar por donde había salido.

Pero la competencia no era exclusivamente atlética, toda vez que poseía un elevado contenido de magia y de brujería. Cada equipo tenía su propio chamán que se dedicaba a protegerlo de los malos espíritus y a tratar de mandarlos de regreso para que perjudicaran al equipo adversario. Los recursos eran múltiples y variados. Se frotaba las piernas de los corredores con un linimento elaborado a base de hojas y ramas de cedro molidas y extendidas de una manera particular. Después, las piernas se pintaban con rayas blancas, lo que se consideraba como una expresión de la ligereza del viento (*ikaka*). Los chamanes se pasaban la competencia fumando un amasijo compuesto de la mezcla de dos raíces conocidas como "kochinawa" y "sinonawa" que se revolvía con hojas de tabaco (*pewaraka*) hasta generar un humo impresionante que trataban de arrojar al rostro de los corredores adversarios con el propósito deliberado de marearlos y adormecerlos. El chamán del equipo local solía enterrar en la pista fragmentos de huesos humanos porque se creía que al correr sobre ellos los hombres automáticamente se cansaban y se debilitaban. Al anochecer los niños y niñas de cada tribu corrían de un lado a otro de la pista con antorchas para iluminar el camino que debían recorrer sus equipos; luz de antorchas que, proyectada contra el trasfondo de las montañas azuladas, del cielo intensamente negro y de las estrellas brillantes, producía una secuencia de imágenes irreales y hasta fantasmagóricas.

Thord-Gray resume así el resultado de la competencia: "El equipo visitante ganó la carrera por una diferencia de aproximadamente sesenta y cinco metros, lo que no es demasiado para la distancia que tuvieron que recorrer. Corrieron más de cincuenta kilómetros en un terreno desigual y calzados tan sólo de rústicas sandalias, en cinco horas y media".[10]

La estancia de Thord-Gray entre los tarahumaras será, ante todo, una vasta experiencia cultural y antropológica que, muchos años después, lo llevará a escribir y a publicar en Estados Unidos (1955) un extenso diccionario tarahumara-inglés e inglés-tarahumara que consta de 1,170 páginas, y en el que no solamente se contiene una detallada información lingüística, sino en particular un análisis cultural y etnográfico de los tarahumaras como tribu y como civilización, y cuya riqueza y claridad de conceptos lo hace, hasta la fecha, una obra única en su género. Al considerar que este diccionario es decisivo para entender y valorar a una de las culturas indígenas menos estudiadas de toda América, en 1960 la prestigiada Universidad de Uppsala (Suecia), le otorga el doctorado honoris causa en artes y humanidades. Sin embargo, en México esta extraordinaria obra prácticamente no se conoce. La razón posiblemente se encuentre en lo que atinadamente señala el mismo Thord-Gray en el prefacio de *Gringo Rebel*, en el sentido de que "muy pocos mexicanos educados han sabido apreciar el maravilloso panorama que ofrecen las imponentes sierras de México".[11] Y si no se aprecian las sierras, mucho menos se van a apreciar y a entender las culturas que en ellas habitan desde tiempos inmemoriales.

El regreso de las tierras tarahumaras —"salvajes, terribles pero bellísimas"—[12] a Culiacán resulta mucho menos accidentado que el viaje de ida. De nueva cuenta es necesario cruzar incontables cañadas, desfiladeros, precipicios, ríos y valles. Pero el conocimiento del terreno por parte del nuevo guía que Pedro ha traído consigo, facilita enormemente el trayecto. En las estribaciones de la Sierra Madre Occidental, Ivar descubre un hermoso valle verde, quieto y pacífico que le hace pensar en Shangri-La. A corta distancia encuentra varios cortes de montaña que se utilizan como terrazas agrícolas en la misma forma en la que se utilizan en Java y en Japón, pero con la diferencia de que las terrazas mexicanas se ubican a la vera de los riachuelos que descienden caudalosos de las montañas, lo que facilita enormemente su irrigación.

A su llegada a Culiacán lo recibe con entusiasmo el coronel Miguel Acosta, quien le está muy agradecido por la nota que le envió con el corredor yaqui antes de internarse en las tenebrosas profundidades de la Sierra Tarahumara, ya que ésta le permitió localizar al destacamento de aproximadamente trescientos cincuenta soldados federales que se había internado al este de Sinaloa, después de la absurda derrota del improvisado "general" Rafael Buelna; tomarlo por sorpresa en las cercanías del poblado de Yecorato; derrotarlo por completo y obligarlo a batirse en retirada. Al parecer la insistencia del militar sueco acerca de la utilidad estratégica de contar con un cuerpo de exploradores bien entrenado y conocedor de la región, empezaba a rendirle buenos dividendos al Ejército Constitucionalista.

El coronel Acosta le organiza una gran comida de bienvenida en el Casino de Culiacán y lo pone al tanto de los últimos acontecimientos bélicos, que incluyen la deserción del cañonero *Tampico*, que dota a los revolucionarios de su primer buque de guerra; sin embargo, la felicidad dura poco: a los cuantos días el cañonero federal *Guerrero* lo desarbola de cinco certeros disparos y lo manda a descansar en paz a un dique seco en el puerto de San Blas.

Al día siguiente del banquete, el coronel Acosta encomienda a Thord-Gray una nueva misión —que podría denominarse, con cierta generosidad, de "inteligencia militar"— en el poblado de Rosario, al sur del estado de Sinaloa. El educativo y, por muchas razones, inolvidable "interludio tarahumara" ha terminado.

¿Por qué Woodrow Wilson ordenó la ocupación de Veracruz?

La misión a Rosario resultó un incidente menor en el curso de las extraordinarias aventuras que Thord-Gray vivió en México. No obstante, vale la pena narrarla porque resulta ilustrativa de las dificultades que los revolucionarios tuvieron que enfrentar para lograr la profesionalización del Ejército Constitucionalista. El objetivo de la misión consistía en meter en cintura a un sargento al que el general Lucio Blanco había enviado a reclutar un contingente de indios mayos, pimas y coras para engrosar sus contingentes de infantería. El sargento de marras opta por el camino fácil y, al llegar a Rosario, lo primero que hace es liberar a todos los presos de la cárcel del poblado, bajo la condición de que lo ayuden a reclutar por la fuerza a cuanto indígena sean capaces de localizar. En ésas andaban cuando el sargento da con un almacén de armas y municiones que había abandonado la guarnición federal. Este hallazgo fortuito le provoca una idea desmesurada de su propia importancia personal y se le ocurre organizar su propio "ejército": Se autonombra "general"; distribuye liberalmente grados de coroneles, mayores, capitanes y tenientes entre los presidiarios recién liberados; e integra el cuerpo de su "ejército" con los indígenas que ha reclutado a la fuerza. Una vez más —como tantas otras veces en la historia de México— los mestizos pretenden tomar el mando para subyugar a los indios.

No satisfecho con lo anterior, en tan sólo dos días se apodera de todas las joyas y metales preciosos que la modesta población de Rosario podía ofrecerle; y acto seguido procede a emitir su propia moneda mediante grotescas impresiones en papel de baño. Desde luego, obliga —bajo pena de fusilamiento inmediato— a los pobladores civiles de Rosario a aceptar esta clase de bilimbiques escatológicos para toda suerte de transacciones comerciales.

Concluidos sus trabajos, decide autorganizarse una gran fiesta para celebrar su autopromoción a "general", con la concurrencia de todos sus "oficiales" y de todas las suripantas del pueblo. En el fandango el tequila corre libremente y el jolgorio amenaza con prolongarse hasta el día siguiente. En pleno festejo se le aparece Thord-Gray al mando de un destacamento de aguerridos indios yaquis, que se han colado con facilidad al salón de fiestas porque al "general" se le olvidó colocar centinelas y exploradores que cuidaran del pacífico desarrollo de la fiesta y de la "ocupación" del poblado de Rosario. Los festejantes están tan borrachos que no oponen resistencia alguna. Tekwe tan tranquilo laza al general, con todo y la mujer semidesnuda que se encontraba sentada en sus piernas, y lo toma prisionero. El resto de la "oficialidad" que, cual cerdos, se apoyaban los unos en los otros, es desarmada y se ordena su inmediata dispersión. Al día siguiente Ivar ofrece al improvisado batallón indígena la paga usual del Ejército Constitucionalista —un peso con cincuenta centavos— y, por las buenas, logra su incorporación definitiva a las huestes revolucionarias. Hecho lo cual, emprende el regreso a Culiacán.

En el camino se detiene en la localidad de Potrero para visitar al general Jesús Carranza —hermano de don Venustiano— que convalece de una grave herida de bala en el costado derecho de su cuerpo. La situación es delicada porque el general lleva varias semanas sin mostrar el menor signo de recuperación. Thord-Gray le platica de su propia enfermedad en la Sierra de Chihuahua y de la cura casi milagrosa que llevara a cabo el chamán Pedro. Don Jesús accede a que lo trate el médico tarahumara, pues su desesperación ha ido creciendo día a día y ya empieza a temer seriamente por su vida. De acuerdo con *Gringo Rebel* la curación sucede de la siguiente manera: "Pedro llegó, vio la fea y purulenta herida, y se puso a trabajar con tal velocidad y habilidad que habría sido la envidia de cualquier médico profesional. Como sabía de la herida de antemano, había conseguido algunas hierbas que comúnmente no llevaba en su bolsa de medicinas. Mezcló las hierbas con agua y lavó cuidadosamente la herida. Después sacó su largo cuchillo de campo con el cual cortó algunas piezas de piel muerta, y lavó la herida otra vez. Tomó unas hojas de la planta conocida como logania de su bolsa de medicinas, las calentó en unas brasas ardientes y cubrió con ellas la herida. Entonces me llamó fuera de la habitación y me dijo que las hojas tenían tres semanas de haber sido cortadas, pero que de cualquier manera confiaba en que curarían al general. Como receta final, este indígena extraordinario produjo un preparado a base de las hojas de una planta conocida como vervain, que dividió en pequeños pedazos que hirvió en agua, coló e hizo que Jesús Carranza bebiera prácticamente de un solo trago, para reducirle la fiebre. Menos de media hora después el general pudo dormir por primera vez en varios días [...]".[1]

Unos días después, Jesús Carranza estaba en pie, sin fiebre y en proceso de franca recuperación. La herbolaria tarahumara, sin ninguno de los recursos de la medicina moderna y sin más auxilio que el de un chamán forjado en la tradición oral de su tribu, había operado otro milagro.

A su regreso a Culiacán, ocurrido el 25 de marzo de 1914, Thord-Gray se ve nuevamente presionado por el general Lucio Blanco, que le pide la reanudación acelerada de los cursos para la formación de oficiales de caballería y artillería. El trabajo se vuelve muy intenso, ya que tiene que impartir hasta cinco cursos por día. Su experiencia al respecto es variada y refleja las realidades del México multicultural y multirracial: los indígenas son alumnos atentos, disciplinados y aprovechados, aunque tienen en su contra el analfabetismo y su ancestral actitud de indolencia y sumisión; los mestizos son flojos, indisciplinados y dados al alcohol; y los criollos son orgullosos, un poco altaneros y con tendencia a cuestionarlo todo. Sin embargo, cuando se deciden a aprender resultan los más brillantes y aventajados de todos.

De cualquier manera, la escuela es todo un éxito y la formación de cuadros de oficiales progresa día a día, lo que permite suponer que en un plazo razonablemente breve, el Ejército Constitucionalista dejará de ser una banda de alzados para transformarse en un ejército semiprofesional. Apenas a tiempo. La marcha hacia el sur y la eventual conquista de la ciudad de México se está volviendo una realidad tangible ante el aislamiento internacional al que Wilson ha sometido al régimen de Victoriano Huerta.

Los cursos sobre la guerra de trincheras y sobre la colocación estratégica de alambradas de púas como cercos para atrapar al enemigo después de fingir una retirada, son especialmente atendidos por el general Álvaro Obregón, quien abruma al instructor sueco con toda clase de preguntas y continuamente le pide la repetición de las demostraciones prácticas. Obregón sabrá hacer buen uso de esas lecciones aproximadamente un año después, en las batallas de Celaya, cuando logra detener primero, y desbaratar después, las furiosas cargas de la legendaria caballería villista, precisamente gracias a su dominio de la táctica de trincheras, alambradas, retiradas estratégicas y contragolpes fulminantes.

No obstante, Ivar empieza a percibir de nuevo un ambiente de hostilidad hacia su presencia entre las fuerzas revolucionarias. A pesar de la evidente utilidad de sus conocimientos militares, la tradicional desconfianza del mexicano a todo lo "gringo", tiende a prevalecer. Un detalle le parece revelador. El general Lucio Blanco lo ha designado comandante del segundo regimiento de caballería (primera brigada) y jefe de su Estado Mayor. Sin embargo, en el cuartel general del Ejército Constitucionalista —que sigue estando ubicado en Hermosillo, Sonora— el coronel Francisco Serrano, quien a su vez es jefe del Estado Mayor del general Álvaro Obregón, retiene deliberadamente ambos nombramientos, sin más explicación que la de que "no le gustan los gringos".[2]

El coronel Miguel Acosta le aconseja no andar solo de noche, porque se ha extendido el rumor de que es un espía militar estadunidense que en cualquier momento los va a traicionar para entregarlos a las tropas de Victoriano Huerta. Quienes lanzaron y propagaron ese rumor seguramente no tenían ni el más remoto conocimiento de lo que era la política de Estados Unidos hacia México en esos días; ya que si lo hubieran tenido —como sucedió con la gente en verdad informada como Carranza, Obregón, Blanco y Acosta— habrían llegado a la conclusión exactamente opuesta, que es la que se acerca a la verdad. Thord-Gray fue un agente militar estadunidense cuya misión en México fue la de profesionalizar, en la medida de lo posible, al ejército revolucionario para que pudiera derrotar al mejor entrenado y armado ejército federal, y así cumplir con el objetivo geopolítico de Taft (desarticular al inquietante —para Estados Unidos, por supuesto— ejército federal que el presidente Porfirio Díaz había logrado organizar) y con el objetivo moral de Wilson (derrocar al usurpador Victoriano Huerta).

Pero el ejército carrancista, como todo ejército revolucionario, era un hervidero de pasiones e intrigas, y Thord-Gray estuvo a un paso de tener que pagar el precio. Una tarde al regresar de una patrulla de rutina, se ve rodeado por un grupo de soldados de infantería que lo desmontan, lo insultan, lo amarran y lo arrojan detrás de unos arbustos con centinela de guardia. La idea era fusilarlo al amanecer por "espía gringo". Una vez más el chamán Pedro le salva la vida. En la madrugada, con la eficiente sigilosidad aprendida en todos los confines de la Sierra Tarahumara, se desliza por entre los guardias del batallón de infantería que ha perpetrado el desacato, silenciosamente degüella al centinela y libera al prisionero.

Al día siguiente el coronel Acosta lo pone al tanto de los hechos. Se trata de una intriga orquestada por el coronel Serrano desde Hermosillo. Al parecer Serrano, quien odia a todos los gringos sin excepción, trató de aprovecharse de la psicosis creada por los crecientes rumores que hablan de una inminente guerra entre México y Estados Unidos para deshacerse de Thord-Gray y eliminar así toda presencia de asesores extranjeros en las tropas revolucionarias. Que su precipitada acción pudo haber provocado un serio problema internacional al gobierno del señor Carranza, no le pasó nunca por la cabeza a Serrano, quien, además de ser un aprendiz de radical, jamás se caracterizó por su inteligencia.

Al tener conocimiento de los rumores de guerra, Ivar pronto se olvida del desagradable incidente y se pone a operar sus privilegiadas antenas diplomáticas y de inteligencia militar, lo que le permite enterarse de tres incidentes internacionales —de diversa gravedad y consecuencias— pero que para un moralista de la diplomacia como Woodrow Wilson —que vacila entre las exigencias de su rígida doctrina de la seguridad colectiva y las prosaicas realidades del inestable equilibrio europeo— tienen, por fuerza, que resultar alarmantes.

Veamos estos tres incidentes por separado:

1. A principios de 1914, Pancho Villa, sin más razón que la de la fuerza, había confiscado una mina, propiedad de españoles, ubicada en el estado de Durango, que llevaba el curioso y sentimentaloide nombre de El Desengaño. Villa lo hizo por una doble razón: porque necesitaba los metales preciosos que la mina producía para intercambiarlos por armas y municiones en Estados Unidos; y porque odiaba visceralmente a los españoles, a los que consideraba los peores explotadores de peones que había en México. El gobierno español, por conducto del Departamento de Estado en Washington, formuló una airada protesta a don Venustiano Carranza, la cual fue secundada por Estados Unidos. El 12 de marzo de 1914, el astuto zorro, de una manera cortés pero firme, le aplicó a España la "receta Benton". En la nota diplomática fechada ese día, palabras más, palabras menos, le contestó al Departamento de Estado que España no podía esperar ninguna reparación o indemnización, desde el momento mismo en que mantenía relaciones diplomáticas con el régimen de Huerta; por lo que en todo caso lo que procedía era que el gobierno español se dirigiera a él (Carranza) para que resolviera lo que eventualmente pudiera proceder; pero que lo que debía quedar perfectamente claro es que España no tenía ningún derecho o base para formular reclamaciones al gobierno constitucionalista a través de Estados Unidos. Fin de la historia.[3]

2. Carranza había adquirido dos aviones en Estados Unidos, que piloteaban los dos hermanos de apellido Smith. Su misión era lanzar granadas de mano sobre las trincheras y fortificaciones enemigas, en lo que en ese entonces era una novedosísima técnica militar. Con motivo de una operación sobre el puerto de Guaymas, Sonora, que se encontraba en poder de los federales, un par de granadas cayeron en la retaguardia, matando a una soldadera y a dos niños que llevaban comida a las trincheras. El gobierno de Huerta, cada vez más aislado por el de Wilson, trató de armar un escándalo internacional, utilizando como pretexto esta situación que —aunque indeseable— es común en toda clase de conflictos bélicos. Los gobiernos de Gran Bretaña y Alemania, por conducto del de Estados Unidos, enviaron una protesta enérgica al Primer Jefe Carranza, en la que lo amenazaron con una intervención militar directa en caso de que continuaran "estas intolerables violaciones a los artículos de la Convención de Ginebra",[4] referentes a las normas humanitarias mínimas que deben observarse por los combatientes en toda guerra. No fueron lejos por la respuesta. Carranza les contestó lo mismo que a España: Estados Unidos no tiene nin-

gún derecho o base para formularle reclamaciones diplomáticas a nombre de países que mantienen relaciones diplomáticas con el régimen espurio de Victoriano Huerta. Si Gran Bretaña o Alemania querían discutir con el gobierno constitucionalista medidas de protección para los no combatientes, lo primero que tenían que hacer era otorgarle el correspondiente reconocimiento diplomático. Mientras eso no sucediera no había nada que discutir, puesto que la mediación oficiosa de Estados Unidos lo único que hacía era violar las normas más elementales del derecho internacional, al pretender canalizar reclamaciones de países que nada podían reclamarle a un gobierno cuya existencia no reconocían. Una vez más los cánones internacionales le ponían fin a otro sermón moralista —por supuesto auspiciado por Wilson— que estaba en abierta contradicción con lo que los reclamantes practicaban cuando así convenía a sus intereses. Porque como atinadamente comenta Thord-Gray: "Los ministros [de Asuntos Exteriores] de Alemania, Gran Bretaña y Estados Unidos, sin investigar los hechos, se dedicaron a reclamar agriamente que habían sido violados los artículos de la Convención de Ginebra, y llegaron a amenazar con una intervención directa. Unos meses después en el mismo año los mismos alemanes y británicos, que habían protestado porque los aviones revolucionarios arrojaron bombas en las trincheras de Guaymas, estaban haciendo exactamente lo mismo en ciudades indefensas y matando civiles por millares en Europa; actividad a la que se unió Estados Unidos con renovado vigor, unos cuantos años después".[5]

A pesar de su evidente vinculación con los servicios de inteligencia militar de Gran Bretaña y Estados Unidos, Ivar —que, en el fondo, simpatizaba profundamente con México— no podía dejar de advertir y de criticar, acremente, las dos pesas y las dos medidas con las que las potencias suelen juzgar a las naciones en vías de desarrollo.

3. El 21 de abril de 1914, el agente confidencial de Estados Unidos en Sonora, James W. Keys, pone en manos de Thord-Gray un telegrama, supuestamente confidencial, en el que se da cuenta del arresto arbitrario por parte del gobierno de la ciudad de México de unos marineros estadunidenses, seguido de una "imperdonable" ofensa de Victoriano Huerta consistente en negarse a saludar a la bandera estadunidense cuando el almirante Mayo le exigió públicas disculpas por el insulto que habían sufrido los marineros arrestados.[6] Para Woodrow Wilson semejante tontería era una razón formal más que suficiente para solicitar del congreso la autorización necesaria para enviar buques de guerra a México, y para ordenar la consabida evacuación de todos los estadunidenses que, por cualquier razón, se encontraran en territorio mexicano. El telegrama en cuestión terminaba acordando las medidas necesarias para "proteger los intereses estadunidenses".

Se trató de medidas rápidas y, aparentemente, precipitadas, pues el mismo 21 de abril de 1914, la marina estadunidense ocupó, a sangre y fuego, el puerto de Veracruz, ocasionando la muerte de un estimado de doscientos jóvenes cadetes de la Academia Naval que en ese puerto operaba y cuyos miembros trataron con valentía de impedir el desembarco de la fuerza invasora. Por cierto que en el proceso Wilson convirtió a Veracruz en "ciudad heroica" por cuarta vez en la historia de México, ya que había sido ocupada y desangrada por la marina francesa en 1838, con motivo de la llamada "guerra de los pasteles", que tuvo su origen y pretexto, entre otros motivos, en las reclamaciones insolentes de un pastelero francés, cuyo establecimiento comercial había sido saqueado y destrozado durante los sucesos históricamente conocidos como Motín de la Acordada (1828), que fue el golpe de Estado que llevaría a uno de los caudillos de la independencia nacional, el general Vicente Guerrero, a una efímera presidencia de tan sólo nueve meses, que culminaría con su derrocamiento y posterior fusilamiento. Por segunda vez, Veracruz fue desangrada y ocupada en 1847, por la marina estadunidense, con motivo de la guerra que culminó con la anexión de Texas, California, Arizona y Nuevo México a Estados Unidos de América. Por tercera ocasión, Veracruz fue desangrada y ocupada en 1862, por las marinas francesa, inglesa y española con motivo de lo que, a la postre, se convertiría en la intervención francesa que condujo al establecimiento del efímero y trágico imperio de Maximiliano de Habsburgo (1863-1867).

Ahora, en 1914, Wilson pasando sobre los cadáveres de, por lo menos, doscientos valientes cadetes navales mexicanos, le otorgaba a Veracruz —desde luego sin proponérselo— el título que conserva hasta la fecha, de "cuatro veces heroica".

La decisión del doctrinario de la seguridad colectiva estuvo a punto de provocar el efecto contrario del que se buscaba. Es a todas luces evidente que la idea de la ocupación de Veracruz no tenía otro fin que el de consolidar de manera definitiva el aislamiento del gobierno de Victoriano Huerta, para facilitar el triunfo de la causa constitucionalista. Sin embargo, con lo que Wilson no contaba era con el acendrado nacionalismo mexicano que, literalmente, está harto de tanta intervención y de tanto manipuleo por parte de Estados Unidos.

A pesar de ser el beneficiario directo de la ocupación de Veracruz, Carranza reacciona con una vehemencia inusual en él y telegrafía a Wilson para decirle —sin ningún tipo de tapujos diplomáticos— que la invasión del territorio mexicano viola todos los tratados internacionales que ambos países tienen celebrados y pone en grave riesgo la soberanía mexicana, por lo que debe ordenar el retiro inmediato de las fuerzas de ocupación.

El causante directo de todos los problemas, Victoriano Huerta, ve en el celo nacionalista de la mayoría de los mexicanos una oportunidad dorada para deshacerse de los revolucionarios y lograr lo único que le interesa: la conservación del poder. Así empieza a tramar la forma de lograr una guerra abierta con Estados Unidos que implique una invasión general del territorio mexicano, toda vez que, dentro de todo, Wilson ha limitado "prudentemente" su intervención a la ocupación estricta del puerto de Veracruz. Thord-Gray, con su íntimo conocimiento de lo que ocurre tras las bambalinas diplomáticas y militares, analiza atinadamente la situación: "Ahora el que en tiempos pasados fuera un soldado capaz, se sentaba solo a pensar en la forma de salir airoso de sus dificultades. Su cerebro bañado en alcohol y su cuerpo invadido por la enfermedad, luchaban y calculaban, con toda su antigua astucia y con la malicia del indio que era, acerca de la forma de salvar su tambaleante trono y de lograr una victoria completa sobre sus enemigos. Y así, en estado de ebriedad, concibió una 'brillante' idea. Forzaría a Estados Unidos a intervenir definitivamente en México. No estaba seguro de que Estados Unidos haría algo drástico, pero si lo hacía cuánto mejor, porque uniría a México y a los revolucionarios bajo su mando en una guerra justa contra el agresor. De ser así, según sus cálculos, podría disponer fácilmente de los principales líderes revolucionarios y eliminarlos uno a uno. Sería fácil. Con este optimista, distorsionado y traicionero plan en mente, no volvió a negociar nada, sino que se dedicó a ignorar deliberadamente las demandas de Estados Unidos. Los mexicanos estaban felices por lo que consideraban su postura patriótica".[7]

Dada la trayectoria de Huerta —caracterizada por la traición, el crimen y la usurpación— el análisis que antecede es sustancialmente correcto. La moralidad de Wilson pudo haber llevado a la peor de las inmoralidades: la destrucción del movimiento revolucionario y la perpetuación de la dictadura huertista. La célebre teoría política de las decisiones enérgicas pero precipitadas que tienden a provocar los efectos que no se buscan, se habría convertido, en este caso, en una lamentable realidad.

Por fortuna Washington no cayó en la trampa que le trató de tender el asesino de Madero, y se concretó a, con la ocupación del puerto de Veracruz, privar a Victoriano Huerta de su principal ruta de abastecimiento y a dejar intactas las rutas fronterizas que permitían el aprovisionamiento de los ejércitos constitucionalista y villista. No obstante, Thord-Gray piensa que Huerta estuvo muy cerca de lograr lo que deseaba y que sólo la pésima reputación que tenía en las altas esferas del gobierno estadunidense impidió que Estados Unidos se lanzara a una guerra total en contra de México, cuyas consecuencias habrían sido imprevisibles.[8]

Pero también del lado revolucionario prevalecieron las mentes frías que entendieron a la perfección que, mientras los estadunidenses no pasaran de Veracruz, la jugada geopolítica de Wilson iba más bien encaminada a destruir el régimen de Victoriano Huerta que a conquistar México. Así Pancho Villa —tanto o más ladino que el propio Huerta— le manda un telegrama claro a Carranza en el que le dice que la ocupación de Veracruz no va a traer consecuencias adversas para los hombres revolucionarios y que lo mejor es dejar a Huerta solo para que "lo cocinen los gringos en su propia sartén".[9]

Por su parte, Álvaro Obregón y Lucio Blanco también diagnostican correctamente la situación y contribuyen a calmar los ardores nacionalistas del Primer Jefe. Al respecto, Thord-Gray comenta: "A Pancho Villa, Lucio Blanco y Álvaro Obregón corresponde el honor, por encima de todos los demás jefes revolucionarios combinados, de haber evitado la terrible catástrofe que inexorablemente habría ocurrido en caso de que los revolucionarios se hubieran unido a Huerta en una guerra en contra de Estados Unidos".[10]

Todo lo anterior deja en claro la razón por la que Woodrow Wilson, a diferencia de lo que ocurrió en 1847, limitó su intervención a la ocupación del puerto de Veracruz. También le otorga un grado de racionalidad y de justificación histórica a la drástica acción emprendida, que no intentó una extemporánea guerra de anexión y de conquista cuando Europa estaba a punto de estallar en llamas, sino que se concretó a desarrollar una estrategia geopolítica bien definida y delimitada: aislar de manera directa y efectiva a un régimen que era moralmente inaceptable para provocar su caída, como sucedió unos cuantos meses después. Al triunfo del constitucionalismo Wilson negoció con Carranza y retiró sus tropas de Veracruz.

Hasta este punto todo parece obedecer a los dictados de la lógica política de Wilson y del congreso estadunidense. Sin embargo, subsiste una pregunta obligada: ¿por qué se ordenó la ocupación militar de Veracruz? Porque aun cuando se buscó limitar los daños políticos y las repercusiones internacionales, la medida parece precipitada y drástica, porque pudo provocar lo último que el gobierno estadunidense deseaba: la unión de los revolucionarios con Victoriano Huerta. Además estuvo a punto de provocar también una guerra general entre los dos países, lo que habría atado de pies y manos a Estados Unidos, al sur de su frontera, cuando Europa estaba a punto de comenzar una guerra en la que la seguridad nacional del propio Estados Unidos, a la corta o a la larga, necesariamente se vería afectada, como en efecto sucedió.

Entonces, ¿cuál fue la razón de esta medida, que se adoptó en el curso de unos cuantos días? Porque es infantil considerar que Wilson —con todo y sus rígidos principios de moral política— tomó una decisión de esa trascendencia sólo porque Huerta ordenó el arresto de unos marineros estadunidenses y se negó a saludar la bandera de Estados Unidos.

Thord-Gray, varios años después, encontró una respuesta que, por lo menos, parece lógica y, sobre todo, congruente con los hechos que en el momento de la ocupación estadunidense de Veracruz se verificaban en la esfera internacional. Para entender lo que esa respuesta significa y comprender los fundamentos de veracidad que la misma pueda poseer, preciso es formular algunas consideraciones en torno a la posición que en 1914 guardaba el siempre cambiante equilibrio europeo y al papel que desempeñó el propio Thord-Gray durante la primera guerra mundial.

Para abril de 1914 era un secreto a voces que Alemania estaba prácticamente lista para emprender la guerra en los dos frentes que han venido limitando su ámbito de influencia: el ruso y el franco-británico. Los cálculos de los estrategas del gobierno del káiser, aunque teñidos de un optimismo que los hechos posteriores se encargarían de demostrar que era exagerado, fueron al principio correctos. Rusia, abatida por sus conflictos internos y por una precaria situación económica, no estaba en condiciones de oponer una seria resistencia por mucho tiempo, dos a tres años a lo máximo. En lo que toca a Francia y Gran Bretaña, los progresos tecnológicos alcanzados en los últimos años por la maquinaria de guerra alemana se encargarían de derrotarlas. Sin embargo, la ecuación militar presentaba una incógnita que no se podía desestimar: ¿qué sucedería si Estados Unidos entraba a la guerra del lado franco-británico?

Alemania no podía darse el lujo de ignorar que el país más grande y poderoso del continente americano, que poseía la capacidad industrial necesaria para transformarse con rapidez en un proveedor gigantesco de armas y suministros, podría desequilibrar con relativa facilidad una guerra que tendría que circunscribirse al continente europeo. Por lo tanto, el objetivo primordial de la inteligencia militar germana estuvo orientado a encontrar los medios de mantener alejados a los estadunidenses del teatro europeo de guerra. En ese sentido, México, en plena revolución, resultó una pieza clave.

Los estrategas alemanes, si en algo se especializaban era en el principio fundamental de la geopolítica que desarrolló el multicitado Karl Haushofer: el origen de toda guerra debe encontrarse en la lucha por el "Lebensraum" o espacio vital, las áreas geográficas que deben ocupar y explotar las naciones que cuenten con mayores recursos para ello. Así las guerras que librara Alemania en el futuro tendrían que estar encaminadas a la conquista del Ruhr, Alsacia y Ucrania, pues contaba con mejores y mayores elementos para aprovechar esas ricas regiones que Francia y Rusia. En el caso de México, la anexión por parte de Estados Unidos de los vastos y productivos territorios de Texas, California, Arizona y Nuevo México era un caso típico de la "correcta" utilización del "Lebensraum". Por razones de organización y de capacidad económica y militar, a mediados del siglo XIX Estados Unidos estaba en mucho mejor situación que México para poblar, controlar y aprovechar esos importantes territorios. Pero esto no significaba que sesenta y cinco años después —dentro de una situación de conflicto generalizado en prácticamente todo el mundo— no se pudieran alimentar ciertos sentimientos revanchistas en México que, al margen de que tuvieran o no posibilidades reales de convertirse en logros concretos, podían llegar a generar un grave conflicto que mantuviera a Estados Unidos ocupado por varios años dentro de los confines del continente americano, y así dejar de lado su más que probable intervención en los asuntos europeos. Dicho en otras palabras: lo que Alemania buscaba era que Wilson redujera el campo de aplicación de su doctrina de la seguridad colectiva a los problemas del sur de su frontera, y que dejara a los europeos que resolvieran sus propios problemas, matándose entre ellos mismos.

La intervención de Alemania en México durante el periodo que comprende la primera guerra mundial, es una cuestión sobre la que mucho se ha hablado pero sobre la que poco se ha investigado, si descontamos el estudio del profesor Katz sobre lo que bautizó como "la guerra secreta en México". No obstante, parece haber mucha tela de donde cortar. No sólo por el históricamente célebre telegrama Zimmerman —que más que un telegrama fue toda una estrategia diplomática—, sobre el que más adelante se abundará en esta obra, sino también por otros sucesos, menos explorados, de ese mismo contexto, como la ocupación estadunidense de Veracruz en 1914 y la invasión que Pancho Villa emprendió contra la ciudad de Columbus, Nuevo México, en 1916.

Las explicaciones que al respecto ofrece Thord-Gray podrán aceptarse o rechazarse, eso, a fin de cuentas, queda al criterio de cada lector, pero lo que no puede negarse es que poseen una base objetiva de datos. En el transcurso de la primera guerra mundial el inquieto militar sueco se desempeñó como oficial de inteligencia del ejército británico, y al final de la conflagración, dada su posición, tuvo acceso a una parte importante de los archivos confidenciales del derrotado ejército alemán.

Al escribir *Gringo Rebel* y en su propia correspondencia personal, Thord-Gray proporciona dos explicaciones claras y directas sobre la verdadera causa que llevó al presidente Wilson a ordenar la ocupación militar de Veracruz, y sobre la verdadera razón de la actitud belicosa, y supuestamente patriótica, que Victoriano Huerta adoptó ante Estados Unidos a raíz de ese hecho. En lo que concierne a la primera, afirma: "Estados Unidos, aparentemente buscando una excusa para remover a Huerta, ordenó que su flota atlántica se posicionara en aguas territoriales mexicanas. Mientras tanto, el barco alemán *SS Ypiranga* (el mismo que trasladara a Porfirio Díaz y a su familia a su largo exilio) se acercaba a México cargado de municiones y armamento para el general Huerta que le enviaba el gobierno alemán. Cuando esta información se filtró en Washington, el presidente Wilson la recibió de inmediato y lo primero que hizo fue ordenar: 'Tomen Veracruz'. La flota americana se lanzó al ataque y capturó el puerto el 21 de abril de 1914 [...]".[11]

En lo relativo a la segunda, sostiene: "Muy pocas personas en México o en Estados Unidos saben lo peligrosamente cerca que Huerta estuvo de involucrar a Estados Unidos en una guerra total con México, lo que no sucedió gracias a la pésima reputación que tenía ante el gobierno estadunidense. Unos años después, cuando me encontraba en Francia con mi regimiento, me puse a pensar que este movimiento por parte de Huerta fue orquestado por el Estado Mayor alemán con el deliberado propósito de preocupar a Washington y mantener a Estados Unidos fuera de los asuntos europeos".[12]

En el prefacio de *Gringo Rebel*, Ivar lanza una advertencia que debe tenerse muy presente cuando se analizan sus comentarios e informes acerca de cuestiones particularmente sensibles y delicadas, como la que se trata en este capítulo:

"El material utilizado proviene de mis notas personales de campaña y de las cartas que envié a casa durante el conflicto. Existen, sin embargo, varios episodios interesantes que difícilmente pueden publicarse, incidentes causados por lo ambiguo de la lucha, que a menudo produjo consecuencias fatales. Estos hechos deliberadamente han sido borrados de mis notas originales, toda vez que su publicación podría resultar embarazosa para algunos de mis viejos amigos o para sus familiares que los han sobrevivido. Además, no sería justo, porque voy a referirme, por ejemplo, a un joven teniente o capitán que ahora [1960] tal vez sea general, senador, gobernador o presidente. No menos de seis miembros de nuestro ejército revolucionario de 1913-1914 se convirtieron en presidentes de México."[13]

O sea que quien lea *Gringo Rebel* tiene que saber leer entre líneas, ya que de otra suerte se puede perder de vista el verdadero significado de lo que el autor en realidad quiere decir. Por lo tanto, sería un tanto infantil aceptar, sin más, su afirmación en el sentido de que, repensando los hechos cuando se encontraba estacionado en Francia con su regimiento, al término de la primera guerra mundial, llegó, casi de improviso, a la conclusión de que la abierta oposición de Victoriano Huerta a la ocupación de Veracruz encaminada a provocar una guerra total entre México y Estados Unidos, fue obra del Estado Mayor alemán. Una afirmación de tanta trascendencia histórica no se lanza al viento de las publicaciones nada más porque sí. Por el contrario, un simple esfuerzo de deducción lleva a la verdadera conclusión.

Thord-Gray hizo su brillante carrera como oficial de los servicios de inteligencia militar en los ejércitos británico y estadunidense. Para 1915 tenía acumulada ya la impresionante hoja de servicios que incluía su destacada participación en los conflictos bélicos más importantes de la época: las guerras de los bóers y de los zulúes en África del Sur; la invasión estadunidense a las Islas Filipinas; la ocupación francesa de Indochina; la guerra italiana en Trípoli; la ocupación por parte de varias potencias europeas, encabezadas por Gran Bretaña y Estados Unidos, de las principales ciudades de China; y la violenta y compleja Revolución mexicana.

Por consiguiente, al comenzar la primera guerra mundial fue llamado apresuradamente por el ejército británico para participar en diversas operaciones de contraespionaje encaminadas a desbaratar el núcleo del poderoso servicio de inteligencia alemán dirigido por el Estado Mayor de su ejército. En semejante contexto, no es aventurado suponer que tuvo acceso a información tanto clasificada como privilegiada, que le permitió conocer de primera mano los intentos del gobierno alemán por complicar las siempre tensas relaciones entre México y Estados Unidos, a fin de mantener a este último efectivamente ocupado y preocupado en su área de influencia inmediata.

En tal virtud, cuando Ivar nos dice que en el curso de la primera guerra mundial "pensó" que había sido el Estado Mayor del ejército alemán el que orquestó la reacción del general Huerta a la ocupación estadunidense del puerto de Veracruz, debemos llegar a la conclusión de que ese "pensamiento" le fue inducido por la información clasificada a la que tuvo acceso. Al respecto, debe tenerse presente que en 1917 Thord-Gray fue comisionado para entrenar a las tropas estadunidenses que liquidaron la primera guerra mundial. Una responsabilidad de esta magnitud sólo se encomienda a alguien a quien se tiene confianza absoluta.

Pero al margen de cuáles hayan sido las fuentes de información del hábil militar sueco, el hecho es que —sin pretender establecer verdades universales— las conclusiones que aporta *Gringo Rebel* encuadran dentro de la lógica geopolítica del momento, y, por ende, contestan la pregunta que sirve de título a este capítulo en los términos siguientes:

1. Jamás pasó por la mente de Woodrow Wilson ni por las de sus principales asesores y miembros del congreso estadunidense, la idea de emprender una guerra general contra México. El objetivo, siem-

pre limitado y realista, fue el de ayudar al derrocamiento de Victoriano Huerta —que le parecía no sólo moralmente repugnante a Wilson, sino un usurpador del orden jurídico que debía regir el concierto de las naciones— procurando con ello la consolidación del movimiento revolucionario encabezado por Venustiano Carranza.

2. Dentro de semejante estrategia, la idea original de Wilson consistió en emplear la marina estadunidense para patrullar las aguas del Golfo de México con el fin de impedir cualquier posible contacto entre el gobierno huertista y los gobiernos europeos que casi con unanimidad lo habían reconocido para salvaguardar ciertos intereses petroleros (Gran Bretaña), militares (Alemania) y comerciales (Francia y España).

3. Al detectarse que el vapor germano *SS Ypiranga* y otros buques de la misma bandera, se acercaban a las costas de Veracruz cargados de armas y municiones destinadas al ejército del general Huerta, los estadunidenses tuvieron que actuar de inmediato. Por esa razón se decretó la ocupación del puerto de Veracruz, y también por esa razón las fuerzas de ocupación no pasaron del estricto perímetro del puerto. Se trataba de aislar internacionalmente al régimen de Huerta, no de invadir México.

4. Pero, por otra parte, los alemanes ya lanzados a la aventura no podían quedarse cruzados de brazos. La simple ocupación de Veracruz no resolvía el problema, puesto que para ello no se requería utilizar el grueso del ejército estadunidense, sino tan sólo un relativamente modesto destacamento naval. Por eso su intención —como atinadamente lo apunta Thord-Gray— fue tratar de provocar una guerra abierta entre ambos países. De ahí que no sea descabellado pensar que el ministro (embajador) alemán, almirante Paul von Hintze, hizo cuanto estuvo a su alcance para tratar de influir en Huerta —inclusive con algunas veladas promesas de restitución territorial a costa de Estados Unidos, en caso de que las huestes del káiser salieran triunfantes en la guerra mundial que pronto se iniciaría— a fin de que el dictador se montara en la ola de nacionalismo mexicano que reclamaba una guerra frontal en contra de los odiados yanquis. Huerta, por su lado, entendió bien que si lograba atraerse como aliados a los carrancistas —cualquiera que fuera el resultado de la guerra con Estados Unidos— contaría con abundantes oportunidades de deshacerse de sus peores enemigos y de emerger triunfante en el ámbito de la política interna de México, así se tuviera que pagar un elevado precio en vidas, propiedades y territorios soberanos. Victoriano Huerta y el Estado Mayor alemán se unieron en una singular combinación de mentes e intereses. "Politics make strange bedfellows" (La política hace extraños compañeros de cama), como dice un conocido proverbio inglés.

Pero cualesquiera que hayan sido las fuentes de información

de Thord-Gray, su explicación es mucho más lógica y consistente que la de quienes quieren ver en la ocupación de Veracruz un intento de invasión estadunidense frustrado por las complicaciones de la guerra europea; y en la reacción patriotera de Huerta un delirio más, producto de las libaciones a las que era tan afecto.

La Revolución mexicana tuvo desde su inicio importantes ramificaciones internacionales que empiezan con Madero en San Antonio, Texas (1910-1911) y que culminan con los llamados tratados de Bucareli, celebrados en 1923, que implicaron el reconocimiento definitivo de Estados Unidos al gobierno de Álvaro Obregón, y con ello, el nuevo estado de cosas que se derivó de la propia Revolución, a cambio de importantes concesiones, principalmente en materia económica.

Por esa razón las explicaciones dadas por Thord-Gray sobre este suceso —considerando además su posición especial dentro del campo de la inteligencia militar— hacen sentido dentro del entorno político internacional en el que México quedó inevitablemente colocado al romper con treinta y cinco años de ininterrumpida estabilidad política para aventurarse a una cruenta guerra civil que —salvo por la romántica redención zapatista que, por lo demás, desde un principio estuvo condenada al más rotundo de los fracasos— siempre vino del norte. De ahí que si en la política seguida por Victoriano Huerta en contra de Woodrow Wilson algo tuvo que ver el vino, entonces se trató de un vino de fuerte contenido prusiano.

Ante semejantes complicaciones —propias de la alta política internacional— debe destacarse, tal y como lo hace el autor de *Gringo Rebel*, la visión fría y objetiva que, en medio del fácil tumulto de la indignación, tuvieron Pancho Villa, Álvaro Obregón y Lucio Blanco al negarse a caer en la trampa —que habría sido positivamente trágica— de una alianza militar con el asesino de Madero, y al comprender, a pesar de las continuas presiones políticas a las que estuvieron sometidos —empezando por las del esta vez no tan astuto Primer Jefe— que mientras los estadunidenses no marcharan más allá de Veracruz, el inesperado movimiento militar del presidente Wilson traería más beneficios que perjuicios a la causa revolucionaria.

A la postre la visión de largo plazo que supieron tener estos tres caudillos fue la correcta y la más ventajosa para la restauración del orden constitucional, porque si bien la fatalidad geográfica que une a México con Estados Unidos ha sido una fuente constante de toda clase de problemas políticos y económicos, también ha sido y es una fuente continua de oportunidades, cuando se le sabe aprovechar con inteligencia. Y hasta la fecha no se sabe de ningún país —empezando por la casi siempre trágica Polonia— que haya obtenido beneficios tangibles y duraderos al colocarse bajo la esfera de influencia alemana.

Tambores sobre Acaponeta

La ocupación estadunidense de Veracruz significó el principio del fin del régimen huertista, porque implicó el bloqueo de la única ruta confiable de abastecimiento de la que disponía, además de la pérdida de la única fuente segura de ingresos fiscales de la principal aduana del país. Prácticamente el único puerto comercial y la única aduana de México, las potencias extranjeras siempre tuvieron en la mira a Veracruz como el primer objetivo para debilitar a los gobiernos mexicanos.

El cada día más complejo escenario internacional y sus derivaciones políticas y militares que lo mismo podían significar la alianza de algunas fuerzas revolucionarias con Huerta, que un enfrentamiento directo entre villistas y constitucionalistas, hacen ver a Carranza y a Obregón la necesidad inmediata de comenzar la marcha sobre la ciudad de México, y así aprovecharse la situación de manifiesta debilidad en la que ha caído Huerta y evitar nuevas fracturas y divisiones entre los revolucionarios.

Así, entre el 25 de abril y el 11 de mayo de 1914, se libran dos batallas que abrirán a los constitucionalistas el camino hacia Guadalajara —la segunda ciudad en importancia del país— y eventualmente hacia la toma de la capital de la república. El camino estará sembrado de peripecias: imprevisión militar, ingeniosas estrategias, trampas y traiciones, provenientes de su mismo bando, para Lucio Blanco y Thord-Gray, quienes, sin embargo, harán de esta larga marcha militar una sucesión de hazañas en las que, por igual, se conjuntarán la valentía, la audacia y la astucia.

La marcha se inicia con otra serie de cursos intensivos de entrenamiento para oficiales que imparte Ivar en Escuinapa, Sinaloa, entre el 25 de abril y el primero de mayo de 1914. Los resultados siguen siendo apenas regulares para el exigente asesor sueco. Algunos indígenas y criollos demuestran tener cualidades excepcionales que, bien canalizadas, podrían hacer de ellos la base de un auténtico ejército profesional. Pero en la mayoría de los casos la irresponsabilidad y la imprevisión tienden a prevalecer. Una situación que preocupa mucho a Thord-Gray es la resistencia que, a cada paso, encuentra para que se reconozca la imperiosa necesidad de que el Ejército Constitucionalista cuente con un sistema de avanzadas y con un cuerpo de exploradores y guías. Al respecto comenta: "Fue entonces cuando decidí inspeccionar nuestras avanzadas. Las encontré muy mal distribuidas, pésimamente localizadas y sin la menor consideración hacia los hombres y los caballos. Estaban ubicadas lejos de los abastecimientos de agua y demasiado expuestas a la vista del enemigo. Los centinelas no podían ver lo suficiente a la distancia, y en caso de emergencia los caballos les quedaban demasiado lejos. Estas posiciones debían haber sido situadas en lugares más cercanos a nuestros propios emplazamientos y en sitios mejor ubicados porque, como estaban, su efectividad se reducía enormemente".[1]

Otro problema lo constituía la indisciplina. En ocasiones no había forma de controlar el pillaje, las confiscaciones arbitrarias, los asesinatos a mansalva, los saqueos a iglesias y conventos y las violaciones de mujeres y niñas. El problema se agravaba por el reclutamiento de los presos liberados de las cárceles de las poblaciones que se iban ocupando y por el resentimiento que los peones, ahora también liberados, experimentaban hacia sus antiguos amos; éste se ponía brutalmente de manifiesto en las tomas de ranchos y haciendas. Aunque se adoptaron algunas medidas correctivas, se trataba de una de las realidades más comunes en cualquier guerra, en cualquier lugar del mundo y en cualquier época. Thord-Gray apunta: "El comportamiento general de los soldados bajo las presiones propias de la guerra tiende a ser el mismo en todos los ejércitos, especialmente cuando el licor se distribuye libremente. Las tropas mejor disciplinadas que combatieron en la primera y segunda guerras mundiales se comportan de la misma manera y, por lo tanto, no debemos ser demasiado severos al juzgar la conducta de los peones e indígenas que integraron los ejércitos de México".[2]

Concluidos los entrenamientos en Escuinapa, Obregón y Lucio Blanco deciden marchar sobre Acaponeta, Nayarit, en donde se encontraba acantonado un importante cuerpo del ejército federal. La lucha se anticipa desigual, pues a la falta de preparación de las tropas constitucionalistas debe sumarse la escasez crónica de armas y municiones. Por estas razones Blanco accede a que Ivar lleve a cabo un reconocimiento del terreno enemigo para poder contar con los datos mínimos que permitan estimar su fuerza numérica, la calidad y cantidad de sus armas, el emplazamiento de su artillería y la solidez de sus fortificaciones.

Acompañado de los fieles e inseparables Pedro y Tekwe, Thord-Gray efectúa un reconocimiento minucioso que le permite trazar un diagrama detallado de las posiciones enemigas, acompañado de un informe acerca de la posible estrategia a seguir. El alumno más aventajado del asesor sueco —el comandante en jefe, Álvaro Obregón— estudia cuidadosamente, y por largo tiempo, la documentación que le entrega y decide que la mejor estrategia a seguir consiste en montar un sitio que literalmente asfixie al enemigo dentro de sus fortificaciones en Acaponeta.

Este simple detalle muestra el porqué de la superioridad de Obregón sobre los demás jefes revolucionarios. Sin haber sido nunca militar de carrera, sino agricultor y pequeño empresario, el caudillo sonorense entendió, desde un principio, que tenía que labrarse una carrera militar aprendiendo sobre la marcha. A diferencia de Pancho Villa, que todo lo dejaba a los instintos, a la improvisación y a la fuerza bruta de las cargas de caballería, Obregón confiaba en el estudio, la reflexión, el análisis, la autodisciplina, la práctica constante y su consecuencia lógica: el profesionalismo. Por eso, a fin de cuentas, derrotó no sólo al ejército huertista, sino al mismo Villa. Y por eso también llegó a la presidencia de la República.

Al amanecer del 4 de mayo de 1914, siguiendo el plan trazado por el general Obregón, las tropas revolucionarias rodean Acaponeta. A pesar de la superioridad de los federales, en cuanto a organización y equipo, Lucio Blanco ha logrado montar una fuerza considerable de mil cuatrocientos hombres bien armados y de cuatro mil indios yaquis y mayos armados de arcos, flechas, cuchillos y... tambores.

Las primeras escaramuzas son resueltas por la caballería al mando del coronel Acosta que desbarata varios intentos de los huertistas encaminados a romper el sitio. Pero el día se lo llevan los yaquis y mayos. Organizados por su líder, el jefe Trojiño, los indígenas se reparten por varios sitios estratégicos en los alrededores de Acaponeta. A una señal del jefe, los tambores inician un golpeteo sistemático y terrible que aturde primero y asusta después a los defensores de la ciudad. De acuerdo con las leyendas y tradiciones de sus pueblos, los tambores yaquis y mayos transmiten las voces de guerreros ancestrales que ordenan a los guerreros jóvenes avanzar, con lentitud pero con seguridad, a la destrucción del enemigo. Pero además, según la tradición de la zona, transmiten una señal todavía más ominosa y siniestra: a cada enemigo capturado se le debe arrancar la cabellera de la manera más brutal posible.

El avance de los tambores —sistemático y amenazador a la vez— acaba por crispar los nervios del enemigo, ya de por sí desmoralizado ante el repliegue continuo al que se ha visto forzado y ante la incógnita que para su futuro inmediato representa la, ya para ese entonces ampliamente divulgada, toma del puerto de Veracruz por la marina estadunidense. Al darse cuenta de que todos los esfuerzos por romper el sitio han sido infructuosos, y al ir tomando paulatinamente plena conciencia de que recibir un "corte de cabello a la yaqui" es una posibilidad bastante real y cercana, el comandante federal ofrece rendirse con una sola condición, por demás evidente: que los prisioneros sean tomados bajo la tutela de los oficiales constitucionalistas, y que ninguno de ellos sea puesto a disposición de los yaquis o mayos, bajo ningún motivo o circunstancia.

Lucio Blanco acepta la rendición pero sobre la base de que ésta se efectúe de inmediato, en atención a que no puede garantizar un control absoluto sobre sus inestables, cambiantes y, por tanto, impredecibles fuerzas indígenas. Algunos de sus oficiales le hacen ver que puede marchar de inmediato al centro de la población, en virtud de que ya están procediendo a ocuparla las avanzadas del Ejército Constitucionalista.

Lucio Blanco, con la gallardía que le era usual, entra a Acaponeta sólo con el resguardo de su Estado Mayor, compuesto únicamente de veinte elementos. Ivar —siempre obsesionado por la necesidad de contar con la información de exploradores fidedignos, antes de emprender cualquier marcha— le pide que espere y que le dé la oportunidad de enviar a su propia avanzada. Blanco no le hace ningún caso y está a punto de caer en una trampa, como la que años después le costaría la vida. Al llegar al zócalo de la ciudad se encuentra con una partida de aproximadamente quinientos federales que no han depuesto las armas y que, de inmediato, se colocan en posición de combate. Por fortuna unos minutos después aparece en escena un fuerte contingente de caballería cuya sola presencia obliga a los federales a rendir sus armas. Lo curioso del caso es que la caballería entró a Acaponeta bajo el mando del yaqui Tekwe quien había sido informado por el tarahumara Pedro acerca de la advertencia de Thord-Gray a Blanco, y que prefirió asegurarse de que sus jefes no corrieran ningún riesgo. Por cierto, el oficial que nominalmente se encontraba a cargo de la caballería constitucionalista brilló por su ausencia.

Este incidente vino a sumarse a otros tres previos a la toma de Acaponeta, en los que Ivar estuvo a punto de ser arrestado por un mayor de apellido Bocanegra quien, sin prueba alguna, lo acusó de ser un "espía gringo" al servicio de Victoriano Huerta, y, además, de ser asesinado por dos "balas perdidas" que provinieron de las mismas filas revolucionarias. En uno de los casos, Tekwe dio cuenta del distraído tirador. En el otro, no fue posible localizar al culpable. Al regresar al campamento, después de la batalla de los tambores, Thord-Gray se encontró con que su ordenanza Francisco había sido asesinado y que el baúl que contenía sus papeles había sido registrado y revuelto, presuntamente con la idea de encontrar alguna "correspondencia comprometedora" que demostrara sus vínculos con el ejército huertista.

Por supuesto, no había otra cosa que cartas personales e instructivos militares.

El origen de todas estas intrigas y traiciones parece encontrarse en el jefe del Estado Mayor del comandante en jefe, Álvaro Obregón, el coronel —después general— Francisco Serrano, que, por una parte, tenía celos de la buena estrella, gallardía y carisma de Lucio Blanco, y que, por la otra, tenía el fundado temor de que los profundos conocimientos militares de Thord-Gray —que tan gratamente habían impresionado al general Obregón— lo llevaran a sustituirlo en el importante cargo que ocupaba.

Superada la trampa en la que se quiso hacer caer al general Blanco, la rendición de Acaponeta se llevó a cabo sin mayores trastornos. El botín, contabilizado por Ivar el 5 de mayo de 1914, resultó de lo más atractivo para un ejército que todavía se encontraba pobremente armado. Se capturó a un general (Juan Solares), un coronel, un teniente coronel, mil trescientos doce soldados y cuatro cañones de campaña, seis ametralladoras, mil seiscientos rifles Mauser, sesenta mil cartuchos, un número importante de balas de cañón y algún dinero. Al respecto, el estratega sueco comenta: "Todo esto vino a parar a nuestras manos, prácticamente sin tener que disparar un tiro, gracias al temor que inspiró una horda imaginaria de indios yaquis. En realidad sólo teníamos aproximadamente doscientos de ellos, pero en vez de un tambor tuvimos veinte y eso constituyó una de las mejores estrategias guerreras que he visto".[3]

El siguiente paso era la toma de Tepic, capital del territorio —ahora estado— de Nayarit, lo que permitiría a los constitucionalistas hacerse de una vía libre hacia la ciudad de Guadalajara. Como parte de la preparación de la campaña respectiva, Thord-Gray comanda una patrulla de exploradores —su táctica predilecta— que se ve forzada a librar un pequeño combate con una partida de federales en las estribaciones de la imponente Sierra Madre Occidental, caracterizado por una peculiaridad a la que el Gringo Rebel no estaba ciertamente acostumbrado: el combate tuvo que librarse en medio de uno de los terribles huracanes que periódicamente azotan esa y otras regiones de la república mexicana.

Aunque la escaramuza no tiene ninguna consecuencia, el escenario en el que se desarrolla —un acantilado que cae a plomo desde la cima de una elevada cordillera, y en el que Thord-Gray se parapeta con su cuerpo de exploradores— es magníficamente aterrador: "El viento aumentaba a cada momento su intensidad y truenos y rayos parecían rodearnos. De pronto llegó la lluvia, pero no una lluvia ordinaria, sino una lluvia que parecía provenir de un lago gigantesco que, de pronto, se hubiera desplomado sobre nosotros y cuyo impacto se acentuaba todavía más por la fuerza del huracán. Los árboles eran arrancados de su raíz y caían aquí y allá, y algunos de ellos tronaban y se partían en dos con el mismo sonido de una bala de cañón".[4]

Un huracán en las cercanías del Trópico de Cáncer —que es donde se encuentran ubicados el sur de Sinaloa y el norte de Nayarit— es una experiencia alucinante. La fuerza combinada de la lluvia y el viento llega a superar los doscientos kilómetros por hora, y si el tronido de los árboles que se parten se asemeja al estruendo de una bala de cañón, las hojas que salen despedidas de los mismos árboles recuerdan los disparos de una ametralladora. La sensación de impotencia ante las fuerzas desatadas de la naturaleza es sencillamente devastadora.

A su regreso al cuartel general —en las primeras horas de la mañana del 11 de mayo de 1914—, Blanco recibe a Thord-Gray con el siguiente parte de novedades: "La idea de una guerra inminente con Estados Unidos es compartida y temida por la gran mayoría de nuestros principales oficiales, pues creemos que Huerta está creando deliberadamente problemas con Estados Unidos para unir a todas las facciones revolucionarias bajo su mando y así salvar su pútrido pellejo. En caso de que Villa y Zapata se llegaran a unir a Huerta, tendremos una guerra civil dentro de otra guerra civil y caeremos en el caos, ya que Carranza y Obregón nunca se van a aliar con Huerta. Pero si los planes de Huerta llegan a tener éxito, eso significará un golpe mortal para las aspiraciones y los sueños de millones de indígenas y peones. Debemos, por lo tanto, movilizarnos rumbo al sur cuanto antes y atacar y destruir las tropas de Huerta antes de que sea demasiado tarde".[5]

Los temores de los constitucionalistas no se volvieron realidad porque, entre otras cosas, el primero que se opuso a cualquier alianza con Victoriano Huerta fue precisamente Pancho Villa. Sin embargo, en los primeros momentos de la ocupación estadunidense de Veracruz todo era confusión y temores y, por lo tanto, la preocupación de Lucio Blanco estaba enteramente justificada. No obstante, ese temor rindió frutos favorables para la causa revolucionaria puesto que forzó la marcha contra un régimen oprobioso que, literalmente, había quedado colocado entre la espada y la pared y que, a pesar de encontrarse mejor armado y organizado, ya empezaba a mostrar signos evidentes de desmoralización.

Es así como se decide la toma de Tepic, aunque la misión no era sencilla. Los informes de los exploradores —organizados como de costumbre por Thord-Gray— resultaron bastante desalentadores. Tepic se sitúa en una planicie elevada rodeada de colinas, que los federales habían fortificado con dos piezas de artillería y varias ametralladoras apoyadas por dos mil elementos, entre fuerzas de infantería y caballería. Además, los caminos que conducen a la ciudad estaban en pésimas condiciones, merced al reciente huracán, lo que dificultaría enormemente los movimientos de la caballería constitucionalista.

En el consejo de guerra que de inmediato se convoca, Lucio Blanco, actuando como si fuera Pancho Villa, propone una carga frontal de caballería que rompa y divida el emplazamiento de las tropas federales. Pronto él mismo se convence de lo irrealizable de su proyecto. No hay fuerza de caballería, por valerosa y decidida que ésta sea, que resulte capaz de enfrentar por sí sola baterías enemigas que están perfectamente bien emplazadas en la indudable posición de ventaja que representan unas colinas artilladas.

El coronel Acosta sugiere sitiar la ciudad dejando abierto el camino hacia el poblado de Compostela (Nayarit), con la esperanza de que los sitiados, después de varios días de acoso, elijan tomar la ruta de escape que se les ofrece para evitar caer en las manos de los temidos yaquis. El único problema de este plan era que, dado el favorable emplazamiento de la artillería federal, el sitio tendería a prolongarse indefinidamente, lo que también prolongaría de manera indefinida la ansiada marcha hacia Guadalajara.

Ivar acepta, en principio, el planteamiento de Acosta, pero propone combinarlo con una estratagema que aprendió en Sudáfrica de los bóers y que también fue practicada en China por el general Sun Yat-sen. Se trata de lo que en términos militares se conoce como crear "nubes de polvo" que producen la impresión de un numeroso ejército que se aproxima a la ciudad sitiada arrastrando un buen número de pesadas piezas de artillería. Cuando el esquema funciona, el efecto sobre el enemigo puede llegar a ser aterrador, puesto que el ánimo de los sitiados, por la situación en que se encuentran, hace que se tienda a magnificar las amenazas que continuamente reciben del exterior.

Blanco aprueba la estrategia con visibles muestras de entusiasmo y ordena la recolección de todas las ramas de los árboles más grandes de los alrededores para que, al ser jaladas por las gruesas reatas mexicanas, uncidas a las cabezas de las sillas de los caballos, provoquen el efecto deseado.

La suerte ayuda al plan. Las avanzadas de Acosta logran la captura de un oficial federal al que, después de interrogarlo, alimentan con todo tipo de informaciones falsas sobre el número y la fuerza de los atacantes y sobre la "inminente llegada del norte del general Álvaro Obregón al mando de un ejército de veinte mil hombres cuya única misión es la de destruir Tepic hasta no dejar piedra sobre piedra".[6] Al oficial lo condenan a ser pasado por las armas al siguiente amanecer, "por espía y traidor huertista". Pero en la madrugada lo libera subrepticiamente un supuesto desertor —que finge gran descontento porque Acosta no lo ha ascendido a sargento como se lo tenía prometido— que le facilita el regreso al cuartel general de Tepic, para que lo primero que haga al llegar sea difundir la "información secreta" que ha obtenido en el campamento constitucionalista.

A las seis de la mañana del 15 de mayo, el plan se pone en marcha. La caballería y la infantería revolucionarias, por igual, arrastran pesadas ramas que provocan densas nubes de polvo que se acercan ominosamente a la ciudad sitiada. Las nubes van acompañadas del rugido ensordecedor de los tambores yaquis y mayos que, por momentos, en el ánimo deprimido de los sitiados, suenan como si fueran verdaderas piezas de artillería.

No obstante, las primeras escaramuzas son desfavorables para los atacantes. Las cargas de la caballería del coronel Acosta son rechazadas sistemáticamente por el inmisericorde fuego que desciende de las colinas que rodean Tepic. Thord-Gray teme que el comandante federal se dé cuenta de la fuerza real de las tropas que lo atacan y que, en consecuencia, ordene un contrataque que sería irresistible, ya que la retaguardia constitucionalista a lo más que puede aspirar es a seguir produciendo "nubes de polvo".

Pero como dice el gran León Tolstoi, las batallas no las deciden los generales sino el ánimo que palpita en el corazón y en la mente de cada soldado, que suele ser proporcionalmente inverso cuando un soldado invasor se enfrenta a otro que defiende su tierra y su libertad. Poco a poco las continuas cargas de caballería y los disparos de los cañones y las ametralladoras capturadas en Acaponeta, aunados al pánico que causa la presencia de yaquis y mayos entre las filas constitucionalistas —esta vez ingeniosamente reforzada por las "nubes de polvo" y el estruendo de los tambores—, empiezan a producir estragos en las tropas federales que, bien a bien, no saben contra qué se están enfrentando.

Lo que en un principio son deserciones aisladas que toman el camino que ha quedado libre rumbo a Compostela, con el paso de las horas y con la incertidumbre de lo que pueda llegar a pasar al final del sitio, se convierte en una retirada desordenada, en la que los federales no sólo abandonan armas, municiones y equipo, sino que se atropellan los unos a los otros en su desesperación por alcanzar el lodoso camino a Compostela, en el que un buen número de los prófugos se atasca y cae en manos de quienes más deseaba evitar: los indios yaquis y mayos.

Al final del día, el general Lucio Blanco preside la rendición y entrega de la plaza fuerte de Tepic. En el corto espacio de once días las dos principales ciudades del territorio de Nayarit han sido tomadas por los constitucionalistas. El enorme noroeste de la república mexicana está ahora en poder del movimiento constitucionalista. Y lo que es más importante aún: la ruta hacia Guadalajara ha quedado abierta.

Las metas geopolíticas de la administración Wilson —con sus evidentes justificaciones morales— empiezan a alcanzarse.

Como ya empieza a ser usual, el minucioso y ordenado Thord-Gray levanta el inventario correspondiente: "El botín fue enorme si consideramos los pocos hombres que utilizamos para conseguirlo. Capturamos más de quinientos rifles en buen estado, cerca de cuatrocientos mil cartuchos, dos cañones de campaña, cuatro ametralladoras y más de seiscientos prisioneros, incluyendo a un coronel, un teniente coronel, cuatro mayores y doce capitanes. Más de mil enemigos escaparon, pero eso era parte de nuestro plan, ya que de no haber sido así no habríamos tenido éxito. Nosotros sufrimos la pérdida de veintidós hombres y tuvimos noventa y un heridos, de los cuales sesenta y siete resultaron gravemente heridos".[7]

Desde un punto de vista estrictamente militar —el cual se acepta con amplitud en *Gringo Rebel*— las derrotas de las tropas huertistas en Acaponeta y Tepic son inexplicables. Es cierto que los tambores, las "nubes de polvo" y la bien ganada fama de salvajismo de que disfrutaban los yaquis y mayos, tienen que haber contribuido a la desmoralización generalizada de la que fueron víctimas los huertistas. Pero en términos militares nada puede justificar que un ejército profesional, comandado por oficiales de carrera, entrenado, bien equipado y aprovisionado, que defiende dos ciudades fortificadas, en menos de dos semanas sea derrotado, capturado y puesto en fuga por una mezcla de tropas irregulares, con oficiales entrenados con premura por un solo asesor importado de Estados Unidos, medianamente armadas, sin más artillería que la que podían capturar al enemigo y con una retaguardia de indígenas, feroces, sin duda, aunque sin más elementos de guerra que sus ancestrales arcos, flechas, cuchillos de obsidiana y... veinte tambores.

Durante el porfiriato el ejército federal libró incontables batallas contra yaquis y mayos hasta someterlos al estado de semiesclavitud en el que los encontró la Revolución. En esa época la disciplina, organización y armamento de los federales acabaron con la ferocidad de los indígenas, al grado de que, al menos a lo largo de dos décadas, los vastos y fértiles territorios de Sonora, Sinaloa y Nayarit vivieron en un estado de paz casi completa. Por consiguiente, el ejército federal que heredó Victoriano Huerta —gracias a la santa imprevisión del bueno de don Francisco I. Madero— tenía que estar preparado para librar combates de esta naturaleza. Entonces, ¿por qué ocurrieron estas derrotas militarmente inexplicables?

Creo que la respuesta nos la da el veterano de las trincheras y los bastiones de Sebastopol. Tolstoi tiene toda la razón: es el espíritu que anima a cada soldado el que decide el destino final de las guerras.

Los huertistas sabían que peleaban por una causa perdida, que además tenía su origen espurio en un crimen abyecto; que ellos representaban los intereses de un dictador que pasaba una buena parte de cada día en notorio estado de ebriedad y que, para colmo de los colmos, se había enemistado con el gobierno de Estados Unidos, sin cuyo apoyo —por fatalidad tanto geopolítica como geoeconómica— en México no se puede tener prácticamente nada, como tan bien lo afirmara el gran Martín Luis Guzmán.

Por otra parte, los revolucionarios —criollos, mestizos, peones e indígenas— luchaban con denuedo por construir una sociedad mejor que los resarciera de todas las iniquidades que, en mayor o menor grado, habían sufrido durante la larga dictadura porfirista; o que, al menos, les ofreciera la oportunidad de llevar una vida un tanto más digna. Como nada tenían, eran capaces de arriesgarlo todo. De ahí que su espíritu vindicativo haya prevalecido en la lucha librada contra un ejército profesional.

Antes de comenzar la marcha rumbo a Guadalajara, Thord-Gray tiene oportunidad de presenciar y de participar en dos sucesos que le permitirán ampliar sus conocimientos etnográficos y valorar, en el campo mismo de batalla, las crudas realidades que la Revolución mexicana trajo consigo.

El primer suceso ocurrió entre las batallas de Acaponeta y Tepic, durante las labores de exploración y avanzada en las que lo sorprendió el violento huracán, y del que ya se dio cuenta con anterioridad; en esa ocasión es testigo de primera mano de la cacería tarahumara como rito y ofrenda guerrera.

Los tarahumaras rara vez practican la caza del venado con el arco y la flecha, ya que como son extraordinarios corredores de larga distancia, prefieren perseguirlo a pie —a veces por horas— hasta agotarlo, capturarlo y ahorcarlo con sus propias manos. De acuerdo con la tradición antigua de esta notable etnia mexicana, ésa es la forma honorable de vencer a un enemigo noble; sin trampas, sin ventajas y sin sorpresas: corriendo y luchando frente a frente y en igualdad de circunstancias.

Al venado así cazado se le despelleja, corta y pone a cocer a la leña en grandes fogatas colocadas en el fondo de fosos que se cavan para este solo efecto. Según Ivar, cuando la carne está a punto de cocimiento despide un aroma tan delicioso que literalmente se hace agua la boca; en especial después de un largo día de campaña en condiciones muy adversas.

Sin embargo, antes de empezar el banquete deben formularse

ciertas invocaciones rituales. Así uno de los tepehuanes, que fungía como el chamán del grupo, cortó un trozo de carne, lo atravesó con una vara y lo agitó a los cuatro puntos cardinales impetrando, con melodiosa voz de oráculo, a Toni, el dios del universo tepehuane, y a Cucudri, el creador del venado, para después retornar en silencio a su lugar. Acto seguido, un tarahumara, cuyo nombre había cristianizado a Jesús, se puso de pie, cortó tres pedazos de carne que atravesó con tres varas, tal y como lo había hecho el chamán tepehuane, arrojó las varas al suelo y, caminando alrededor de ellas, hizo numerosas invocaciones al Padre Sol (*Onorugame*) y a Dios Padre (*Tata Dios*) en agradecimiento por haberles permitido cazar con dignidad un *chomari* (venado). Concluido el ritual, el tarahumara Jesús volvió a sentarse entre los suyos ante la evidente aprobación de su chamán Pedro.

Ambas ceremonias debieron ser impresionantes, porque el efecto de las invocaciones rituales contra el fondo de las montañas de la Sierra Madre, que se cortan de tajo bajo el cielo intensamente negro de la noche sin estrellas que precede al huracán, y sin más iluminación que el fuego intermitente y retorcido de las hogueras, quedó grabado con claridad en la mente de Ivar casi cincuenta años después, cuando recordó el suceso en estos términos: "Cada una de estas ceremonias, que evidentemente significaba una oración o un sacrificio, se llevó a cabo de la manera más digna que uno se pueda imaginar, e indudablemente fueron impresionantes por su sencillez".[8]

Pero México es un mosaico de culturas, razas, tradiciones y costumbres que cambian siempre de lugar en lugar. A los pocos días de este nuevo encuentro con la magia ancestral del México de los siglos perdidos y recuperados, Thord-Gray se ve forzado a participar en un "juicio revolucionario" en el que salen a flote toda la injusticia y el rencor que el régimen porfirista de explotación de la tierra generó entre peones y hacendados. Dejemos que sea el mismo autor de *Gringo Rebel* el que narre los hechos: "Se presentó un caso de lo más inusual que puedo aportar como ejemplo. Uno de nuestros hombres, que era un indio bien parecido, entró al casco o casa principal de un rico hacendado el 16 de mayo [1914] y lo mató cuando trató de impedirle la entrada, violó a su hija y se la llevó a nuestro campamento en calidad de concubina. Su hermano tuvo el valor de venir a nosotros para exigir la devolución de la muchacha de apenas dieciocho años de edad. Cuando lo sometimos a un intenso interrogatorio francamente nos contó su historia: 'Antes de la Revolución yo era dueño de un pequeño rancho vecino a la gran propiedad del ahora difunto hacendado, que trabajaba con mi hermano y mi hermana de quince años de edad. En lo que cabe, éramos felices. Sin embargo, nuestra tierra no era suficiente para la crianza de los pocos chivos que poseíamos, por lo que le pedí al hacendado que me rentara una tierra que tenía abandonada por el rumbo de las colinas que dan a la hacienda, para que mi ganado pudiera pastar. El hacendado aceptó con la condición de que mi hermana se quedara a trabajar con él en la hacienda como parte de la renta, y diciéndome que el resto del monto lo fijaríamos después.

"Pasados varios meses mi hermana me contó que el hacendado había entrado a su habitación, la había violado y que ahora se encontraba embarazada. Cuando me enfrenté al hacendado, éste mandó traer a los rurales [especie de policía militar que cuidaba de las haciendas] que me azotaron por mi atrevimiento. Después se quedó con mi casa, mis tierras y mi ganado en pago de la renta que nunca había fijado. No contento con todo esto, me obligó a trabajar para él hasta que le liquidara el saldo de esa supuesta renta cuyo monto nunca supe. Cuando a los peones y a los indios los revolucionarios nos ofrecieron tierra y libertad, me uní a ellos. El hacendado arruinó a mi hermana, me mandó azotar y me robó todo lo que poseía; por lo tanto lo maté; y eso no tiene nada de malo, porque ahora soy un hombre libre'.

"Debido a la seriedad de los cargos en contra del soldado que, en el fondo, eran también en contra del Ejército Constitucionalista, el general Blanco decidió juzgar el caso por sí mismo. A Blanco no le gustaba verter sangre innecesariamente, por lo que me pidió a mí, 'el gringo', que decidiera el castigo. Dos testigos, incluyendo al hermano de la muchacha raptada, confirmaron el robo de la tierra y de los animales, así como el nacimiento de un hijo de la hermana del peón. Algunas gentes, sin embargo, no estuvieron de acuerdo con mi decisión: declaré el juicio improcedente y ordené que al soldado se le pusiera en libertad. También ordené que se le regresaran sus tierras y sus animales así como la colina que le había rentado al hacendado. Al hermano nada de esto pareció importarle. Pero lo interesante del caso fue que la muchacha raptada no quiso dejar al guapo soldado rebelde. Evidentemente había romance en el aire cuando la niña de la hacienda se rehusó a regresar a casa sin su hombre. En vista de la situación le di al soldado un permiso de diez días.

"No tengo duda de que algunos de los indios y peones se unieron a la revolución porque les gustaba la idea de entrar a una guerra, que otros fueron arrastrados por sus amigos y que algunos más fueron reclutados a la fuerza. Otros se unieron por el odio y los deseos de venganza que tenían en contra de las inconscientes clases superiores, como sucedió con el soldado cuyo caso acabo de narrar. Sin embargo, la gran mayoría de los peones soñaba con volver a sus hogares, sus hijos, padres, milpas y ganado, así como con las diversas fiestas de sus pueblos."[9]

Se ha dicho que la principal virtud del pueblo mexicano es su increíble resistencia a toda clase de males, empezando por los malos gobiernos; y que mientras pueda alimentarse y echar cohetes en las diversas fiestas religiosas y cívicas que se acumulan a lo largo del año, vivirá siempre inconforme pero en relativa paz. Por lo tanto, este pequeño incidente, que se multiplicó por miles en todo el ancho mapa que abarcó el movimiento revolucionario —la gran mayoría de los cuales tuvo el mismo final trágico y violento, pero sin el menor asomo de romanticismo—, demuestra hasta qué gradó el sistema feudal de explotación de la tierra que impuso el gobierno de Porfirio Díaz, afectó los derechos más elementales de millones de mexicanos, a los que no les quedó otro camino que el de la violencia revolucionaria para tratar de obtener, por lo menos, una parcela de tierra que les permitiera vivir y comer en paz, y poder así disfrutar, con buen ánimo, las sencillas pero generosas fiestas de los pueblos de los que nunca quisieran haber salido. Se trata de una lección bastante obvia pero que es necesario volver a repetir, una y otra vez, si es que no se desea que algún día vuelva a despertar el México violento de 1914.

La caballería entra a Guadalajara

A principios de junio de 1914, Álvaro Obregón delega en Lucio Blanco la tarea de obtener la mayor información posible acerca de los movimientos y el grado de equipamiento del enemigo que se ubica en el camino, de aproximadamente doscientos kilómetros de extensión, que va de Tepic, Nayarit, a Guadalajara, Jalisco. Al fin, Obregón ha entendido la importancia de contar con avanzadas y exploradores cuyos informes le permitan planear y desarrollar sus propios movimientos con la mayor precisión posible. En esta ocasión se trata de un imperativo, ya que de ser rechazado el Ejército Constitucionalista en la segunda ciudad del país, la causa carrancista sufriría un golpe de difícil reparación, porque el panorama político y militar es extraordinariamente complejo. Si bien es cierto que, gracias a Wilson, el gobierno de Victoriano Huerta se debilita día a día, también lo es que la lucha de las facciones revolucionarias se ha vuelto intensa e impredecible. Villa, que ha roto casi definitivamente con Carranza, acaba de lograr importantes victorias en Torreón y Zacatecas y su marcha hacia la ciudad de México sólo se contuvo porque el viejo zorro Carranza encontró la forma de embargar los suministros de carbón, indispensables para el movimiento de los trenes villistas. Zapata, en el sur, no reconoce amo y marcha con celeridad sobre la ciudad capital, sin que el Primer Jefe tenga manera de evitarlo, a pesar de todas sus mañas y habilidades. Por consiguiente, tomar con rapidez Guadalajara, para de ahí lanzarse sin demora alguna sobre la ciudad de México, se ha vuelto una exigencia vital para la subsistencia y el eventual triunfo de la causa constitucionalista.

Como de costumbre, Blanco encomienda a Thord-Gray las labores de exploración, haciéndole ver la urgencia del momento en virtud de que Obregón está decidido a ocupar Guadalajara a más tardar a mediados del ya inminente mes de julio. Con un cuerpo de cincuenta y cuatro exploradores yaquis y tarahumaras, el capitán sueco recorre el sur de Nayarit y el norte de Jalisco, buscando descubrir las posiciones y los movimientos de los federales. Es así como entra en contacto con la tribu de los huicholes.

Se trata de una etnia que no posee la fortaleza y la valentía de las demás tribus con las que Ivar ha tenido oportunidad de entrar en contacto: tarahumaras, yaquis, mayos, coras, pimas y tepehuanes. Forzados por la geografía, más bien árida y semiaislada, de la región en donde les tocó vivir, han desarrollado una actitud y una mentalidad defensivas. Sus guerreros —si es que así se les puede llamar— confían más en los ataques a traición y en las emboscadas, que en el noble ejercicio de las artes marciales. Su principal deidad es una que invoca a las "nubes del sur", porque al ser un pueblo retraído e inseguro, su preocupación se centra en las lluvias —a veces escasas— que le aseguren la autosuficiencia agrícola. Desconfiados y recelosos por naturaleza, procuran evitar todo contacto con el mundo exterior. "Cada comunidad era un pequeño Estado por sí misma, con su propio gobierno y sacerdote, lo que le permitía mantener el menor contacto posible con extraños, el que sólo se hacía aisladamente en algunas pequeñas empresas comerciales y en algunas peregrinaciones hacia lejanos santuarios ubicados fuera de su montañesco territorio."[1]

Sus templos y casas de oración e invocación eran en realidad insignificantes, y apenas se distinguían de las rústicas chozas de adobe en las que habitaban los miembros de la tribu. En su afán de mantenerse aislados del resto del mundo, los huicholes estaban dispuestos a colaborar lo mismo con los federales que con los revolucionarios, con tal de quitárselos de encima, lo que para Thord-Gray representaba un serio problema, toda vez que no podía llevar a cabo la encomienda que tenía asignada sin la colaboración de, por lo menos, un guía huichol. Para colmo, los huicholes les tenían a los yaquis —éstos sí guerreros en toda la extensión de la palabra— un santo pavor, lo que dificultaba aún más los trabajos de exploración.

La solución la encuentra Ivar transformándose en "médico-brujo". Al llegar a Ocota —el principal centro ceremonial huichol— se encuentra con que la única hija del jefe de la tribu está enferma de gravedad con elevadas fiebres y agudos dolores en el estómago. Pedro, el chamán tarahumara, de inmediato le diagnostica apendicitis; una enfermedad casi imposible de curar en esos tiempos y en esas regiones. Pero ve en el bicarbonato de sodio que Thord-Gray llevaba consigo la posibilidad de lograr para la niña un alivio temporal y, al mismo tiempo, ganarse la confianza del jefe de la tribu. Para ello el Gringo Rebel tiene que estar dispuesto a practicar una elaborada ceremonia —que, por supuesto, el mismo Pedro diseña— que provoque el efecto deseado en una tribu de limitados conocimientos en materia de herbolaria y curas mágicas. Y así: "Venciendo mis temores, solemne y ceremoniosamente mezclé el bicarbonato de sodio en una vasija que tenía un poco de agua, enfrente de todo mundo, mientras murmuraba algunas palabras de contenido místico. Entonces, cuando todo estuvo listo, elevé la 'poderosa medicina' hacia el este, el sur, el oeste y el norte. Cuando la elevé al punto más alto dejé caer unas cuantas gotas al suelo, para simbolizar la esfera inferior en las seis direcciones del mundo. Durante esta ceremonia, me di cuenta de que todos los presentes me observaban intensamente como si estuvieran fascinados, y de que la niña había dejado de quejarse de sus dolores.

"Cuando le entregué la vasija a la paciente, la tomó de inmediato y ávidamente bebió su contenido. Entonces se me ocurrió otro efectista movimiento teatral, probablemente inspirado por los rostros en trance de los asistentes, porque tomé una vara ardiente del fuego que había en la choza, la apagué y pasé el humo que despedía la flama apagada varias veces por el cuerpo de la niña hasta formar una cruz de humo, tal y como había visto hacerlo a los chamanes tarahumaras unos cuantos meses antes. Cuando hice todo esto pude escuchar expresiones de admiración de estos indios que, por lo demás, son extremadamente estoicos. El mismo Pedro se veía profundamente impresionado cuando me volví y me puse a hacer cruces de humo sobre las cabezas y los costados de todos los presentes.

"Como no había nada más que hacer, me salí de la casa con Pedro el que, visiblemente impresionado por mi actuación, me tocó en el brazo y me dijo: 'Jefe, usted es un gran médico'. A una corta distancia de la choza vi al chamán de la tribu, al que rudamente habían hecho a un lado desde el momento en el que Pedro me proclamó el mejor de los médicos-brujos que había conocido."[2]

La superioridad de la cultura tarahumara surte el efecto deseado, y pronto Ivar —con su vocación teatral recientemente descubierta— cuenta con los servicios de un confiable guía huichol que ha cristianizado su nombre a José. No obstante, el patrullaje resulta penoso y arroja escasos resultados. El terreno es difícil, árido y montañoso, lo que dificulta el paso de los caballos y conseguir comida, forraje y agua. Durante varios días la única ración disponible es una insípida mezcla de agua con maíz; una especie de atole diluido. Los huicholes exigen a cada momento que se les arme con rifles para sentirse más tranquilos ante la continua presencia de los yaquis. De lo contrario, amenazan con abandonar la partida al menor asomo de las fuerzas federales. Además, el guía huichol, José, es incapaz de aguantarle el paso al veloz tarahumara Pedro, que: "Corría arriba y abajo de las pendientes más inclinadas como si se tratara de un terreno plano, saltaba como pájaro de un lado a otro sobre los más difíciles y profundos arroyos, y nunca se detenía a descansar".[3]

El choque entre las dos culturas resulta inevitable. Proviene de siglos de desconfianza, rencor y temor de los huicholes a los tarahumaras y yaquis, y de desprecio de estos últimos por los primeros. Una noche, un guardia yaqui es asesinado, a traición, por una flecha huichol, para robarle su carabina. Otra noche, el mismo Thord-Gray tiene que romper su preciado cuchillo de caza —que llevaba consigo desde sus lejanos tiempos de cazador en los bosques de Björkö— al clavarlo en el pecho de un huichol que trató de matarlo mientras dormía. El cuchillo eventualmente se arregló, e Ivar lo conservó por el resto de sus días como talismán de buena suerte, en virtud de que el puñal de obsidiana del atacante huichol, cuando se lanzó sobre él, estando dormido, quedó a escasos seis centímetros de su cuello.

Si a todo lo anterior se suma el hecho de que los informes recibidos parecían indicar que el grueso de las tropas federales se había replegado rumbo a Guadalajara, se advertirá que el capitán sueco no tuvo otra alternativa que la de dar por terminada esta expedición cuyo único fruto fue de carácter etnográfico: descubrir que no todas las culturas del México antiguo son igual de admirables.

El regreso a Tepic se efectúa después de una breve escaramuza con una patrulla federal, en la que el pavor del comandante a recibir "un corte de cabello al estilo yaqui", les permite ganar el día con facilidad. Días después, Thord-Gray se rencuentra con Blanco y Acosta en el poblado de Ixtlán —en la frontera entre los estados de Nayarit y Jalisco— y ante sus insistentes preguntas sobre el resultado de la expedición, les hace ver que no pierdan su tiempo en tratar de reclutar huicholes, ya que se trata de gente recelosa, traidora y, sobre todo, poco apta para la guerra. Lo opuesto a los tarahumaras, yaquis, pimas y mayos.

En los últimos días del mes de junio de 1914, el Ejército Constitucionalista se interna en el estado de Jalisco, precedido por la caballería al mando del general Lucio Blanco, quien captura la población de Tequila. Thord-Gray se integra a las avanzadas que comanda el coronel Miguel M. Acosta, las que pronto se apoderan del poblado de Ahualulco. En Teuchitlán se topan con un impresionante convoy de trenes federales que transportan aproximadamente seis mil soldados, varias docenas de caballos y catorce cañones de campaña en carros-plataforma. Sin embargo, su actitud es más bien defensiva y temerosa, pues la orden de marcha que los huertistas llevan es la de replegarse hacia el sur con la idea de proteger Guadalajara.

Esto último se confirma al día siguiente (23 de junio) cuando un destacamento federal se retira en desorden de la hacienda del Refugio, en donde tenían sitiada y casi derrotada a una de las avanzadas del coronel Acosta. En la escaramuza Ivar pierde un fino caballo que le había regalado el general Blanco, pero logra capturar a un joven oficial que, al sentirse perdido, le hace dos confesiones: *a*) que los comandantes federales tienen confirmada la presencia entre las tropas constitucionalistas de un "gringo" que está ayudando a profesionalizar militarmente lo que, en un principio, eran simples bandas de guerrilleros; y *b*) que el comandante federal cuenta con un asesor civil extranjero que lo asesora en cuanto al curso a seguir en función de la cambiante situación política.

Intrigado, Thord-Gray concede la amnistía al oficial capturado con la condición de que, al retornar al campamento federal, le haga entrega al civil extranjero de un papel en el que ha anotado cuidadosamente su nombre. Horas después, Ivar recibe el siguiente mensaje: "Estimado Thord-Gray: La causa de los rebeldes está perdida. Vente del lado federal antes de que sea demasiado tarde. Yo garantizo tu seguridad. [firmado] Bradstock".[4]

Se trata nada menos que del mismo individuo con el que el capitán sueco había discutido en el Club Alemán de Shanghai, en octubre de 1913, la posibilidad de abandonar el indescifrable acertijo político-militar en el que se había convertido la ocupación europeo-estadunidense de China, para unirse a la Revolución mexicana. El comentario que al respecto formula en *Gringo Rebel* no deja de ser pretendidamente ingenioso: "Esta nota confirmó mi previa sospecha de que él [Bradstock] era un agente británico, porque un estadunidense difícilmente se habría unido a los federales cuando la marina de Estados Unidos estaba ocupando Veracruz".[5]

Dado que la verdadera personalidad de Thord-Gray —al ser un oficial de inteligencia militar— es un tanto elusiva, este breve comentario parece ratificar los siguientes hechos:

a) Que Thord-Gray mantenía contactos por igual con los servicios de inteligencia militar tanto británicos como estadunidenses. De otra forma no se explica ni su súbito traslado de Shanghai a Ciudad Juárez, ni la seguridad con la que ubica a Bradstock del lado inglés; y

b) que la ocupación estadunidense de Veracruz no tuvo otro objeto que el de precipitar la caída del régimen de Victoriano Huerta para apresurar el triunfo del movimiento revolucionario. Por esa razón, la ocupación nunca pasó de lo que, estrictamente hablando, es el perímetro del puerto.

Al internarse en el estado de Jalisco, Thord-Gray descubre otro de los factores reales de poder que condicionan y acotan esa complicada ecuación política que siempre ha sido México: la iglesia católica. Consolidada a lo largo de los trescientos años de vida colonial —en los que adquirió por diversos medios propiedades equivalentes a setenta y cinco por ciento de las tierras útiles existentes en el territorio nacional y el consiguiente poder económico y político que la transformó en terrateniente, banquera, educadora, guía espiritual y, en ocasiones, en gobernante directo—, en el siglo XIX librará una auténtica "guerra de las investiduras" por el control del país, con diversos gobiernos civiles de corte liberal, que culminará en una sangrienta guerra civil: la guerra de Reforma librada entre 1857 y 1861; y en la que su poderío será significativamente reducido —particularmente en los terrenos político y económico— pero no destruido.

Durante el porfiriato mantendrá una especie de entendimiento de hecho con el presidente Díaz, que le permitirá recuperar sus funciones religiosas y educativas, así como un buen número de sus propiedades, a cambio de no intervenir en la vida política del país y de aceptar la observancia del principio constitucional de la separación de la Iglesia del Estado.

El movimiento revolucionario de 1910 romperá ese delicado equilibrio. La Iglesia —conservadora por naturaleza— se sentirá amenazada por el caos creado por el gobierno maderista y verá en Victoriano Huerta a un protector natural. Pronto los huertistas contarán con el apoyo de la enorme red eclesiástica en todo el país, y en particular en aquellos estados de fuerte tradición religiosa como Jalisco. Red eclesiástica que intentará destruir la causa revolucionaria mediante los medios usuales: el púlpito, el confesionario, la intriga y la utilización de las áreas reservadas a los claustros, los conventos, los seminarios y las sacristías como depósitos de armas y municiones. La iglesia católica tendrá que pagar un precio muy elevado por ese intento de regreso a la arena política. Así, en las cercanías de la hacienda del Refugio, Ivar tiene conocimiento de lo que a continuación se describe, que le provoca un indignado comentario en función de su temprana formación religiosa en la austera, sencilla y apolítica iglesia luterana de la isla de Björkö: "Una de nuestras patrullas regresó esa tarde del sur de [la hacienda de] Buenavista trayendo consigo un vagón tirado por mulas, que contenía veinte rifles federales y alrededor de dos mil cartuchos de municiones, que habían encontrado bajo el altar de una pequeña iglesia. Es necesario explicar que los revolucionarios tenían que registrar metódicamente cada iglesia que encontraban en su camino, pues frecuentemente hallábamos pistolas, miles de rifles, ametralladoras y vastas cantidades de municiones escondidas en criptas o atrás de los altares, destinadas a matar peones e indígenas porque habían tenido el atrevimiento de reclamar tierra y libertad. Esto molestó enormemente al pueblo y tuvo mucho que ver con la confiscación que ocurrió tiempo después de las propiedades de la Iglesia y con las demandas para que la Iglesia se separara para siempre del Estado".[6]

La Constitución mexicana de 1917 fue criticada con dureza en diversos foros internacionales por contener lo que se juzgó como normas discriminatorias contra la Iglesia. Aun cuando esas críticas, desde un punto de vista objetivo pero lejano, pudieran parecer fundadas —incluso en los Derechos del Hombre y del ciudadano, internacionalmente reconocidos—, la realidad es que quienes vivieron, en sangre y en carne propias, la Revolución mexicana, encontraron perfectamente justificado el encono con el que los diputados constituyentes —la mayoría de ellos de filiación carrancista— trataron a la por general insidiosa y sutilmente convenenciera iglesia católica.

De la hacienda del Refugio la caballería constitucionalista, al mando del coronel Acosta, avanza hacia el poblado de Ameca, y en el camino es hostigada por algunas patrullas federales que preparan la defensa final de Guadalajara. En una de las escaramuzas que se presentan, Thord-Gray pierde a uno de sus fieles guías tarahumaras, Jesús, alcanzado en el tórax por un fragmento de metralla. Sus últimas palabras corroboran a Ivar la sencilla intensidad de la especial forma de estoicismo que caracteriza a los indígenas del antiguo y nuevo México: "Apúrese, jefe, que conozco el color de esta sangre. No voy a vivir mucho, pero usted sálvese. Váyase de aquí cuanto antes".[7]

Al llegar a Ameca Thord-Gray se encuentra con varias sorpresas que le tiene preparadas Lucio Blanco: una botella de auténtico vino de Burdeos, un lujo excepcional dada la austeridad en la que se veían forzados a vivir los oficiales del Ejército Constitucionalista; el ascenso del hasta ese entonces capitán sueco a teniente coronel, y el cual Blanco había logrado arrancar a Álvaro Obregón pasando sobre las objeciones del intrigante coronel Francisco Serrano; y la novedad de que el mismo Obregón ha prohibido terminantemente que Blanco entre a Guadalajara con los dos regimientos de caballería (divididos en tres brigadas) bajo su mando antes que él, ya que el comandante en jefe desea para él solo el honor de proclamarse conquistador de la segunda ciudad de la república.

Para levantar un tanto los ánimos de Blanco, que cada día sentía con mayor fuerza los celos que su don de mando, su carisma y su magnífica presencia física provocaban, no sólo en gente menor como Serrano, sino en el propio Álvaro Obregón, que supuestamente había alcanzado la máxima jerarquía militar posible dentro del movimiento constitucionalista, Thord-Gray propone llevar a cabo una expedición de reconocimiento a la ciudad de Guadalajara que les permita conocer tanto la disposición de las fuerzas federales como el ánimo de los habitantes de la ciudad cuyo destino está a punto de cambiar de manos. La expedición se lleva a cabo el 7 de julio de 1914, y arroja los siguientes resultados:

a) La ciudad propiamente dicha no se encuentra ocupada por el ejército federal, que ha preferido concentrarse en la cercana población de Orendain, en donde ya se encuentra cercado por las divisiones constitucionalistas que están bajo el mando directo del general Obregón. Sin embargo, otro fuerte destacamento federal se ha posicionado en el sólido casco de la hacienda del Castillo, también situada en las afueras de Guadalajara; y

b) el ánimo de los habitantes parecer ser tenso y expectante. Por doquier se escucha el grito, a la vez temeroso y esperanzado, de: "¡Ahí vienen los carrancistas!". Lo que más asombra a Ivar —caballero de refinados gustos en la materia— es la singular belleza de las muchachas y de las señoras que no hace mucho tiempo todavía eran muchachas. Y es que Guadalajara tradicionalmente se ha caracterizado por la hermosura de sus mujeres. No por nada apunta en *Gringo Rebel* que éste fue el aspecto más placentero de su largo y azaroso viaje por la enorme república mexicana.

Al día siguiente de la "placentera excursión", 8 de julio de 1914, en el campamento del general Lucio Blanco se recibe la buena nueva de que el general Obregón ha derrotado a los federales en Orendain, los ha forzado a emprender una desordenada retirada y ha tomado la ciudad de Guadalajara. Esta buena nueva se combina con otra todavía mejor: Obregón ordena a Blanco que con las tres brigadas de caballería bajo su mando proceda a desalojar a las tropas huertistas que se han pertrechado en la hacienda del Castillo.

La hacienda del Castillo se encontraba ubicada al sureste de Guadalajara a una distancia que Thord-Gray calculó como de dos horas a caballo. El casco —construido muchos años atrás para repeler las incursiones de forajidos y abigeos— constituía una fortaleza ideal para el emplazamiento de ametralladoras y cañones. Lucio Blanco decide emprender un ataque frontal. Thord-Gray protesta de inmediato y le hace ver la necesidad de efectuar un avance más cauteloso, empleando un movimiento de pinzas que ataque la fortaleza de manera gradual y envolvente por ambos flancos, a fin e evitar el centro, donde el enemigo ha concentrado sus baterías. Blanco hace caso omiso y la marcha frontal se lleva a cabo en medio de un silencio anormal que no presagia nada bueno. De pronto, en el torreón principal de la hacienda aparece una bandera blanca que parece indicar que los federales desean rendirse sin disparar una sola bala. Blanco exclama jubiloso: "¡El enemigo se rinde!", y dándole una palmada amistosa en el hombro le dice a Ivar, no sin cierta sorna: "Tú y tus movimientos por los flancos".[8] Pero todo es demasiado fácil para ser verdad. Los huertistas, dignos discípulos de su jefe, han aprendido muy bien el arte de la traición. Las tropas constitucionalistas, ante la euforia de su general, se quedan paralizadas a unos cuantos metros de la entrada de la hacienda. Segundos después se escuchan nutridas descargas de ametralladoras, fusiles y cañones que aniquilan a mansalva a las primeras filas de las fuerzas revolucionarias. El resto huye en completo desorden hacia la protección que ofrecen unas cañadas cercanas. Lucio Blanco, que momentos antes pensaba que todo se reduciría a un victorioso paseo a caballo, pierde el ímpetu inicial y les pide a Thord-Gray y al coronel Miguel M. Acosta que reagrupen y reorganicen a las despavoridas tropas.

Entonces se tiene que hacer lo que debió haberse hecho desde un principio. Se le ordena a la tercera brigada permanecer como reserva en la cañada. Acosta toma el mando de la primera brigada y Thord-Gray el de la segunda, por ser las tropas más confiables y estar compuestas de veteranos yaquis que han sido previamente entrenados en Sonora y Sinaloa por el ahora teniente coronel sueco. Escabulléndose del fuego de artillería mediante desplazamientos a los flancos, ambas brigadas avanzan con rapidez. Entonces el comandante federal comete un error fatal. Creyendo que con su ataque a traición ha descontrolado y desmoralizado a los constitucionalistas, abre las puertas de la gran hacienda para emprender la persecución y destrucción de los que supone se han batido en retirada, sólo para que el grueso de sus tropas caiga en el movimiento de pinzas que han organizado Acosta y Thord-Gray. Acosta ejecuta una espléndida carga de caballería que parte en dos las defensas enemigas, abre el camino hacia el interior del casco de la hacienda y vuelve parcialmente incapaz a la artillería que había sido emplazada considerando un rango de tiro de mucha mayor distancia, propio de quien espera un ataque a campo abierto. El exceso de confianza del comandante huertista en su traicionero ataque inicial le salió muy caro. El final de esta batalla se narra en *Gringo Rebel* de la siguiente manera: "El enemigo parecía estar un tanto descorazonado, ya que al acercarnos pudimos ver a varios de ellos abandonando sus posiciones y moviéndose a la retaguardia, e inclusive buscando la salida de la hacienda con cierto desorden. Por consiguiente, decidí abandonar los movimientos de flanco y me lancé directamente sobre sus defensas. Recibimos algún fuego de metralla, que si bien nos hizo algún daño, en realidad no nos afectó mayormente, porque en vez de estallar en el suelo enfrente de nosotros pasó por encima de nuestras cabezas. Conforme fuimos venciendo las defensas de la hacienda, la mayoría de los federales se encontraba en plena retirada, aunque algunos intentaron sostenerse. Cuando efectuamos el ataque final, el resto del ejército federal se deshizo y se dispersó en plena retirada. En su prisa por escapar, parecieron disolverse en la nada".[9]

Al tomar posesión de la hacienda del Castillo, Ivar se encuentra con el coronel Acosta quien, feliz por el triunfo —que en un principio lucía como una derrota de proporciones catastróficas—, le da un fuerte abrazo "a la mexicana". El acostumbrado inventario habla por sí solo de la consolidación definitiva del movimiento constitucionalista: dos generales muertos, tres coroneles, tres tenientes coroneles, seis mayores, treinta y siete oficiales de otros rangos, trescientos veinte soldados, todos muertos. Además se capturaron cinco cañones de campaña, más de trescientos rifles, una enorme cantidad de municiones y cuatrocientos mil pesos de plata y en billetes emitidos por el gobierno federal. Por su parte, los revolucionarios perdieron ciento veinte hombre y tuvieron alrededor de doscientos heridos. El desmoronamiento del ejército huertista y del régimen espurio al que pretendía sostener era a todas luces evidente. El juicio crítico de Thord-Gray —acorde con el espíritu patriótico que anima a cada soldado— es implacable: "El gran número de bajas en proporción a los heridos se debió a que el asalto final se llevó a cabo en una operación cuerpo a cuerpo. La gran diferencia de las bajas entre las fuerzas atacantes y las defensoras se produjo cuando los federales comenzaron la evacuación de la plaza y fueron derribados como pinos de boliche y, sin lugar a dudas, algunos de los sobrevivientes fueron eliminados al calor del combate. El elevado espíritu patriótico de nuestros hombres tuvo mucho que ver con nuestro éxito, ya que, otra vez, los federales estuvieron imbuidos por una actitud derrotista. Si no hubiera sido así, los tres mil soldados federales nunca habrían sido desalojados de la fuerte posición que ocupaban, arrojando sus rifles, abandonando sus cañones de campaña y a sus oficiales, toda vez que la realidad de los hechos es que fueron derrotados por dos regimientos de caballería que tuvieron que atacar a pie, que poseían una tercera parte de sus fuerzas, y que no contaron con apoyo de artillería.

"La batalla ofreció una magnífica oportunidad para nuestra caballería, por lo que nunca he dejado de preguntarme por qué razón el general Blanco no ordenó que el tercer regimiento entrara en acción, ya que desde la posición que ocupaba tuvo un panorama completo del combate. Su renuncia a ordenar un movimiento de flancos me resultó incomprensible, ya que no solamente era la táctica más segura y fácil, sino también la más obvia. Blanco era un soldado magnífico y valiente pero ese día no fue el mismo de otras ocasiones."[10]

Como toda guerra civil la Revolución mexicana fue una lucha de desesperados contra conservadores; es decir, el clásico enfrentamiento entre quienes buscan la revancha social y los que pretenden mantener el orden establecido y los intereses creados. Por lo tanto, las frías estrategias de la guerra al estilo europeo se olvidaban ante el ansia de avanzar a toda costa y, las más de las veces, sin medir las consecuencias. Además los comandantes rebeldes se fueron improvisando sobre la marcha. En el fondo se trató de una lucha tan brutal como romántica. Por eso el estratega militar sueco, a pesar de la indudable influencia que ejercía sobre Lucio Blanco, no siempre se salió con la suya.

Pero no todo en la guerra ha de ser violencia. Cuando Ivar y Acosta estaban a punto de abandonar la hacienda del Castillo, un peón les informó que detrás de unos tapices se escondía el acceso a una habitación privada en donde varias personas se habían refugiado. El coronel le ordena que los conduzca de inmediato al lugar, pensando encontrar a varios oficiales federales de alto rango que así pretendían pasar inadvertidos después de la derrota. Sin embargo, lo que encuentran es a tres mujeres: una bellísima muchacha de aproximadamente veintidós años de edad; una señora mayor que era tía de la primera; y una muchachita morena que las acompañaba en calidad de sirvienta. Al interrogarlas descubren que la bella joven y su tía son de origen franco-alemán, que se encontraban visitando a unos parientes en Guadalajara y que no pudieron regresar a la seguridad de su casa en la ciudad de México debido a la súbita aparición del Ejército Constitucionalista. Terminado el interrogatorio Acosta le dice a Thord-Gray: "Son todas tuyas, Gray, haz con ellas lo que gustes".[11] Ivar confiesa que las invitó a comer, que pasó un tiempo en su grata compañía y que posteriormente les otorgó un salvoconducto y una escolta de su confianza —probablemente integrada por veteranos yaquis— para que regresaran a salvo a la casa de sus parientes en Guadalajara. A pesar de la evidente admiración que la gran belleza de la muchacha franco-alemana le provocaba, de la evidente afinidad social y cultural que los unía, y del hecho de que Acosta literalmente la arrojó a sus brazos, en *Gringo Rebel* no entra en mayores detalles acerca de este agradable encuentro. Y es que los verdaderos hombres que suelen tener éxito con las mujeres son ante todo en extremo caballerosos. Y ya se sabe: en estas cuestiones los caballeros no tienen memoria. Y si bien a Thord-Gray se le puede tachar de aventurero, de lo que jamás se le puede acusar es de no haber sido siempre todo un caballero.

En la mañana del 10 de julio de 1914, la caballería constitucionalista entra a Guadalajara. El ejército rebelde empieza a mejorar pues, por vez primera, en su largo y penoso avance desde el norte, oficiales y soldados encuentran que los cuerpos de avanzada les han preparado barracas adecuadas. La recepción popular también es favorable, ya que de pronto le surgen al carrancismo miles de simpatizantes que desean engrosar sus filas como voluntarios. Como de costumbre, todo y todos se inclinan ante el vencedor. Sin embargo, se presentan dos obstáculos que por tradición se han interpuesto en el camino de las renovaciones sociales en México: la prensa estadunidense y la iglesia católica.

Hasta Guadalajara llegan acres comentarios de diversos periódicos estadunidenses que acusan a los constitucionalistas de destruir sistemáticamente las vías, puentes y materiales rodantes de los ferrocarriles, al grado de estar a punto de acabar con el único medio de comunicación más o menos confiable que existe en el país. Los moralistas selectivos de siempre vuelven al ataque. Se indignan ante la destrucción generalizada, pero para su conveniencia olvidan que el presidente Taft aceleró deliberadamente la caída del gobierno de Porfirio Díaz y, por ende, todas las secuelas revolucionarias que la siguieron, al concentrar una enorme cantidad de tropas en la frontera, precisamente, entre otras razones, como represalia por la nacionalización que Díaz llevó a cabo en marzo de 1907 de los ferrocarriles que, desde 1880, operaban provechosamente dos compañías estadunidenses domiciliadas en Boston y Denver.[12]

La realidad es muy distinta. Tanto los revolucionarios como los federales huertistas destruían puentes y vías como una táctica elemental de ataque o de defensa, según fuera el caso o la situación. Se trataba de un requerimiento de simple supervivencia. Hasta la fecha no se sabe de ninguna guerra que se haya librado con las cortesías propias de un torneo de esgrima. Pero, además, conforme iban avanzando, los rebeldes tenían que reconstruir las mismas vías y los mismos puentes que ellos o los federales habían destruido, puesto que de otra suerte el avance habría resultado materialmente imposible. Fue una tarea lenta y penosa que solamente se pudo llevar a cabo gracias al proverbial ingenio del que siempre han hecho gala los operarios mexicanos. Por consiguiente, resultaba en especial absurdo que, por una parte, la administración de Woodrow Wilson buscara por todos los medios a su alcance la caída del régimen de Victoriano Huerta y que, por la otra, la prensa estadunidense criticara la destrucción que por necesidad tendría que efectuarse para lograr los objetivos que —envueltos en los usuales tintes morales y moralistas de Mr. Wilson— su mismo gobierno se había propuesto. De ahí que Thord-Gray les tuviera que decir a sus amigos corresponsales "gringos", para que lo publicaran en Estados Unidos, que: "Los críticos deberían recordar que la destrucción de las comunicaciones del enemigo tiene que ser uno de los principales objetivos de un comandante militar, cada vez que esto sea posible".[13]

Por otra parte, en Guadalajara —una de las ciudades más conservadoras y religiosas del país— Thord-Gray, como Alonso Quijano, el eterno personaje de Miguel de Cervantes, se topa con la Iglesia. La intervención de la iglesia católica en los asuntos políticos del país —ya sea sosteniendo posiciones conservadoras, como en el pasado, o sosteniendo tesis supuestamente progresistas como en el presente— siempre ha sido negativa para México, por dos razones básicas: la primera, porque canaliza el fervor de un pueblo sufrido y en general ignorante, que, a veces, sólo encuentra consuelo en los ritos y las ceremonias de su religión, hacia propósitos y fines que nada tienen que ver con su misión espiritual; y la segunda, porque no está históricamente preparada para responder de las graves consecuencias que se derivan de sus intromisiones políticas, como lo demuestran los arreglos y entendimientos a los que tuvo que llegar con los gobiernos de los presidentes Porfirio Díaz y Emilio Portes Gil después de las sangrientas guerras de Reforma (1857-1861) y cristera (1926-1929). Arreglos a los que llegó traicionando la memoria de quienes habían ofrendado su vida por ella, en ambas guerras.

Dentro de este contexto, Thord-Gray, un observador extranjero que estaba en posición de analizar con objetividad los hechos y que se había formado en la tradición de una Iglesia muy austera, entregada por completo a su misión espiritual y sobre todo apolítica, comenta: "La primera oposición seria que encontramos en Guadalajara fue la de la Iglesia mexicana, en virtud de que el clero estaba en nuestra contra e instruyó al pueblo para que evitara todo contacto con los constitucionalistas. Los sacerdotes prohibieron a los fieles que apoyaran en cualquier forma a la causa rebelde y les ofrecieron a quienes ya lo habían hecho, que si retiraban ese apoyo no incurrirían en pecado alguno.

"El clero sufrió durante nuestro avance, pero no porque se tratara del clero, sino porque los sacerdotes interferían con la revolución uniéndose a las fuerzas enemigas y alentando a otros a hacer lo mismo. Inclusive algunas pequeñas unidades del ejército de Huerta estuvieron exclusivamente compuestas por sacerdotes que pelearon activamente en contra de las reivindicaciones agrarias."[14]

Este juicio sobrio y sereno, proveniente de un experto en inteligencia militar y, por lo tanto, en análisis geopolítico, reinvindica, con conocimiento de causa, el contenido de los artículos 3°, 24, 27 y 130 de la Constitución federal mexicana que se expidiera en 1917, referentes a la educación laica, la libertad de cultos, la prohibición a las iglesias de acumular la propiedad de bienes inmuebles y la tajante separación entre la Iglesia y el Estado. Artículos que le ocasionaron al gobierno carrancista fuertes críticas en el extranjero de quienes, desde lejos, no entendieron que los constituyentes mexicanos de 1917 simplemente legislaron en función de la realidad histórica y revolucionaria que les tocó vivir.

La renuncia de Victoriano Huerta

Después de la toma de Guadalajara, Lucio Blanco encomienda a Thord-Gray el entrenamiento como exploradores de un grupo de jóvenes reclutas que se acababan de incorporar al Ejército Constitucionalista. En compañía de sus inseparables amigos indígenas, Pedro y Tekwe, patrulla una vasta región del estado de Jalisco que comprende las zonas de Sayula, Ciudad Guzmán, Zapotlán, Atoyac y los alrededores del lago de Chapala, el más grande de México. No se presentan combates de importancia, pues los federales han continuado con su repliegue hacia el sur y se concentran ahora en los vecinos estados de Michoacán y Guanajuato. Sin embargo, Ivar tiene oportunidad de continuar con sus esfuerzos para instaurar el mayor grado posible de profesionalismo en las filas constitucionalistas al descubrir a siete oficiales borrachos en una cantina de Ciudad Guzmán, a los que después de una severa reprimenda los manda arrestar, y, a cambio de no someterlos a la correspondiente corte marcial, los obliga a efectuar todo el patrullaje por las agrestes colinas y valles jaliscienses a pie y en calidad de soldados rasos, hasta que considera que han aprendido suficientemente la lección.

A su regreso a Guadalajara, Miguel Acosta le informa que dos días atrás, el 15 de julio de 1914, Victoriano Huerta ha presentado su renuncia a la presidencia de la República y ha abandonado el país junto con sus principales colaboradores militares, encabezados por el general Aureliano Blanquet, por Coatzacoalcos (antes Puerto México) ante la imposibilidad de hacerlo por Veracruz. También le informa que el congreso ha designado como presidente provisional a Francisco S. Carvajal, antiguo presidente de la Suprema Corte de Justicia y hasta ese día secretario de Relaciones Exteriores. Así culmina un complicado embrollo internacional en el que, en vísperas del estallido de la primera guerra mundial, se cruzaron las voluntades y las estrategias de Woodrow Wilson, de su secretario de Estado, el inverosímil devoto de la doctrina moral de la Nueva Libertad, William Jennings Bryan, del embajador Henry Lane Wilson, del magnate petrolero británico lord Cowdray, del Estado Mayor alemán y hasta del imperio japonés. Este explosivo coctel diplomático y geopolítico puede resumirse de la siguiente manera:

El asesinato de Madero y Pino Suárez coincide con la toma de posesión de Woodrow Wilson. Este sangriento suceso toca muy de cerca al nuevo presidente de Estados Unidos. No sólo por los obvios intereses estratégicos que los estadunidenses tienen en México, sino porque Wilson ve en Madero a un alma gemela, ya que si el presidente mexicano fue una especie malograda de apóstol cristiano, Woodrow se ve a sí mismo como un genuino apóstol luterano. Por consiguiente, considera su deber como campeón de la Nueva Libertad y enemigo de los intereses que heredó de Taft, arrancar al usurpador Huerta de la espalda del pueblo mexicano.

Su embajador en México, Henry Lane Wilson (al que en lo sucesivo para evitar confusiones llamaremos simplemente Henry Lane) ve las cosas desde un punto de vista diametralmente opuesto. Ha conspirado con lord Cowdray, y con varios diplomáticos europeos, para provocar la caída de Madero, porque el idealismo de este último, combinado con la inestabilidad de sus decisiones ponen en peligro el abasto seguro del petróleo mexicano. Por esos días la marina británica estaba terminando la conversión del carbón al petróleo, y México, el cuarto productor de petróleo del mundo, gracias a las concesiones otorgadas por el gobierno de Porfirio Díaz a las compañías propiedad de lord Cowdray, suministraba prácticamente todo el petróleo que requería la marina británica. Henry Lane pensaba que era precisamente la marina británica la única que podía contener la amenaza germana que se cernía sobre Europa y salvaguardar los intereses estadunidenses en esa crucial parte del mundo.

Al caer Madero, Henry Lane urge al presidente Wilson a que reconozca el régimen de Victoriano Huerta por constituir la única garantía de que en México se restablecerá el antiguo orden. A esto último se debe el que Henry Lane se haya negado a interceder por la vida del presidente Madero y haya despedido de la legación estadunidense —no sólo de manera poco diplomática sino en forma en verdad canallesca y cínica— a doña Sara Pérez de Madero y al embajador cubano Manuel Márquez Sterling. Por su parte, Cowdray y el gobierno de su todavía imperial Majestad británica, reconocen de inmediato a Huerta y le facilitan créditos y armas para que se estabilice. A estas alturas de la historia, Gran Bretaña ya es por completo inmune a cualquier clase de actos de piratería, ya sea que los ejecute sir Francis Drake o un "commoner" como Victoriano Huerta. Henry Lane se angustia y le escribe a su presidente que si Gran Bretaña ayuda a México a solucionar su problema, el prestigio estadunidense en este último país quedará destruido.

Pero Woodrow Wilson desprecia por igual a Huerta y a Henry Lane. Al primero lo considera lo más odioso que existe, por lo que su deber moral es derribarlo por todos los medios necesarios. En tanto que al segundo lo juzga como un "diplomático del dólar", una lacra que heredó del inescrupuloso Taft, que antepone los intereses económicos de los consorcios petrolero y ferrocarrilero a la santidad de los principios éticos. Además, con justa razón, lo considera culpable indirecto del asesinato de Madero y Pino Suárez. Y eso en el lenguaje wilsoniano equivale a ser tan criminal como el mismo Victoriano Huerta.

En tales condiciones, del choque entre los principios rectores de la moral de Wilson y la terca realidad, empieza a generarse un serio conflicto con ramificaciones tanto internas como internacionales. En el frente interno, el presidente de la Nueva Libertad recibe una severa embestida de Curtis Guild, antiguo embajador en México y senador por el estado de Massachusetts quien, de plano, le dice que: "En septiembre de 1910, México en una magnífica y digna ceremonia celebró el primer centenario de su lucha por la libertad y la independencia.

"Ya para ese entonces misteriosos intereses financieros provenientes de tierras extranjeras, sin excluir a Estados Unidos, estaban poniendo las semillas de lo que sería el derrocamiento de la ley, el orden y la prosperidad en México para lograr sus propios y sórdidos fines. El peor enemigo de América Latina no es el bandido local, sino esa clase de promotor extranjero que desgracia a la empresa legítima y al genuino desarrollo mediante la publicación de calumnias sindicadas en ciertas publicaciones venales, a través del soborno, y si el soborno falla, a través de la revolución y el derramamiento de sangre.

"Existen más que meras indicaciones superficiales de que, desde un principio, estas fuerzas subterráneas han estado trabajando en México.

"Bajo Porfirio Díaz, el más grande gobernante que jamás haya producido América Latina, México dejó de ser una nación para convertirse en una potencia. Alcanzó una gran influencia en la Conferencia de La Haya, su crédito internacional era incuestionable, sus industrias se encontraban en pleno desarrollo, sus bahías fueron dragadas, señalizadas e iluminadas. Se contaba con agua potable, buenos drenajes, prisiones y hospitales modernos, una buena red ferrocarrilera, universidades, museos, escuelas científicas, de astronomía y arqueología, una escala ascendente de salarios, una moneda sólida apoyada con reservas de oro, una generación de paz, orden y gran prosperidad y por lo menos una tendencia a aproximarse a la democracia superior a la de sus predecesores y sucesores. Éstos fueron los dones que Porfirio Díaz regaló a México. ¿Qué hombre en cualquier nación ha hecho tanto en tan poco tiempo?

"Pero el dinero extranjero y la envidia y la intriga domésticas lo arrojaron de su país, asesinaron a sus amigos y buscaron, aunque felizmente en vano, su vida.

"Su sucesor, el desdichado y débil Madero, incapaz de detener el remolino que había ayudado a desatar, murió la muerte que él había provocado a otros.

"Huerta fue el sucesor, un hombre sobre el que pesan graves culpas, pero que, al menos, no tiene tanta sangre en sus manos como los dictadores de Haití y Perú, a los que el presidente Wilson rápidamente reconoció.

"Para asombro del mundo el presidente Wilson no reconoció al presidente mexicano de facto. Por el contrario, se ha dedicado a dar toda clase de ayuda y consuelo a los que arrojaron del país a Porfirio Díaz, cuyo nombre siempre estará unido al de Juárez, el amigo de Lincoln, como el de los dos mejores amigos que Estados Unidos jamás han tenido en México."[1]

Aun cuando el embajador Guild pasa por alto que el sistema de distribución y tenencia de la tierra que el gobierno de Porfirio Díaz puso en práctica condenó a la miseria y a un estado de servidumbre permanente a millones de peones y etnias nativas (lo que, históricamente, explica y justifica el surgimiento de caudillos como Pancho Villa y Emiliano Zapata), generando así la semilla de su propia y violenta destrucción, la verdad es que pone el dedo en la llaga al atribuir al capital extranjero —principalmente estadunidense— el origen internacional de la Revolución mexicana. La "diplomacia del dólar" y los intereses del Departamento de Estado no podían ver con buenos ojos los logros de la administración Díaz: la consolidación económica que llevó a la nacionalización de los ferrocarriles, y la que presagiaba otra todavía más radical, la del petróleo; la formación de un ejército profesional al mando de oficiales entrenados en las más prestigiadas academias militares francesas y prusianas; el creciente prestigio internacional de México y las consiguientes aperturas diplomáticas, económicas y militares a Japón, Gran Bretaña y Alemania.

La fatalidad geopolítica lleva a establecer que la premisa de las relaciones entre México y Estados Unidos consiste en que cada vez que México, por las razones que sea, alcanza un cierto nivel de prosperidad, Estados Unidos automáticamente encuentra la forma de desestabilizarlo para evitar que se salga de la esfera de gravitación política a la que lo condenó a pertenecer, desde 1818, John Quincy Adams. Un simple ejemplo histórico permite corroborar este aserto:

En 1825, independizada la nación de España y consolidado su gobierno con un oportuno y abundante crédito inglés, entre el Congreso Constituyente y el presidente Guadalupe Victoria proclamaron la fundación de la primera República federal. En palabras del presidente Victoria, la unión y la concordia entre todos los mexicanos que había traído aparejada la independencia de España, presagiaba el inicio de una República fuerte, feliz y respetada. Pero la "República feliz" no duró ni siquiera tres años. Las siniestras maquinaciones del primer embajador estadunidense, Joel R. Poinsett —un maquiavélico agente provocador del que Henry Lane fue un digno sucesor—, dividieron a los partidos y al ejército, desestabilizaron la economía, debilitaron al régimen, constitucional y democrático, de Guadalupe Victoria y acabaron por ocasionar la primera de una larga sucesión de guerras civiles que terminarían cincuenta años después con la llegada al poder de Porfirio Díaz. En ese lapso trágico México sufrirá la injusta guerra de anexión (1846-1848) que le permitió a Estados Unidos apoderarse de los vastos y ricos estados y territorios de Texas, California, Arizona y Nuevo México.[2]

Dentro de semejante contexto histórico, resulta válido formularse la siguiente pregunta: ¿las motivaciones de Woodrow Wilson al negarse a reconocer el régimen de facto de Victoriano Huerta (como se lo pedían unánimemente las potencias europeas) fueron nada más de carácter moral —porque razones morales para ello por supuesto las había— o, aprovechando esas mismas razones morales, en el fondo se trató de un esquema perverso para concluir el proceso de desestabilización de México, iniciado por la administración Taft? La respuesta queda al criterio del lector. Aunque cabe señalar que el embajador Curtis Guild pensó exactamente lo mismo cuando se planteó la siguiente interrogante: "Ya sea que el presidente haya estado en lo correcto o se haya equivocado en el extraordinario curso de acción que está siguiendo [en México], ya sea que los motivos de sus amigos y asesores se encuentren o no en cada instancia por encima de toda sospecha, ya sea que este conflicto se pudiera haber evitado o no con honor; nada de eso por el momento debe ser materia de una investigación [...]".[3]

Por otra parte, en el entorno internacional el presidente de la doctrina de la "seguridad colectiva internacional" se metió en un verdadero lío. El imperio japonés se enfureció con él porque se negó a intervenir para que el estado de California abrogara una de sus clásicas leyes racistas que prohibía a los ciudadanos de ese imperio adquirir o arrendar tierras en aquel estado. La reacción japonesa fue inmediata y consistió en buscar una alianza militar secreta con el régimen de Huerta. La periodista y escritora estadunidense Barbara W. Tuchman describe con gran claridad esta poco conocida intriga geopolítica:

"En un momento como aquél, cuando circulaban nuevos rumores de que el Japón ofrecía a México una alianza secreta, un hombre de principios menos elevados que Wilson no se hubiera arriesgado a arrojar a México en brazos de los japoneses, debilitando y enajenándose simultáneamente al gobierno mexicano. Pero la fuerza peculiar de Wilson, así como su debilidad fundamental, consistía en que, consciente de la pureza de sus motivos, proseguía inflexiblemente en lo que creía justo, sin tener en cuenta la conveniencia. Embestía contra 'ese bribón de Huerta' decidido a derribarlo con el arma del no-reconocimiento. Negando el reconocimiento a Huerta, alentaba naturalmente el crecimiento de un rival de éste en la persona del gobernador Carranza.

"Japón, en aquel verano de 1913, vendió con mucho gusto a Huerta una gran partida de armas y, para fastidiar más a Wilson, requirió una misión especial, la cual llegó en la persona del señor De la Barra, ministro mexicano de Relaciones Exteriores, quien fue recibido personalmente por el emperador y al que se hizo objeto de entusiastas homenajes. Las esperanzas de perturbación que abrigaba Alemania se avivaron inmediatamente. Parecía que la tan proclamada alianza entre Japón y México estaba realmente cobrando forma. México tenía dos mil millas de costa indefensa en el Pacífico. Su frontera norteña, de Texas a California, tenía una extensión de tres mil kilómetros y en toda su longitud tocaba un territorio que en otro tiempo le había pertenecido. Los mexicanos recordaban también El Álamo. En una palabra, México era el punto vulnerable de Estados Unidos."[4]

Alemania, sin embargo, se convirtió en el factor decisivo. Pensando en la inminente guerra europea coloca a México en el centro de su estrategia geopolítica por dos razones fundamentales: el suministro de petróleo y la conveniencia de mantener a Estados Unidos ocupado en un teatro de guerra al sur de su frontera. El almirante Von Hintze, embajador en México, llegó a un acuerdo secreto con Victoriano Huerta: la entrega de ayuda militar alemana a cambio de que dejara de proporcionar petróleo a la flota británica en caso de guerra. Unos días después los barcos *Ypiranga, Bavaria* y *Kromprinzessen Cecile* partieron de Hamburgo a Veracruz cargados de rifles y municiones para el dictador. El servicio de inteligencia militar estadunidense detectó la maniobra y el puritano y pacifista Wilson ordenó la ocupación de Veracruz al amparo del ridículo pretexto del que ya se habló en páginas atrás.

Inclusive, el plan original parece haber sido mucho más completo: en un telegrama urgente enviado el 21 de abril de 1914, por el embajador de Suecia en Washington a su gobierno, expresamente se afirma que el senado autorizó a Wilson a bloquear todos los puertos mexicanos que considerara necesarios.[5]

No obstante, esto último no se llevó a cabo porque el Estado Mayor alemán, ante la agresiva reacción de Wilson, ordenó que el *Bavaria* y el *Kromprinzessen Cecile* regresaran a Hamburgo, y que el *Ypiranga* fondeara en Veracruz a la vista de la marina estadunidense pero sin descargar un solo rifle o una sola bala.

Al darse cuenta de que tenía al "bribón de Huerta" en sus manos, Mr. Wilson decide mantener la ocupación de Veracruz y continuar con el disimulado suministro, por la frontera norte, de armas y municiones al Ejército Constitucionalista. El efecto es letal: en menos de tres meses el usurpador se rinde y en oscuras horas de la noche abandona vergonzosamente el territorio nacional.

La renuncia que presenta Victoriano Huerta al congreso que él mismo eligiera, revela una cierta valentía —tanto más extraña por provenir de un individuo que era en esencia cobarde y malvado— porque, sin tapujos ni temores, culpa directamente a Woodrow Wilson de lo que para él fue su ignominiosa caída: "Todos ustedes saben las inmensas dificultades con que ha tropezado el gobierno con motivo de la escasez de recursos, así como por la protección que un Gran Poder de este continente ha dado a los rebeldes.

"A mayor abundamiento, estando destruida la revolución, puesto que están divididos y aún siguen estándolo los principales directores de ella, buscó el Poder a que me refiero un pretexto para terciar directamente en la contienda y esto dio por resultado el atentado de Veracruz por la armada americana [...]

"Debe saber la representación nacional que la República, por conducto de su gobierno, ha laborado con toda buena fe a la vez que con toda energía, puesto que ha conseguido acabar con un partido que se llama demócrata en Estados Unidos y ha enseñado a defender un derecho.

"Para ser más explícito diré a ustedes que la gestión del gobierno de la República, durante su corta vida, ha dado golpes de muerte a un poder injusto. Vendrán más tarde obreros más robustos y con herramienta, que acabarán a no dudarlo, con ese poder que tantos perjuicios y tantos atentados ha cometido en este continente.

"Para concluir, digo que dejo la presidencia de la República llevándome la mayor de las riquezas humanas, pues declaro que he depositado en el banco que se llama Conciencia Universal, la honra de un puritano, al que yo, como caballero, le exhorto a que me quite esa mi propiedad. Dios los bendiga a ustedes y a mí también."[6]

Esta especie de testamento político en el fondo es un tanto absurdo, puesto que ¿cuáles fueron los golpes de muerte que le asestó a ese "poder injusto"? Si se refiere a sus intrigas diplomáticas y militares con Alemania y Japón, la verdad es que erró por completo el tiro. Porque ésas fueron precisamente las causas por las que Wilson le dio a él un golpe mortal de necesidad en un periodo aproximado de diecisiete meses a partir de su toma de posesión como presidente de Estados Unidos, ocurrida el 4 de marzo de 1913.

Por otra parte, el alcohol debe de haberle nublado la capacidad de formular pronósticos políticos ya que hasta la fecha no han aparecido, por ningún lado, los obreros robustos que acaben "a no dudarlo, con ese poder que tantos perjuicios y tantos atentados ha cometido en este continente". Por el contrario, han transcurrido más de ochenta años desde esta renuncia y México sigue estando claramente inscrito dentro de la esfera de influencia de Estados Unidos.

A pesar de todo, la despedida del general Huerta habría resultado digna y hasta cierto punto patriótica de haber limitado sus depósitos a lo que dio en llamar el "Banco de la Conciencia Universal". Pero el soldado brutal y ambicioso enseñaría el cobre hasta el último momento, porque como apunta Ivar Thord-Gray: "Se nos informó que el general Huerta cuando partió el 15 de julio, declaró: 'Me voy de México con el corazón lleno de pena', pero también descubrimos que la gravedad de su pena no le impidió llevarse consigo dos millones de pesos oro que tomó del tesoro nacional".[7]

De Chapala a Tula

La renuncia de Victoriano Huerta abrió de par en par las puertas para la toma de la ciudad de México que, en principio, significaba el triunfo definitivo del movimiento constitucionalista. El antiguo ejército federal, con su jefe nato y sus principales generales en camino al exilio y al ignominioso olvido, estaba ya en pleno proceso de desintegración. Sus oficiales más preparados y experimentados o habían muerto en batalla, o se encontraban prisioneros, o habían desertado. Divisiones enteras se habían pasado al enemigo y los cuerpos de tropa que precariamente permanecían leales se componían de reclutas inexpertos y de levas, es decir, de soldados que habían sido incorporados a la fuerza y que sólo estaban a la espera del menor pretexto para huir o, de plano, rendirse. No obstante, la marcha hacia la gran ciudad capital tenía que hacerse en el menor tiempo posible porque los zapatistas se desplazaban a toda velocidad desde el sur y estaban ya en Cuernavaca, a escasos ochenta kilómetros de la ciudad de México. Y su proximidad al centro vital del país planteaba un serio problema de legitimidad a los constitucionalistas, en virtud de que Emiliano Zapata no reconocía ni aceptaba la primera jefatura que, tanto en el ámbito interno como en el internacional, venía ejerciendo Venustiano Carranza desde 1913.

Por consiguiente, Lucio Blanco, acatando órdenes de Álvaro Obregón, autoriza a Thord-Gray unos cuantos días más de entrenamiento de oficiales y de cuerpos de exploradores en Guadalajara, antes de iniciar, el 25 de julio de 1914, la marcha forzada hacia el destino final. Las dos brigadas al mando del coronel Acosta y del propio Thord-Gray se concentran en las inmediaciones del lago de Chapala, y de ahí parten rumbo al sur con el propósito de tomar el control inmediato de los estados de Michoacán y Guanajuato. A pesar de que confían en lograr una rápida sucesión de victorias, los restos del formidable ejército profesional, que se formara en los últimos años del régimen de Porfirio Díaz, son todavía capaces de pelear con esa fuerza notable que precede al estertor final. En Mezcala, Ocotlán y La Barca se libran varias batallas menores en las que los rebeldes logran poner en fuga a los federales únicamente después de sufrir bajas severas.

Dos días después se internan en el estado de Michoacán con la idea de atacar el poblado de La Piedad, en donde, según les informa el general Blanco, se ha reagrupado el grueso de las tropas federales. Sin embargo, al llegar a Tanahuato —una pequeña población que se localiza a la mitad del camino entre La Barca, Jalisco, y La Piedad, Michoacán— sufren una emboscada en la que Ivar pierde su caballo y apenas salva la vida gracias a una oportuna intervención del águila yaqui Tekwe. Acosta, además, sufre una herida leve en un brazo. Resulta que el enemigo se ha parapetado detrás de los muros que rodean las casas del pueblo y desde ahí acribilla a las avanzadas constitucionalistas. Cuando cumple con su cometido —que es debilitar lo más posible a las fuerzas que lo persiguen— se retira en orden por el camino que va a La Piedad, casi sin sufrir bajas. En cambio, los rebeldes vuelven a experimentar bajas severas. De nueva cuenta el cuerpo de exploradores, a pesar de todas las providencias que Thord-Gray ha tomado, vuelve a fallar.

La toma de La Piedad resulta en particular costosa. No es posible rodear la población porque al sur cuenta con una formidable defensa natural: el ancho y, en esa época del año, caudaloso río Lerma. Por tanto, frente a las defensas es necesario hacer una serie de maniobras de caballería, para después retirarse y regresar con una formación enteramente distinta con el objeto de buscar dar la impresión de que se cuenta con más de las dos brigadas que, en realidad, se posee. Los federales los miran impasibles por más de una hora y, a fin de cuentas, los obligan a iniciar el ataque en formación de... infantería. La larga batalla, de siete horas, se desarrolla de la siguiente manera: "Se presentaron varios combates callejeros de gran intensidad, tan pronto como los puestos de avanzada fueron desalojados. Tuvimos que enfrentar varias barricadas que estaban perfectamente bien fortificadas y los combates en cada esquina fueron especialmente duros. Los federales defendieron cada posición con una tenacidad que era inusual en ellos, y cuando el resultado del combate estaba en duda tuvimos que duplicar nuestros esfuerzos y avanzamos tontamente como verdaderos desesperados, pero a pesar del costo en muertos y heridos alcanzamos nuestro objetivo.

"El enemigo, aparentemente convencido de que nuestras tropas eran vastamente superiores, empezó a ceder terreno. Al final de siete horas de continua batalla casa por casa, las trompetas federales sonaron la retirada y el fuego empezó a disminuir. Los federales corrieron por los caballos, que tenían muy bien escondidos detrás de las últimas casas del pueblo, y emprendieron la huida a todo galope luciendo más como una indisciplinada partida de bóers que como una brigada de soldados profesionales."[1]

Como lo indica Thord-Gray, el costo fue muy elevado. Las pérdidas en muertos y heridos resultaron equivalentes a todo un escuadrón. El avance tuvo que detenerse hasta que llegó el general Lucio Blanco con dos brigadas más de caballería y algunos suministros médicos que resultaron insuficientes ante el elevado número de heridos de gravedad. Una vez más el chamán tarahumara tuvo que entrar en acción para asombro del oficial sueco. Trabajando incansablemente en los campos circunvecinos identificó y localizó toda la herbolaria requerida. A quienes estaban en condiciones de ser curados les lavó cuidadosamente las heridas y les aplicó cataplasmas hechas de cocimientos de diversas hierbas que, en poco tiempo, los empezaron a aliviar, a algunos de manera casi milagrosa. En los casos de mayor gravedad practicó cinco operaciones de cirugía mayor con la sola ayuda de su cuchillo de caza y sin el auxilio de medicamentos de ningún tipo. Hasta el día de hoy los tarahumaras son una de las tribus más pobres que hay en la república mexicana. En los largos y crudos inviernos que año con año padecen —similares en cuanto a bajas temperaturas, heladas ventiscas y continuas nevadas a los de Suecia—, sufren hambrunas, enfermedades y una gran mortandad infantil. Sin embargo, año con año sobreviven, a pesar de que la ayuda pública y privada que reciben en general suele ser insuficiente. Es probable que el secreto de esa supervivencia se encuentre en las legendarias curas y secretos medicinales heredados de sus viejos chamanes como Pedro, el compañero y amigo mexicano de Ivar Thord-Gray. De cualquier manera, se trata de una raza extraordinaria que, como compensación a sus sufrimientos, habita una de las regiones más imponentemente bellas e impactantes de todo el planeta.

El siguiente punto de ataque se determinó que era Irapuato, una de las principales ciudades del estado de Guanajuato, a la que los federales se habían retirado con cierto desorden después de ser desalojados de La Piedad. En esta ocasión los consejos estratégicos de Thord-Gray sí son escuchados y la táctica militar prevalece sobre el entusiasmo y el afán de llegar a la ciudad de México antes que los zapatistas, a cualquier precio. Se organizan los cuerpos de exploradores y las avanzadas necesarias para evaluar la fuerza y las posiciones del enemigo dentro de Irapuato. Esta previsión rinde sus frutos cuando se logra la captura de una patrulla que, a su vez, ha sido enviada a reconocer el mismo terreno y a detectar las rutas de avance de los constitucionalistas. Los informes no son nada alentadores, pues confirman que los federales se han atrincherado convenientemente en las principales casas y edificios de la localidad y han construido, además, intrincadas barricadas en las calles que dan acceso al centro de Irapuato. Siguiendo instrucciones de Ivar, Pedro el tarahumara alimenta con la mayor desinformación posible a los oficiales capturados, haciéndoles ver que tendrán que enfrentar a varias divisiones al mando del general Lucio Blanco, a las que se sumará en el corto espacio de dos días el grueso del Ejército Constitucionalista que trae del norte el comandante en jefe Álvaro Obregón. Vertida la información con la escueta solemnidad y la malicia que son propias de todos los indígenas mexicanos, y que no son otra cosa que el fruto de siglos de tener que contrarrestar con dignidad y audacia la continua opresión del hombre blanco y mestizo, Pedro libera a los prisioneros para que regresen a diseminar las buenas nuevas entre sus compañeros de armas.

De cualquier manera, la tarea no luce sencilla, y de inmediato tiene que descartarse toda noción de intentar un ataque frontal. El libro militar que Thord-Gray lleva en la cabeza prohíbe lanzarse de frente contra posiciones que están adecuadamente fortificadas. Por lo tanto, se rodea la ciudad y se busca envolver a sus defensores mediante el clásico movimiento de pinzas por los flancos.

Las primeras escaramuzas resultan desfavorables y se vuelve a sufrir bajas en proporción mucho mayor a las que se logra infligir al enemigo. Para colmo, el avance por el flanco izquierdo se ve entorpecido por el terreno pedregoso de una de las laderas que desciende de la pedregosa Sierra de Guanajuato, en una de cuyas estribaciones se asientan los primeros caseríos de Irapuato. Lucio Blanco se desespera pues no quiere verse alcanzado por Obregón antes de consumar la toma de este importante centro de población. Ivar recuerda los tambores sobre Acaponeta y ordena que los regimientos de veteranos yaquis se desplieguen en formación abierta, tratando de intimidar a los defensores con el ruido monocorde pero igual de ensordecedor, de sus antiguos tambores de guerra. No es la mejor de las tácticas pero los rebeldes no cuentan con muchas alternativas, ya que, al igual que en la hacienda del Castillo y en La Piedad, se extraña la presencia de la artillería que Álvaro Obregón ha reservado para el apoyo exclusivo de las divisiones que se encuentran bajo su mando directo.

Alentados por el estruendo ancestral de sus propios tambores, aproximadamente trescientos cincuenta yaquis, encabezados por Tekwe y Thord-Gray, avanzan sobre Irapuato, temiendo verse envueltos en cualquier momento por el fuego de las ametralladoras federales. De pronto lo inaudito ocurre. Tekwe detiene su marcha y señala a lo lejos una mancha de puntos negros que, por el lado opuesto, se aleja de la ciudad antes de que el sitio en forma siquiera haya comenzado. Parece increíble pero las tropas federales han preferido abandonar sus posiciones fortificadas antes que trabar batalla con una fuerza que estiman no sólo superior en número sino —y he aquí la clave— en moral colectiva.

Ivar no pierde el tiempo. Ordena de inmediato una carga de caballería para cortarle al enemigo la retirada. Pronto se arrepiente. Su orden da lugar a un espectáculo que él mismo califica de horrible en todos sentidos. Los federales, en su prisa por huir, se han olvidado de los caballos que tanto les ayudaron en la batalla de La Piedad y arrojando los rifles al suelo tratan de escabullirse a toda la velocidad que pueden proporcionarles sus cansados pies. Al ser alcanzados por la caballería constitucionalista no tienen manera de defenderse y son literalmente acribillados a mansalva. "Aparentemente los federales estaban integrados por reclutas muy novatos y mal entrenados, o se trataba de reclutas que habían sido enrolados a la fuerza, porque fue increíble que hubieran abandonado las excelentes posiciones en las que se habían atrincherado y en las que nos habrían detenido casi todo el día."[2]

Al levantar el acostumbrado inventario de muertos, heridos, prisioneros, cañones, ametralladoras, rifles, cartuchos y caballos capturados al enemigo, Thord-Gray confirma su criterio sobre la afiliación y las lealtades políticas de la Iglesia. Entre los muertos aparece con cartucheras escondidas entre la sotana el cura párroco de Irapuato; y entre los prisioneros figuran dos frailes de la orden de los carmelitas descalzos, que al ser capturados se encontraban calzados y armados.

Por cierto que entre los prisioneros aparece también una linda enfermera que, como ya va siendo costumbre, el coronel Acosta pone a disposición de Ivar, el que sólo confiesa haber cenado "muy agradablemente con ella"; haberse enterado "por su gentil conducto" que ha estallado la guerra en Europa; y haberla enviado al día siguiente a suministrar sus profesionales y tiernos cuidados al general Lucio Blanco, quien había caído enfermo víctima de unas "fiebres intestinales". En lo dicho, tratándose de asuntos de faldas los genuinos caballeros no suelen tener memoria.

Tal y como eran los deseos del ahora enfermo pero muy bien cuidado general Blanco, Álvaro Obregón arriba con el grueso de las tropas después de que Irapuato ha capitulado. De inmediato manda llamar a Acosta y a Thord-Gray para interrogarlos muy detenidamente acerca de la estrategia y el desarrollo de las batallas que acaban de librar, pidiéndoles que le repitan hasta el más mínimo de los detalles, como si quisiera grabar en su por demás abierta mente hasta el más recóndito de los secretos del arte de hacer la guerra. Tras escucharlos largamente, hace entrega a Thord-Gray de las insignias (tres estrellas de plata) que corresponden al rango y a la dignidad de un coronel del

Ejército Constitucionalista. En un periodo aproximado de ocho meses el distinguido militar sueco ascendió de capitán a coronel; lo cual si bien era algo relativamente común en las fuerzas revolucionarias, habla por sí mismo de los valiosos servicios tácticos y estratégicos que prestó a la causa. Además este ascenso posee un mérito especial porque se le tuvo que otorgar pasando por encima de las reticencias y de las intrigas de quienes, en los altos mandos del movimiento constitucionalista, nunca dejaron de verlo como un "espía gringo".

Y como en esta vida a toda compensación siempre corresponde algún tipo de contratiempo, el recién ascendido coronel tiene que enfrentar de inmediato, y una vez más, las intrigas del jefe del Estado Mayor de Obregón, el inefable coronel Francisco Serrano, a quien el ascenso del "gringo" no le ha gustado para nada. En la junta a la que convoca en el improvisado cuartel general de Irapuato, el caudillo sonorense, ansioso de ocupar la capital, antes de que lo hagan los zapatistas, propone avanzar cuanto antes, al abrigo de la noche, sobre la vecina ciudad de Salamanca, distante tan sólo dieciocho kilómetros de Irapuato. Thord-Gray objeta el plan de inmediato. No solamente es inusual para el Ejército Constitucionalista realizar maniobras nocturnas, sino que la más elemental de las estrategias militares aconseja no marchar sobre un objetivo importante sin llevar a cabo los necesarios reconocimientos y las tareas de exploración que permitan conocer de antemano la disposición del terreno y de las fuerzas enemigas, así como las fortificaciones erigidas para la defensa, ya que desde la batalla de La Piedad, los federales han levantado intrincadas barricadas en todas las poblaciones a las que se han ido retirando. Rezumando hostilidad hacia el coronel sueco y servil lambisconería hacia Obregón, Serrano convence a este último para que dé la orden inmediata de marchar, a pesar del peligro evidente de caer en una emboscada en las tinieblas de una noche que se anunciaba medio tenebrosa. Obregón, que ardía en deseos de instalarse en el Palacio Nacional antes de que lo hiciera inclusive el mismo Carranza, accede a los planteamientos de Serrano, no obstante que sabía mejor que nadie que este último se había pasado la mayor parte de la Revolución peleando detrás de un escritorio.

Cuando Thord-Gray, disgustado por la nueva intromisión de este estratega de sillón —lo más despreciable que puede existir para un genuino militar de carrera—, discute el problema con el convaleciente Lucio Blanco, éste le advierte: "Serrano es ahora más que nunca el poder tras el trono, y yo le agrado tanto como tú, así que no debemos bajar la guardia".[3] Palabras proféticas que unos años después se harán realidad cuando, por órdenes directas de Serrano, el carismático Blanco será asesinado en el río Bravo, cuando se le consideraba el contendiente más serio para disputarle la candidatura presidencial al general Álvaro Obregón. En la campaña presidencial de 1927-1928 Serrano, fiel a su traidora naturaleza, se rebelará en contra de su protector y amigo e intentará también asesinarlo. Obregón más listo y poderoso se adelantará y lo mandará matar (los hechos se relatan en *La sombra del caudillo*, de Martín Luis Guzmán), únicamente para caer asesinado él mismo unos cuantos meses después, tras haber sido reelecto presidente, víctima de una tenebrosa conspiración político-religiosa, cuyo inspirador parece haber sido el todavía presidente de la República, Plutarco Elías Calles.

Pero por el momento la suerte sonríe a Serrano y Obregón. El enemigo, descabezado, desprestigiado y desmoralizado, se retira sin orden ni concierto. Prácticamente sin encontrar resistencia los constitucionalistas se apoderan en sucesión de Salamanca, Celaya y Querétaro. Esta última una de las ciudades de mayor valor estratégico, por su ubicación en el centro de la república mexicana y por su cercanía (aproximadamente doscientos kilómetros) a la ciudad de México. Ivar comprende y comenta la situación: "No quedaba duda de que la espina dorsal del ejército federal se había roto, su espíritu estaba abatido, peleaban sin entusiasmo, al grado de que preferían abandonar las buenas posiciones que ocupaban en vez de defenderlas cuando tenían una buena oportunidad de rechazarnos. Esto fue particularmente notable cuando tomamos Querétaro, ya que solamente tuvimos siete hombres heridos al capturar esta plaza de tanta importancia tanto política como estratégica".[4]

El 4 de agosto de 1914, el Ejército Constitucionalista ocupa San Juan del Río. De ahí se emprende la marcha hacia Tula, que representa un cierto reto pues se encuentra ubicada al fondo de una cañada a la que sólo se accede después de sortear un agreste terreno montañoso, ideal para toda clase de emboscadas. Sin embargo, los federales ni siquiera lo intentan. En plena retirada abandonan muertos, heridos, armas, caballos y equipo. Sin ánimo, disciplina y oficiales competentes el antiguo ejército orgullo de Porfirio Díaz ofrece un espectáculo lamentable. El 6 de agosto la plaza de Tula cae en poder de los revolucionarios.

Tula resulta ser para el militar-antropólogo una agradable e inesperada sorpresa. Antigua capital y centro ceremonial del dominio tolteca, constituye el eje antropológico de una de las primeras y más notables civilizaciones de Mesoamérica. Tula ofrece al culto visitante europeo toda una gama de riqueza etnográfica en cuanto a usos, costumbres y piezas arqueológicas. Feliz y satisfecho apunta: "Las calles y los jardines de esta hermosa y tranquila población estaban literalmente regados de esculturas antiquísimas hechas de piedra volcánica, así como de figurillas de terracota. El lugar era un verdadero tesoro de los restos de la civilización tolteca. Estimé que las piezas más grandes, algunas de ellas de gran tamaño, eran más de mil, y en cuanto a las figurillas su número fácilmente sobrepasaba las diez mil unidades.

"Compré un buen número de las esculturas más grandes y cientos de las pequeñas, pero como no me las podía llevar, las deposité con algunas familias amigas hasta que pudiera regresar a México. Siete años pasaron hasta que pude regresar, pero lo importante es que encontré todas mis piezas intactas, con excepción de unas cuantas que había dejado al cuidado de personas que fallecieron. Esta colección arqueológica de varios cientos de piezas, la doné posteriormente al doctor Erland Nordenskiold del Museo Etnográfico de Gotenburgo, Suecia."[5]

Dado el saqueo que en el curso del siglo XX ha sufrido la herencia arqueológica de México, que ha traído como resultado el que algunas de las piezas más importantes y valiosas están en la actualidad en manos de ávidos coleccionistas privados, tanto del país como del extranjero, principalmente de Estados Unidos (uno de cuyos coleccionistas organizó no hace mucho un robo nada menos que al mismo Museo Nacional de Antropología e Historia en pleno centro urbano y turístico de la ciudad de México), es de desearse que esta singular colección —reunida en las circunstancias más extraordinarias que uno pueda imaginarse— permanezca durante muchos años en ese museo público de la culta ciudad de Gotenburgo —uno de los centros universitarios más importantes de Escandinavia—, pues representa los vestigios de la civilización más avanzada que precedió a la llegada de los mexicas (comúnmente conocidos como "aztecas"), que fue la tribu que llevó al Valle de México al próspero esplendor en el que lo encontraron los conquistadores españoles. La mayor gloria de los toltecas puede admirarse en las imponentes pirámides de Teotihuacan, que se ubican en las afueras de la ciudad de México y que, al igual que las pirámides de Gizeh en Egipto, han sido y siguen siendo fuente de inspiración, luz y energía para incontables personas que, año con año, al inicio de la primavera, comulgan con la magia ancestral del México antiguo buscando renovar las fuentes en las que abrevaron las culturas prehispánicas y las que, al margen de dogmas coloniales y tecnologías modernas, representan hasta la fecha el secreto de la vida que, como siempre, proviene de la fusión de los elementos naturales —agua, tierra, sol, fuego, luna y vesper, la estrella venusina— en santuarios cuyo poder místico se pierde en la sabiduría del tiempo cósmico.

El káiser en el Palacio Nacional

En la tarde del 7 de agosto de 1914, la primera brigada de caballería, al mando conjunto de los coroneles Ivar Thord-Gray y Miguel M. Acosta, recibe la orden de avanzar hacia Teoloyucan, una pequeña estación ferroviaria que se localiza aproximadamente a treinta y cinco kilómetros del Zócalo o plaza mayor de la ciudad de México, y en donde el general Obregón ha decidido negociar la rendición de la capital de la república, en lo que se espera sea la consagración final de la victoria del movimiento constitucionalista.

La verdadera situación del ejército federal es todavía una gran incógnita. Aunque desmoralizado por la ausencia de un mando firme y unificado, e integrado ahora, mediante el oprobioso sistema de las levas, por una mayoría de reclutas jóvenes e inexpertos que esperan la primera oportunidad para desertar, sus fuerzas se estiman en aproximadamente treinta mil elementos razonablemente armados y pertrechados. Los cuerpos de exploradores hablan de la existencia de importantes guarniciones federales en los alrededores de Teoloyucan, principalmente en los poblados de Cuautitlán y Barrientos, así como en Azcapotzalco, que es un barrio que queda ya dentro del perímetro urbano de la ciudad de México.

Ante la necesidad de ganarle tiempo al tiempo, el avance se hace de noche, bajo el temor de que los federales, en un intento de salvación del último reducto que les queda, pretendan organizar una emboscada en gran escala. Sin embargo, arriban a Teoloyucan como a las seis de la mañana del día siguiente sin otro percance que un cruce de tiros por error con las avanzadas de la división que comanda el general Pablo González, un militar coahuilense que goza de todas las confianzas de su paisano el Primer Jefe Venustiano Carranza.

En Teoloyucan se improvisa el cuartel general que marcará el final definitivo del régimen huertista. Lucio Blanco y la caballería constitucionalista permanecen a la expectativa: han recibido órdenes expresas de Álvaro Obregón de no intentar la toma de la ciudad de México antes de que él lo haga en persona. Al respecto, Thord-Gray señala: "Era por demás obvio que Obregón quería marchar como el héroe y el conquistador antes de que alguien más lo hiciera, y ¿por qué no?”.[1]

Al poco tiempo de instalarse en el nuevo campamento, Pedro y Tekwe, que, como era costumbre, han sido enviados en calidad de exploradores, regresan con un hombre al que le han vendado los ojos. Resulta ser el general Eduardo M. Iturbide, gobernador militar del Distrito Federal (vale decir de la capital de la república), que ha venido a tratar de parlamentar y a pedir ayuda, ya que se encuentra en una situación prácticamente insostenible. Cuenta con escasas fuerzas para sostener el orden en la gran ciudad que, desde la salida de Victoriano Huerta, ha caído en el saqueo, el pillaje y la escasez de alimentos, y la que, si no se encuentra una rápida solución a todos estos problemas, amenaza con verse invadida por el caos y por el más desenfrenado de los desórdenes.

Ante la urgencia que tiene de ganarse la ayuda, o al menos la comprensión, del alto mando constitucionalista, contesta cuantas preguntas se le formulan y así proporciona valiosa información. El grueso de las tropas federales se ha retirado al sur de la ciudad, ya que prefieren enfrentar a los zapatistas que a los carrancistas. Aunque todavía numerosas, las tropas que quedan disminuyen de modo alarmante, toda vez que se estima que las deserciones ocurren al ritmo de un batallón por día. En tal virtud, el general Iturbide lo único que desea es evitar un inútil bombardeo sobre lo que un distinguido viajero alemán, el barón Alexander von Humboldt, en inolvidable frase célebre, bautizara como la “ciudad de los palacios”; y, de ser posible, el apoyo de tropas más o menos profesionales para restaurar alguna forma de orden público. También pide comida para los hambrientos que se cuentan por miles.

A Thord-Gray, Iturbide le produce una magnífica impresión. Lo juzga como un militar formado a la vieja usanza europea, decidido, valiente y auténticamente preocupado por el destino de la gran ciudad que una serie de desafortunadas circunstancias ha puesto bajo su cuidado. Lucio Blanco y Acosta también se impresionan de manera positiva pero aunque lo quisieran no hay nada que puedan hacer hasta que el general Obregón arribe a Teoloyucan. De modo que cortésmente le dan las gracias a Iturbide por sus informes, le piden que regrese en cuanto llegue Obregón a la plaza y, vendado nuevamente para que no identifique y evalúe la posición y la fortaleza del cuartel general del Ejército Constitucionalista, lo mandan en compañía del siempre seguro Pedro a la cercana población de Tlalnepantla para que desde ahí, por sus propios medios, emprenda el regreso a la atribulada ciudad que transitoriamente trata de gobernar.

Mientras Blanco aguarda con impaciencia la llegada del general Obregón, Acosta, Ivar, Pedro y cuatro hombres de la confianza de Acosta deciden explorar la ciudad de México, tanto para identificar el posible emplazamiento de las tropas federales, como para disfrutar un poco de la vida nocturna por la que México es famosa: teatros, cafés cantantes, bares, cupletistas españolas y coristas mexicanas. Además Thord-Gray arde en deseos de conocer al fin el asiento de la gran Tenochtitlan, la dorada capital del imperio azteca sobre la que tanto leyera de niño en los helados atardeceres otoñales de la bella y ahora lejana Isla de Björkö.

La audaz partida de exploradores —armada del ímpetu y de la confianza que son propias de la juventud— entra a México por el barrio de Azcapotzalco. No llegará muy lejos. Al internarse a la entonces pequeña colonia de Popotla, se encuentra con un destacamento de aproximadamente veinticinco hombres perfectamente bien armados y montados quienes, sin embargo, no lucen como soldados regulares. Se trata de una avanzada zapatista que busca establecer algún tipo de contacto con los recién llegados carrancistas. No obstante, la mutua desconfianza es inmediata. El caudillo Emiliano Zapata ha recibido con sorna las impracticables órdenes de don Venustiano de desarmar a sus tropas y ponerse bajo su mando. Por varios minutos la tensión y la violencia inminente se palpan en el aire. Por fortuna el tarahumara Pedro, al darse cuenta de que los zapatistas son indígenas como él, entabla un diálogo con el que parece ser su jefe y rápidamente llegan al acuerdo de marchar juntos rumbo al centro de la ciudad. La marcha se convierte en toda una experiencia para las dos partes. Thord-Gray y su grupo cabalgan por el centro de la calle, mientras los zapatistas desmontan y caminan en fila india por las banquetas dejando un espacio aproximado de tres metros entre cada uno. El avance es lento y plagado de miradas recelosas de una y otra parte. Después de varias cuadras de tenso andar y cabalgar, los zapatistas, temerosos de encontrarse fuera de su hábitat natural, deciden dar la media vuelta y regresar a su campamento en las afueras de la ciudad, lejos del intrincado paisaje urbano que es por completo ajeno a su naturaleza campirana y agreste. Ambos grupos se despiden con rapidez y, sobre todo, con notorio alivio. La realidad es por demás obvia: jamás podrá haber un entendimiento entre carrancistas y zapatistas. Las diferencias que los separan son demasiado profundas, pues no sólo son regionales —el norte pujante contra el sur pausado— sino esencialmente ideológicas. Carranza quiere el poder total, con o sin reformas sociales. Zapata sólo quiere tierra para él y para su gente.

A los pocos minutos de la separación se escucha un nutrido fuego de fusiles. Los zapatistas han quedado atrapados en el fuego cruzado de dos patrullas federales. Ivar y su grupo reaccionan de inmediato y sorprenden a los federales atacándolos por la retaguardia. La calle pronto se llena de cadáveres y aun cuando los zapatistas sufren algunas bajas, la proverbial intervención de los constitucionalistas les permite salir relativamente bien librados de la emboscada en la que han caído por andar de noche en parajes que para ellos son por completo desconocidos. De nuevo las despedidas tienen que ser muy rápidas; pero esta vez detrás de los impasibles rostros indígenas se advierten ciertas expresiones de agradecimiento y hasta de simpatía.

La misión tiene que suspenderse. No es posible explorar de noche una ciudad tan grande que todavía está plagada de patrullas federales atemorizadas y resentidas. Acosta intercambia una mirada de inteligencia con Thord-Gray y da la orden de regresar al campamento de Teoloyucan, y envía por delante al astuto y bien entrenado Pedro para evitar otra desagradable sorpresa. Las cupletistas españolas, las coristas mexicanas y los vestigios del antiguo imperio azteca tendrán que esperar para mejor ocasión.

Al día siguiente de esta casi trágica aventura, 13 de agosto, las dos brigadas de caballería al mando del general Blanco y del coronel Acosta entran con gran despliegue de fuerza a la ciudad de México. Se ha entendido la lección del día anterior: no es posible ni permanecer a la expectativa, ni enviar pequeños destacamentos de avanzada a una ciudad en la que rondan sin control zapatistas y federales. Ese mismo día por la mañana, y recargados en la salpicadera de un automóvil, los generales Álvaro Obregón y Eduardo M. Iturbide han firmado lo que en la historia se conoce como los tratados de Teoloyucan, que en realidad se reducen a una simple acta por la que Iturbide, en su carácter de gobernador militar del Distrito Federal, se compromete a la evacuación y posterior desarme del ejército federal a cambio de que Obregón, en su carácter de general en jefe del cuerpo del Ejército Constitucionalista del Noroeste, se comprometa a restaurar el orden en la ciudad de México y a respetar la vida, la integridad física y las propiedades de sus habitantes.

Al mando de una brigada de caballería, Thord-Gray avanza de Azcapotzalco a la zona del Castillo de Chapultepec. Lleva consigo un cuerpo de dinamiteros con órdenes expresas de volar cualquier edificio en el que los federales pudieran haberse refugiado. No encuentra a un solo soldado federal pero sí encuentra a "un buen número de hermosas mujeres entre la gente que había salido de diferentes casas para saludarnos".[2]

La caballería constitucionalista recorre varias veces los principales puntos de la ciudad para cerciorarse de que los federales en efecto se han retirado. Sin embargo, evita con cuidado el área del Zócalo y el Palacio Nacional, ya que se trata de un coto reservado para la entrada triunfal del general Álvaro Obregón, que tendrá lugar al día siguiente: 14 de agosto de 1914. Ivar considera justificada esa entrada triunfal pues, a su juicio, Obregón es la fuerza dominante y el auténtico caudillo de la revolución constitucionalista: "El general Álvaro Obregón fue el comandante más competente de la revolución. Se unió a Madero en contra de Díaz, aun cuando en un principio no parecía tener ningún interés o ambición de ser soldado. Eso vino después. Era un hombre visionario que poseía una gran determinación de aprender todo lo relacionado con estrategia militar y problemas tácticos. Además estudiaba la historia militar con la misma avidez de un aprovechado cadete de West Point o Sandhurst.

"Era valiente, precavido y tenaz, dotado de un genio natural para el liderazgo; su talento se combinaba con la firmeza necesaria. Además era calmado y frío. De vez en cuando su imperturbable naturaleza se alteraba con los desplantes de patriotismo a los que eran dados sus peones y sus indios, cuya insufrible pasión por obtener tierra y libertad al principio lo dejaba indiferente. Pero al poco tiempo algo cambió en él, ya que él fue quien logró que Carranza expidiera leyes sociales en favor de los peones e indígenas. Los yaquis y los mayos le guardaban una lealtad a toda prueba.

"Fuerte y firme como era, Obregón, no obstante, era a veces influido, en una u otra forma, por personajes indeseables, particularmente por Serrano, su jefe de Estado Mayor. Pero cuando tomaba una decisión, era muy difícil que alguien lo hiciera cambiar. Su orgullo, que en un principio era el producto de una mezcla de complejo de inferioridad y elevada sensibilidad, pareció crecer con el tiempo y con el ascenso a posiciones de poder y autoridad. Su buena naturaleza y sentido de la justicia eran, con frecuencia, dominados por su indómita voluntad, por lo que su ambición de poder lo obligaba a aplastar a todos los que se negaban a subordinársele y a acatar sus órdenes sin replicar.

"Los enemigos de Obregón podrán decir lo que quieran, pero el hecho es que siempre mantuvo el orden y la disciplina mucho mejor que los demás generales y no toleró los saqueos. Es cierto que hubo casos de robos pero los autores fueron buscados y severamente castigados [...] Cuando Obregón tomó la capital el 14 de agosto, lo hizo en nombre de Carranza y del Partido Revolucionario [...]."[3]

Se ha juzgado al general Álvaro Obregón como un "comerciante en garbanzos al que la revolución transformó en genio militar"[4] pretendiendo con ello ignorar los años de esfuerzo, tenacidad y autodisciplina que lo llevaron a las cúspides del poder y la gloria. También se le ha culpado de haber ordenado la muerte de don Venustiano Carranza la lluviosa madrugada del 21 de mayo de 1920, en la aldea de Tlaxcalantongo —humilde caserío perdido en las estribaciones de la Sierra de Puebla— sin tomar en cuenta que de 1913 a 1920 respetó escrupulosa e institucionalmente la autoridad e investidura del Primer Jefe al que sirvió con lealtad como comandante en jefe primero, y como ministro de Guerra después. Sólo al concluir el término constitucional de Carranza como presidente de la República se opuso a él cuando cometió la torpeza y la necedad de tratar de imponer en la silla presidencial a un ilustre desconocido: el embajador en Washington, un oscuro burócrata de nombre Ignacio Bonillas. Ilustre desconocido al que pronto la opinión pública con tino bautizó como "Flor de Té", parodiando la tonadilla entonces de moda en los cafés cantantes que se refería a una pobre pastorcita abandonada de todo y por todos, de la que no se sabía "de dónde venía, a dónde iba y a dónde podía ir".[5]

Con razón, el ejército y la mayoría ciudadana se opusieron a esta imposición del viejo mañoso, cuya estima en esos tiempos ya andaba a la baja en la opinión popular porque a la suma de impuestos y actos de corrupción, que caracterizaron a su gobierno, se le ocurrió sumar otra necedad: prohibir las corridas de toros, "por crueles". Como me decía mi abuela: "Solamente alguien a quien el poder ya le hizo perder la chaveta [cabeza] se preocupa por la suerte de los toros, después de las matanzas y hambrunas que ocasionó la Revolución".

Por cierto, esta insólita prohibición de las corridas de toros aparece nada menos que en un decreto publicado en el *Diario Oficial de la Federación*, el 7 de octubre de 1916, y cuya parte medular es la siguiente: "Venustiano Carranza, Primer Jefe del Ejército Constitucionalista, encargado del poder ejecutivo de la nación y considerando: que siendo el deber primordial del gobierno asegurar a todos los individuos que forman la colectividad del Estado [...] Artículo I. Se prohíben absolutamente en el Distrito Federal y territorios federales las corridas de toros. Artículo II. Se prohíben igualmente en toda la República las corridas de toros, hasta que se restablezca el orden constitucional en los diversos estados que la forman. Artículo III. Las autoridades y particulares que contravinieren lo dispuesto en esta ley, serán castigados con una multa de mil a cinco mil pesos o arresto de dos a seis meses, o con ambas penas, según la gravedad de la infracción".

Obregón y los generales sonorenses proclaman en abril de 1920 el Plan de Agua Prieta, en el que se pide la inmediata destitución de Carranza. Pero en el viejo, según Martín Luis Guzmán, "nada superaba a su obstinación; nada a su incapacidad de reconocer sus errores. Pudiendo rectificar, ni un momento pensó en hacerlo".[6] Pretendiendo salvar su maltrecho gobierno decide trasladarlo en masa a Veracruz. El complicado y, por ende, lentísimo convoy de trenes en el que tiene a bien hacerlo, es atacado antes de llegar a Puebla (a escasos ciento veinte kilómetros de la capital) y don Venustiano, con un reducido séquito de fieles, se ve forzado a marchar a caballo por los abruptos quebraderos de la Sierra de Puebla, hasta que se le acosa y derrota en Tlaxcalantongo, en donde fallece de manera misteriosa, ya que al día de hoy aún no se sabe con precisión si, en efecto, murió asesinado o si, al verse perdido, en un arranque de su inmenso orgullo herido, optó por suicidarse.[7]

Lo cierto es que los factores reales de poder acabaron por imponerse y la presidencia de la República, por voluntad mayoritaria, pasó en forma legítima a manos del "mejor comandante de la Revolución".

Por cierto que mi abuela sostenía —no sé si con razón o sin ella— que esta copla de un conocido corrido mexicano hace mofa de la caída del orgulloso señor Carranza:

Ya se cayó el arbolito
donde dormía el pavorreal,
ahora dormirá en el suelito
como cualquier animal.

Por todas estas razones es justa y atinada la evaluación que Thord-Gray hace de la figura del general Álvaro Obregón. No sólo por la experiencia y el conocimiento de los hombres y de la política que le daba su calidad de experto en inteligencia militar, sino porque como extranjero, y de paso por México, estaba en inmejorable posición para juzgar con objetividad los hechos, sin dejarse influir por intereses partidistas o por conveniencias personales. Por eso entendió muy bien que: *a*) aunque Obregón pudo tomar el poder en agosto de 1914, no lo hizo por una especie de dignidad institucional que lo llevó a respetar, en todo momento, la investidura de quien, desde un principio, había reconocido como el Primer Jefe del movimiento constitucionalista; y *b*) que al tener Carranza que retirarse de la presidencia de la República por mandato expreso de la Constitución federal que él mismo había propuesto, el poder tenía que pasar a quien tenía la autoridad y estaba preparado para ejercer un liderazgo efectivo en tiempos en los que el país reclamaba la urgente aplicación de todo un programa de reconstrucción nacional; y no abandonarse en manos de un pobre infeliz recién llegado del extranjero, y a quien el pueblo, en cuanto lo conoció, le vio facha de pastorcita abandonada.

Agréguese a lo anterior que Obregón protagonizó el primer gobierno constructivo de la etapa posrevolucionaria, y que con él sentó las bases para el desarrollo del México moderno. Sus logros fueron múltiples y variados: consolidó la paz y el orden público; mediante la fusión de los ejércitos constitucionalista y federal fundó el nuevo ejército profesional mexicano que con orgullo recuperó su nombre tradicional de ejército federal; rehizo la Tesorería Nacional retornando al patrón oro, a fin de que el público recobrara la confianza en las emisiones gubernamentales de papel moneda; normalizó las relaciones diplomáticas con Estados Unidos —muy deterioradas además por la invasión de Pancho Villa al poblado estadunidense de Columbus y por la consiguiente ocupación del norte del estado de Chihuahua por tropas yanquis al mando del general Pershing, que quería llevarse al Centauro enjaulado a Washington— a cambio de otorgar una serie de concesiones económicas, sin las cuales, por lo demás, es imposible vivir en paz dentro del obligado contexto de la fatalidad geográfica; inició un prudente proceso de reforma agraria que reivindicó la sangre vertida a favor de la causa revolucionaria por miles de peones e indígenas; y promovió el renacimiento cultural mexicano que —dejando de lado el arte religioso de la época de la Colonia y las tendencias afrancesadas de la segunda mitad del siglo XIX— volvió a encontrar en sus raíces autóctonas —las mismas que en parte redescubriera Thord-Gray— su verdadera razón de ser, tal y como lo expresan con maestría los murales de artistas de la talla de Diego Rivera y José Clemente Orozco.

Es probable que sea en este último aspecto donde la obra de gobierno de Álvaro Obregón arrojó los frutos más positivos y duraderos. Tuvo el enorme acierto de designar como secretario de Educación Pública a José Vasconcelos, uno de los intelectuales y educadores más notables del siglo XX mexicano, cuya tetralogía *Ulises criollo*, *La tormenta*, *El desastre* y *El proconsulado*, en unión de la trilogía de Martín Luis Guzmán, *El águila y la serpiente*, *Memorias de Pancho Villa* y *La sombra del caudillo*, representan el análisis más profundo y revelador de lo que en realidad fue la Revolución mexicana; y el que con motivo de su brillante gestión como rector de la Universidad Nacional de México acuñó el lema que hasta la fecha identifica a la máxima casa de estudios del país, "Por mi raza hablará el espíritu", que simboliza la fusión de la raza criolla y mestiza con la magia cósmica de los cinco soles de los mexicas, de la que, a su vez, antropológica y culturalmente deriva el México moderno.

Al frente de la Secretaría de Educación Pública, Vasconcelos efectúa una magna labor. Crea un sistema nacional de escuelas primarias, laicas y gratuitas. Emprende campañas de alfabetización en pueblos, aldeas, villas y rancherías. Organiza en plazas y jardines una red de bibliotecas con la idea de que quienes acudan a pedir prestado un libro no lo devuelvan y lo conserven en sus casas y a disposición de sus familias, pues la cultura también puede entrar por ósmosis. Lucha con denuedo por mejorar los sueldos y las condiciones de trabajo de maestros normalistas y rurales. Con la ayuda de un grupo de voluntarias establece un sistema de desayunos escolares gratuitos que permite que los niños pobres de los barrios y los pueblos no lleguen a sus escuelas con los estómagos vacíos, como por lo general sucedía. Hace de la cátedra universitaria, no una labor rutinaria y hasta aburrida, sino un signo de distinción, superación personal y respetabilidad social. Y preside ese formidable renacimiento cultural que hasta la fecha está representado por la pintura mural mexicana. Todo ello en un corto espacio de menos de cuatro años, lo que por sí solo habla del genio y de la voluntad de este hombre excepcional.

Todo esto hace rescatable, tanto en sentido contemporáneo como histórico, el juicio de Thord-Gray que, reflexionando sobre estos sucesos cuarenta años después, considera a Álvaro Obregón como el verdadero triunfador de la revolución constitucionalista, lo que equivale a decir: el verdadero triunfador de la Revolución mexicana.

Retomo el hilo de la narración. Después de rodear el Palacio Nacional, la brigada bajo el mando de Ivar se dirige a Iztacalco, un conjunto de colonias ubicado al oriente de la ciudad de México. Es ahí en donde se produce el rencuentro con el comandante zapatista al que, en unión de Acosta y Pedro, había salvado del fuego cruzado de las patrullas federales, apenas la noche anterior. La recepción es muy cordial. Juan Herrera, que es el nombre del zapatista, invita a Thord-Gray a platicar con su jefe, el coronel Antonio Morales, que se encuentra acampado al pie del legendario Cerro de la Estrella — el lugar en el que cada cincuenta y dos años se celebraba la ceremonia del "fuego nuevo" que marcaba el inicio del nuevo siglo en el calendario azteca o mexica—, en el cercano barrio de Iztapalapa.

Ivar juzga, con tino, al coronel Antonio Morales no como un "guerrillero salvaje" que por esos días era la denominación común de los zapatistas, sino como un cacique o noble indígena de finas maneras y trato cortés, aunque distante y reservado, como todos los de su raza. Después de una larga y elaborada conversación, el coronel sueco consigue informaciones de inteligencia militar valiosas: *a*) que Emiliano Zapata, con una fuerza de aproximadamente quince mil hombres, ha decidido permanecer en Cuernavaca a la expectativa; *b*) que las avanzadas zapatistas en la ciudad de México tienen órdenes de hacer contacto con las tropas constitucionalistas sin atacarlas y procurando dejarles libre la plaza... por el momento; y *c*) que Zapata desconfía tanto de Carranza como antes había desconfiado de Huerta, por lo que un entendimiento entre ambos jefes revolucionarios es punto menos que imposible.

A su regreso al centro de la ciudad Thord-Gray se topa con varias residencias cuyos balcones han sido cubiertos con distintas banderas extranjeras, a cuyo amparo tratan de protegerse sus atemorizados habitantes. En un balcón descubre una bandera de Suecia y a dos hombres que, entre admirados y temerosos, hablan animadamente en sueco y señalan a los rebeldes que desfilan ante ellos. Ivar, sorprendido, detiene la marcha, se acerca y les empieza a hablar en su idioma natal. Así conoce a los señores Carl Erik Ostlund y Gosta Lundberg con los que, con el paso del tiempo y gracias a las múltiples visitas que hizo a México después de la Revolución, desarrolla una estrecha amistad que se prolonga a sus respectivos hijos y nietos.

En cuanto entra a la ciudad capital, Obregón se instala en el Palacio Nacional; toma posesión, en nombre de Carranza, del despacho presidencial y sustituye la guardia presidencial por un cuerpo de indios yaquis de su absoluta confianza. Por primera vez, en su ancestral historia, miembros de esta aguerrida e indomable tribu sonorense ocupan la sede del poder supremo en México, algo impensable apenas cuatro años atrás. La Revolución se ha consumado.

En la mañana del 16 de agosto de 1914, Ivar Thord-Gray, en compañía de Lucio Blanco y Miguel M. Acosta, visita el Palacio Nacional, que, por vez primera, en lo que sería una larga historia que culminaría en 1928, se ha convertido en obregonista. Lo ocurrido en esa visita no deja de ser particularmente interesante, por lo que no está por demás dejar que sea el propio sueco el que la narre: "Después de caminar por algunas estancias decoradas en forma sumamente elaborada, llegamos a un gran salón dominado por una enorme pintura al óleo del káiser Guillermo II en uniforme de mariscal de campo, la que me detuve a admirar durante un buen rato. Después de eso Blanco me llevó a una gigantesca y bien decorada silla, sobre la cual estaba colocada una especie de toldo de seda. La silla estaba exquisitamente labrada a mano y era en verdad impresionante; era el tipo de silla-trono que uno se imagina que Napoleón debe de haber usado en sus días de gloria. Evidentemente se trataba de la silla presidencial que se usaba para las ceremonias de Estado.

"Antes de que me diera cuenta de lo que pasaba, Blanco y Acosta me empujaron, me obligaron a sentarme en la silla y me hicieron una caravana ceremoniosa. Cuando les dije que la silla era bastante incómoda para sentarse, Blanco me contestó: 'Huerta tampoco encontró muy fácil sentarse ahí', y los tres nos reímos divertidos. Continuamos nuestro paseo hasta que en una de las esquinas del gran salón presidencial tuve que detenerme a admirar algo que mis ojos no daban crédito: dos enormes escupideras de bronce.

"Cruzamos dos o tres puertas decoradas al estilo morisco, y entramos a un despacho muy bien decorado que contenía un gran escritorio. Sobre una mesa había varios artículos puestos juntos como si alguien hubiera tenido prisa por llevárselos. Al examinarlos encontré que todo ello tenía grabadas las iniciales 'P. D.', lo que, sin duda alguna, significaba que habían pertenecido a Porfirio Díaz, y que probablemente eran regalos que le habían sido hechos en una u otra época.

"Especialmente me atrajo un largo cuchillo de plata de dieciocho pulgadas de extensión con una vaina a juego, también de plata. La empuñadura tenía superpuesto en uno de sus lados el emblema del águila sobre un nopal devorando una serpiente; en el otro lo que es una vieja reproducción del penacho de Moctezuma. La hoja de acero puro estaba hermosamente grabada con una frase que resultaba difícil de leer debido a que continuamente había sido pulida y a que el tiempo había acumulado en ella algunas manchas de óxido. Sin embargo, después de un esfuerzo podía leerse: 'Porfirio Díaz, 15 de septiembre de 1891'. Parece haberse tratado de un regalo de Oaxaca, su estado natal.

"En la mesa también se encontraba una enorme réplica en plata de una antigua granada de mano, que se usaba como encendedor de puros y que también tenía grabadas las iniciales 'P. D.' [...] Cuando me encontraba admirando estos objetos, Blanco tomó el cuchillo de plata, lo colocó en mi cinturón militar y me entregó la granada, diciéndome: 'Toma estas cosas como recuerdos de la Revolución'."[8]

Esta anécdota sugiere que:

1. Desde los tiempos de Porfirio Díaz hasta, por lo menos, los inicios de la segunda guerra mundial, en los altos círculos del gobierno mexicano se tuvo una gran admiración por Alemania y por todo lo alemán, que de haberse hecho pública habría alarmado a más de un analista político y habría preocupado seriamente a la opinión pública estadunidense, siempre dispuesta a prestar oídos a las tenebrosas conspiraciones de los villanos en turno. Sin embargo, la fatalidad geográfica obligó a los presidentes mexicanos a manejar su germanofilia con gran discreción. Porfirio Díaz no sólo gustaba de contar con una selecta guardia presidencial cuyo signo distintivo eran enormes y emplumados cascos prusianos, sino que envió a los oficiales más prometedores del ejército federal a culminar sus estudios en las mejores academias militares de Alemania. Además veía en la industriosa Alemania un contrapeso natural y promisorio frente al expansionismo económico que Estados Unidos estaba llevando a cabo a costa de México. Un solo ejemplo: las que durante varias décadas fueron las principales fábricas de papel en toda la república mexicana —Loreto y Peña Pobre, situadas al sur de la ciudad de México— se fundaron gracias al apoyo que el gobierno porfirista otorgó a la familia Lenz, de inmigrantes alemanes. De igual manera —ya lo dije—, Victoriano Huerta trató de apoyarse en la ayuda financiera y militar que recibió de Alemania para

sostener su gobierno frente al desconocimiento y agresión de Woodrow Wilson. Por su parte, Carranza y Obregón no fueron insensibles a los acercamientos diplomáticos del gobierno alemán, como lo demuestran el caso del telegrama Zimmerman, que más adelante se analizará, y el hecho de que la gran pintura del káiser que Thord-Gray admirara, aún colgaba de los muros del Palacio Nacional en los tiempos de la presidencia del general Álvaro Obregón, según narra Fernando Benítez en su magnífica obra sobre los últimos días del presidente Carranza, *El rey viejo*. Es más, el mismo Pancho Villa —de acuerdo con *Gringo Rebel*— tampoco fue inmune a las maquinaciones del Estado Mayor alemán, como se verá en el capítulo "Columbus, una lección de diplomacia". Por si lo anterior no fuera suficiente, durante los años de la segunda guerra mundial, José Vasconcelos —que no sólo fue el mejor secretario de Educación Pública del siglo XX mexicano, sino que además fue el candidato presidencial arbitrariamente derrotado en las elecciones de 1930— publicó y dirigió una revista política llamada *Timón*, en la que abiertamente se pugnaba por la causa alemana y se soñaba —ésa es la palabra apropiada— con una eventual derrota de Estados Unidos. En su momento, *Timón* llegó a tener una importante circulación a nivel nacional. Por consiguiente, al descubrir ese magnífico óleo del káiser, Ivar indirectamente descubrió uno de los claroscuros más interesantes y poco divulgados de la historia de México.

2. La lucha por la independencia nacional contra la dominación colonial española, se inició en la madrugada del 16 de septiembre de 1810, cuando el cura párroco del poblado de Dolores (hoy estado de Guanajuato), repicando con insistencia la campana de la iglesia, convocó a los fieles a la lucha armada en contra de los opresores. A ese episodio —que fue el primero de una larga lucha que duraría más de once años— se le conoce como el grito de Independencia. Pues bien, a partir de la instauración de la primera República federal, ocurrida el primero de enero de 1825, se decretó que el 16 de septiembre de cada año se consideraría como la fiesta nacional mexicana, y que el presidente de la República debía encabezar las ceremonias respectivas repicando esa campana de Dolores —que fue convenientemente trasladada al Palacio Nacional—, repitiendo el grito de independencia que lanzó a la posteridad el cura Hidalgo y presidiendo un solemne desfile militar. Hasta 1884 la ceremonia se llevó a cabo, con estricta fidelidad histórica, en la mañana de cada 16 de septiembre. Pero en 1884, con don Porfirio Díaz asentado con firmeza en la silla presidencial, los aduladores que nunca faltan descubrieron que el día anterior, 15 de septiembre, era nada menos que el día de su nacimiento y el día de su santo patrono, san Porfirio, toda vez que el caudillo había nacido el 15 de septiembre de 1830 en un oscuro mesón de Oaxaca que regenteaba su

madre doña Petrona Mori. Entonces se invirtió el orden de los factores para afectar el producto. La ceremonia del "grito" se trasladó a la noche del 15 de septiembre, seguida de una suntuosa recepción y cena de gala, y, al no contarse con iluminación adecuada, el desfile militar se mantuvo para la mañana del día 16. Estas ceremonias alcanzaron su clímax en el año de 1910, cuando don Porfirio Díaz celebró el centenario del inicio de la independencia nacional con la inauguración de la monumental Columna de la Independencia —obra del mejor arquitecto de la época, Antonio Rivas Mercado— en el Paseo de la Reforma, la principal avenida de la capital, y con la fastuosa recepción de más de un centenar de misiones diplomáticas especiales que vinieron de todas partes del mundo. Fue la consagración de Díaz como estadista. Ocho meses después partiría al exilio y a la muerte. Pero lo más curioso de esta historia es que los gobiernos revolucionarios que siguieron al del general Díaz y los que han seguido a estos últimos —a los que resultaría demasiado aventurado llamar "revolucionarios"— han mantenido la costumbre intacta hasta la fecha, a pesar de que un humorista de fines del siglo XIX se refiriera a este cambio de fechas como el paso del "Grito de Dolores al grito de san Porfirio Díaz".

3. Hasta donde he podido averiguar los magníficos objetos, pertenecientes al presidente Díaz, que Lucio Blanco le regaló a Thord-Gray en calidad de "recuerdos de la Revolución" fueron a parar a manos del señor A. G. Hallström, que fue el compilador de toda la correspondencia personal de este activísimo militar sueco. Al respecto puede decirse que Blanco e Ivar obraron indebidamente al disponer tan a la ligera de objetos que en la actualidad deberían formar parte del patrimonio histórico del pueblo de México. No obstante, si se consideran los incontable latrocinios que sobre toda clase de bienes —que van desde haciendas, casas, ganado, metales preciosos y joyas hasta cavas de vinos— cometieron los jefes carrancistas —al grado de que la voz popular inventó el vocablo "carrancear" para identificarlo con el de robar—, se advertirá que, en medio del caos generalizado y de la inseguridad pública que privaron en el México de esos días, el haber tomado del Palacio Nacional estos "recuerdos porfirianos" resultó, a fin de cuentas, un pecado menor.

En cuanto Thord-Gray entra a la ciudad de México sus buenos contactos diplomáticos empiezan a surtir efecto. El señor Jorge de Parada, aristócrata porfirista y miembro distinguido del "Mexican International Set" —así, en inglés, como se decía por ese entonces, sin agregar, por razones obvias, la palabra "jet"—, lo invita a hospedarse en su mansión conocida como la Casa de la Condesa, en Tacubaya, una de las residencias más bellas y elegantes de la ciudad, en la que encuentra todos los lujos y comodidades de los que se había visto privado en la larga, accidentada y peligrosa marcha de la Sierra de Chihuahua a la gran ciudad capital.

La toma de la capital de la república por parte del Ejército Constitucionalista representaba precisamente la restauración del orden constitucional roto por el golpe militar de Victoriano Huerta. Se daba así la curiosa circunstancia de que el gobernador de uno de los estados de la federación, Venustiano Carranza (de Coahuila), había reunificado a la República federal bajo el imperio único de la entonces aún vigente Constitución federal de 1857, terminando en esa forma con la división política y constitucional que había ocasionado la lucha de las facciones desencadenada por los sucesos de la Decena Trágica.

Por consiguiente, la misión de inteligencia militar a la que fue enviado Thord-Gray parecía haber llegado a su fin. Era el momento de partir, pues la guerra había comenzado ya en Europa y el sueco coronel mexicano tenía que regresar a su antiguo rango de capitán británico para involucrarse en los servicios de contraespionaje que permitieran a los aliados conocer y anticipar los movimientos, las estrategias, las tácticas, las intenciones y los contactos diplomático-militares de la formidable máquina de guerra prusiana.

Desde luego, Ivar no estaba en posición de adivinar que unos cuantos meses después el esfuerzo conjunto de villistas y zapatistas desalojaría de la capital de la república al todavía precario gobierno constitucionalista, y que no sería sino hasta finales de 1915, gracias al triunfo del general Obregón en las batallas de Celaya, que ferozmente tuvo que librar en contra de las implacables cargas de la caballería villista, cuando el constitucionalismo obtendría el triunfo definitivo que lo legitimaría, nacional e internacionalmente, como el poder supremo e indiscutido de la nueva República revolucionaria.

Pero a pesar de la premura con la que se requerían sus servicios en Gran Bretaña, al enviado sueco le quedaban todavía dos delicadas misiones que cumplir en la tierra del águila y la serpiente. Una involucraba al porfirista y prohuertista embajador británico, sir Lionel Carden; la otra, a la más pura —a pesar de su innegable, aunque justificada, violencia— de las leyendas de la Revolución mexicana: Emiliano Zapata.

Sir Lionel Carden

El poeta mexicano Ramón López Velarde, en un célebre verso de "Suave Patria", dijo a México: "el niño Dios te escrituró un establo y los veneros de petróleo el Diablo". Esta expresión es cierta en más de un sentido, pues el petróleo ha sido alternadamente fuente de recursos, corrupción, violencia, desarrollo pero, sobre todo, de intervención extranjera. Es probable que de no haber sido por el petróleo el curso de la Revolución mexicana habría sido por completo distinto, ya que los líderes revolucionarios no se habrían visto forzados a afectar intereses que iban mucho más allá de meras cuestiones regionales o nacionales para insertarse en el complejo y peligroso mundo del equilibrio político internacional. Por eso, de algún modo, la historia de la intervención extranjera en la Revolución mexicana está íntimamente vinculada a la cuestión petrolera.

Las primeras concesiones para la explotación del petróleo mexicano fueron otorgadas por el gobierno de Porfirio Díaz a compañías británicas, estadunidenses y holandesas, en el curso de los últimos veinte años del siglo XIX. Se trató de concesiones en especial generosas, toda vez que se confirieron a perpetuidad, sobre vastas extensiones de terrenos petrolíferos en los estados de Tamaulipas, Veracruz y Tabasco, e incluyeron el permiso expreso a los concesionarios de contar con sus propios cuerpos de seguridad y vigilancia: las pronto famosas "guardias blancas", así llamadas por el color de la piel de los mercenarios extranjeros que se contrataron para tal fin.

El más hábil y visionario de todos los concesionarios fue, sin duda alguna, un distinguido súbdito de la corona británica: lord Cowdray, quien entendió como nadie que el futuro de la marina británica y, por ende, del vasto imperio británico radicaba en la sustitución del carbón por el petróleo. Un avance tecnológico tan trascendental para esa época como en la actualidad lo pueden ser el telefax o la internet. Armado de esa visión y de un talento poco común para los negocios, lord Cowdray obtendrá de la administración de Díaz las mejores concesiones petroleras, manejando con gran habilidad y perspicacia el temor que el viejo caudillo, en el fondo, tenía a involucrarse en exceso con intereses estrictamente estadunidenses. Con el tiempo Cowdray consolidará una estrecha amistad con la familia Díaz y en especial con el hijo del presidente, el coronel Porfirio Díaz Ortega; al grado de que se afirma que la regular fortuna —una verdadera bicoca si se la compara con las enormes fortunas que después se han atribuido a los presidentes "revolucionarios"— que le permitió a la familia Díaz vivir con holgura en Europa entre 1911 y 1934 (incluyendo extensos viajes que los llevaron hasta Egipto y la compra del Castillo de Moulins en el sur de Francia) tuvo su origen en unas acciones de las empresas petroleras de lord Cowdray que don Porfirio tenía prudentemente invertidas en el Banco de Londres y México.[1]

Como referencia anecdótica, la mujer de este magnate petrolero, lady Cowdray, entre las diversas obras de caridad que hizo en México, fundó el comúnmente conocido como Hospital Inglés, cuya denominación social completa, que subsiste hasta la fecha, es la de American British Cowdray. Hospital que nació como un servicio social para los trabajadores (británicos y mexicanos) de la Compañía de Petróleo El Águila, S.A., y que con el paso del tiempo perdió su carácter original asistencial para transformarse en uno de los hospitales más caros y elitistas de México.

Unos años antes del inicio de la Revolución, bajo el patrocinio de lord Cowdray, llega a México como ministro plenipotenciario (embajador) sir Lionel Carden; quien de inmediato se involucra en la vida política del país para poner siempre por delante la elemental consideración geopolítica de que al estar acreditado ante el cuarto productor de petróleo del mundo su misión es vital para el futuro de la marina británica y, a través de ella, para el delicado equilibrio europeo. Por razones obvias organiza con rapidez una mancuerna diplomática con el embajador estadunidense Henry Lane. Juntos tienen el atrevimiento de tratar de negociar la renuncia del presidente Díaz, al amparo de la presión que se deriva de la concentración de aproximadamente cincuenta mil efectivos de guerra estadunidenses en la frontera norte, ordenada por el presidente Taft, y mostrándose incapaces de advertir lo que se les vendría encima como consecuencia de semejante acto de irresponsabilidad política. Don Porfirio, en sus últimos días en México (mayo de 1911), ni siquiera se toma la molestia de recibirlos, a pesar de sus insistentes peticiones de audiencia. El viejo dictador sabía muy bien cuáles eran las causas profundas de su intempestiva caída. Así la Revolución mexicana se inicia bajo los signos de la diplomacia del dólar y de la diplomacia del petróleo. Algunas semanas después de la renuncia de Díaz, Carden retorna a Gran Bretaña para regresar a México, de nuevo recomendado por lord Cowdray, en los inicios del gobierno del general Huerta.

Madero, que al día siguiente contradecía lo que había dicho el día anterior, les había hecho a británicos y estadunidenses promesas concretas en materia petrolera que pronto olvidó al incrementar, de la noche a la mañana y sin previo aviso o negociación, los impuestos a las compañías petroleras. No por el hecho en sí —ya que, después de todo, los incrementos de impuestos suelen ser una contingencia habitual en las sociedades capitalistas —sino por la forma de proceder, Madero se ganó la mortal enemistad de las grandes potencias anglosajonas. Sus días en la presidencia empezaron a estar contados. Tal y como se señaló en el capítulo "Fatalidad geopolítica" de esta obra, Brai de Szecseny, cónsul general de Suecia en México, captó el problema con meridiana claridad cuando informó a su gobierno que: "[...] poderosas corporaciones estadunidenses que poseen importantes intereses en México, ayudaron al señor Madero en su lucha en contra del general Porfirio Díaz, con dinero, con la intención de obtener de él privilegios y concesiones. Al no lograr todo lo que querían lo atacaron. Así, Rockefeller pagó a grupos rebeldes para que destruyeran los puentes entre San Luis Potosí y Tampico, con el objeto de impedir la transportación y el suministro de petróleo [...]".[2]

Todo parece indicar que sir Lionel Carden fue, desde la comodidad de alguna oscura oficina en Whitehall, una especie de testigo silencioso o convidado de piedra en el tenebroso Pacto de la Embajada, organizado por Henry Lane para derrocar y luego asesinar al presidente Madero y al vicepresidente Pino Suárez. El hecho es que una vez instalado Victoriano Huerta en la presidencia de la República, el recién retornado Carden, con el apoyo de su mentor lord Cowdray, luchó con frenesí por el reconocimiento diplomático europeo y estadunidense del nuevo régimen. La escritora estadunidense Barbara W. Tuchman describe magistralmente la situación: "El petróleo era un factor que apresuraba la llegada a un clímax. Las marinas de todo el mundo estaban terminando el cambio del carbón al petróleo, y México producía la cuarta parte del petróleo que necesitaba el mundo. También procedía de México, gracias a las propiedades de un hombre, lord Cowdray, prácticamente todo el petróleo que consumía la marina inglesa. En aquella hora crítica, cuando la paz estaba en peligro, la rivalidad entre las flotas británica y germana era un punto culminante. La flota británica dependía del petróleo mexicano; Inglaterra dependía de su flota. Lord Cowdray se inquietaba visiblemente. Su amigo sir Lionel Carden, embajador británico en México, hostigaba a Londres para que concediera el reconocimiento. Londres hostigaba a Washington. Wilson no hacía más que clavar sus talones en el suelo con más firmeza. Consideraba al embajador británico, lo mismo que al suyo, con frío disgusto, mientras por encima de sir Lionel la figura de lord Cowdray aparecía ante sus ojos como un oscuro monstruo que dejaba huellas de petróleo por dondequiera que anduviese".[3]

Al remover Woodrow Wilson a Henry Lane de la embajada en México para reconocer "de facto" a Venustiano Carranza y al movimiento constitucionalista por él encabezado como el gobierno legítimo del país, sir Lionel Carden se ubica como el líder natural de la comunidad diplomática acreditada ante Victoriano Huerta. Ante la inminencia de la guerra europea gestiona créditos por millones de libras esterlinas para tratar de sostener al espurio dictador a cambio de que se incremente el flujo de petróleo mexicano en beneficio de la gigantesca marina británica. Para ello tiene que luchar a brazo partido contra el embajador alemán, almirante Von Hintze, que ofrece a Huerta importantes entregas de armamento y municiones con tal de que la marina germana también tenga acceso al estratégico petróleo mexicano y se reduzcan los envíos de petróleo a Gran Bretaña. Las intrigas diplomáticas crecen día a día puesto que tienen que escenificarse con el telón de fondo representado por las concepciones moralistas del presidente Wilson que, con su doctrina de la Nueva Libertad y con un pacifista (Josephus Daniels) como secretario de Marina, ha hecho en 1913 de la geopolítica un negocio ininteligible. Lord Cowdray en su señorial mansión de Dunecht, en Inglaterra, suda la gota gorda.

En el camino de sus mutuas intrigas Carden y Von Hintze no tienen otro remedio que el de embarcarse en una causa perdida: tener que luchar en contra de la gravitación política estadunidense en cuya órbita México gira desde los tiempos de su independencia. Para entender esto último a Carden le habría bastado con consultar la copiosa correspondencia diplomática que dejó su antecesor, Horatio G. Ward, primer embajador inglés en México, que en los lejanos años de 1825 y 1826 se quejaba amargamente de sus inútiles esfuerzos —principalmente de carácter económico— para tratar de sostener al gobierno constitucionalmente surgido de la primera República federal mexicana, ante los devastadores efectos de la influencia y prepotencia del embajador estadunidense, el célebre —no siempre por las mejores razones— Joel R. Poinsett.[4]

Cuando Wilson, con la anuencia de su "pacifista" secretario de Marina, ordena la ocupación militar de Veracruz, todo está perdido para los intereses antagónicos de Gran Bretaña y Alemania en México. A sir Lionel Carden no le queda otra alternativa que la de buscar una salida negociada del embrollo diplomático en el que se metió por cuenta de su omnipresente patrón, Weetman Pearson, vizconde de Cowdray; Von Hintze, por su parte, se reserva para una mejor ocasión.

Sin embargo, la reacción de Carden es particularmente absurda. Forzado por las circunstancias a negociar con el Ejército Constitucionalista, en vez de adoptar una actitud realista, decide emplear una actitud soberbia e intransigente que a lo mejor le habría funcionado en la India o en Australia, pero no en México, que no sólo está en los "tropics" —como despectivamente les gusta decir a los ingleses— sino en un trópico que obedecía a los intereses estratégicos de Estados Unidos, cualesquiera que éstos fueran: morales o inmorales, petroleros o no petroleros.

Cuando los constitucionalistas preparan su entrada a la ciudad de México en Teoloyucan, Carden anuncia su visita acompañado del resto del cuerpo diplomático, que, al parecer, lo sigue cual manso corderito. Thord-Gray, en su carácter de capitán del ejército británico, hace ver al general Lucio Blanco la importancia de esta visita pues, de hecho, significa el reconocimiento diplomático en pleno de las potencias europeas a la inminente presidencia provisional del señor Carranza. En tal virtud, siguiendo órdenes del general Obregón, el primer regimiento de caballería se alista, limpia sus uniformes y caballos, pule sus armas y botas, y se prepara para recibir a los diplomáticos con todos los honores de ordenanza.

A las tres de la tarde del día señalado por Carden el comité de recepción se encuentra listo y refulgente. Dieron las cuatro, las cinco y a las seis no quedó más remedio que dar la orden de dispersión. En la noche arribó un mensajero que llevaba una nota firmada por el embajador británico en la que simplemente manifestaba que había habido "un error" y que la visita se efectuaría al día siguiente: 11 de agosto de 1914. La diplomacia europea del siglo XIX trataba de demostrar así su superioridad política a los primeros revolucionarios del siglo XX. Por supuesto, el tiro les salió por la culata, pues la reacción en el triunfante campamento constitucionalista fue de profundo desagrado y desprecio: "Esta petición de audiencia y su descortés cancelación produjo una pésima impresión en todos nosotros. La mayoría expresó el pensamiento de que la ruptura de una cita formalmente concertada era un insulto deliberado para tratar de poner en su lugar a lo que los diplomáticos parecían considerar una multitud de peones y bandidos. Si ésa fue la intención, entonces los diplomáticos cometieron el error de su vida porque esta estúpida acción tuvo un efecto de boomerang para ellos, especialmente para los británicos, cuyo embajador había hecho el arreglo. Esto último a pesar de ser la gente a la que yo había elogiado más en mis pláticas con los rebeldes".[5]

Con miras a la visita —que de todos modos tendría que efectuarse al día siguiente— Thord-Gray discute con Obregón y Blanco la posición internacional en la que tendrá que desenvolverse en el curso de los próximos meses el gobierno provisional que encabeza don Venustiano. El sagaz agente de inteligencia sueco —que sabía mucho más de lo que en esa ocasión quiso revelar— adopta una posición deliberadamente incierta: "¿Qué potencia extranjera estaba más en nuestra contra? Todo mundo sabía cómo el gobierno británico había apoyado a Huerta y le había prestado grandes sumas de dinero para la compra de armas y municiones. Por otra parte, nadie había hecho mayores esfuerzos para instaurar en el poder al general Huerta que el embajador estadunidense Henry Lane Wilson, por lo tanto era una cuestión de cincuenta-cincuenta en lo tocante a estos dos gobiernos. No obstante, Estados Unidos había desembarcado tropas en suelo mexicano para oponerse a Huerta, y se encontraba aún ocupando la ciudad de Veracruz y el territorio que la rodea, por la fuerza".[6]

Thord-Gray sabía a la perfección que el dilema que planteaba en realidad no existía. Woodrow Wilson desde el día en el que tomó posesión de la presidencia de Estados Unidos se propuso derribar a Huerta por todos los medios a su alcance, incluyendo la fuerza militar y el bloqueo de todos los puertos mexicanos del Golfo, inclusive pasando por encima de su "pacifista" secretario de Marina. Además despreciaba cordialmente al embajador Henry Lane, al que consideraba una nefasta herencia de su predecesor William H. Taft y, por consiguiente, en cuanto pudo lo mandó de regreso a su lugar de origen, sin ofrecerle ningún otro cargo diplomático como se suele estilar en estos casos. Por su parte Gran Bretaña, inmersa en la "diplomacia del petróleo", no tenía otra alternativa que la de aceptar y reconocer a cualquier gobierno —encabezado por Huerta, Carranza, Villa o por el mismo diablo— que le asegurara el suministro ininterrumpido del codiciado oro negro mexicano.

¿Cuál fue la razón por la que Thord-Gray no fue más explícito con sus amigos mexicanos, cuyos conocimientos en materia de política exterior eran bastante limitados? Como se verá más adelante, en el fondo lo que estaba haciendo era atacar —sembrando toda clase de dudas— a los británicos para después salvarlos mediante la eliminación de la pesada carga en la que, para el sano y razonable equilibrio geopolítico del momento, se había convertido el prohuertista sir Lionel Carden.

Por fin, en la tarde del 11 de agosto, se aparecen en Teoloyucan, elegantemente vestidos y con ridículos y pomposos aires de grandeza, los embajadores de Gran Bretaña, Francia y —of all places— Guatemala. Debido al tonto desaire del día anterior, se les recibe sin ceremonia alguna y en medio de la indiferencia generalizada. Después de todo se estaba en una guerra civil y a los señores embajadores no los acompañaba ninguna división del ejército federal. Obregón, en particular, los hace objeto de un trato frío y desdeñoso y les hace ver —entre enojado y divertido— que cualesquiera que sean las propuestas que le vayan a formular, la ocupación de la ciudad de México se llevará a cabo en la forma en la que él la tiene planeada y sin más garantías que las que tenga a bien negociar con el gobernador militar Eduardo M. Iturbide. En pocas palabras, dadas las circunstancias, la presencia de los diplomáticos —que el día anterior le quisieron dar una lección— sale sobrando.

Carden, que en las oficinas de la legación británica tiene guardado un cable urgente para el "capitán Ivar Thord-Gray", lo busca afanosamente para comunicarle de manera oficial que la guerra ha estallado en Europa y que debe reincorporarse al ejército que lo formó. El encuentro se vuelve un desencuentro. El embajador británico, respirando por la herida que le causó el maltrato que acababa de recibir de Obregón, adopta una actitud soberbia y condescendiente, e ignorando su rango como coronel del Ejército Constitucionalista, le ordena a Ivar que, en su carácter de capitán del ejército británico, le proporcione de inmediato todos los secretos militares del constitucionalismo. Así le lanza un torrente de preguntas acerca del número de tropas que Obregón tiene bajo su mando; del número de hombres que acompañan a Carranza; de la formación y organización de las respectivas divisiones, brigadas y regimientos; del número de unidades de artillería de que disponen; y otras muchas cuestiones más. En particular Carden aparece en extremo preocupado por la posibilidad de que los revolucionarios decidan bombardear la capital. Pero es de amplio conocimiento en el complejo mundo de las relaciones internacionales que los oficiales de inteligencia militar suelen ser mucho más hábiles y perspicaces que algunos de los augustos embajadores. Thord-Gray decide que lo mejor es ganar un poco de tiempo y que, para ello, lo más productivo, y a la vez entretenido, es desinformar, asustar de paso, al pedante enviado de Su Majestad Británica: "Resulta inútil decir que estaba harto de la presunción de este hombre, pero me di cuenta de que tenía que controlar mi temperamento y desempeñar mi papel, a pesar de lo desagradable que me resultaba. Después de dudar por un momento le contesté con la más de las deliberadas distorsiones de los hechos y con toda clase de falsedades. Le dije: 'Sir Lionel, lo que voy a comunicarle no se lo debe decir a nadie porque puede ocasionar que me fusilen por traidor. Tenemos veinte mil hombres a tan sólo dos millas de aquí, diez mil más arribarán mañana temprano, y Carranza con dieciocho mil hombres llegará durante la noche a un lugar que está situado a cinco millas. Tenemos seis baterías de artillería. Y hasta donde yo sé la ciudad no va a sufrir ningún tipo de bombardeo en la medida en la que los federales la abandonen de inmediato'.

"Para clarificar mis comentarios, debe mencionarse que quizá teníamos alrededor de seis mil hombres con nosotros. Que las tropas conjuntas de Obregón y Carranza no llegaban a los dieciocho mil hombres y que se encontraban a más de dos días de marcha. Teníamos solamente ocho baterías y por el momento únicamente disponíamos de una. Las tropas de Pancho Villa no estaban incluidas ni las considerábamos como parte nuestra, toda vez que él se encontraba en el lejano norte peleando por su propia causa. No obstante, el ministro británico se me quedó viendo seriamente y tan sólo alcanzó a balbucear: 'No hay esperanza para las tropas federales. Tendré que hacer mi mejor esfuerzo para sacarlas de la capital mañana mismo'."[7]

Así, el primero orgulloso y displicente sir Lionel partió, convenientemente desinformado, cabizbajo y temeroso de regreso a su legación, dispuesto a ejercer sobre los descabezados restos del ejército federal las migajas de influencia que le quedaban. Era apenas el inicio de lo que, en los próximos días, sería una complicada maniobra diplomática en la que el hábil militar sueco desempeñaría un papel en apariencia ingenuo pero, en realidad, maquiavélico.

En cuanto logra desembarazarse del primero altivo y después afligido enviado inglés, Thord-Gray se embarca en una larga conversación con el capitán de navío estadunidense Harry Hopkins, que figura como asesor de la misión diplomática. Lo encuentra extraordinariamente bien informado, se entienden de inmediato y la relación resulta tan buena que constituye el inicio de una amistad que durará toda la vida. Lo que no se aclara en *Gringo Rebel*, ni en la correspondencia personal, es cuál fue la materia o cuáles fueron los asuntos sobre los que versó ese inmediato entendimiento. Por ende, la pregunta es obvia: ¿qué hacía involucrado de manera activa en los problemas políticos y militares de la capital de la república un capitán de las fuerzas enemigas que ocupaban el puerto de Veracruz y a cuya presencia enérgicamente se habían opuesto tanto Huerta como Carranza?

Lo que sigue bien podría formar parte estelar de un manual que llevara por título "Estrategia para remover a un embajador que se ha vuelto inútil, pesado e indeseable". En principio hay que atenerse a la narración de los hechos que aparece consignada en *Gringo Rebel* y muy particularmente en la correspondencia privada del mismo Thord-Gray, para, a continuación, interpretar los hechos.

Una vez efectuada la toma de la ciudad de México, Ivar se traslada de la suntuosa Casa de la Condesa a la no menos suntuosa mansión porfiriana, ubicada en pleno Paseo de la Reforma, en la que Lucio Blanco ha instalado su residencia y cuartel general. Ahí el joven y carismático general le informa que un grupo de oficiales le ha externado su malestar por las actividades desplegadas por sir Lionel Carden en favor del régimen de Huerta y en contra del movimiento constitucionalista y que, por lo tanto, desean que, cuanto antes, se le declare "persona non grata" y se le obligue a salir del país. Cuando, supuestamente alarmado, el coronel sueco le pregunta a Blanco qué piensan hacer sus oficiales en caso de que, con justificada razón, Carden invocara su inmunidad diplomática y se negara a abandonar su puesto, recibe una respuesta furibunda: "Si ése es el caso, entonces quemaremos la legación [británica] hasta reducirla a cenizas, arrestaremos al embajador y lo entregaremos con todo su personal a los estadunidenses en Veracruz".[8] Lucio Blanco y sus oficiales inauguraban la diplomacia incendiaria de la primera mitad del siglo XX.

Thord-Gray elige calmar los ánimos y les propone que, en su calidad de capitán del ejército británico, y tomando en consideración que aproximadamente un mes antes de la caída de Huerta, Carden se ha hecho cargo de los asuntos de la ahora cerrada legación sueca,[9] le permitan convencer a sir Lionel, con razones lógicas, de que lo más conveniente para el futuro de las relaciones entre México y Gran Bretaña, así como para su salud personal, es que, a la brevedad posible, opte por removerse a sí mismo y se vaya por una buena temporada a pescar truchas y salmón a Escocia. Los radicales no admiten medias tintas. Están de acuerdo en la intermediación del oficial sueco pero le prohíben "convencer" al odiado embajador y le ordenan que "demande" su inmediata salida.

La historia es increíble por dos razones: *a*) desde los inicios del movimiento constitucionalista el Primer Jefe manejó personalmente todos los asuntos internacionales, sin tolerar intromisiones de nadie y sólo consultando, cuando así le parecía prudente, a su secretario de Relaciones Exteriores, el que con el tiempo sería el gran internacionalista Isidro Fabela, y a su consejero predilecto, Luis Cabrera. Don Venustiano era en particular autoritario y, como tal, no toleraba interferencias de nadie, y mucho menos de militares, en cuestiones que consideraba reservadas al poder civil como la política exterior. Es más, en esta cuestión ni siquiera habría escuchado las opiniones de su comandante en jefe el general Álvaro Obregón y menos las de un comandante de menor jerarquía como Blanco; y *b*) en las fechas en las que ocurrieron estos hechos, Lucio Blanco se encontraba en una posición política en extremo delicada. Reducido al simple papel de general de una división de caballería, era vigilado con celo por Carranza y Obregón, en virtud de que el coronel Francisco Serrano había lanzado a los cuatro vientos el infundio de que tenía ambiciones presidenciales. En tales condiciones, si se hubiera aventurado por sí mismo a una empresa de la envergadura de expulsar nada menos que al ministro plenipotenciario del imperio británico —por pérfido y huertista que éste hubiera sido—, habría desatado la descomunal ira del Primer Jefe que, en menos de una semana y con la complaciente anuencia de Obregón y Serrano, lo habría degradado, encarcelado y tal vez fusilado. Por si lo anterior no hubiera sido suficiente, Blanco con dificultades podría haber olvidado la severa reprimenda que le puso el Primer Jefe cuando, en los inicios de la revolución constitucionalista, decidió, por sí y ante sí y de parte de Dios que puede más que nadie (como decía mi abuela), expropiar el latifundio llamado Los Borregos, que el "sobrino de su tío", el general Félix Díaz, tenía en el estado de Tamaulipas.

De cualquier manera, blandiendo el nombre del general Lucio Blanco, Thord-Gray se traslada al elegante, aunque fortificado, edificio de la legación británica. Ahí le recibe con cortesía el primer secretario Thomas Hohler, quien resulta ser una persona de amplio criterio y naturaleza comprensiva; algo inusual en los diplomáticos de esos días que solían ser evasivos, rígidos y vivían envueltos en una pesada etiqueta que no se avenía para nada con las turbulencias revolucionarias que habían invadido, como remolino largo tiempo contenido, al país en el que se encontraban acreditados.

Hohler le informa al coronel mexicano y ahora renovado capitán británico que sir Lionel de momento no se encontraba en la legación. Como el asunto no toleraba dilación alguna, Ivar se ve forzado a expresarle con brutal franqueza el motivo de su visita, incluyendo la siniestra perspectiva de que, de no acceder a sus demandas, la legación, con todo y la orgullosa Union Jack que cubre casi toda la entrada, pronto serán pasto de las llamas y el señor embajador y su personal, Hohler incluido, acabarán con todos sus huesos en calidad de rehenes de la marina estadunidense en Veracruz. El primer secretario se queda sin habla. Lo que acaba de escuchar rompía con los principios mismos en los que se fundaba el servicio diplomático y la tradición y dignidad de su oficio. Cuando por fin pudo recuperar su habitual compostura, le dijo a Thord-Gray que comunicaría el asunto al ministro Carden a la mañana siguiente. Pero el aguerrido militar sueco no estaba para entelequias protocolarias que, por lo demás, los rebeldes ni entendían ni les importaban. Cortando por lo sano, le hizo ver que si no quería experimentar en carne propia lo que es una Revolución con mayúsculas, más le valía informar de inmediato a su jefe o atenerse ambos a las inevitables consecuencias. "Al salir de la legación, me detuve y hablé con un guardia militar británico que se ocultaba detrás de los costales de arena que protegían el edificio, y de lo que me dijo deduje que sir Lionel Carden se encontraba en su oficina y que probablemente había escuchado mi conversación con el primer secretario."[10]

Unos días después el comprensivo —y ahora angustiado— Mr. Hohler se traslada a la Casa de la Condesa para entregarle de propia mano a Ivar una invitación formal para reunirse a comer con Carden en la residencia privada de la legación. La comida se convierte en un acto fastidioso e interminable, pues al señor embajador le da por ponerse a parlotear sobre banalidad y media como si fuera una de esas viejas y alegres comadres de Windsor que tanto divertían a Shakespeare. Como la comedia parecía no tener fin, al llegar al café, de la manera más poco diplomática que se pueda concebir, Thord-Gray le espeta a bocajarro: "¿Sir Lionel, cuándo piensa salir de México?".[11] El augusto diplomático, al borde de un ataque de apoplejia, se pone a resoplar "como rinoceronte en decadencia"[12] y, haciendo un gran esfuerzo para controlar la ira que parece dominarlo, exclama: "¡Usted y los bandidos con los que se ha asociado no tienen ningún derecho de dictar órdenes al representante de Su Majestad! ¡Que tenga usted un buen día, capitán Gray!".[13]

Ante el inminente nuevo triunfo de la inteligencia militar sobre la diplomacia, Ivar se levanta del mullido sofá en el que lo habían instalado, le hace una elaborada caravana al "representante de Su Majestad" y sale de la legación. Más tarda en salir que en ser alcanzado por el primer secretario, el que, en notorio estado de excitación, le pide que no vaya a hacer nada drástico —como transformarse en pirómano de embajadas— ya que piensa visitarlo esa misma tarde para proponerle un plan que puede resolver el problema sin necesidad de violencia.

Alrededor de las cinco de la tarde de ese mismo día (una fecha no precisada del todo en *Gringo Rebel* pero que, dada la secuencia de los hechos, puede muy bien ubicarse a fines de agosto o, a lo más, a principios de septiembre de 1914), Hohler se aparece por la Casa de la Condesa. Al principio de la entrevista trata de ganar tiempo aduciendo que necesita instrucciones expresas de Londres, lo cual puede llegar a tomar hasta veinte días. De nueva cuenta Thord-Gray se ve obligado a pararlo en seco. En términos claros y precisos hace de su conocimiento —por si no lo sabía o fingía no saberlo— que en la legación existe un código especial que permite enviar y recibir cables urgentes al y de la Foreign Office en Londres. Por lo tanto, le sugiere utilizarlo esa misma noche, si es que no quiere probar los ardores de las revueltas que, de vez en vez, suelen estallar por los rumbos del Trópico de Cáncer. Amedrentado, el primer secretario le contesta que, en circunstancias extremas, el segundo de a bordo en una legación puede recurrir al sabio auxilio de Londres cuando considera que el ministro está cometiendo una grave equivocación; por lo que, en vista de la gravedad de la situación, está dispuesto a hacerlo, aunque si es malinterpretado por sus superiores el atrevimiento puede costarle su carrera en el cuerpo diplomático. Ivar sin mostrar compasión alguna por el predicamento en el que involuntariamente ha quedado colocado el bueno de Hohler, le recomienda proceder de inmediato, ya que, por lo demás, las circunstancias son bastante extremas.

Dos días después la intimidación surte el efecto deseado. A través de un cable urgente y codificado, la Foreign Office ordena la remoción de sir Lionel Carden y su inmediata salida hacia Veracruz. De pronto el altivo agente confidencial en México del magnate petrolero lord Cowdray, por los azares de la geopolítica y de la geoeconomía, se convierte en un ente superfluo y redundante. Sin embargo, el asunto termina en medio de un ballet protocolario. Sir Lionel, la tarde anterior a su partida, invita a Thord-Gray a tomar el té en la legación para despedirse civilmente y, con toda seguridad, para transmitirle las últimas instrucciones del servicio de inteligencia militar para su reincorporación al ejército británico. El primer secretario es ascendido a ministro plenipotenciario, y como logra mantener intactas las concesiones y los suministros petroleros del ineludible lord Cowdray, con el tiempo Su Majestad lo declara caballero del reino y pasa a ser sir Thomas Hohler. Años después se encuentra —en la residencia campestre de un amigo común ubicada en Sevenoaks, Inglaterra— con Ivar y pasan largo rato rememorando y discutiendo sobre los viejos y lejanos tiempos en los que era posible planear el incendio de toda una legación británica y ejecutar la súbita remoción de un augusto embajador. Algo así como "the good old days in the bloody tropics", para parafrasear el lenguaje —a la vez condescendiente y temeroso— con el que los ingleses suelen referirse a cualquier país que se encuentre fuera de los límites del continente europeo.

Hasta aquí la narración —con algunas licencias literarias— contenida en *Gringo Rebel*. Ahora toca hacer un análisis lógico y, sobre todo, realista. Como se apuntó líneas atrás, la historia es bastante inverosímil. Por consiguiente, preciso es tratar de darle el enfoque correcto:

Tras abandonar su natal Suecia como marinero, sin más experiencia militar que sus tempranas andanzas de cazador en la isla de Björkö, armado de un viejo rifle con bayoneta que le regalara su padre, Thord-Gray se enrola en el ejército británico en busca de las aventuras y oportunidades que por esos días únicamente podía depararle la milicia que protegía los intereses del imperio por todos los confines del mundo. Recibe un entrenamiento militar en extremo riguroso que, gracias a su innata disciplina y a su entusiasmo por recorrer, entendiéndolo, el universo en el que le ha tocado vivir, en un tiempo razonablemente breve lo eleva a los rangos de oficial de caballería, artillería e inteligencia militar. Sus andanzas acaban por depositarlo en las Filipinas en donde, al fragor de una guerra de anexión imperial, colabora activamente con la marina y el ejército estadunidenses. En 1908 las viejas pugnas entre Gran Bretaña y su antigua colonia americana han llegado a su inexorable fin, para dar paso a una alianza estratégica que, en su esencia, perdura hasta nuestros días, encaminada a preservar la supremacía mundial de la raza anglosajona. En tal virtud, el tránsito de nuestro personaje de un ejército a otro resulta la cosa más natural del mundo. Sus actividades al salir de México lo demuestran con claridad.

De 1915 a 1917 sirve con distinción al ejército británico en el frente europeo de la primera guerra mundial. En 1917 regresa a Estados Unidos para instruir y entrenar a las tropas que pronto partirán a Europa, como aliadas de los británicos, a poner punto final a la gigantesca conflagración que ha pasado de ser europea para convertirse en genuinamente mundial. 1918 lo encuentra como jefe de inteligencia militar en la campaña británica en Siberia.[14] De todo esto se desprende que Thord-Gray, por formación, vocación y convicción tuvo, a lo largo de su carrera militar, dos cosas muy claras: que los intereses geopolíticos de Gran Bretaña y Estados Unidos —a pesar de las naturales diferencias de criterio que eventualmente pudieran presentarse— se nutren y se complementan de un modo casi natural y que el enemigo real y virtual de ambos está en Alemania.

En el frenético Shanghai de principios de 1913, la Revolución mexicana debía de parecerle tan cercana como las revoluciones de Neptuno. Sin embargo, de improviso Ivar abandona todo un triángulo fascinante para su espíritu de agente internacional —constituido por Filipinas, Indochina y las exquisitas filigranas diplomáticas que trajo aparejada la intervención occidental en el siempre enigmático imperio chino—, para trasladarse al otro lado del mundo y embarcarse en un caótico movimiento armado que ningún extranjero sensato se habría atrevido siquiera a presenciar de lejos. Su estancia previa en San Francisco, California, y su incorporación a las tropas villistas, esclarecen varias interrogantes. Para noviembre de 1913, por las razones que sean —morales o geopolíticas, o ambas entrecruzadas—, el gobierno estadunidense ha decidido desconocer al régimen golpista de Victoriano Huerta. El caudillo natural para encabezar la naciente rebelión parece ser Pancho Villa. Sus fabulosas cargas de caballería, practicadas en las cercanías de Texas, aunadas al entusiamo popular que despierta en su triple calidad de redentor, peón y bandido, han hecho de él la figura mexicana más conocida en el exterior. Por eso Thord-Gray, prácticamente a la fuerza, se enrola en el naciente ejército del Centauro en calidad de capitán de artillería, y así participa en la batalla de Tierra Blanca que, a la larga, simbolizaría la consolidación de Villa como el jefe indiscutido de la históricamente célebre División del Norte. Pero Villa, a pesar de sus dotes como líder y estratega, por sus orígenes mismos, no sólo es un hombre inculto sino políticamente ingenuo. La forma en la que maneja el asesinato, inhumación clandestina, exhumación, macabro fusilamiento e inhumación oficial del hacendado y contrabandista británico William Benton, lo conduce a un rápido descrédito internacional. A fin de cuentas, para los herederos de la Doctrina Monroe y de la tesis de la gravitación política de John Quincy Adams, el Centauro Fílmico —como lo llama el historiador Enrique Krauze— no es el hombre indicado.

Frente a las sucesivas violencias, desmanes, ingenuidades y hasta ternuras de Villa, la figura sobria, distinguida y patriarcal de Venustiano Carranza ofrece un contraste muy atractivo para el gobierno y el congreso de Estados Unidos. Poseedor de una sólida cultura humanista, dueño de una larga experiencia política y especialmente astuto para los manejos diplomáticos, el Primer Jefe —no obstante sus tendencias al autoritarismo y sus ocasionales arranques de nacionalismo al estilo de los liberales del siglo XIX— es un interlocutor confiable con el que Estados Unidos, al final de todos los sobresaltos del camino, acabará por entenderse. Además ha envuelto su movimiento en una bandera que a los políticos y periodistas de Washington y Nueva York les resulta impecable: la reunificación de la República federal y la restauración del orden constitucional roto por un generalote tan cruel como ambicioso.

Al cambiar los vientos en el Departamenteo de Estado, el rumbo de la aventura mexicana de Thord-Gray tiene por fuerza que cambiar. Es imperativo organizar, preparar y entrenar sobre la marcha al ejército revolucionario que en verdad cuenta con el imprescindible apoyo estadunidense. Por esa razón, unos cuantos días después de la batalla de Tierra Blanca, el agente confidencial sueco recibe instrucciones de abandonar la artillería villista, cruzar por territorio estadunidense de Texas a Arizona y reportarse en Hermosillo, Sonora, al cuartel general constitucionalista para colaborar activamente en la capacitación y entrenamiento de lo que casi un año más tarde sería el nuevo ejército mexicano.

La larga y triunfante marcha de Hermosillo a la gran ciudad capital constituirá el pleno cumplimiento por parte de Ivar de la delicada misión militar que le fue encomendada. Sin embargo, el triunfo de la revolución constitucionalista, al coincidir con el inicio de la guerra europea, trajo consigo un grave problema internacional. Estados Unidos, por razones obvias, tenía que apoyar a Gran Bretaña —y en especial a su marina— contra el agresivo expansionismo alemán que no sólo rompía el siempre delicado equilibrio europeo, sino que atentaba contra la doctrina wilsoniana de la seguridad colectiva. Para ello el petróleo mexicano resultaba indispensable. Pero no era posible pedirle al gobierno de Carranza que respetara escrupulosamente las concesiones otorgadas a las empresas de lord Cowdray, cuando el más conspicuo de los representantes en México de Su Majestad Británica, sir Lionel Carden, se había pasado los dos últimos años dedicando sus mejores esfuerzos a conseguir créditos, armas, municiones y reconocimientos diplomáticos al odiado régimen del general Huerta. Dentro de semejante contexto, no cabía la menor duda de que don Venustiano no consentiría en recibir siquiera a un embajador de tan dudosas credenciales. De pronto Carden se había vuelto un estorboso peón en el complicado tablero del ajedrez internacional. El destacado historiador mexicano Lorenzo Meyer explica a la perfección este conflicto, cuando afirma que: "Con la llegada del presidente Woodrow Wilson al poder en Estados Unidos en 1913, se introdujo un nuevo e inesperado elemento en el panorama mexicano. Wilson, un antiguo profesor de ciencia política, identificó a la consolidación de instituciones modernas en el mundo periférico como el único camino para lograr lo que más convenía a Estados Unidos: la estabilidad. Apoyar a una dictadura militar en México como la de Victoriano Huerta, era simplemente posponer la institucionalización de la modernidad política mexicana y latinoamericana, por ello decidió no sólo no reconocer al golpista, hasta ese momento apoyado por estadunidenses y europeos, sino, finalmente, aceptar la legitimidad de las acciones de los revolucionarios para echar al ejército de un lugar que no le correspondía. El que aún no exisitiera el anticomunismo, permitió que, de entrada, Estados Unidos no descartara a la revolución social que empezaba a desarrollarse en México.

"Los europeos, con una perspectiva distinta —de corto plazo— y con la certeza de que un país como México no podía ser democrático, es decir, moderno, chocaron con Wilson y mantuvieron el apoyo a la dictadura militar. Sin embargo, para fines de 1913 Washington había obligado una vez más a Europa a reconocer que en su zona de influencia geográfica inmediata no toleraba interferencias de otros países. Finalmente, acosado por fuerzas internas y externas, Huerta dejó el poder en 1914. Al estallar la primera guerra mundial, Inglaterra y Francia se subordinaron enteramente a Washington en asuntos mexicanos [...]."[15]

Bajo semejantes condiciones la presencia de sir Lionel Carden en México resultaba inconveniente para todas las partes interesadas, lord Cowdray incluido. Una vez que Gran Bretaña se había subordinado a su política mexicana, Estados Unidos tenía que ayudarla en Europa con todos los medios a su alcance, empezando con el oro negro mexicano, ya que sin ese vital elemento la poderosa marina británica quedaría inmovilizada y, por ende, a merced de la creciente flota prusiana. No obstante, Wilson no podía forzar a Carranza a entrar en tratos con el ministrio plenipotenciario que, literalmente, había sostenido la dictadura de Victoriano Huerta. Por su parte, el nuevo presidente provisional, acosado por Villa en el norte y por Zapata en el sur, requería con urgencia tanto el reconocimiento y el apoyo estadunidenses como los ingresos fiscales que se derivaban de las concesiones petroleras, para consolidarse en el poder alcanzado a costa de tantos esfuerzos y sacrificios; pero su sentido de la dignidad republicana y federalista le impedía negociar con un embajador que había apoyado con descaro la ruptura del orden constitucional. Cowdray, al precio que fuera, tenía que incrementar la producción petrolera mexicana bajo la pena, en caso contrario, de ser uno de los culpables de la posible ruina bélica de su país. El enredo no podía ser más complicado.

Por consiguiente, para Wilson, Carranza y la Foreign Office en Londres había llegado el momento de recurrir a una vieja estrategia diplomática: tirar la piedra y esconder la mano. Para ello, el triple carácter de Thord-Gray como oficial de inteligencia de los ejércitos británico y estadunidense, como coronel de caballería del Ejército Constitucionalista y como ciudadano sueco, cuyos intereses en México también representaba Carden, resultaba ideal pues tenía las conexiones exactas para remover de manera extraoficial al de súbito indeseable sir Lionel. De ahí que los verdaderos hechos tal vez hayan ocurrido de la siguiente manera: en Teoloyucan Ivar entra en contacto con un misterioso personaje que se había deslizado desde Veracruz para participar en la rendición y entrega de la ciudad de México: el capitán de la marina estadunidense Harry Hopkins, del que literalmente en *Gringo Rebel* dice que: "Parecía actuar por su cuenta, pero debía de tener el carácter de asesor de alguien ya que de otra forma no habría estado presente. Estaba extremadamente bien informado, era un gran tipo y nos convertimos en amigos de por vida".[16] En ese momento y en esas circunstancias estar "extremadamente bien informado" sólo podía significar una cosa: ser agente de inteligencia militar. Además uno no se convierte en "amigo de por vida" de alguien como consecuencia de una plática que, según confiesa el mismo Ivar, fue continuamente interrumpida por el embajador Carden. Es evidente que ambos colaboraron estrechamente en varias misiones, la primera de las cuales fue la remoción del "representante de Su Majestad" para salvaguardar los intereses comunes de Estados Unidos y Gran Bretaña en México.

Consumada la toma de la ciudad capital, Thord-Gray y Harry Hopkins se ponen manos a la obra. Acatando las instrucciones recibidas de Londres (recuérdese que lo primero que le dijo Carden a Ivar cuando se conocieron en Teoloyucan es que en la legación británica había un cable urgente para él) y de Veracruz (recuérdese que la marina a la que reportaba Hopkins ocupaba ese puerto) y aprovechando la posición del propio Thord-Gray en el Ejército Constitucionalista, trazan todo un plan para defenestrar al inoperante y altivo embajador, a fin de que quede en su lugar el más accesible señor Hohler, con el que el no menos altivo señor Carranza seguramente podía entenderse en lo esencial, como en efecto sucedió, en atención a que a Hohler, como un mero primer secretario, no podía atribuírsele un pasado prohuertista.

Utilizando como cómplice al general Lucio Blanco para contar con la garantía de que el gobierno provisional se mantendrá al margen de la maniobra, Thord-Gray llega al extremo de proferir la insensata amenaza de que de no retirarse sir Lionel por su propio pie, un grupo de oficiales radicales y nacionalistas, encabezados por el meteórico Blanco, procederán a reducir a cenizas el elegante edificio de la legación y a conducir bajo cuerda a todo el personal diplomático hasta el, por esos días, inhospitalario puerto de Veracruz, en justo castigo a lo que consideran fue una conducta pérfida y traidora.

De haber estado sir Lionel menos asustado y preocupado, se habría dado cuenta de que todo era un truco, pues como el mismo Thord-Gray lo confiesa, si los constitucionalistas se hubieran atrevido a incendiar la legación británica, el presidente Wilson habría sufrido uno de sus severos ataques de indignación y habría ordenado que las tropas que ocupaban Veracruz marcharan —a paso redoblado— a la capital para imponer el orden y castigar a los culpables; lo que, de pasada, habría derrumbado al todavía frágil gobierno de don Venustiano y habría complicado aún más las siempre complicadas relaciones entre México y Estados Unidos.

Pero parece ser que en el fondo el augusto sir Lionel Carden era una especie de "old spinster" (vieja solterona) que, bajo la máscara de la altivez y la aparente intransigencia, trataba de ocultar el pavor que le provocaba el verse rodeado de pronto por un ejército que suponía enteramente compuesto de peones y bandidos y a cuya merced se encontraba por más Union Jacks que colgara de la fachada de su legación. Además no podía confiar en Woodrow Wilson, ya que él, de la noche a la mañana, había cambiado la jugada diplomática armada por el embajador Henry Lane para sustituir a Madero por Huerta; la que sir Lionel había aplaudido en silencio creyendo que contaba con la bendición del Departamento de Estado.

Así, entre temores e intrigas que deben haber afectado seriamente su propio sentido del orgullo y de la dignidad personal, Carden cede ante lo inevitable y acepta que sea su mismo primer secretario el que le haga entrega del cable de la Foreign Office que confirma su destitución. En esos momentos sir Lionel debe haber experimentado un odio ilimitado por el capitán-coronel sueco que había tenido la audacia de dictarle la conducta a seguir. Sin embargo, como sabe que se trata de un oficial de inteligencia militar, que, en tiempos de guerra, pesa más que un embajador, y que él, por su parte, tiene que salvar para su futuro inmediato el poco pellejo diplomático que le queda, en un gesto típico británico lo invita a compartir los sofisticados placeres de una "tea party" la tarde anterior a su partida.

Los hechos en realidad tienen que haber ocurrido en esa forma. Es decir, como parte de un complot perfectamente bien organizado para evitar que el reconocimiento diplomático y la ayuda económica proporcionada por sir Lionel Carden al régimen de Huerta, afectara los suministros de petróleo mexicano a la marina británica en el momento mismo en el que daba inicio la primera guerra mundial. Al respecto, debe recordarse que en estas cuestiones, Estados Unidos y Gran Bretaña nunca han tenido amigos, sólo intereses. Y que ésa es la esencia de la política internacional. Además esto es lo único que puede explicar el que un simple capitán haya removido sumariamente a un ministro plenipotenciario y extraordinario de Su Majestad Británica.

ZAPATA PAGA UNA DEUDA

De todas las revoluciones ocurridas en este país de revoluciones que es México, ninguna ha tenido el profundo efecto social que produjo la emprendida por Emiliano Zapata en el sureño estado de Morelos en 1910. Con el paso de los años las reivindicaciones agrarias postuladas por Zapata se convirtieron en la bandera principal de varios gobiernos posrevolucionarios, destacando en ese sentido el del presidente Lázaro Cárdenas (1934-1940). De igual manera quienes en el México del siglo XX han luchado por determinadas causas populares —siempre presentes en un país caracterizado por la injusta distribución de la riqueza— han tomado la figura y los ideales del caudillo del sur como inspiración y símbolo. El caso más publicitado y reciente es el del llamado Ejército Zapatista de Liberación Nacional (EZLN) que, el primero de enero de 1994, iniciara un movimiento armado en la selva de Chiapas en pro de la reivindicación de los derechos de los pueblos indígenas, siempre ignorados por el gobierno central. Cualesquiera que sean las motivaciones de lo que se dio en llamar la "última guerrilla del siglo XX" —ya que debe tenerse presente que se trata de un heterogéneo movimiento en el que se mezclan intelectuales universitarios de izquierda con miembros de un clero católico dogmático y manipulador, en un escenario territorialmente limitado pero que ha logrado enorme difusión internacional, que tiene como trasfondo las enormes reservas de uranio existentes en Chiapas y el posible control sobre la futura vía estratégica del istmo de Tehuantepec— es el nombre de Zapata el que le otorga prestigio y legitimidad como fuerza opositora.

La lucha por la tierra en los pueblos y en las comunidades de México es tan antigua como el país mismo. Los tres siglos de Colonia española son un compendio de abusos, pero también de contradicciones legales. Los encomenderos peninsulares —así llamados porque la corona española les había concedido "la encomienda" de cuidar y desarrollar tierras y pueblos— desplazan a los indígenas de sus antiguos dominios, los persiguen, los apresan, los hierran como ganado y, para toda clase de efectos prácticos, los reducen a la más abyecta de las esclavitudes. Pero, al mismo tiempo, las Leyes de Indias y ciertas disposiciones de los reyes y los virreyes tienden a protegerlos con mercedes y restituciones de tierras que se conocieron como fundos legales. Entonces se libra un combate sordo porque la norma jurídica fundamental de los tiempos coloniales es el célebre "acátese pero no se cumpla"; los indígenas —muchos de ellos ya mestizos, producto de la incesante violación de sus madres por cuenta de peninsulares y criollos— se repliegan, se humillan y, en general, guardan silencio con una reservada y conmovedora dignidad. Pero en cuanto se les presenta una ocasión propicia regresan a sus fundos y pelean, lo mismo contra encomenderos que contra determinadas corporaciones eclesiásticas, por ese sagrado don del cielo que es la tierra de labranza. La lucha se da a veces en los tribunales y a veces a mano armada. El resultado final casi siempre acaba por favorecer a los conquistadores.

La Independencia empeora las cosas. Durante todo el siglo XIX prevalece el credo clásico del liberalismo económico "dejad hacer, dejad pasar". El Estado no interviene, y su abstención condena a los campesinos a nuevas formas de peonaje y semiesclavitud: los encomenderos se transforman en hacendados. El porfiriato acaba por destruir toda esperanza. Bajo los lemas del progreso y de la poca política y la mucha administración, se concentran grandes extensiones territoriales en unas cuantas manos para propiciar con ello el desarrollo intensivo de la agricultura y la ganadería y el deslinde de los terrenos que han de servir como "derecho de paso" para la operación del nuevo símbolo de la prosperidad nacional: los ferrocarriles.

Con los hacendados transformados en latifundistas, los peones descienden aún más en la nueva escala social. Ahora pasan a ser "peones acasillados", especie de siervos de la gleba que trabajan en condiciones infrahumanas a cambio de una mísera retribución que consiste en "vales" que sólo pueden canjear en las "tiendas de raya" de las haciendas por los artículos de subsistencia más elementales.

El Morelos de Zapata es un ejemplo cabal de este perverso laboratorio social. A lo largo de la segunda mitad del siglo XIX el pueblo de Anenecuilco —del que el futuro caudillo era oriundo— fue perdiendo los fundos legales que le reconocieron desde los tiempos de la Colonia. El crecimiento de las haciendas —convertidas en ingenios azucareros— de El Hospital y Chinameca arrojó a los montes a los pocos lugareños que no se habían incorporado a la masa irredenta de los peones acasillados, para tratar de sobrevivir trabajando tierras de agostadero que casi nada producen y que apenas les dan para medio alimentar a su mísero ganado; aún así los persiguen los latifundistas, que alegan que sus animales dañan las cosechas de caña de azúcar. En el colmo de la ironía, los dueños de El Hospital y Chinameca son españoles. La falta de conciencia social en materia agraria de los Científicos porfiristas llega al extremo de propiciar el resurgimiento de la odiada encomienda colonial. Eso sí, las cifras macroeconómicas son impresionantes: gracias a los ingenios morelenses México alcanza el tercer lugar en la producción mundial de azúcar, superado tan sólo por Hawai y Puerto Rico.[1]

No obstante que es un ranchero relativamente próspero, Zapata comparte y entiende los sufrimientos ancestrales de su pueblo y lo expresa a través de dos vertientes: la veneración por la tierra y el odio a los españoles, a los que increíblemente el régimen porfirista —que, a fin de cuentas, encabeza un viejo liberal, republicano y nacionalista— les ha permitido que vuelvan a enseñorearse en sus antiguos dominios. Es más, las huestes campesinas que en 1911 se unirán al movimiento zapatista obedecerán a ese denominador común de odio a los españoles, ya que, por ejemplo, los peones que trabajan en las minas cercanas, que operan compañías estadunidenses, se mantienen ajenos a la rebelión porque temen perder sus puestos de trabajo, que, dadas las circunstancias de la región, son más o menos bien remunerados y les significan un buen trato como asalariados.

En el odio a los españoles Zapata coincide con Villa, que en las sucesivas tomas de Ciudad Juárez y Chihuahua se dedicó a "quebrar" a cuanto comerciante español encontró a su paso, por considerar —no sin cierta razón— que se enriquecían a costa del hambre del pueblo.

El artículo del Plan de San Luis —promulgado por Francisco I. Madero como fundamento político y social de su campaña antirreeleccionista— que habla de la restitución a las comunidades de las tierras que habían usurpado las haciendas, inspira a Zapata y a su gente a tratar de hacerse justicia por propia mano; ante el paulatino derrumbe del orden establecido y cansados de tantos despojos y vejaciones, los zapatistas emprenden la lucha. En el fondo se trata de la misma táctica empleada en los tiempos de la Colonia: en cuanto se les presenta la oportunidad, pueblos y comunidades recuperan sus antiguos fundos legales y reivindican sus ancestrales derechos de propiedad.

Zapata se apodera de la hacienda de Chinameca y hace bueno el grito de Hidalgo al consumar una carnicería de "gachupines". De ahí sigue a Jonacatepec y otros poblados circunvecinos. La rebelión se extiende como reguero de pólvora: hay muchos y viejos agravios que cobrar. Para fines de mayo de 1911, los zapatistas ocupan las dos principales ciudades del estado de Morelos: Cuernavaca y Cuautla. La revolución agraria parece incontenible y se acerca a tan sólo ochenta kilómetros de la capital de la república.

Madero intenta controlar al caudillo emergente; durante el interinato de León de la Barra se entrevistan dos veces y la petición de Zapata es muy sencilla: sólo quiere garantías para la restitución de tierras a su gente, y promete que, una vez que esto se cumpla, retornará a la vida privada para dedicarse al cultivo de sus campos. Madero, como de costumbre, es un mar de contradicciones. Por una parte, exige el inmediato licenciamiento de las tropas zapatistas, para que sean sustituidas por una división del ejército federal al mando nada menos que del general Victoriano Huerta; por la otra, les pide a quienes han hecho gala de una paciencia de siglos que la sigan teniendo hasta que él pueda "estudiar" las medidas apropiadas.

Sin recibir ningún tipo de garantías del apóstol espiritista, y perseguido sin cuartel por el feroz Huerta, Zapata empieza a recelar del futuro presidente, con el que nadie sabe a qué atenerse pues, como bien dice la novelista Ángeles Mastretta: "Este hombre nos va a meter en un lío del que ni él va a salir bien librado. No sabe lo que quiere. Todo se le va en buenas intenciones, vaguedades y sanos propósitos. Mientras encierran a la gente por sólo pronunciar su nombre con euforia, el señor anda queriendo quedar bien con la Iglesia, con los pobres, con los ricos, con las putas y las damas de San Vicente".[2]

Pero Zapata sí sabe lo que quiere y continúa peleando denodadamente por ello, devolviéndole a los "pelones" de Huerta violencia por violencia, atrocidad por atrocidad. La intransigencia del caudillo de las tierras del sur, acaba por desesperar a Madero —el amo de las transacciones— que, desesperado por no poder quedar bien con todos, a unos cuantos días de asumir la presidencia de la República, le escribe las siguientes líneas: "[debe] rendirse a discreción y salir del país [pues] su actitud de rebeldía está perjudicando mucho a mi gobierno".[3] Zapata, desconcertado y enfurecido, por toda respuesta le anuncia que cuando tome la ciudad de México lo va a sacar del Castillo de Chapultepec y lo va a colgar de uno de los sabinos más altos del bosque, por andar haciendo promesas falsas a los campesinos.

No podía ser de otra forma: una vez más, un hacendado del norte había traicionado a los agraristas del sur. La misma Ángeles Mastretta explica el desengaño que sufrieron los zapatistas: "Las elecciones le habían dado a Madero un triunfo absoluto. Pero su presencia en el gobierno no había mejorado en nada las cosas para los campesinos. Tras la persecución que devastó sus pueblos y cosechas [...] decidieron apoyar la toma de tierras y la rebelión contra el gobierno que no les cumplía lo que prometió darles a cambio de su apoyo. No querían una paz de mentiras, no podían salirle a su gente con que tras tanto muerto y tanto grito, los peones seguirían siendo peones y las haciendas tendrían los mismos dueños. No había palabra, ni mensaje, ni orden con los que convencer a los campesinos de quedarse conformes y en las mismas [...]".[4]

Zapata, empero, no quería que a su movimiento se le considerara un alzamiento de "peones roba vacas", como ya lo juzgaban la prensa de la capital y los "pelones" huertistas. El 25 de noviembre de 1911, en la rústica villa del mismo nombre, expide el Plan de Ayala, que le otorga legitimidad social a su causa y que, sin proponérselo su autor, se constituye en el antecedente obligado del artículo 27 de la Constitución federal mexicana promulgada en Querétaro el 5 de febrero de 1917, bajo la égida del presidente Venustiano Carranza, y en el emblema de todas las reivindicaciones campesinas e indígenas, desde Morelos en 1911 hasta Chiapas en 2000; es decir, en el emblema de todo un siglo de injusticia, incomprensiones y confrontaciones.

Los artículos fundamentales del Plan de Ayala no revelan ningún tipo de ambiciones políticas o de esquemas para el reparto de los poderes públicos. Es más, a diferencia de otros planes de la época, como el de San Luis (Madero) o el de Guadalupe (Carranza), ni siquiera denotan el afán de trascender en términos históricos. Únicamente se centran en la cuestión del reparto de tierras; la tierra que para los zapatistas es madre, hogar y maestra. Así, en el artículo 6° se establece que: "[...] hacemos constar que los terrenos, montes y aguas que hayan usurpado los hacendados Científicos o caciques a la sombra de la tiranía y de la justicia penal, entrarán en posesión de estos bienes inmuebles desde luego los pueblos y ciudadanos que tengan sus títulos correspondientes a esas propiedades, de las cuales han sido despojados, por la mala fe de nuestros opresores, manteniendo a todo trance con las armas en la mano la mencionada posesión, y los usurpadores que se consideren con derecho a ello lo deducirán ante tribunales especiales que se establezcan al triunfo de la Revolución".

A mayor abundamiento de lo anterior, el artículo 7° señala que: "En virtud de que la inmensa mayoría de los pueblos y ciudadanos mexicanos no son dueños del terreno que pisan, sufriendo los horrores de la miseria sin poder mejorar su condición social, ni poder dedicarse a la industria o a la agricultura por estar monopolizados en unas cuantas manos las tierras, montes y aguas, por esta causa se expropiarán previa indemnización de la tercera parte de esos monopolios a los poderosos propietarios de ellos, a fin de que los pueblos y ciudadanos de México obtengan ejidos, colonias, fundos legales para pueblos o campos de sembradura o de labor, y se mejore en todo y para todo la falta de prosperidad y bienestar de los mexicanos".[5]

Aun cuando estos postulados serían perfeccionados y hasta superados por la Ley Agraria del 6 de enero de 1915 y por el texto mismo de la versión original del artículo 27 constitucional, hasta la fecha lo que asombra es la pureza de intenciones de este plan, aparte del lenguaje llano y digno en el que está redactado. De lo que se trata, en esencia, es de que cada ciudadano mexicano y su familia sean dueños del suelo en el que viven, trabajan y sueñan sin importar que éste se reduzca a una parcela ejidal o al fundo legal de una comunidad. Los medios e instrumentos que propone quizá no sean los más ortodoxos o los más prácticos y realizables, pero lo que trasciende hasta nuestros días es ese ánimo de reivindicación social; el que, al recoger un sentimiento que siempre ha anidado en el interior de la gran mayoría de los mexicanos, llega al extremo de identificar a la siempre corrupta y legaloide justicia penal con la tiranía.

Pero los intereses en juego son demasiado poderosos. No basta con las buenas intenciones y con la exhibición de añejos títulos de propiedad, por valiosos y auténticos que éstos sean. Es indispensable proseguir la lucha armada: 1912 representa para los zapatistas un doloroso repliegue militar hacia los confines del vecino estado de Puebla. En uno de sus escasos aciertos, el presidente Madero sustituye como jefe de operaciones militares en el sur a Victoriano Huerta, y nombra en su lugar al noble y capaz general Felipe Ángeles. La guerra cambia de tono y contenido. La táctica de tierra arrasada, confiscaciones, violaciones, torturas y ahorcamientos indiscriminados es sustituida por el combate legal y profesional. Ángeles respeta con escrúpulos los derechos y propiedades de las ciudades y villas que quedan bajo su control y, de alguna forma, se apodera por un tiempo del rostro humano y social del zapatismo. El caudillo agrario no tiene otra alternativa que la de replegarse.

La caída y asesinato de Madero cambian por completo el panorama. Dueño Huerta del poder, Ángeles se incorpora al carrancismo —en cuyos inicios llega a fungir como ministro de Guerra— y después a la causa fulgurante, aunque irremisiblemente condenada al fracaso, del Centauro Pancho Villa. En su lugar, Huerta nombra a dos esbirros de su calaña, los generales Cartón y Robles, que, sin pensarlo dos veces, retoman la táctica de la tierra quemada y de todas las atrocidades posibles. Los pueblos vuelven a rebelarse y se convierten en correos, espías y voceros del caudillo Emiliano. Las sucesivas derrotas que las tropas huertistas sufren en el norte de la república a manos de constitucionalistas y villistas, aunadas a la ocupación estadunidense de Veracruz, ponen punto final al repliegue zapatista. El ejército gubernamental se ve obligado a retirarse con la cola de sus atrocidades entre las patas. En marzo de 1914, Zapata ocupa Chilpancingo y fusila al siniestro general Cartón. En los meses subsecuentes se apodera de Jojutla, Jonatepec, Cuautla y Cuernavaca, la capital del estado de Morelos. Tal y como se narró en el capítulo "El káiser en el Palacio Nacional", al entrar el Ejército Constitucionalista a la ciudad de México las avanzadas zapatistas, ante el manifiesto horror de sus habitantes, ya ocupaban algunos barrios de la ciudad capital. Mi abuela, que en 1914 debió haber tenido alrededor de veinticinco años de edad, recordaba el

Raid®
KILLS BUGS DEAD!®
Disposable
Yellow Jacket Trap
Kills the Entire Nest!
¡Mata El Nido Entero!
Raid
Wasp & Hornet
Catches all major
Yellow Jacket species!
Kills on contact!
SC Johnson
A FAMILY COMPANY
www.KillsBugsDead.com™
©2008 S.C. Johnson & Son, Inc. All rights reserved.
MANUFACTURER'S COUPON
EXPIRES OCTOBER 4, 2008
Save
$1.00
on any Raid® Wasp & Hornet
Killer or Flying Insect Killer
Keeps killing for
up to 4 weeks!
CONSUMER: Limit one coupon per purchase. Good only in the USA on purchase of brand/size(s) indicated. Void if altered, reproduced, transferred, sold or auctioned. Any other use constitutes fraud. You pay sales tax. RETAILER: S.C. Johnson & Son, Inc. will redeem this coupon in accordance with its Coupon Policy. Mail coupons to: CMS Dept 46500, 1 Fawcett Dr., Del Rio, TX 78840. Coupon Policy available from same address. Cash value 1/100¢. 711272
47101
(8100)0 47101
5 46500 75076 7
MANUFACTURER'S COUPON
EXPIRES OCTOBER 4, 2008
Save
$2.00
on Raid® Disposable
Yellow Jacket Trap
Use when you don't
see the nest.
CONSUMER: Limit one coupon per purchase. Good only in the USA on purchase of brand/size(s) indicated. Void if altered, reproduced, transferred, sold or auctioned. Any other use constitutes fraud. You pay sales tax. RETAILER: S.C. Johnson & Son, Inc. will redeem this coupon in accordance with its Coupon Policy. Mail coupons to: CMS Dept 46500, 1 Fawcett Dr., Del Rio, TX 78840. Coupon Policy available from same address. Cash value 1/100¢.
47102
(8100)0 47102
5 46500 75582 3

Oust
Air

hecho con fascinación retrospectiva y hasta con cierta ternura. Los soldados del agrarismo vestían humildes camisas y largos calzones de manta. Lucían grandes sombreros de palma en cuyas largas y arrugadas copas llevaban, a manera de relicario, grandes estampas de la virgen de Guadalupe. Calzaban modestos y viejos huaraches, negros de tierra y sudor. De sus pechos, espaldas y cinturas colgaban con descuido carabinas y cartucheras semivacías. Con timidez llamaban a las puertas de las casas para pedir un poco de agua y comida, tocando, al hacerlo, el ala de sus sombreros. Caminaban con desconfianza por las calles y las banquetas y el paso de los tranvías —seguro inventos del diablo— les daba pavor.

No obstante para los constitucionalistas la en apariencia inofensiva presencia de las huestes del zapatismo en el centro político y económico del país constituía una seria preocupación, ya que no podían darse el lujo de tener en su retaguardia del sur a un ejército regularmente armado, que respaldaba un gran fervor popular y que en forma intransigente blandía una noble y justa causa.

A pesar de controlar la capital de la república, la posición estratégica del Ejército Constitucionalista distaba mucho de ser todo lo satisfactoria que podría desearse para un movimiento que empezaba a presumir de haber ganado la Revolución. En el norte, Villa —con el invaluable apoyo del general Felipe Ángeles— había logrado reorganizar a la poderosa División del Norte que, sin conocer todavía la derrota en los campos de batalla, tenía también puesta la mira en la toma de la ciudad de México. Obregón sabía muy bien que eventualmente tendría que enfrentar a los villistas en algún punto del centro del país, antes de que fuera demasiado tarde. El principal puerto de la república, Veracruz —cuya aduana constituía la principal fuente de ingresos fiscales de cualquier gobierno nacional—, seguía ocupado por la marina estadunidense y aun cuando la ocupación se había mantenido dentro de los límites del puerto como un medio de presión para apresurar la caída de Huerta, nada garantizaba que, tal y como lo habían hecho en 1847, los "marines" no avanzaran hacia el Valle de México a la menor provocación. Posibilidad tanto más plausible cuanto que dicho avance no dependía de consideraciones estrictamente geopolíticas sino de cualquier acto —voluntario o involuntario, real o fingido— que el presidente Woodrow Wilson juzgara contrario a sus rígidos principios de moralidad internacional.

Para acabar de empeorar el panorama, la presencia del grueso del ejército zapatista a tan sólo ochenta kilómetros de la capital, planteaba un peligro inminente que reclamaba la atención inmediata del recién instalado gobierno provisional.

Todas estas consideraciones se revolvían en la activa mente del general Lucio Blanco en los días en los que Ivar Thord-Gray se ocupaba en remover de la legación británica al súbitamente incómodo sir Lionel Carden. Joven y carismático, Blanco seguía siendo fiel a los ideales que lo llevaron a enrolarse en la Revolución, a pesar de las intrigas y los desengaños que continuamente frenaron, y a la postre destruyeron, lo que debió haber sido una brillante carrera política y militar. Por eso le preocupaba de sobremanera la posibilidad de un choque entre constitucionalistas y zapatistas, ya que estos últimos luchaban por reivindicaciones sociales que representaban la esencia misma del movimiento revolucionario. Cualquiera que fuera el signo o la bandera política que la abrigara, la reforma agraria era el fin último de todas las luchas, puesto que había sido el injusto y atrabiliario sistema de explotación de la tierra implementado por don Porfirio y sus Científicos el que había orillado a miles de peones, campesinos e indígenas a arrojarse de cabeza a la guerra civil, a la menor provocación y sin temor a las consecuencias. Blanco lo sabía y, sobre todo, lo sentía. También sabía que Carranza miraba a Zapata con el mismo desprecio con que mira el hacendado norteño a los peones insubordinados cuando se ve forzado a tratar con ellos.

Encontrándose en semejante estado de ánimo, a principios de septiembre de 1914, Lucio Blanco manda llamar a Thord-Gray y a Acosta para expresarles, en una reunión secreta, la preocupación que él comparte con varios generales constitucionalistas en cuanto a que Carranza, con sus acostumbradas necedad y altivez, se niegue a entrar en tratos con Zapata de igual a igual y precipite un nuevo conflicto de impredecibles consecuencias dada la popularidad de la que disfrutaba la rebelión agrarista. "Tú sabes —le dice a Ivar— que Zapata tiene un carácter sumamente independiente y que posee su propio ejército y que, por lo tanto, nunca ha reconocido a Carranza [como el Primer Jefe], lo cual tiene a este último sumamente molesto y herido en el alto sentido que tiene de su propia dignidad. Zapata sabe muy bien que no puede venir a la capital con sus tropas porque eso equivaldría a una declaración de guerra. También sabe que no puede venir solo ya que sería arrestado, sometido a juicio y fusilado en unos cuantos días, si no es que al instante."[6]

A renglón seguido, Blanco pide a sus compañeros que lo aconsejen pues, por una parte, teme que las divisiones y los conflictos entre las facciones revolucionarias se vuelvan interminables y, por la otra, teme aún más una desagradable reacción del autoritario señor Carranza que nada bueno puede presagiar para su futuro. De entrada, Thord-Gray sugiere que se trate de convencer a don Venustiano de que adopte una actitud menos dictatorial en sus tratos con Zapata. Blanco suelta una carcajada y le contesta: "No, amigo, eso es imposible. Tú no tienes idea de lo necio, suspicaz y resentido que el Primer Jefe es en realidad cuando alguien le da un consejo que no ha pedido".[7]

Desconcertado, el coronel sueco propone el envío de un emisario a Zapata para intentar hablar con él. Blanco se enfurece. Un emisario de Carranza a Zapata terminaría colgado de un árbol en el mejor de los casos, o amarrado a un hormiguero de feroces hormigas rojas que pululan en los cerros del estado de Morelos —como se cuenta que murió Eufemio Zapata, el hermano de Emiliano— en el peor de los casos. Además, Carranza es demasiado orgulloso. El enviar un emisario en su nombre podría interpretarse como un signo de debilidad y como un reconocimiento de la fuerza del zapatismo. El viejo jamás lo aceptaría.

Finalmente Thord-Gray le narra a Lucio Blanco la aventura que tuvo a principios de agosto con la avanzada zapatista al entrar en la ciudad de México en maniobras de reconocimiento no autorizadas por Blanco, y el intercambio de opiniones que llevó a cabo con el coronel zapatista Morales en el barrio de Iztapalapa y del que se desprendió un principio de entendimiento, derivado de la buena voluntad que se había granjeado al rescatar a los zapatistas de la emboscada que les habían tendido dos patrullas federales (véase el capítulo "El káiser en el Palacio Nacional"). Ivar piensa que ese antecedente le abre la posibilidad de, al menos, explorar con Zapata algún principio de avenencia que permita el reconocimiento del gobierno constitucionalista a cambio de garantías efectivas de restitución de tierras y fundos legales a todos los pueblos y comunidades que se acojan a la protección del zapatismo.

Después de meditarlo durante un largo rato, Blanco accede a la propuesta de Thord-Gray bajo tres condiciones: *a*) que la misión se maneje en forma estrictamente confidencial; *b*) que se evite cualquier tipo de enfrentamiento armado con el ejército zapatista, salvo en casos extremos de defensa propia; y *c*) que en caso de que, en cualquier momento, la misión luzca imposible, se abandone de inmediato y se regrese a marchas forzadas a la ciudad de México. Además debe quedar perfectamente claro a Zapata que Ivar actúa por orden y cuenta del general Lucio Blanco y sin el conocimiento y consentimiento del Primer Jefe Venustiano Carranza. Por cierto, esta misión confidencial la corrobora el historiador Enrique Krauze en su obra *Biografía del poder*, cuando, refiriéndose a Zapata, afirma que: "En otra ocasión deja pasar la oportunidad de acercarse a un aliado noble y natural: Lucio Blanco".[8]

Acompañado de sus fieles exploradores indígenas Pedro y Tekwe y de un escuadrón, bien equipado y montado, de cien veteranos yaquis, así como de tres guías locales del estado de Morelos, Thord-Gray parte a esta nueva aventura. Sale por el rumbo del Castillo de Chapultepec y cruza los entonces pueblos circunvecinos de Tacubaya, San Ángel y Tlalpan, llevando dos mensajes para Zapata: un revólver Colt calibre 44 con cacha exquisitamente repujada en oro, y una nota en la que —para tratar de allanar los recelos ancestrales de la gente de Morelos— solicita hablar con el caudillo sureño en su calidad de "un extranjero, viejo amigo de Pancho Villa".[9] Así Thord-Gray maneja, a su conveniencia y según las circunstancias, el doble juego de lealtades que le deparó su paso por la Revolución mexicana: las villistas y las constitucionalistas. Doble juego que apenas unas cuantas semanas después le ocasionará serias dificultades con el intrigante coronel de escritorio Francisco Serrano, al grado de que se ve forzado a precipitar su salida de México con destino a los nuevos campos de batalla de la primera guerra mundial, antes de lo que él mismo hubiera deseado.

La noche sorprende al escuadrón que comanda el coronel sueco en las estribaciones del Ajusco, un enorme volcán cuyas tonalidades azuladas y color de rosa y su aspecto de gigante paleolítico, sorprenden e impresionan gratamente al visitante escandinavo. A la mañana siguiente tiene la oportunidad de admirar los dos majestuosos volcanes, colmados de nieves eternas, que coronan, cual diadema de plata y diamantes, el Valle de México: el Popocatépetl y el Iztaccíhuatl. En *Gringo Rebel* narra la inmemorial leyenda azteca que, valiéndose del aspecto que el Popo tiene de guerrero hincado y el Izta de mujer dormida, dice que el guerrero, en un arranque de celos, mató a su amada y que, arrepentido de su drástica —aunque quizá sentimentalmente justificada— acción, vela por los siglos de los siglos, el sueño de su amante, arrojando fuego, lava, cenizas y piedras al que se atreve a acercársele.

El avance del Ajusco a Tepoztlán, en donde Ivar espera tener noticias de Zapata, es lento y penoso por lo abrupto y pedregoso del terreno. Pedro y Tekwe desconfían de los guías locales que Lucio Blanco puso a su disposición con toda confianza. Si los indios sureños son feroces y desconfiados, frente a los yaquis norteños no tienen nada que hacer en lo que a dotes guerreras, sagacidad, instinto y rapidez de acción se refiere. Por lo tanto, Pedro y Tekwe deciden separarse. El primero se adelanta hacia Tepoztlán al trote regular que le permite su condición típica tarahumara de corredor de larga distancia; y el segundo se hace cargo de la retaguardia para tener bajo su ojo implacable a los guías locales, sospechosos de ser agentes del zapatismo. Pedro, ante lo imprevisible de la aventura que está por emprender en tierras que para él son por completo desconocidas, se despide de Thord-Gray con el adiós tradicional de su tribu: "*Simi ne norawa, Onorugame kuira ba*" (Me voy mi amigo, que el Padre Sol te guarde).[10]

Cerca de Huitzilac —lugar en donde, catorce años después, sería asesinado Francisco Serrano por oponerse a la reelección presidencial de su antiguo jefe Álvaro Obregón— el escuadrón constitucionalista cae en una emboscada. Gracias a la previsión de Tekwe —el invaluable guía yaqui— que ha detectado una serie de movimientos sospechosos de parte de los guías locales, pueden huir por una cañada —rehuyendo el combate abierto como se los había ordenado el general Blanco— hasta capturar a un sargento zapatista. El final del día los sorprende acampando en la profunda cañada rodeada de bosques.

Al día siguiente Tekwe e Ivar interrogan al sargento capturado que resulta ser un individuo locuaz, dicharachero y lleno de desinformaciones. Asegura, por cierto jurando en nombre de Dios en vano, que el caudillo Emiliano con el grueso de sus tropas se encuentra en Xochimilco, es decir, a las puertas de la ciudad de México, listo para emprender una toma violenta y sanguinaria de la orgullosa capital; y que el emisario "gringo" jamás será capaz de acercarse y, mucho menos, de hablar con él.

Después de que Tekwe lo "aprieta" de manera conveniente, el comunicativo sargento acaba por confesar que, aunque nunca se sabe su ubicación precisa, lo más probable es que Zapata se encuentre —como les habían informado los guías locales— en las cercanías de Tepoztlán. Ante el temor de que sus inventos y contradicciones lo lleven a ser colgado del pino más cercano —que, en ese entonces, era el destino más o menos inevitable de los soldados capturados— el parlanchín sargento se compromete a llevarlos, bajo bandera blanca, con el coronel de su regimiento, acantonado en las cercanías de Tepoztlán, con la seguridad de que el tal coronel los conducirá a la presencia misma del elusivo caudillo.

Como el olor a trampa parece ser bastante intenso, Thord-Gray decide dejar partir al sargento en la siempre peligrosa compañía del avezado Tekwe, con el objeto de que éste trate de averiguar qué hay de cierto en sus ofertas de conseguir la ansiada entrevista con Zapata. En realidad no es mucho más lo que puede hacerse. La desconfianza de los zapatistas hacia el viejo hacendado de Coahuila es de hecho insuperable. No importa que Carranza en realidad haya sido más un modesto pequeño propietario que un hacendado propiamente dicho. No importa que Carranza haya tenido una distinguida carrera, como senador primero y como gobernador después, de su natal estado de Coahuila. No importa que Carranza haya desconocido de inmediato al gobierno de Victoriano Huerta y haya emprendido una larga y azarosa marcha del norte al centro de la república para restaurar el orden constitucional. No importa, en fin, que la petición de audiencia provenga no de Carranza, sino de Lucio Blanco, autor de la primera expropiación agraria en el estado de Tamaulipas. En el fondo de lo que se trata es de un insalvable problema de clase y cultura. El agresivo y dominante Norte de los ricos hacendados y mineros contra el pausado y receloso Sur de las comunidades ejidales y de los añejos fundos legales de los pueblos.

En menos de veinticuatro horas Pedro y Tekwe están de regreso en el improvisado campamento. Vienen acompañados del coronel Morales, el mismo que habían encontrado en Iztapalapa al día siguiente de haber salvado de una emboscada federal a las avanzadas zapatistas. De entrada Morales ordena el desarme del escuadrón de indios yaquis que escolta a Thord-Gray, bajo la amenaza de una automática aniquilación en caso de desobediencia. El coronel constitucionalista sueco, que ha venido en son de paz, se allana a la orden. Sin embargo, "cuando me estaba despojando de mis dos pistolas el coronel, con un gesto galante propio de viejos guerreros, me indicó con un movimiento gracioso y cortés al mismo tiempo, elevando su mano, como podría haberlo hecho un gran señor de la Edad Media, que podía conservarlas".[11]

Sin decir una palabra más, el coronel Morales escolta al desarmado escuadrón hasta un campamento ubicado en las afueras de Tepoztlán. Al llegar se separa del grupo para platicar a solas con Ivar. En principio le dice que en esos momentos es punto menos que imposible obtener una audiencia con Zapata, en primer lugar, porque se encuentra muy ocupado atendiendo otros asuntos, y en segundo término, porque considera a Carranza un hipócrita que, en el fondo, se burla de las aspiraciones de los peones y campesinos y con el que, en consecuencia, discutir la posibilidad de una verdadera reforma agraria es una pérdida miserable de tiempo. No obstante, y toda vez que los zapatistas tienen una deuda de gratitud con Thord-Gray y sus guerreros yaquis, que desean pagar cuanto antes, está en la mejor disposición de recibir cualquier mensaje que el coronel constitucionalista traiga consigo para transmitirlo, a la brevedad posible, "a Emiliano".

"Quedé colocado en una situación difícil. No podía decirle a este caballero [el término no podía estar mejor aplicado, pues Morales rara vez se bajaba del caballo] que Carranza había rehusado cualquier posibilidad de negociar, a menos de que Zapata se trasladara a la capital y con el sombrero en la mano humildemente lo reconociera como su Primer Jefe, pues eso habría sido un insulto. En tal virtud, le dije que varios generales y coroneles estaban desilusionados con la obstinación de Carranza en no hacer nada, pero que Obregón, Blanco y la mayoría de los otros líderes en realidad estaban decididos a darle la tierra al pueblo en cuanto, en efecto, pudiera hacerse. Que, sin embargo, se requería de tiempo para que el nuevo gobierno se organizara y estuviera en condiciones de adoptar las medidas apropiadas, ya que ni Carranza ni Obregón podían efectuar dotaciones de tierras sin la previa aprobación de la legislatura federal. También le hice ver que en caso de que Zapata le declarara la guerra a Carranza, lo único que lograría sería unificar a los mandos constitucionalistas, cuyas lealtades por el momento no eran muy firmes, y provocar otra guerra civil, con lo que aniquilaría por largo tiempo la posibilidad de que el pueblo recibiera las tierras que tanto anhelaba."[12]

El coronel Morales escucha con atención el mensaje, le pide a Thord-Gray que espere unos días en Tepoztlán y le promete que Zapata será enterado de inmediato de todo lo que le acaba de decir, aunque no le garantiza una respuesta positiva.

Antes de que Morales se retire, Ivar le hace entrega de la pistola con la cacha repujada en oro que Lucio Blanco le envía a Emiliano Zapata como un presente de buena voluntad. El coronel zapatista la admira largo rato y se compromete a entregarla al caudillo en cuanto le sea posible. Ivar también le hace una petición que llena de orgullo a Morales como descendiente de los legendarios guerreros aztecas o mexicas que cuatro siglos atrás conquistaron y dominaron la región: le pide permiso para visitar el templo-pirámide que se encuentra en las alturas de los escarpados cerros que rodean Tepoztlán. Morales, con una mezcla de sorpresa y satisfacción, le otorga desde luego el permiso y le asigna dos guías que han crecido a la sombra de la singular pirámide y que, por consiguiente, lo pueden auxiliar en todo lo que desee. Sólo le impone la condición de que, salvo el tarahumara Pedro, el escuadrón de yaquis que lo acompaña debe permanecer en el campamento, desarmado, y bajo la estricta vigilancia de una patrulla zapatista.

La pirámide en cuestión se encuentra al borde de un acantilado, protegida por una de las formaciones rocosas que cubren las montañas —cortadas en impresionantes tajos verticales— que rodean el pequeño valle cubierto de roca volcánica, en cuyo fondo se ubica el pintoresco pueblo de Tepoztlán. Por lo tanto, el ascenso es lento y penoso, aunque al ir subiendo a las terrazas superiores los viajeros logran, en compensación a su esfuerzo, diversas vistas del magnífico y fértil valle de Cuernavaca que tanto cautivara al conquistador Hernán Cortés.

En el camino, Thord-Gray encuentra a un indio de pura raza que ha castellanizado su nombre a Pedro Prieto. Los guías locales lo saludan con reverencia y le dan a entender a Ivar que se trata de una especie de sacerdote que, por decisión de la comunidad, tiene a su cargo la preservación de los antiguos ritos mexicas. Pedro Prieto en un principio se muestra reacio a colaborar con la expedición, pero cambia de opinión en cuanto el coronel y antropólogo sueco le obsequia una pistola y lo invita a compartir su almuerzo con abundantes libaciones de tequila. A partir de ese momento todo se vuelve entusiasta colaboración.

Al llegar a la pirámide, el a la vez humilde y orgulloso guardián de ritos mexicas, en una voz en la que se mezclan una cierta tristeza y una nostálgica satisfacción por los tiempos idos, le dice a Thord-Gray: "Esto es lo que queda de la Casa de Tepoztecatl. Desde niño se me enseñó a no dejar de venir a rendir tributo aquí en cierta época del año, tal y como lo hicieron mi padre y todos nuestros ancestros. Éste es un antiguo y sagrado templo, aunque ha sido profanado por el hombre blanco. Y ahí [en la planicie adyacente] puede ver las ruinas de lo que una vez fueron hermosas construcciones en las que vivían los sacerdotes, y los altos dignatarios que atendían al dios y al fuego sagrado que ardía en el interior del templo. Más allá, entre las peñas y los árboles usted puede hallar un manantial de agua pura que muy poca gente conoce".[13]

De lo que Ivar puede averiguar y observar se desprende que, en su tiempo, la pirámide debió haber sido una construcción imponente dedicada tanto a usos religiosos como militares. Edificada a base de roca volcánica que abunda en la región, ocupa dos terrazas desde cuyas plataformas se domina el exuberante y luminoso valle de Cuernavaca. El templo parece haber estado destinado a rendir culto al dios Octli, el dios del alcohol en la mitología azteca o mexica. De ahí la inocultable afición del sacerdote Pedro Prieto a las infusiones del tequila. Pero su estratégica ubicación en un lugar de muy difícil acceso y prácticamente al borde de un precipicio que permite vigilar con cierta comodidad todo lo que ocurre en el valle que se encuentra a sus pies, hace suponer que se utilizó también como fortaleza y atalaya (puesto de observación) por las fuerzas del imperio azteca durante el largo periodo en el que conquistaron y dominaron esa rica zona.

Descifrando las estelas o inscripciones en piedra que precariamente se conservan en una de las paredes del templo, Thord-Gray, que para esas fechas ha logrado algunos avances significativos en el estudio de las culturas prehispánicas de Mesoamérica, llega a establecer que el templo-pirámide de Tepoztlán fue construido en el año de 1502, durante el régimen del emperador Ahuizotl que fue el gran consolidador de la expansión del imperio azteca o mexica. En el calendario azteca 1502 corresponde al "año diez conejo", cuya ubicación antropológica se lleva a cabo —como lo hizo Ivar— localizando en una de las estelas de piedra la figura de un conejo enmarcado por diez círculos.

La excursión termina de manera un tanto abrupta en virtud de que el siempre avispado Pedro detecta la presencia en los montes cercanos de una partida armada que bien podía ser de soldados zapatistas, pero que también podía pertenecer a uno de los tantos grupos de asaltantes y bandidos que merodeaban la zona aprovechando la confusión y el desorden a que había dado lugar la Revolución. Dada la señal de alerta, Thord-Gray, Pedro, el sacerdote y los dos guías tepoztecos descienden violentamente por las laderas de los empinados cerros, deslizándose, a veces por cientos de metros, entre las rocas, la tierra húmeda y las piedras volcánicas. Al final de tan azarosa retirada, Ivar —al que las presiones militares no hacen olvidar su genuina vocación de antropólogo— todavía tiene tiempo de lanzar una última mirada al templo-pirámide que, como siempre, sigue dominando el panorama: "Cuando me volví para mirar las paredes del templo todavía era visible. Era una vista imponente que me transmitía un sentimiento místico, derivado indudablemente de su oscuro origen. Estaba ya avanzada la tarde cuando la vi por última vez, y la pirámide parecía formar parte de la montaña, sin que se pudiera diferenciar qué es lo que formaba parte de qué, ya que ambas se elevaban como una sola pared oscura y siniestra. Las sombras hacían que luciera feroz, intransigente, inmisericorde, salvaje y extraña, a tal grado que le agradecí a mi buena estrella que me hubiera permitido regresar a salvo".[14]

Con seguridad esta singular experiencia le permitió a Thord-Gray entender que las antiguas culturas mexicanas en su fusión de todos los elementos fundamentales de la vida y de la naturaleza tienden a una concepción absoluta del universo que se expresa en ritos, en general incompensibles para el hombre occidental, pero cargados de misticismo y fórmulas sacramentales que conceptúan al hombre, no como una encarnación mortal y material de la divinidad, sino como el producto de fuerzas antagónicas que, desde su origen, amenazan su propia existencia entre el fuego de los volcanes, la inestabilidad —geológica y agrícola— de la tierra y la violencia misma de la condición humana. Por eso el dios supremo de los mexicas no fue el Padre Sol de los tarahumaras, ni el águila de los yaquis, sino Huitzilopochtli, el dios del fuego, la guerra, la sangre y la muerte. De ahí que hayan construido sus pirámides como un tributo feroz y siniestro a dioses implacables, a los que con frecuencia ofrendaban corazones humanos, no por maldad innata, sino para significar la trascendencia del único factor permanente en su cultura: la deidad violenta e implacable que al concentrar en sí todas las fuerzas incontrolables de la naturaleza simboliza a la vez la fragilidad e irrelevancia de la vida humana. En el mundo del quinto sol de los mexicas —que se da en los inicios del siglo XVI, según el calendario occidental— la vida y la muerte son misterios tan relacionados entre sí, que se les tiene que tratar y representar mediante una síntesis de lo que el fuego nuevo tiende a invocar en las ceremonias ancestrales de cada año 52 conejo (el cambio del siglo azteca): la sucesiva e implacable extinción y renovación de cualquier forma de vida.

Al volver a Tepoztlán, Ivar tiene que olvidarse de inmediato de la intranquilidad de espíritu que le ha provocado el profundo misticismo mexica, para concentrarse en la atención de los delicados problemas que tiene bajo su responsabilidad. Un mensajero del coronel Morales lo está esperando para conducirlo a lo que será su única e inolvidable entrevista con Emiliano Zapata, caudillo de las tierras del sur, autor del Plan de Ayala y padre del agrarismo mexicano. Dejemos que sea el propio Thord-Gray el que narre esta experiencia única en su ajetreada vida: "El coronel Morales me recibió en un cuarto que utilizaba como oficina. Con él se encontraba un hombre de mediana estatura, vestido como un peón ordinario, que usaba un gran sombrero inclinado hacia el frente para cubrirle el rostro. Lucía un enorme y negro bigote, sus ojos negros eran por completo redondos y de mirar un tanto oblicuo. Esos ojos nunca dejaron de verme fijamente a la cara, lo que me dio la sensación que se experimenta cuando se está muy cerca de una víbora de cascabel lista para morder. Los ojos me perseguían con insistencia, como si trataran de descubrir mis más íntimos pensamientos, como si fueran los de una cobra que tratara de encandilar a su presa. Este hombre, al cual no fui presentado, permaneció en la oscuridad del fondo del cuarto en el que nos hallábamos, como si quisiera que no se notara su presencia. Había algo extraño y misterioso en torno a él, lo cual fue acentuado por Morales, que se volvió a verlo varias veces, como buscando la aprobación de lo que se decía.

"Morales empezó dándome malas noticias; en primer lugar me informó que los guías de supuesta confianza que me había asignado Blanco eran hombres de Zapata que directamente nos habían llevado a una trampa, pero resultó mucho más grave escuchar que los seis yaquis que había dejado en la retaguardia habían sido asesinados. Habían rehusado salir de la cañada en la que los dejé parapetados y habían combatido a los zapatistas hasta el amanecer del día siguiente, cuando fueron rodeados y muertos uno por uno cuando se negaron a rendirse. Estas noticias me entristecieron porque los muertos eran mis amigos y formaban parte de mi invaluable escolta yaqui. Habíamos combatido juntos todo el camino desde el lejano norte, y habíamos disfrutado innumerables encuentros con los federales, ya que ellos, como el proverbial irlandés, siempre estaban listos para cualquier pleito. Eran verdaderos guerreros yaquis, y no tengo duda alguna de que llegaron felizmente al paraíso de los cazadores. No hay muchos hombres blancos que se sacrifiquen para salvar a sus camaradas cuando cuentan con una salida que les permite eludir esa responsabilidad. Cada uno de estos yaquis me recordó al legendario 'Sven Duva', un soldado de Finlandia que estuvo estacionado en un puente durante la guerra contra Rusia, hace aproximadamente ciento cincuenta años, con órdenes de no dejar a un solo maldito invasor cruzar el puente, y que murió haciendo precisamente eso.

"El coronel entonces colocó el revólver que yo había traído para Zapata sobre la mesa y me dijo que, como no había podido localizar a su jefe, me lo devolvía con su agradecimiento. Cuando le regresé la pistola pidiéndole que entonces la conservara para él, volteó a mirar brevemente al hombre que lo acompañaba y al asentir éste con una ligera inclinación de cabeza, tomó el arma que estaba ricamente grabada e incrustada con piezas de oro.

"Morales me agradeció el regalo, y entonces me dijo, buscando la mirada de aprobación de su extraño acompañante, que la presencia de un escuadrón de Carranza en Morelos aún no había sido reportada al cuartel general zapatista. 'Su presencia —continuó diciendo— puede perdonarse debido a su misión, pero su retaguardia yaqui mató a dieciséis de nuestros hombres antes de que pudiéramos eliminar al último de ellos, y eso no puede perdonarse fácilmente.' Con otra mirada a su compañero, Morales habló una vez más: 'Entendemos su posición y vamos a dejarlos ir en agradecimiento a la ayuda que le dieron a nuestros hombres contra de los federales hace unos días en la ciudad de México. Sin embargo, deben entender que deben irse antes de que transcurra una hora, y apúrese compañero, porque lo vamos a perseguir hasta las meras puertas de la capital, e inclusive yo mismo puedo recibir órdenes de cazarlo personalmente'.

"Agradecí a Morales su gentileza. Luego le conté una mentira blanca cuando le pedí que le dijera a Zapata que tuviera mucho cuidado cuando atacara a Carranza, ya que su ejército estaba muy bien aprovisionado con un número importante de hombres y ametralladoras. También le dije que contaba con más de cuarenta piezas de artillería y con grandes cantidades de municiones tomadas a los federales. Cuando terminé, me levanté y llamé a mis hombres.

"Morales, con gran generosidad, había alimentado a mis hombres y a mis caballos. No había nada que nos detuviera con excepción de las armas que nos habían sido confiscadas, pero sin embargo, este galante soldado nos las devolvió sin un murmullo de protesta después de que su compañero silenciosamente dio su aprobación con otro movimiento de cabeza. Fue un gran gesto porque muy fácilmente pudieron arrestarnos y entregarnos a un pelotón de fusilamiento.

"Cuando estábamos a punto de partir, el coronel Morales hizo un último esfuerzo para que nos incorporáramos a la causa de Zapata. Como no tuvo éxito volteó a mirar por última vez a su compañero que se encontraba parado en la oscuridad del vano de la puerta, y cuando recibió su silenciosa aprobación, puso a nuestra disposición un guía que nos condujo al principio de un sendero que llevaba a la protección de las montañas, y así fue como partimos."[15]

Como mexicano antiguo de noble casta, Zapata pagó su deuda

a Thord-Gray sin comprometer sus principios. Lo más extraordinario de esta extraordinaria entrevista es que Zapata ni siquiera se dignó discutir el posible reconocimiento de Carranza a cambio de sus reivindicaciones agrarias. Tal y como se apuntó líneas atrás el puente sociocultural entre ambos era tan amplio que una simple expedición —por audaz que ésta fuera— de un agente extranjero de buena fe, no iba a cambiar nada. En el fondo, como Krauze afirma, fue una lástima, porque si alguien podía cruzar ese puente entre esos dos Méxicos suspicaces y antagónicos era precisamente el joven, carismático e idealista Lucio Blanco.

"Cuando habíamos avanzado un poco en el camino, Tekwe galopó a mi lado y me preguntó: '¿Qué le pareció Zapata?'. Así me confirmó que el hombre que había estado con Morales era el mismo Emiliano Zapata, vestido como peón para la ocasión, ya que había querido verme personalmente [...] Yo nunca había visto una fotografía de Zapata pero por la descripción que Tekwe hizo de él, el hombre que acababa de ver correspondía perfectamente a esa descripción, salvo por sus ropas."[16]

Unos kilómetros más adelante aparece el sacerdote Pedro Prieto, que se ofrece a guiarlos hasta el camino que conduce a la ciudad de México. Por instinto Ivar confía en este singular personaje en el que encuentra los valores más importantes del México antiguo. Siguiendo su corazonada, despide al guía que Morales le ha proporcionado y se pone en manos de este anónimo heredero de los ritos de la mitología azteca. La marcha tiene que hacerse al amparo de los densos bosques que cubren la Sierra de Morelos. El trayecto es en particular pesado para los caballos, pues tiene que hacerse casi siempre en ascenso y en terreno pedregoso. El valle de Cuernavaca está separado del Valle de México por una imponente cadena de montañas, cuajadas de pinos y salpicada por profundas cañadas y grietas. El espectáculo que en sí ofrecen estas increíbles formaciones naturales es fascinante, en virtud de que ambos valles están dominados por los tres majestuosos volcanes: el Popocatépetl, el Iztaccíhuatl y el Ajusco. Cruzar a caballo de un valle a otro en tiempos normales requiere un gran esfuerzo. En tiempos de guerra, es toda una hazaña.

Luego de atravesar senderos rara vez transitados por hombres a caballo y de cambiar de ruta en varias ocasiones, el destacamento al mando de Thord-Gray arriba a las cercanías del poblado de Tres Marías: un pequeño pueblo montañés que marca el fin de la Sierra de Morelos y los inicios del Valle de México. De ahí en adelante el camino, al ser un tanto más abierto, se vuelve mucho más peligroso. Y como no puede ser de otra forma, las patrullas zapatistas les tienen preparada una pequeña sorpresa. Temerosos de enfrentar en combate abierto a los guerreros yaquis pero, al mismo tiempo, deseosos de vengar a los dieciséis compañeros que fueron liquidados por tan sólo seis yaquis, los campesinos morelenses empiezan a cercarlos con los numerosos fuegos que han provocado en los extensos pastizales que cubren el camino que va de Tres Marías al puesto de El Guardia (actualmente Parres), con el objeto de obligarlos a retroceder hacia Morelos para tomarlos por la retaguardia.

Los exploradores yaquis salvan el día. Con la agudeza que una vida nómada y turbulenta les ha deparado desde la infancia, descubren una cañada —que, en realidad, es el cauce de un arroyo seco— que no es posible incendiar y que conduce a las estribaciones del Ajusco. Al amparo de la noche y de los mismos fuegos zapatistas, la escolta de Ivar, encabezada por el misterioso Pedro Prieto, penetra a todo galope por la providencial cañada hasta lograr acampar en un punto relativamente seguro en las oscuras y azules cercanías del Ajusco. Antes de retirarse a descansar por el corto espacio de dos horas, Prieto le dice a Thord-Gray: "De no haber sido por su amigo Morales, a estas alturas usted ya no habría visto otro amanecer".[17] En el inescrutable y digno modo de los indígenas mexicanos, en pago tanto del favor como de la afrenta recibida, el coronel zapatista no lo perseguía y, al mismo tiempo, lo perseguía.

Un nutrido fuego de ametralladora los despierta. Es necesario volver a montar y encontrar a toda costa la carretera que lleva a la ciudad de México. Además, la velocidad se vuelve primordial ya que siempre existe la posibilidad de que sean alcanzados por los refuerzos que deben haber salido de Tepoztlán en su búsqueda. Escondiéndose las más de las veces de los zapatistas y enfrentándolos directamente en otras ocasiones, en casi dieciocho horas (de las diez de esa noche a las cuatro de la tarde del día siguiente) consuman una vertiginosa marcha a Tlalpan, la antigua capital del Estado de México y por esos días un pintoresco pueblo cercano a la ciudad de México, compuesto casi enteramente de huertos, conventos y seminarios. En uno de los enfrentamientos don Pedro Prieto desaparece. La escolta le da a Ivar dos versiones contradictorias: unos afirman que fue baleado y murió; otros que, al darse cuenta de que su misión estaba prácticamente cumplida, volvió a internarse en los montes para retornar al cuidado de su templo ancestral. *Gringo Rebel* lo despide con las siguientes palabras: "Don Pedro, el viejo y duro pagano, no estaba entre nosotros; ojalá que su dios Tepoztecatl haya salvado su alma, porque era un hombre extraordinario, y espero que se haya escapado. Nos salvó de una situación imposible, encontró agua donde no parecía existir, y nos guió a través de montañas sin senderos a la mitad de la noche y arriesgando su propia vida, sólo para mostrar su gratitud por un pequeño regalo o quizá por unas cuantas palabras de entendimiento y amistad".[18]

Aquí Thord-Gray incurre en una incomprensión del modo de ser de los indígenas mexicanos que tanto se esforzó en entender. Acostumbrados por generaciones al desdén y a la falta de respeto con los que criollos y mestizos, por igual, suelen ver las tradiciones, ritos y creencias del México autóctono, don Pedro Prieto, como depositario y curador de los secretos más sagrados que, a través de los siglos forjaron los verdaderos dueños de la tierra mesoamericana, debe haberse sentido profundamente impresionado por el gesto de un extranjero que, en medio de una despiadada guerra civil, hizo el notable esfuerzo de ascender —entre el acoso de las feroces patrullas zapatistas— una montaña cortada por la naturaleza en un rocoso y agreste deslave, con el único objeto de visitar y conocer un antiguo templo mexica, interesándose en su historia, construcción y función, a pesar de que la negligencia de los sucesivos gobiernos coloniales e independientes lo habían condenado al abandono y a su paulatina pero inevitable destrucción. Este sencillo gesto tuvo que haber generado en el ignorado sacerdote mexica —acostumbrado, además, al desprecio de siglos de los nuevos amos de la tierra— sentimientos tan grandes de gratitud que, dejando de lado la digna reserva en la que suelen refugiarse los indios de México al entrar en contacto con las razas dominantes, no tuvo temor alguno de poner en peligro su vida —regida, a fin de cuentas, por el fatalismo del Mictlán mexica, que lo mismo juega con la muerte que se resigna a ella— con tal de ayudar, en la medida de sus posibilidades, a ese hombre blanco.

Gracias a ese pequeño pero significativo gesto, Thord-Gray pudo arribar en una sola pieza al acogedor pueblecito de Tlalpan y rendir, unas cuantas horas después, su parte de novedades al general Lucio Blanco.

La rebelión agraria que mesiánicamente encabezara Emiliano Zapata tuvo mucho de reivindicación social y muy poco de praxis política. Fue, además, un esfuerzo, en esencia, regional. A Zapata y a sus hombres nunca les interesó el poder político o la configuración de un nuevo sistema de gobierno, sólo querían que se les entregara la tierra de sus mayores que, de manera inicua, les había sido arrebatada por los encomenderos coloniales, primero, y por los encomenderos porfiristas después. En eso radicó su fuerza, pero también su debilidad. Al limitar al mero ámbito agrario local un movimiento que, por la fuerza de las circunstancias, había alcanzado un ámbito nacional, Zapata renunció a la posibilidad de obtener las herramientas de control político que le habrían permitido consolidar y afianzar sus demandas. Sin algún tipo de entendimiento con las fuerzas triunfantes del carrancismo, el Caudillo del Sur estaba condenado al más rotundo de los fracasos, desde el momento mismo en el que la feroz pureza de sus ideales, reacia por su misma naturaleza a toda clase de amarres políticos, no admitía la conciliación de intereses que la Revolución hecha gobierno, con Obregón en la presidencia, tuvo que acabar por llevar a cabo.

En alguna medida, Zapata pudo haber encontrado en Lucio Blanco a un espíritu gemelo, porque, desde el primer momento, éste había entendido que la Revolución, o era agraria o no era Revolución. Por esa razón un genuino acercamiento entre Zapata y Blanco, le habría dado al primero la fuerza política de la que carecía, y al segundo, el apoyo popular definitivo para enfrentar con éxito todas las maniobras que ya planeaban en su contra Carranza y Obregón por conducto del mandadero, Francisco Serrano.

Nada de eso sucedió. Zapata, desprovisto de toda malicia política, dejó pasar una oportunidad dorada otorgándole mayor importancia a los recelos y a las desconfianzas propias de su origen social que a los imperativos propios de la terca realidad. Así, creyendo haber encontrado a un compañero de clase, prefirió aliarse a Pancho Villa hasta el punto de ocupar ambos el Palacio Nacional en un gesto impactante para la nación en su momento, pero intrascendente en términos históricos. Además, el Centauro le resultó un aliado meteórico que en la violencia de sus múltiples sinrazones acabó por disolverse a sí mismo, dejando tras de sí un legado de batallas gloriosas, inútiles pero esplendorosas cargas de caballería y una secuela de crímenes y tropelías que sirvieron para justificar su asesinato en 1923, ordenado —según lo ha demostrado el profesor Friedrich Katz— por el mismísimo Álvaro Obregón.

A cinco meses de la fallida visita de Thord-Gray, el constitucionalismo le arrebató a Zapata su única bandera con la promulgación de la Ley Agraria del 6 de enero de 1915, obra del principal ideólogo de don Venustiano, el intelectual revolucionario Luis Cabrera. Carente de fuerza política y de fuentes seguras de aprovisionamiento de armas y municiones, el caudillo agrario poco a poco se vio forzado a efectuar un penoso repliegue que lo llevaría a caer, en la mañana del 10 de abril de 1919, en la artera emboscada que le costó la vida, tendida por los militares carrancistas Pablo González y Jesús Guajardo. En un último análisis, su destino fue el de todos los redentores: despertar un vigoroso y justiciero estallido social para culminar —con su intransigencia ante las prosaicas realidades humanas— en el fracaso y el martirio, y de ahí partir hacia la leyenda y la veneración de las generaciones futuras.

En el fondo, Zapata y Carranza padecieron de los mismos males: el orgullo y la obstinación. Uno, por razones de origen social, el temor atávico a la palabra del hombre blanco. El otro también por su origen social, el autoritario complejo de superioridad del que jamás pudo librarse, a pesar de los severos golpes políticos que recibió en los últimos meses de su vida. A ambos, con un escaso año de diferencia, el orgullo y la obstinación los llevaron a una muerte, sobre todas las cosas, inmerecida.

Como de película

Al regresar a la ciudad de México después de su extraordinaria aunque fallida entrevista con Emiliano Zapata, Thord-Gray decide dar por concluida la misión que lo trajo a México para partir a una nueva guerra que reclamaba con urgencia sus servicios, y de la cual —en cuanto a máquinas de combate, número de soldados involucrados e intereses geopolíticos en juego— en el continente de todas las guerras, Europa, no se tenían antecedentes. Además, su posición básica como oficial de inteligencia militar del ejército británico no le permitía otra alternativa, si es que quería continuar la brillante carrera que comenzó, años atrás, en Sudáfrica en la guerra de los bóers.

En términos generales puede decirse que su misión estaba cumplida. Había participado activamente en la formación y entrenamiento de las divisiones de caballería y artillería del Ejército Constitucionalista, y contribuido así al objetivo que la administración del presidente Wilson se había trazado en el sentido de apoyar estratégicamente a las tropas irregulares que Venustiano Carranza había logrado reunir, hasta convertirlas en un cuerpo profesional capaz de enfrentar con posibilidades de éxito al ejército profesional que estaba al servicio de Victoriano Huerta.

De igual manera había cumplido la misión secreta de remover a sir Lionel Carden de la legación británica en México, a fin de asegurar un entendimiento que garantizara el flujo ininterrumpido de petróleo mexicano para la marina británica en los angustiosos momentos del comienzo de la primera guerra mundial; pasando hábilmente por encima del apoyo descarado que Carden había prestado al régimen huertista.

En síntesis, al llegar a este punto cabría afirmar que Thord-Gray entregó buenas cuentas a los dos servicios de inteligencia militar con los que colaboró a lo largo de su carrera: el estadunidense y el británico.

Por otra parte, en principio, pudiera decirse que, con la ocupación de la capital por el Ejército Constitucionalista, el triunfo revolucionario se había consumado, y que, por consiguiente, lo más conveniente para el sueco coronel mexicano era volver a su antiguo rango de capitán británico. Sin embargo, la Revolución distaba mucho de haberse consumado. Por el contrario, el futuro inmediato se mostraba incierto y cargado de negros nubarrones. El mismo Ivar, con su agudeza usual, entendía con precisión lo que en verdad estaba sucediendo: "Era una situación muy difícil para todo mundo. Villa, en el norte, pedía la remoción de Carranza de la arena política; y si esto no era posible, entonces exigía que se le dejara gobernar el estado de Chihuahua y parte del de Durango, a su modo, lo cual era imposible a menos de que el país quisiera encontrarse con otra guerra civil en sus manos. Zapata, en el sur, insistía en el inmediato reparto de la tierra. Así, teníamos a cuatro hombres poderosos e irreductibles, Carranza y Obregón de un lado, Villa y Zapata del otro, cada uno de ellos con su ejército. Carranza, apoyado por Obregón y en control de la capital, era demasiado obstinado para ceder una pulgada, y los otros no aceptaban sus demandas.

"Para el mundo exterior, así como para muchos en México, la Revolución se había terminado en cuanto el Primer Jefe así lo había declarado pero, en realidad, estaba muy lejos de haber llegado a su fin. El progreso hacia la paz se vio detenido antes de que comenzara debido a los criterios enfrentados de los más prominentes generales. La combinación Carranza-Obregón encarada a los grupos Villa-Zapata llevó a un callejón sin salida, y no podía existir reconciliación o unidad, ya que sus modos de razonar eran por completo diferentes, y así se desarrolló una revolución dentro de la Revolución. El caos y la anarquía se asomaban en el rostro de México.

"Aunque existía una lucha abierta por el poder, en la cual los celos y la pugna por alcanzar cargos lucrativos desempeñaban una parte importante, algunos de los líderes pensaban que sería una buena idea que los representantes de los carrancistas, los villistas y los zapatistas se reunieran para tratar de arreglar sus diferencias. Era una buena idea quizá, pero a la que se oponían fuertemente Carranza y tal vez Obregón. Ninguno de estos dos hombres consideraba a Villa o a Zapata capaz de gobernar y ni siquiera capaz de opinar sobre la política futura de México, en vista de sus impracticables ideas y tendencias de izquierda. Además Villa y Zapata exigían que Carranza renunciara de inmediato como jefe de Estado, lo cual naturalmente bloqueaba cualesquiera posibles discusiones al respecto [...]

"[...] Nuestra posición como triunfadores en la Revolución no era ciertamente envidiable, pues las tropas revolucionarias se habían dividido en tres grupos al mando de Carranza, Villa y Zapata. Cada uno de estos líderes tenía su propio ejército y diferentes propósitos e ideas acerca de lo que debería hacerse."[1]

Pero si el macrocosmos político lucía complicado, el microcosmos del Ejército Constitucionalista en el que Thord-Gray tenía que desenvolverse era un hervidero de tensiones e intrigas. Su estrecha colaboración y abierta amistad con el general Lucio Blanco lo habían colocado en una posición imposible. Cuando, preocupado por el desorden en el que cayeron las tropas constitucionalistas en cuanto ocuparon la capital —se la pasaban en fiestas y saqueos de las residencias y comercios abandonados, descuidando las indispensables tareas de entrenamiento, patrullaje y vigilancia de las vías de acceso a la ciudad— va a ver a Blanco para proponerle que la división de caballería salga de la capital y se ubique en una posición que no sólo sea ventajosa desde el punto de vista táctico, sino que permita reinstalar la disciplina y los programas de entrenamiento y capacitación, se encuentra con el siguiente escenario: "Blanco estuvo de acuerdo pero, para mi desilusión, me informó que estaba bajo la sospecha de simpatizar con Pancho Villa, a pesar de que todos sus colaboradores sabíamos que esto no era cierto. La verdadera causa de todas estas intrigas se encontraba en el hecho de que Blanco tenía una tremenda popularidad entre las tropas, las mujeres y los civiles de todos los lugares que visitaba. Varias delegaciones habían venido a nuestro cuartel general a pedirle que proclamara su candidatura a la presidencia de la República. Esto sucedió en Culiacán, Guadalajara y la ciudad de México, pero él siempre declinó agradecido los ofrecimientos, diciendo que era del todo leal a Carranza. Obregón y Carranza supieron de estos ofrecimientos, los malinterpretaron y se pusieron furiosos porque lo que habían arreglado entre ellos no admitía ninguna antítesis.

"Blanco, a pesar de que estaba a favor de que nos movilizáramos a una posición mucho más ventajosa, me dijo: 'Si yo ordeno a la caballería que salga de la ciudad, Obregón va a pensar que estoy desertando para unirme a Villa. Nos arrestarían, nos juzgarían y probablemente nos fusilarían en menos de veinticuatro horas'. Después, se me quedó viendo con su seria pero amistosa sonrisa y añadió: 'Solamente ayer el coronel Serrano me preguntó por qué te había incorporado a mi Estado Mayor, si eras un espía gringo que había servido a Villa en 1913'."[2]

Al escuchar esto último, Thord-Gray comprendió que su participación en la Revolución mexicana había llegado a su fin, pues como él mismo afirma en *Gringo Rebel*: "El significado de la acusación de Serrano era obvio. Me encontraba bajo la sospecha de ser un americano amigo de Villa; además la dirección de la que venía el ataque [Obregón] lo hacía mucho más serio para Blanco y para mí. Serrano, más poderoso que nunca, estaba tratando de implicar a Blanco con Villa a través de mí, como un pretexto para deshacerse de Blanco. Ser acusado por este hombre, en este momento, equivalía a una condena y al pelotón de fusilamiento".[3]

El rompimiento entre Álvaro Obregón y Lucio Blanco era inminente y tardaría sólo unos cuantos meses en producirse. El coronel Thord-Gray gozaba de la admiración pero no de la confianza de Obregón, el comandante en jefe. Su superior directo, compañero de campaña y amigo estaba en entredicho. La Revolución en apariencia triunfante, había empezado a devorar a sus propias criaturas. Era el momento de partir. Además, la guerra en Europa ofrecía a este espíritu siempre inquieto —que cual el pegaso que continuamente cruza los mares (que pintara su pariente y coterráneo el artista Gunnar Hallström en su residencia de la isla de Björkö) no podía permanecer mucho tiempo en el mismo sitio— nuevas oportunidades y renovados retos.

Sin embargo, el retiro de Ivar del Ejército Constitucionalista no era una cuestión sencilla porque, por una parte, había alcanzado el grado de coronel y, por la otra, la guerra civil estaba lejos de haber terminado. El cuartel general de Obregón —con la inevitable intervención del siniestro coronel Serrano que, como se verá más adelante, quería deshacerse del oficial sueco por medios mucho más directos y definitivos— le niega, en principio, la petición de licencia con el peregrino argumento de que no tenía caso que se uniera al ejército británico, ya que éste se encontraba "en completa retirada" y, por lo tanto, iría hasta el otro lado del mundo a perder su valioso tiempo. Como de costumbre, la perspectiva de los dirigentes mexicanos sobre la situación política internacional no sólo era lamentable, sino que denotaba una completa falta de visión y análisis.

Ante semejante respuesta, Thord-Gray decide acudir directamente al Primer Jefe. Valiéndose de los buenos oficios del general Francisco L. Urquizo —distinguido, valiente y honesto militar constitucionalista— con quien había hecho una buena amistad durante las arduas campañas de Sonora y Sinaloa, logra una respuesta de don Venustiano, mañosa como todas las suyas, pero que le permite resolver el problema. Carranza le dice que no puede interferir en los asuntos del Estado Mayor del general Obregón, pero que piensa que el general Lucio Blanco cuenta con la autoridad necesaria para otorgarle una licencia por tiempo indefinido.

Blanco, siempre noble y generoso, accede de inmediato a la sugerencia del Primer Jefe que le permitía ayudar a su compañero y amigo a reincorporarse al ejército que lo había formado, en los momentos en los que éste más lo necesitaba. Así, el 3 de septiembre de 1914, Ivar recibe la siguiente resolución: "De acuerdo con su petición, este Cuartel General concede a usted licencia ilimitada para separarse del Ejército Constitucionalista y marchar a Europa al arreglo de sus asuntos particulares.

"Es la oportunidad de darle las gracias por sus magníficos servicios que prestó a nuestra causa, estando al frente del Regimiento que confié a su digno mando.

"Hágole presente mi atenta consideración y aprecio.

Constitución y Reformas
México, septiembre 3 de 1914
El general, jefe de la División de Caballería.
[firmado]
Lucio Blanco
Al C. Coronel I. Thord-Gray. Presente."[4]

En esa forma, con un burocrático aunque agradecido oficio, concluyó la participación de nuestro personaje en la Revolución mexicana. Fueron casi once meses de intensa y fragorosa actividad que le depararon un mosaico de experiencias que lo acompañarían hasta los últimos días de su vida, y que cuatro años antes de su muerte —ocurrida en 1964, a la edad de ochenta y dos años— recordó vívidamente al escribir *Gringo Rebel*. No podía ser de otra forma, pues en ese corto espacio de tiempo conoció y trató a fondo a personajes que, con los años —por buenas como por malas razones—, llegarían a ser legendarios, y algunos de ellos hasta míticos: Pancho Villa, Rodolfo Fierro, Felipe Ángeles, Venustiano Carranza, Álvaro Obregón, Lucio Blanco, Emiliano Zapata. Al mismo tiempo, observó y estudió a fondo los maravillosos secretos y los valores intrínsecos de las civilizaciones tarahumara y yaqui, con gran frecuencia ignoradas, despreciadas y hasta perseguidas por los mexicanos "educados". Visitó los centros ceremoniales de Tula, México y Tepoztlán, para preparar lo que unos cuantos años después —en 1923— sería un estudio muy completo —*Frän Mexikos Forntid* (*Del México antiguo*)— sobre las grandes culturas mesoamericanas. Se enteró de los secretos militares, políticos y diplomáticos del movimiento revolucionario y los entendió y analizó con objetividad y sobriedad, comprendiendo muy bien que la causa de fondo de los negros días por los que México tuvo que atravesar —a pesar de las inevitables injerencias extranjeras— siempre se encontró en la injusta distribución de la riqueza que propiciaron los Científicos porfiristas. Recorrió, en fin, lugares de belleza inenarrable como la Sierra Tarahumara —cuya Barranca del Cobre es cuatro veces más grande que el llamado Gran Cañón del Colorado, y la que, en vez de ser árida y desértica como este último, es verde y está rodeada de majestuosas montañas— y la zona de volcanes imponentes y de lujuriosa vegetación que divide los valles de México y Cuernavaca, por esos días limpios, feraces y, debido a su elevada altura sobre el nivel del mar, impregnados de un aire casi transparente, como lo apuntara el gran escritor y diplomático mexicano Alfonso Reyes.

La salida de México se preparó con gran eficiencia y rapidez. Las primeras providencias que Thord-Gray tomó estuvieron encaminadas a asegurar, en la medida de lo posible, el futuro inmediato de los leales Pedro, el chamán y corredor tarahumara, y Tekwe, el águila yaqui. Arregló con Blanco y Acosta el regreso inmediato de ambos a sus tierras nativas provistos de buenos caballos, monturas, armas, municiones y mil doscientos pesos oro cada uno, lo que constituía en esos tiempos una suma considerable. Les dio, además, salvoconductos especiales del Ejército Constitucionalista para que no los molestara o detuviera ninguna autoridad en su trayecto hacia las profundidades de la Sierra Madre Occidental, donde habitan sus antiguas y valerosas tribus.

Cumplido este deber moral, en la tarde del 7 de septiembre de 1914, Ivar está listo para dirigirse a la estación de San Lázaro para abordar el Ferrocarril Mexicano con destino a Veracruz. Al irse a despedir del general Lucio Blanco y del coronel Miguel M. Acosta, se le informa que el coronel Francisco Serrano ha dispuesto que se agregue al tren regular un vagón especial dotado de toda clase de comodidades —del tipo de los reservados a los altos oficiales del ejército— para que pueda viajar sin problemas de ninguna especie. Blanco le explica que al haber tomado la decisión de regresar a Europa, Serrano ha dejado de verlo como enemigo y "espía gringo" y no quiere que se vaya sin un gesto final de buena voluntad. Ivar toma el ofrecimiento con las debidas reservas del caso, pues sólo esa mañana se ha enterado de que en el cuartel general circula el rumor de que, con la protección de sus superiores estadunidenses, viajará de Veracruz a Chihuahua para unirse a las fuerzas del nuevo enemigo a vencer, Francisco Villa, con su antiguo rango de capitán de artillería. El rumor es del todo absurdo porque desde el no menos absurdo asesinato del británico William Benton, el presidente Wilson dejó de apoyar a Villa para sostener la causa de Carranza. Sin embargo, en el clima de intensas y despiadadas intrigas políticas que se vivía en el aturdido e incierto ambiente de esos días, cualquier cosa resultaba creíble. Para no pecar de descortés, pero tampoco de ingenuo, el ahora coronel en retiro decide aceptar, en principio, la oferta, pero manda al mismo tiempo a Tekwe y a Pedro a investigar lo que hay detrás de todo.

Antes de partir a la estación Lucio Blanco le tiene preparada una agradable sorpresa. En el patio de la casona porfiriana en la que este último ha establecido el cuartel de su Estado Mayor, se forma la primera brigada de caballería, integrada por veteranos de las campañas de Sonora y Sinaloa, que con gesto marcial pasa revista, por última vez, a las órdenes del que fuera su coronel e instructor militar, con banderas desplegadas y luciendo sus mejores uniformes y cabalgaduras. El espectáculo, sencillo y digno a la vez, conmueve en profundidad al, en general, inconmovible oficial sueco.[5]

En el trayecto a la estación Pedro y Tekwe le confirman sus peores sospechas acerca del "generoso ofrecimiento" del coronel Serrano. Preguntando aquí y allá, con su acostumbrada habilidad, y penetrando en silencio por los oscuros corredores del poder militar, descubrieron que el vagón asignado a su jefe y amigo ha sido enganchado de intento al final del tren de pasajeros para desengancharlo en el momento en el que el convoy alcance el punto más alto de las formidables Cumbres de Maltrata —en plena Sierra Madre Oriental y frente al volcán más elevado de México, el Pico de Orizaba o Citlaltépetl—, de tal manera que se precipite a toda velocidad al vacío de muerte al que en semejantes condiciones está sin duda destinado un vagón sin control que desciende con celeridad de la sierra entre las curvas cerradas, la densa neblina y los desfiladeros de más de mil metros de profundidad, que constituyen ese punto de extraordinaria belleza natural que divide el valle de Puebla de las tierras bajas que conducen a las costas de Veracruz.

Ante la gravedad de la situación, Pedro, "Dios bendiga su alma", le propone lo siguiente: "Somos hermanos de sangre y hemos pasado juntos por muchas cosas. Usted ha escuchado varias veces nuestro consejo y por eso le pedimos como un último favor que no aborde ese tren, pero como no puede permanecer en la ciudad, tenemos un plan. Del otro lado del tren de pasajeros hay un tren de carga que partirá un poco antes que el otro porque lleva bastimento para nuestras tropas que están tratando de contener a los estadunidenses en Veracruz. Llevaremos su equipaje al vagón que le ha sido asignado y usted nos seguirá, pero como seguro habrá gente vigilándolo, saque algún dinero y dénos una propina como si fuéramos mozos de la estación y, por favor, no se despida de nosotros. Pronto regresaremos por el otro lado y llevaremos su equipaje a través de las vías y lo colocaremos en el último vagón del tren de carga. Obsérveme con cuidado porque, en cuanto salga del vagón de carga, usted tendrá que correr hacia él y saltar lo más rápido que pueda. No se vaya a tardar porque el tren empezará a moverse lentamente antes de que usted salte".[6]

En otras condiciones el plan habría parecido ridículo. Pero se trataba de México en plena Revolución, y los golpes a traición, en cobro de agravios reales o imaginarios, estaban a la orden del día.

La estrategia se ejecuta a la perfección. Al llegar al vagón asignado, Thord-Gray lo encuentra ocupado por dos oficiales que alegan no haber encontrado sitio en ninguna otra parte. Su avezada mente de oficial de inteligencia militar le dice de inmediato que son los encargados de inmovilizarlo de alguna manera y de provocar, en el momento oportuno, el descarrilamiento del tren. Pretextando la búsqueda de una pieza de equipaje, abandona el vagón y, casi arrastrándose para no ser visto, cruza las vías y salta al tren de carga en el momento en el que éste empezaba a tomar velocidad.

"Lo último que vi fue a Pedro y a Tekwe parados al final de las vías con los brazos extendidos diciéndome adiós y de inmediato experimenté un fuerte sentimiento de pérdida. Me sentí apenado por tener que dejar a estos dos fieles amigos y guerreros, a tal grado de que me vino a la cabeza la loca idea de que quizá debí haberlos llevado conmigo. Una loca idea sin duda alguna, pero no pude evitar el pensarla."[7]

También es probable que al dejar el Valle de México haya podido admirar, por última vez, ese paisaje luminoso y único que, en palabras del distinguido escritor Salvador Novo, representaba, "[...] un México de José María Velasco [el más grande de los pintores del siglo XIX mexicano]: majestuoso, tranquilo, vasto, de paisaje grandioso y fino"[8] y el que con la actual concentración urbana y contaminación atmosférica, sólo podemos imaginar y añorar leyendo libros de historia o admirando las maravillosas pinturas de Velasco.

El largo trayecto de la estación de San Lázaro al poblado del Paso del Mocho —en las cercanías del puerto de Veracruz—, que es el lugar en donde se han acantonado las tropas mexicanas que vigilan los movimientos y las intenciones de la marina estadunidense, transcurre sin novedad. Sin embargo, en Paso del Mocho se le informa que debe abandonar el tren de carga y cambiarse al de pasajeros, ya que el primero, como contiene suministros militares, no puede ingresar al puerto. Al llegar al tren de pasajeros se entera del final del complot que Serrano había organizado en su contra. Al ascender por la zona montañosa, entre Puebla y Orizaba, el enganche del último vagón se rompió en forma misteriosa y el vagón, con todo su lujoso contenido, se precipitó en loca reversa por las vías hasta que una curva provocó su descarrilamiento y consiguiente desplome en una profunda cañada, entre cuyas rocas, aristas y cortes de montaña se destrozó sin remedio.

La cercanía de Ivar con Lucio Blanco estuvo a punto de costarle la vida. En septiembre de 1914, para nadie era un secreto —al menos dentro del agitado Estado Mayor constitucionalista— que el joven y carismático general estaba considerando seriamente la posibilidad de unirse al villismo, ante el desencanto que, en paralelo, le habían producido Álvaro Obregón, con sus continuos recelos e intrigas políticas, y Venustiano Carranza, con su mañosa posposición de las reivindicaciones sociales que, en primer lugar, eran las que habían llevado a todos a la lucha armada.

Por eso no es de extrañar que la calenturienta imaginación del coronel Francisco Serrano —al que Obregón siempre se refirió como "Pancholín", para denotar su rango de simple subordinado de más o menos confianza— lo haya llevado a suponer que por instrucciones de Blanco, y con la anuencia de sus superiores "gringos", Thord-Gray se dirigía a Chihuahua para hacerse cargo de la artillería del ahora odiado Pancho Villa, tal y como lo había hecho en la célebre batalla de Tierra Blanca. Dentro de semejante contexto, Serrano, que como buen militar de escritorio, se movía a sus anchas en el mundo de la traición y el engaño, decide aprovechar el inopinado viaje de Thord-Gray a Veracruz para eliminarlo en forma tal que no queden huellas de su acción; la que, con seguridad, le presentó a Obregón como una oportunidad inmejorable para deshacerse de un potencial y peligroso rival que poseía la doble característica de ser un experimentado asesor militar de Lucio Blanco y un indudable agente del contraespionaje estadunidense.

Por fortuna, la cautela, previsión y astucia del yaqui Tekwe y del tarahumara Pedro, que desde niños aprendieron a desconfiar visceralmente del hombre blanco y, de manera muy especial, del mestizo, contribuyeron a salvarlo de lo que habría sido una muerte tan prematura como injusta. Una vez más en la violenta y conflictiva historia de México, la astucia indígena se impuso —así haya sido en un pequeño detalle que tuvo una consecuencia relativamente menor en el esquema general del movimiento revolucionario— a la perfidia e insidia de la que, a veces, hacen gala mestizos y criollos. A fin de cuentas ése es el precio que tiene que pagar quien se involucra en las luchas internas de un país que, como México, es en esencia multicultural y multirracial.

Después de salvar el pellejo en su peliculesco escape del Valle de México, Thord-Gray arriba a Veracruz. La forma en la que en *Gringo Rebel* y en su correspondencia personal narra su recepción por parte del alto mando de la marina estadunidense, revela con meridiana claridad su directa y estrecha vinculación con el servicio de inteligencia militar del ejército de Estados Unidos y la verdadera razón de su activa participación en la Revolución mexicana.

"Eventualmente mi tren llegó a la estación de Veracruz a las once de la noche del 8 de septiembre. Mi presencia causó toda una conmoción porque iba vestido con mi uniforme de militar mexicano, ya que no disponía de otras ropas. Esto ocasionó una gran actividad por parte de los oficiales estadunidenses que no habían sido advertidos de la existencia de ninguna misión militar y que no podían imaginarse cómo yo había pasado por el cordón de tropas americanas que rodeaba Veracruz. El Departamento de Inteligencia no les había dicho nada —alguien se había hecho un lío. Sin embargo, me trataron de la manera más amigable y me condujeron al mejor hotel de la ciudad, aunque noté, con cierta ironía, que en el fondo me encontraba bajo estricta vigilancia.

"A la mañana siguiente un ansioso oficial se presentó muy temprano a mi hotel para informarme que el capitán Burnside, de inteligencia militar de Estados Unidos, vendría a las 10:00 a.m. para interrogarme, por lo que debería permanecer en mi habitación. El capitán Burnside vino y para ambos fue una sorpresa, ya que éramos viejos amigos desde Manila en 1906."[9]

Dice un viejo apotegma jurídico que "a confesión de parte, relevo de prueba". Si Thord-Gray confiesa en sus memorias que "alguien" en el Departamento de Inteligencia olvidó avisarle al alto mando estadunidense su arribo a Veracruz, es porque a lo largo de toda su experiencia mexicana se mantuvo en contacto, más o menos permanente, con ese "alguien"; el que no sólo lo envió desde Shanghai a Ciudad Juárez, sino que le giró instrucciones precisas —cuando así convino a los intereses de la administración Wilson— para que, después de Tierra Blanca, se cambiara del bando villista al carrancista.

Inclusive el profesor Friedrich Katz, en su monumental obra sobre Pancho Villa, identifica a ese "alguien" nada menos que como el Estado Mayor del Departamento de Guerra de Washington (War Department General Staff, Washington, D. C.), con el que el oficial de origen sueco mantuvo, entre noviembre de 1913 y septiembre de 1914, una muy nutrida correspondencia que actualmente se conserva en los Archivos Nacionales de Estados Unidos.[10]

Lo que sigue es del todo lógico y natural. Entre el 9 y el 12 de septiembre de 1914, Thord-Gray sostiene largas y detalladas entrevistas con el capitán Burnside, de inteligencia militar; con el general Frederick Funston, comandante en jefe de las tropas terrestres; con tres antiguos compañeros de armas y aventuras en las Filipinas, el teniente Jacob Wuest, el teniente G. Maurice Kelly y el mayor La Mot; y, por supuesto, con el almirante Nettey, comandante supremo de la expedición. Todos ellos lo interrogan "inmisericordemente" sobre la fuerza, disposición y eficiencia del ejército mexicano, así como sobre su opinión acerca de las capacidades e inclinaciones de los más prominentes generales, guerrilleros y políticos revolucionarios. En particular, el almirante Nettey lo interroga en una larga comida a bordo del buque insignia *Virginia*, sobre la actitud de los mexicanos en general, y de las clases dirigentes en particular, hacia Estados Unidos. En sus memorias Ivar apunta que aun cuando contestó con amplitud todo lo que se le preguntó, no dijo nada que pudiera ser considerado como denigrante para México.

De cualquier manera, dadas sus conexiones con la inteligencia militar estadunidense, Ivar encuentra todo el procedimiento bastante placentero. "El almirante fue un magnífico anfitrión y sus oficiales fueron abrumadoramente amistosos. Me hicieron, según me pareció, más de mil preguntas acerca de México, la revolución y, por supuesto, sobre la belleza y la manera de ser de las mujeres. Disfruté enormemente mi visita [al barco insignia] porque ahí me encontré verdaderos amigos, y la comida estadunidense me pareció algo fuera de este mundo después de alimentarme por tanto tiempo a base de maíz."[11]

El último lugar que el aventurero sueco visita antes de partir es la fortaleza de San Juan de Ulúa. Infame prisión que data de los tiempos de la Inquisición española y cuyos siniestros calabozos fueron bautizados con tino por fray Servando Teresa de Mier Guerra y Noriega —uno de los padres fundadores de la primera República federal mexicana— como "temascales" porque, cuando en 1823 tuvo oportunidad de sentir sus rigores en carne propia, le recordaron esos asfixiantes baños de vapor en los que los señores y guerreros mexicas solían curar hasta sus heridas.[12]

De esa visita nuestro personaje salió muy impresionado por el hecho de que los calabozos no se habían limpiado desde la construcción del fuerte, más de tres siglos atrás, y, por lo tanto, "se encontraban cubiertos de restos humanos, calacas y excrementos que alcanzaban cerca de un metro de profundidad".[13]

En la mañana del 13 de septiembre de 1914, Ivar Thord-Gray parte de Veracruz en el vapor SS *City of Mexico*, con destino a un puerto de Texas, para de ahí embarcarse a Inglaterra y a la que el presidente Woodrow Wilson calificaría con ingenuidad como "la guerra que terminaría con todas las guerras". Seguirá una prolongada cadena de aventuras y misiones militares que en sucesión lo llevará a Francia, Estados Unidos, de nuevo a Francia, Alemania, Siberia, Venezuela y Portugal. No obstante, al dejar la bahía veracruzana lo acompañarán, hasta el final de sus días, las sencillas pero sentidas palabras que le musitara al oído, en los congestionados y peligrosos andenes ferroviarios de la estación de San Lázaro, el fiel y sabio chamán tarahumara Pedro: "*We ari bacha norawa*" (Adiós, amigo mío).[14]

Columbus, una lección de diplomacia

Santa Isabel

En los primeros meses de 1916 la situación militar y política de Pancho Villa no podía ser peor. Después de haber ocupado la ciudad de México en forma conjunta con Emiliano Zapata y de haberse tomado la fotografía —mundialmente célebre— sentado en la suntuosa —e incómoda, según Thord-Gray— silla presidencial, se ve forzado a abandonar la codiciada capital de la república ante el avance incontenible de Álvaro Obregón, con cuyo ejército, mejor entrenado, organizado y abastecido, ha decidido batirlo de una vez por todas. No sin antes haber desbaratado Villa los intentos de buena fe de la Soberana Convención Revolucionaria que, entre fines de 1914 y principios de 1915, se reunió en las ciudades de Aguascalientes y México para tratar de unificar, bajo un solo gobierno, a todas las facciones revolucionarias y pedir el retiro simultáneo de Villa y Carranza para así evitar una nueva guerra civil. Carranza ni siquiera reconoció la soberanía de la Convención y Villa, mientras le convino, fingió apoyarla para después retirarle el indispensable apoyo militar; de esta forma dejó abandonados a su suerte a los ingenuos presidentes transitorios emanados de la Convención: Eulalio Gutiérrez y Roque González Garza.

Desoyendo los consejos del experimentado general Felipe Ángeles, que es el único verdadero asesor militar con el que cuenta, Villa comete el error de presentar batalla fuera de su territorio habitual —Zacatecas, Durango y Chihuahua— y acaba por pagar el precio. En las batallas de Celaya y León, su ejército —los famosos "dorados de Villa"— es aniquilado metódicamente por las fuerzas de Obregón, que neutralizan las salvajes cargas de la caballería villista a base de una habilidosa guerra de trincheras, en la que Obregón pone en práctica la táctica de los fosos sembrados de ganzúas y púas metálicas y de alambre, que con tanta asiduidad estudiara con Thord-Gray casi dos años atrás en los campamentos de Hermosillo y Culiacán.

El Centauro regresa a Chihuahua no sólo derrotado sino desorganizado y desmoralizado, y además lo abandona el principal y más valioso de sus lugartenientes, Ángeles, que opta por exiliarse en Estados Unidos. En su desesperación por recuperar el fervor perdido, toma la decisión de avanzar a Sonora para unir las tropas que le quedan con las del gobernador José María Maytorena, ahora asediado por Plutarco Elías Calles y Obregón, tras haber roto lanzas con el carrancismo que primero lo apoyó, para después desconocerlo y favorecer a un gobernador interino, Adolfo de la Huerta, en uno de los clásicos movimientos del viejo zorro que, como buen "Maquiavelo de pueblo" —la expresión es de Martín Luis Guzmán—, se atenía a la desgastada pero productiva divisa de "divide y vencerás".

Después de una penosa marcha arrastrando la artillería por cerros, cañadas y desfiladeros sin fin —la orografía habitual de la Sierra Madre Occidental—, Villa arriba a la población fronteriza de Agua Prieta. Su plan es sencillo: atacar la guarnición carrancista que, según se le ha informado, no excede de mil hombres; tomar la población; abastecerse de armas y municiones en el lado estadunidense de la frontera; avanzar rumbo al sur del estado de Sonora para reunirse con las fuerzas de Maytorena; controlar los ricos graneros y las vastas reservas de ganado que posee esa fértil región; y planear una nueva marcha y asalto sobre la ciudad de México.

Para su mala fortuna, Villa estaba mal informado: Maytorena huyó del estado y Obregón ha tomado el mando militar de la región. Con la complacencia del gobierno de Woodrow Wilson —que, por fin, acababa de otorgar a Carranza el reconocimiento diplomático como presidente provisional o gobernante "de facto" de México—, Obregón, sabedor de las intenciones del Centauro, traslada con toda comodidad y rapidez, seis mil efectivos por territorio estadunidense y los concentra en Agua Prieta, frescos y bien abastecidos.

Al amparo de las sombras de la noche, Pancho Villa avanza en uno de sus usuales ataques frontales, sólo para encontrarse con que, al aparecer, del otro lado de la frontera se han encendido unos enormes reflectores que iluminan a sus tropas —exactamente como si se encontraran filmando una película— dejando al bando enemigo en la más completa de las oscuridades. La debacle es fulminante. El orgulloso general, que unos meses antes disponía de más de cincuenta mil hombres, observa impotente cómo su Némesis de antes y ahora, "el compañerito Obregón", como con desdén daba en llamarlo, diezma sin misericordia a sus fuerzas, ahora reducidas a menos de un millar de soldados.

Sin medir la magnitud de las derrotas que se le han ido acumulando una tras otra, el Centauro regresa a la ciudad de Chihuahua con la idea de levantar un nuevo ejército de quince mil hombres. De nueva cuenta se topa con un panorama desolador. Los generales que no se han exiliado a Estados Unidos, se oponen por completo a sus planes: le hacen ver que la gente ya está cansada de tanta guerra, hambre y destrucción, que las reservas de ganado y granos están exhaustas y las minas abandonadas; que desde el reconocimiento de Wilson a Carranza es materialmente imposible conseguir armas y municiones en Estados Unidos; y que la población, urgida de paz y tranquilidad, no quiere saber nada de nuevas campañas militares. Y para acabar le piden que mejor negocie con Obregón —que, avanzando desde el lado estadunidense en diciembre de 1915, ya tiene a Ciudad Juárez en su poder— la rendición de Chihuahua y el licenciamiento de la División del Norte; que ha llegado la hora de que los "dorados" regresen a sus pueblos y rancherías, a sus familias y a sus modestos campos de labranza y cría de ganado.

Pero Villa es demasiado orgulloso para rendir sus armas, y menos ante "el compañerito Obregón". No obstante, consiente, después de súplicas y ruegos, que sus generales rindan la plaza de Chihuahua y supervisen el licenciamiento de la División del Norte, no sin antes fusilar a dos de ellos que le parecieron los más ansiosos de entrar en tratos con "el compañerito", para después —los generales, no Villa— refugiarse en Estados Unidos. Y sin quedarse a presenciar el desenlace retorna —con no más de quinientos de sus ultra leales "dorados"— a sus viejas madrigueras de la Sierra de Chihuahua para reiniciar lo que había sido la esencia de sus primeros años de combate: la guerra de guerrillas. Perdido en los más recónditos confines de la más formidable de las sierras mexicanas, Carranza y Wilson lo dan por muerto. En menos de tres meses comprenderán, al unísono, las graves consecuencias de andar matando muertos que gozan de cabal salud.

Hasta este punto de su agitada carrera militar, el Centauro había sido un decidido admirador y partidario de Estados Unidos. En capítulos anteriores se narró cómo Villa se opuso a la sola posibilidad de que la ocupación de Veracruz pudiera ser causa para una guerra entre México y los estadunidenses; cómo le prometió, en Ciudad Juárez, al general Hugh L. Scott, comandante en jefe de las fuerzas estadunidenses de la frontera sur, la lealtad de México en caso de guerra con Japón o con cualquier otra potencia; cómo Villa admiraba la educación y tecnología estadunidenses y soñaba con enviar a miles de niños pobres a ese país para que, al regresar, fueran los maestros y garantes de la nueva prosperidad mexicana; cómo mantuvo una estrecha colaboración con el agente confidencial estadunidense George C. Carothers, a cuyos dictados se sometió para tratar de salir del berenjenal diplomático en el que se metió con motivo del asesinato del traficante y terrateniente británico William Benton, hasta que don Venustiano intervino con sagacidad para resolver el problema, valiéndose del reconocimiento que Gran Bretaña había otorgado a Victoriano Huerta, gracias a los buenos oficios de ese peón del ajedrez petrolero internacional que fue sir Lionel

Carden; cómo, en fin, Villa recurrió invariablemente a proveedores estadunidenses para procurarse armas, municiones y consejos políticos.

Es más, en el trágico combate de Agua Prieta, antes de que le encendieran los reflectores, dio instrucciones inequívocas a sus tropas de evitar, dentro de lo que humanamente fuera posible, disparar hacia el otro lado de la frontera, pues no quería afectar ningún tipo de intereses "gringos". En síntesis, puede afirmarse que Villa fue el líder revolucionario que más cuidó su imagen ante Estados Unidos, al grado de que hasta aceptó figurar como "estrella" de una película de Hollywood.

Todo esto cambiará a partir de la triste derrota en Agua Prieta. Convencido de que Wilson celebró un "pacto secreto" con Carranza cuya finalidad principal es eliminarlo de la escena política y militar, el Centauro traslada todo su resentimiento y sus odios primitivos e intransigentes a los vecinos del norte, contra los que desata una feroz persecución al amparo de su renovada condición de guerrillero. Por principio de cuentas, en el trayecto de Agua Prieta a Chihuahua —después de arrojar toda clase de improperios y amenazas sobre dos inocentes médicos de Douglas, Arizona, que se ocupaban en la humanitaria tarea de curar a los caídos en el combate— manda un destacamento de soldados a las instalaciones de la Cananea Mining Company para exigir la entrega inmediata de veinticinco mil dólares y de una gran cantidad de provisiones, bajo la pena, en caso del menor asomo de negativa, de destruir las instalaciones de la empresa.[1] Éste será sólo el principio de una feroz campaña antiestadunidense, porque Pancho Villa era demasiado ingenuo, en términos estrictamente políticos, para entender que la esencia de la diplomacia estadunidense, aun en los casos en que la encabece un moralista selectivo como Woodrow Wilson, se rige por fríos intereses y no por lealtades o amistades supuestas.

Rumiando su derrota en los fríos recovecos de la Sierra de Chihuahua, Villa merodea por la frontera en busca de algún tipo de revancha. Toda su vida ha jugado a la ruleta con la vida y la muerte y ese destino no hay fuerza capaz de cambiarlo, como no sea la de la misma muerte. La primera oportunidad se le presenta en una pequeña estación ferroviaria situada a sesenta y ocho kilómetros de la ciudad de Chihuahua conocida como Santa Isabel. La historia, que diez años después daría lugar a un complicado juicio internacional, es la siguiente:

Como en las novelas y folletines del siglo XIX todo empezó en una cena a la que siguió un alegre baile. El 8 de enero de 1916, la plana mayor de El Paso, Texas, que encabezan el general John J. Pershing, el alcalde y el presidente de la Asociación de Banqueros, acompañados de las más bellas y distinguidas damas de la localidad, agasajó al general Álvaro Obregón en agradecimiento a la pacificación que había logrado en el vecino estado de Chihuahua, merced a la rendición y licenciamiento de la temida División del Norte. Cuando más entretenido estaba el general constitucionalista platicando a sus anfitriones algunas de sus múltiples hazañas guerreras, se acercó a la mesa de honor el señor Charles R. Watson, alto funcionario de la Cusi Mining Company, empresa que disfrutaba de la concesión del gobierno mexicano para operar el mineral de Cusihuiriachic, situado al sur del vastísimo estado de Chihuahua. El señor Watson le expresó al general —por cierto, muy afecto al buen cognac— su preocupación por la seguridad o inseguridad que encontraría en el viaje que estaba por emprender al mineral, en compañía de un buen número de sus empleados, todos ellos estadunidenses. Obregón con gran bonhomía, propia de la ocasión, lo tranquilizó diciéndole que Villa no era ya un peligro y que pronto las fuerzas a su mando lo localizarían para acabar con él. Además, le ordenó al cónsul mexicano en El Paso, que también andaba en la fiesta, que expidiera al señor Watson todos los salvoconductos que le solicitara. Después de pronunciar estas palabras —que los estadunidenses suelen llamar "famous last words" (famosas últimas palabras)— don Álvaro se dirigió, tomado del único brazo que le quedaba por una bella asistente, a dar vueltas por la pista de baile, toda vez que no podía bailar debido a que perdió el brazo derecho en la primera de las batallas de Celaya, en una acción que libró precisamente en contra de las tropas del ahora "aniquilado" general Villa.

Al día siguiente, 9 de enero, el tranquilizado señor Watson y sus empleados tomaron el tren de Ciudad Juárez a Chihuahua, armados de los salvoconductos consulares que gentilmente les había gestionado el general Obregón, a quien, por cierto, la voz popular ya empezaba a apodar el Manco de Celaya. Un día después los salvoconductos resultarían más mancos que su oficioso gestor.

El grupo llegó a la ciudad de Chihuahua sin novedad. Antes de seguir su camino hacia Cusihuiriachic, Watson se entrevistó con el gobernador que don Venustiano acababa de designar, Ignacio C. Enríquez, que le dio el tipo de seguridades que sólo un político mexicano es capaz de otorgar. Algo así como: "Usted sabe que Villa ya fue derrotado por nosotros pero todavía anda por el estado, quién sabe dónde pero por ahí, y está armado, por lo que nunca se sabe qué es lo que puede pasar. Así que mejor tome sus precauciones". Lo curioso del caso es que el precavido Watson dio por buenas estas singulares garantías y prosiguió de inmediato rumbo al rico mineral. Y digo lo curioso del caso, porque uno de los acompañantes de Watson, el señor Pearce, días atrás había escrito a su hermano, que vivía en Laymond, California, la siguiente carta que, a la postre, resultó premonitoria: "Watson arregló que un carro especial nos lleve hoy en la mañana y he decidido ir. Son cerca de veinte estadunidenses en la expedición. Algunos de ellos están un poco nerviosos porque se rumora que no todo está quieto en el camino. Watson vio al comandante en jefe de las fuerzas de aquí y le ofreció pagarle a las tropas que acompañarán el tren; sin embargo, se le aseguró que los soldados de Carranza tienen el control de la vía de aquí a Cusihuiriachic y que se van a enviar más por este camino hoy en la noche o mañana temprano, de manera que espero poder trabajar sin interrupción por algún tiempo. El señor Carranza es más de temerse que el propio Villa; porque éste, al menos, tenía la energía suficiente para hacer cumplir sus órdenes, cosa que no puede decirse de Carranza. Carranza teme a Villa más que a cualquiera otra cosa y si él puede causarnos, a nosotros los estadunidenses, algún perjuicio, y hacer creer que fue Villa, estoy seguro que lo hará".[2]

De modo que contagiados del surrealismo mexicano, los fieles empleados de la Cusi Mining Company deciden correr su suerte frente a las temibles guerrillas villistas amparados por las "seguridades" que les ha dado un precario gobierno encabezado por un individuo que, según ellos, era mucho peor que el propio Villa. El resultado es predecible.

Hacia a la una de la tarde del 10 de enero de 1916, al llegar a la pequeña estación de Santa Isabel, detiene al tren una máquina-remolque que, en apariencia, se ha descarrilado. Tarda el tren más en parar que en escucharse una nutrida descarga de fuego de ametralladoras, acompañada del inconfundible grito de "¡Viva Villa!". Una partida que comanda uno de los más brutales lugartenientes del Centauro, el coronel Pablo López, se apodera del tren y se lanza a la búsqueda afanosa del vagón en el que viajan los estadunidenses. Watson y dos de sus subordinados, los señores Richard Hatton y Thomas N. Holmes, alcanzan a bajar del tren y al ver lo que sucede, huyen despavoridos al refugio que ofrecen unos matorrales cercanos. Intento inútil. Watson y Hatton son acribillados por la espalda. Sin embargo, Holmes, al tropezar con los matorrales, sufre una caída tan aparatosa que hace que sus perseguidores lo den por muerto. Esto le proporciona unos minutos preciosos que aprovecha para deslizarse hasta un río cercano, cuyas aguas lo arrastran en silencio por más de dos kilómetros hasta una zona en la que queda fuera de peligro. Como en un relato corto de sir Arthur Conan Doyle, en esta novela de horror Holmes se salva pero Watson no.

El ingeniero Elías Torres —que cuatro años después sería el comisionado oficial del presidente provisional Adolfo de la Huerta para negociar la rendición definitiva de Pancho Villa, y con el que, con tal motivo, tuvo oportunidad de platicar largo y tendido— narra magistralmente el desenlace de esta masacre: "El resto de los estadunidenses, cuando ya estuvieron abajo del tren, recibieron la orden del propio Pablo López, de que se quitaran toda la ropa que traían, inclusive los zapatos y los calcetines, quedándose en calzoncillos y camiseta, a pesar de un viento frío que empezaba a soplar de la sierra, puesto que era pleno invierno. Luego los formaron a lo largo de las vías del tren y López ordenó que dos de sus soldados fueran matando de estadunidense en estadunidense hasta acabar con el grupo; algunos querían escapar, pero a culatazos los hacía volver a la línea. Minutos más tarde aquello era un montón de cadáveres chorreando sangre en siniestras y macabras posiciones. Unos habían caído sobre los otros, alguno con la cara al sol, con gesto horrible, demostraba el dolor de su agonía, semidesnudo y contraído".[3]

La reacción de Carranza, que apenas empezaba a disfrutar las mieles del reconocimiento diplomático por parte del gobierno de Estados Unidos y del posible otorgamiento de un crédito vital por varios cientos de millones de dólares, es fulminante. Cuatro días después de la matanza expide el siguiente decreto, en el que de un solo plumazo degrada a Villa y lo regresa a su condición primitiva de bandolero y salteador de caminos:

"Art. 1. Queda fuera de la Ley el cabecilla reaccionario exgeneral Francisco Villa.

"Art. 2. Quedan fuera de la Ley los cabecillas reaccionarios exgeneral Rafael Castro y excoronel Pablo López.

"Art. 3. Cualquier ciudadano de la República puede aprehender a los cabecillas Francisco Villa, Rafael Castro y Pablo López y ejecutarlos sin formación de causa levantando una acta en que se haga constar su identificación y fusilamiento. Constitución y Reforma."[4]

Inaugurada la temporada de caza en estos términos, unos cuantos meses más tarde el ejército carrancista apresa al sanguinario Pablo López y en el lenguaje militar de la época lo fusila sin más, "previa identificación de su persona". Pero el problema no pararía ahí. En 1923, el presidente Álvaro Obregón, urgido como todos los presidentes mexicanos del indispensable reconocimiento estadunidense, celebra con el gobierno de Estados Unidos una convención internacional (conocida popularmente como los Tratados de Bucareli, por el nombre de la avenida de la ciudad de México en donde se ubica la mansión porfiriana —actualmente sede de la Secretaría de Gobernación— en la que se reunieron los comisionados de ambas naciones), en virtud de la cual México, entre otras muchas concesiones, se obligó a someter a la consideración de un tribunal de arbitraje internacional, todas las reclamaciones en su contra hechas por ciudadanos de Estados Unidos, por pérdidas o daños sufridos en sus propiedades y personas durante las revoluciones y disturbios que existieron en el periodo comprendido del 20 de noviembre de 1910 al 31 de mayo de 1920.

La más célebre de todas las reclamaciones que se le presentaron a este tribunal de arbitraje estuvo constituida por la que formularon los deudos de diecisiete ciudadanos estadunidenses que fueron asesinados en Santa Isabel. La reclamación se presentó a principios de 1926 —diez años después del suceso— y exigía una indemnización por concepto de reparación del daño sufrido, del orden de 4'450,000 pesos oro que, al tipo de cambio de la época, equivalían aproximadamente a dos millones de dólares. Toda una fortuna para esos tiempos.

El tribunal estuvo integrado por un árbitro presidente (o "super árbitro" como deportivamente le llamaron los periódicos mexicanos de entonces) que fue el distinguido jurisconsulto brasileño Rodrigo Octavio; por un árbitro estadunidense, que fue el juez retirado Ernest B. Perry; y por un árbitro mexicano, que fue el internacionalista Fernando González Roa, principal negociador mexicano de las Convenciones de Bucareli. Fungieron como agente de Estados Unidos el abogado militar coronel Harvey W. Anderson, y como agente de México el combativo abogado y periodista Aquiles Elorduy.

La controversia jurídica giró en torno a la interpretación que debía darse al artículo III de la Convención de Reclamaciones firmada tres años atrás en Bucareli que, a la letra, establecía lo siguiente: "Las reclamaciones que la Comisión examinará y decidirá son las surgidas durante las revoluciones y disturbios que existieron en México durante el periodo comprendido del 20 de noviembre de 1910 al 31 de mayo de 1920 inclusive, y que provinieron de cualquier acto de las siguientes fuerzas:

1. Por fuerzas de un gobierno de jure o de facto.

2. Por fuerzas revolucionarias que hayan establecido al triunfo de su causa, gobiernos de jure o de facto o por fuerzas revolucionarias contrarias a aquéllas.

3. Por fuerzas procedentes de la disgregación de las mencionadas en el párrafo anterior, hasta el momento de establecerse el gobierno de jure emanado de una revolución determinada.

4. Por fuerzas federales que fueron disueltas.

5. Por motines o tumultos o fuerzas insurrectas distintas de las mencionadas en las subdivisiones 2, 3 y 4 de este artículo, o por bandoleros, siempre que en cualquier caso se compruebe que las autoridades competentes omitieron tomar las medidas apropiadas para reprimir a los insurrectos, tumultos o bandoleros, o que los trataron con lenidad o fueron negligentes en otros respectos".[5]

En términos generales, podía afirmarse que las guerrillas que Pancho Villa logró conjuntar después de sus desastrosas derrotas en Celaya, León y Agua Prieta provenían de la disgregación de fuerzas revolucionarias contrarias a las carrancistas hasta antes de que estas últimas se establecieran como gobierno de facto, primero, y como gobierno de jure, después. Obviamente la partida al mando del coronel Pablo López que perpetró los crímenes de Santa Isabel formó parte de esa "disgregación de fuerzas revolucionarias".

Por consiguiente, el abogado estadunidense Anderson apuntó sus baterías legales hacia este punto, insistiendo en las diversas sesiones que celebró la Comisión de Reclamaciones, que constituía el fundamento jurídico que acreditaba la procedencia de las diecisiete demandas planteadas y la obligación del gobierno mexicano de pagar la elevada indemnización que se le estaba solicitando.

Aquiles Elorduy era un abogado muy hábil, valiente y luchador, que años atrás había tenido la temeridad de tratar de enjuiciar a los militares obregonistas que estuvieron involucrados en la muerte de don Venustiano Carranza. Por lo tanto, planteó su defensa jurídica con notable sagacidad histórica y diplomática y sin dejarse intimidar por las aparentes buenas razones del coronel Anderson, ni mucho menos por la incontrastable influencia que los intereses estadunidenses siempre han tenido en los asuntos internos de México.

Para Elorduy, Villa y su lugarteniente López no eran otra cosa que bandidos de camino real dignos de la horca. En tal virtud, el caso de Santa Isabel quedaba encuadrado en el párrafo 5 del artículo III de la Convención de Reclamaciones que eximía a México de la obligación de cubrir cualquier tipo de indemnizaciones cuando los hechos respectivos fueran atribuibles a bandoleros que no hubieran sido debidamente castigados por las autoridades mexicanas.

En apoyo de su argumentación, el abogado Elorduy citó la nota del secretario de Estado estadunidense, Lansing, número 64, fechada en Washington el 20 de junio de 1916 y dirigida al secretario de Relaciones Exteriores de México, así como la resolución del senado de Estados Unidos de la misma fecha que, al justificar la invasión de Chihuahua por las tropas al mando del general John J. Pershing para perseguir y tratar de castigar al Centauro, emplearon reiteradamente las siguientes expresiones: "el bandido Villa y su banda", "los bandidos de Villa", "bandidos armados", "partida de bandidos armados", y "la fugitiva banda malhechora".[6]

Dentro de este contexto, Elorduy adujo que si Villa y sus hombres no habían sido bandidos, entonces había que convenir "en que el gobierno estadunidense había hollado conscientemente el territorio patrio y atacado la soberanía nacional puesto que, so pretexto de perseguir bandoleros, había hecho internar en la República fuerzas militares para perseguir a un jefe revolucionario de altos vuelos y prestigio".[7] Es decir, con sutileza convirtió un mero problema legal en un potencial conflicto internacional.

Para coronar su habilidosa obra jurídica, don Aquiles demostró que "los bandoleros" habían sido justamente castigados por las autoridades competentes. Para ello se apoyó en el decreto del presidente Carranza de 14 de enero de 1916 que privó de rangos militares a Pancho Villa y a Pablo López y los declaró "cabecillas reaccionarios que quedan fuera de la ley"; y al hecho de que, meses después, con apoyo en este mismo decreto, Pablo López fue aprehendido y de inmediato fusilado.

Así, pues, por la fuerza de sus intemperancias históricas hacia México, los estadunidenses quedaron colocados en este caso en una auténtica encrucijada: si para probar sus reclamaciones se tenía que establecer que Villa había sido un genuino jefe revolucionario, entonces la expedición de Pershing a Chihuahua había sido un acto violatorio de las normas básicas del derecho internacional, que bien podía otorgar a México la acción legal necesaria para exigir una reparación del daño, muy superior a la que pudiera derivarse de los sucesos de Santa Isabel; por el contrario, si para evitar esta última calificación jurídica, se aceptaba que Villa y sus hombres habían sido simples bandoleros y asaltantes, entonces las diecisiete reclamaciones por los asesinatos de Santa Isabel carecían de fundamento.

El distinguido intelectual —que en su momento fuera un activo partidario de Victoriano Huerta— Nemesio García Naranjo, en un combativo artículo publicado en el periódico *Excélsior* de la ciudad de México, el 17 de marzo de 1926, resumió el dilema con las siguientes palabras: "¡Qué graciosos son los estadunidenses! En 1916, para explicar la Expedición Punitiva de Pershing, declararon que Villa era el monstruo más feroz que habían producido los siglos, y ahora, para cobrar cuatro millones de pesos de reclamación, lo quieren 'desbandolerizar' e intentan convencernos de que fue casi un estadista".[8]

El árbitro o comisionado presidente, el brasileño Rodrigo Octavio, acabó por coincidir con la postura mexicana y así se lo hizo saber al comisionado estadunidense, el juez Ernest B. Perry, de quien mi abuela contaba que era descendiente de aquel célebre almirante Perry que, a mediados del siglo XIX, y como primer embajador extraordinario y plenipotenciario de Estados Unidos en Japón, abriera los contactos diplomáticos y comerciales entre la gran potencia estadunidense y el hasta ese momento aislado y cerrado imperio del sol naciente. Contactos que se multiplicarían y se entrecruzarían en el curso de los cien años subsecuentes hasta desembocar en la barbarie atómica de la segunda guerra mundial, en la que el salvaje expansionismo japonés —según mi propia abuela— no le dejó al presidente Truman otra alternativa que la de apaciguar a los nipones "de a de veras".

El juez Perry "filtró" la noticia a la prensa, y los estadunidenses armaron uno de los sonados escándalos que suelen hacer cuando los fallos de los tribunales internacionales no los favorecen. La prensa estadunidense divulgó a los cuatro vientos las siguientes declaraciones del mismo Perry: "Las conclusiones a las que llegó el comisionado presidente, se alejan tanto de los hechos contenidos en los expedientes, están tan distantes de los principios establecidos en el Código Internacional y pugnan tanto con los preceptos claros, precisos, inequívocos e imperativos del Convenio de Reclamaciones, que yo no puedo estar conforme con ellos. La opinión del comisionado presidente, en vez de explicar la justicia y la equidad, trata de relevar a México de una obligación a la cual está obligado legal y materialmente. Esta negativa del comisionado presidente equivale a nulificar el Convenio de Reclamaciones. Todos los puntos invocados por el comisionado presidente para fundar su laudo están fuera del asunto a discusión y por eso me niego a aceptarlos".[9]

Estas declaraciones fueron apoyadas con energía por el secretario de Estado —que llevaba el nutritivo apellido de Kellog—, quien se declaró indignado por las conclusiones a las que había llegado el jurista brasileño y demandó una reconsideración del fallo. Al ver que la presión internacional iba en aumento, el bueno de don Rodrigo Octavio declaró que había sufrido un "soponcio intempestivo" (son también palabras de mi abuela) y, sin más, se marchó a La Habana, Cuba (pretextando lo dañino que es para la salud —de quien no está acostumbrado a ella— la altura que la ciudad de México tiene sobre el nivel del mar), en donde declaró que el fallo sobre el caso de Santa Isabel aún no se había pronunciado. Esto último creó un estado de incertidumbre jurídica, porque en efecto de conformidad con el artículo XI de la Convención, el laudo, para que surtiera efectos legales, tenía que pronunciarse en una sesión pública. Por lo tanto, el asunto quedó en el aire durante varias semanas.

Tratando de capear el temporal desde su tropical refugio habanero, el doctor Octavio propuso el 26 de septiembre de 1926 como la fecha más apropiada para la celebración de la diferida sesión pública, anunciando que, debido a su precaria salud, la misma tendría lugar en el puerto mexicano de Tampico; es decir, trató de posponer la solución del problema varios meses con la esperanza —un tanto ingenua como lo demostrarían los hechos— de que así se calmarían un poco los exaltados ánimos diplomáticos. Estados Unidos no aceptó posposición alguna ni mucho menos el cambio de la sede del arbitraje, y exigió que Rodrigo Octavio —con soponcio o sin él— regresara a la ciudad de México a cumplir con las obligaciones que libremente había asumido al aceptar el cargo de comisionado presidente.

Después de muchos dimes y diretes, el laudo por fin se dictó, en la requerida sesión pública en la ciudad de México, el día 27 de abril de 1926. Ahí el doctor Octavio produjo un ratón jurídico, del tipo de aquellos a los que por desgracia nos tienen acostumbrados a los abogados litigantes los tribunales tanto internacionales como nacionales. En vez de resolver la cuestión de fondo, declarando que en la fecha de los tristes sucesos de Santa Isabel, Pancho Villa y sus hombres no eran más que un grupo de bandoleros y abigeos que habían quedado al margen de la ley y que, por consiguiente, de aceptarse su estatus como fuerzas revolucionarias se tendrían que compensar las reclamaciones de Santa Isabel contra los daños causados a México por la Expedición Punitiva de Pershing, se escudó en los tecnicismos legales y en los detalles de procedimiento a que tan afectos suelen ser la gran mayoría de los jueces y magistrados en todo el mundo.

Así, dejando de lado el cúmulo de evidencias y alegatos presentados por las partes, don Rodrigo Octavio redujo su fallo a declarar que las diecisiete reclamaciones presentadas carecían de sustento jurídico porque las seguridades que el general Álvaro Obregón había dado al señor Charles R. Watson en el ahora célebre banquete de El Paso, Texas, en el sentido de que "Villa era cosa del pasado",[10] y los salvoconductos que, por órdenes del mismo Obregón las autoridades mexicanas habían extendido a Watson y sus empleados, "no podían ellas [las seguridades y los salvoconductos], sin embargo, tener fuerza suficiente para comprometer la responsabilidad de México".[11]

Desde un punto de vista estrictamente jurídico este laudo es muy cuestionable porque: *a*) Villa, a pesar de los múltiples actos de bandidaje que, sin duda alguna, cometió, fue un indiscutido y carismático líder revolucionario; *b*) en el momento en el que se cometieron los horrendos crímenes de Santa Isabel, las tropas al mando de Pablo López eran precisamente fuerzas procedentes de la disgregación de fuerzas revolucionarias contrarias al gobierno que se estaba estableciendo en México; y *c*) Villa y López fueron legalmente declarados "al margen de la ley", cuatro días después del crimen. Sin embargo, la realidad es que constituyó una modesta pero satisfactoria reivindicación histórica para México, porque, de alguna forma, compensó los daños mucho mayores que Estados Unidos le causó a lo largo del periodo revolucionario, en particular con la ocupación de Veracruz en 1914 y con la Expedición Punitiva de Pershing en 1916.

Por esa razón el fallo se festejó públicamente en la ciudad de México. El local de la Comisión de Reclamaciones fue invadido por una salva de aplausos y los diplomáticos iberoamericanos presentes, así como los periodistas y el público en general, se precipitaron a felicitar y a abrazar a los comisionados mexicanos, Fernando González Roa y Aquiles Elorduy. Los estudiantes de la Facultad de Derecho abandonaron aulas y maestros para invadir el centro de la ciudad con gritos, vítores y festejos. En la perspectiva de lo que, desde 1825, ha sido la unilateral y especialmente injusta relación México-Estados Unidos, para los casi siempre subordinados y dependientes mexicanos, fue un día grande.

El destino de quienes, en el caso de Santa Isabel, votaron en contra de los intereses estadunidenses, fue divergente. El doctor Rodrigo Octavio resultó vetado por el Departamento de Estado en todos los foros internacionales posibles, lo que lo obligó a renunciar a la Comisión de Arbitraje, para regresar a Río de Janeiro a proseguir su carrera diplomática y jurídica, procurando no volver a interferir en ningún asunto estadunidense. En cambio, el doctor González Roa fue recibido en Washington, en 1933, por el presidente Franklin D. Roosevelt, como un admirado y respetado embajador mexicano.

Columbus

La masacre de Santa Isabel constituyó sólo un anticipo de lo que vendría después. En una mente, como la de Villa, que se guiaba únicamente por consideraciones e instintos básicos, no podían caber las sofisticaciones propias de la realpolitik. Por lo tanto, la ayuda prestada por los estadunidenses a los carrancistas en la batalla de Agua Prieta tuvo que parecerle una traición inaudita en vista de los apoyos y de las simpatías que había recibido de ellos, en particular dos años atrás, en 1914, cuando el general Scott lo recibió en Fort Bliss, Texas, "con honores militares máximos" y lo trató como si fuera una potencia internacional y llegó al extremo de discutir con él asuntos de Estado; o en 1915, cuando —antes de sus trágicas derrotas en Celaya y León— como amo y señor de la capital de la república sostuvo una más o menos nutrida correspondencia diplomática con el primer secretario de Estado de la administración Wilson, el inverosímil geopolítico-moralista William Jennings Bryan.[12]

Pancho Villa no era capaz de comprender que Woodrow Wilson había seguido un triple juego de política internacional con él, con Carranza y con Huerta, encaminado —en el fondo y bajo el ropaje engañoso de ciertos principios jurídicos y morales— a debilitar lo más posible a México, buscando destruir a su antes sólido y profesional ejército federal y conduciendo a su economía al caos y a la ruina, para volverla, a la larga, más dependiente aún de lo que tuviera a bien decidir su vecino del norte. Dentro de semejante contexto, Villa tampoco entendía que, pasados los años de tumulto y destrucción, Woodrow Wilson acabaría por entenderse con la facción que resultara triunfante y que garantizara, al menos, una apariencia de legitimidad y orden constitucional.

De igual manera, el Centauro fue incapaz de comprender que sus sucesivas y devastadoras derrotas ante Obregón en Celaya, León y Agua Prieta, lo habían vuelto políticamente irrelevante y, por ende, molesto para los siempre pragmáticos intereses estadunidenses. Nada de esto cabía en su, más o menos, primitiva mente, acostumbrada desde niño a ver la vida y todas las consecuencias en absoluto blanco y negro.

Por eso, después de Agua Prieta, el corazón y, sobre todo, las vísceras de Villa, que, también en términos absolutos, incesantemente oscilaban entre el odio y el amor, la injuria y el llanto, no perdonaron a los "gringos" que, de comprensivos aliados, pasaron a ser sus principales enemigos y, como tales, candidatos a toda una guerra de exterminio, desde luego dentro de las limitadas posibilidades que las circunstancias le imponían.

Después de Santa Isabel, el Centauro ordena un ominoso avance hacia la frontera. En la hacienda de Santa Ana —que por cierto era propiedad del magnate de la prensa William Randolph Hearst, quien por esos días quería plantar la bandera de las barras y las estrellas en "todo el camino" hasta el istmo de Panamá— se encuentra con un destacamento carrancista al que bate con fiereza, y fusila a un mínimo de ochenta prisioneros. El 7 de marzo de 1916 ocupa el Gibson Ranch para proveerse de ganado y otros bastimentos. Ante la protesta de los propietarios, los señores Corbett y McKinney, dada su nacionalidad, Villa ordena que los ahorquen sin mayores averiguaciones; asunto que recoge y difunde de inmediato la prensa del otro lado de la frontera. En la madrugada del 9 de marzo, las tropas villistas atraviesan la línea divisoria y atacan de manera violenta la ciudad estadunidense de Columbus, Nuevo México.

Los hechos merecen ser narrados con algún detalle, no sólo porque alcanzaron resonancia mundial —se trató de la única invasión armada que Estados Unidos ha sufrido en su territorio continental en toda su historia, con excepción de la organizada en 1812 por Gran Bretaña que, en un intento desesperado por recuperar sus antiguos dominios coloniales, logró tomar e incendiar Washington, por esos días la recién fundada capital federal, antes de tener que retirarse y subordinarse ante la inevitable realidad de la inminente emergencia de Estados Unidos como una nueva potencia en el concierto internacional— sino porque dieron origen a la Expedición Punitiva del general Pershing, que representa el punto culminante de la intervención extranjera en la Revolución mexicana.

Para ello voy a recurrir a la poco conocida obra del ingeniero Elías Torres, *Vida y hechos de Francisco Villa*,[13] porque, a mi juicio, ofrece dos ventajas fundamentales, a saber:

a) Tal y como quedó señalado con anterioridad, el ingeniero

Elías Torres fue el comisionado especial designado por el presidente provisional Adolfo de la Huerta (que lo fue a la muerte de Venustiano Carranza y hasta la elección de Álvaro Obregón como presidente constitucional) que, en 1920, negoció y logró la rendición de Villa, el licenciamiento de las tropas que le quedaban y su retiro a la vida privada en la hacienda de Canutillo ubicada en el estado de Durango. Entre 1921 y 1922, el ingeniero Elías Torres visitó varias veces al ya retirado Centauro en Canutillo y, según él mismo cuenta, "tuvo ocasión de oir de voz propia, el relato de muchas de sus hazañas; porque Villa era muy afecto a contar episodios de su vida, aun los más truculentos. De manera que, durante las comidas, o en los paseos a caballo por la enorme hacienda, iba captando de las narraciones las más sobresalientes en la azarosa vida del sin par revolucionario [...]";[14] y

b) porque al escribir su obra, el ingeniero Torres tuvo acceso a las declaraciones completas de los vecinos de la ciudad de Columbus, hechas a la comisión investigadora, designada ex profeso por el que, por esos días, debe haber sido un muy indignado Departamento de Estado. En tal virtud, se trata de una fuente bibliográfica que reúne a la par los testimonios de los villistas y los de los habitantes de la población invadida.

Con apoyo en estos antecedentes, los hechos pueden reconstruirse de la siguiente manera:

A las cuatro de la mañana con veinte minutos del 9 de marzo de 1916, las fuerzas invasoras cruzaron la frontera bajo las órdenes directas de los lugartenientes Pablo y Martín López. Debe aclararse que aunque Pancho Villa organizó y dirigió el ataque, se quedó en la hacienda de Las Palomas, en el lado mexicano de la línea divisoria; es decir, contra lo que afirma la leyenda, Villa no puso una sola de sus botas en Columbus; sabía muy bien que si se le capturaba acabaría en una jaula con rumbo directo a un cadalso público en Washington.

Los objetivos aparentes del Centauro eran relativamente sencillos: atacar los principales edificios de Columbus, matar a todos los que opusieran resistencia y apoderarse de la mayor cantidad posible de dinero, armas y joyas; incendiar la ciudad y regresar a México al amanecer. Además Villa dio licencia a sus hombres para robarse a todas las "gringas" que pudieran para su uso y disfrute personal, lo que, por cierto, le ocurrió a un número indeterminado, aunque todo parece indicar que bastante reducido, de señoritas y damas de Columbus. Sin lugar a dudas, se trató de una venganza personal en toda forma, en la que, como siempre ocurre, murieron y sufrieron personas inocentes.

De los testimonios recabados por el ingeniero Elías Torres, se desprende que los ataques de las tropas invasoras se concentraron en el edificio de la aduana, en el Commerce Hotel, en la tienda Lemmon and Payne, en la Administración de Correos, en la mueblería de Archibald R. Frost, en la tienda de John J. Moore y en el campamento de la guarnición militar a cargo del coronel H. J. Slocum, que la noche anterior se había ido tranquilamente a la vecina población de Demming; así como en todas las casas y comercios del centro de Columbus.

El edificio de la aduana primero fue ametrallado y después incendiado, previa incautación de la correspondiente recaudación fiscal, la que, por las circunstancias que se vivían en la frontera, resultó bastante exigua. En el Commerce Hotel la brutalidad que con frecuencia se reprocha a los villistas, lució en todo su macabro esplendor. El propietario, señor Ritchie, fue fusilado en la banqueta de su establecimiento, lo que permitió que su esposa Mitro y sus tres hijas, que respectivamente tenían veinte, quince y ocho años de edad, huyeran auxiliadas por un hábil indio yaqui que tenían a su servicio, que silenciosamente las deslizó fuera del hotel y de la población, hasta que estuvieron a buen resguardo. Pero los demás huéspedes no corrieron con la misma suerte. El señor H. H. Walker, el doctor Hart y el ingeniero Charles Miller fueron asesinados en sus habitaciones y en los pasillos del hotel; a Walker lo mataron cuando, junto con su esposa, de rodillas, suplicaba que no le hicieran nada. Arthur Ravel, que era el dueño del edificio en el que se ubicaba el hotel, y hermano de Samuel Ravel, un contrabandista de armas que tenía una cuenta pendiente con Villa, fue ametrallado en la cama de su habitación cuando se negó a revelar el paradero de su hermano. (Otras versiones, como la recogida por el profesor Friedrich Katz, señalan que Arthur Ravel logró huir.) Un soldado que se encontraba de licencia murió calcinado con su hijo de tan sólo seis meses de edad, al extenderse al hotel el fuego que otros soldados de Villa habían prendido a la vecina tienda Lemmon and Payne. Todas las mujeres que había en el hotel, con excepción de la señora Mitro Ritchie y de sus tres hijas, fueron secuestradas y llevadas a lomo de caballo al otro lado de la frontera, con las consecuencias que el lector podrá adivinar, aunque al parecer casi todas regresaron al día siguiente a Columbus. Entre las damas secuestradas se encontraban las esposas de H. H. Walker y del soldado calcinado. El único huésped varón que logró salvar la vida fue un viejo comerciante de nombre Steven Burchfield, al que los mexicanos que vivían en Columbus apodaban con cariño el Tío Esteban; éste aprovechó, para huir y esconderse, la confusión que él mismo creó al arrojar a los villistas que lo querían matar una bolsa llena de dólares.

L. L. Burkhead, director de la Oficina de Correos, después de vivir una aventura espeluznante, actuó, a fin de cuentas, como el correo de Columbus que logró que se alertara a la poderosa guarnición de Fort Bliss en la cercana población de El Paso, Texas, acerca de lo que estaba sucediendo en territorio soberano de Estados Unidos. La declaración que rindió a la comisión investigadora es particularmente descriptiva: "Vivía yo en la parte norte del pueblo, en la calle Boundavy. Desperté con el ruido que producían los cristales de puertas y ventanas, rotos por el efecto de las balas de la fusilería villista. En seguida levanté a mi esposa y a otra señora que estaba de visita en nuestra casa. A través de las ventanas se podía apreciar el resplandor que producía un enorme incendio. Luego escuché el toque del clarín del campamento del 13° Regiment of Cavalry y en seguida el tableteo de una ametralladora. Con grandes trabajos abrí la puerta del portal trasero y siguiendo un canal que hay como a unas doscientas yardas de la casa, nos fuimos hasta la vía del ferrocarril, y alcanzamos un tren que se alejaba lentamente. El conductor, de nombre Pundy, nos ayudó a subir al cabuz y al enterarse de lo que le informábamos conectó su aparato telegráfico a los hilos del telégrafo, y se comunicó con Fort Bliss, Texas, informando de lo que estaba pasando en Columbus [...]".[15]

Por cierto que hay quien afirma que en ese tren "que se alejaba lentamente" viajaba nada menos que don Luis Cabrera, el ministro de Hacienda de Venustiano Carranza, que se dirigía de Douglas, Arizona, a El Paso, Texas, para de ahí retornar a la ciudad de México, después de haber asistido, en calidad de testigo de honor, a las segundas nupcias del general Obregón con una dama de la mejor sociedad sonorense, mismas que, por esos días, habían tenido lugar en Hermosillo.[16]

El señor Archibald R. Frost era el dueño de la principal mueblería de la ciudad y vivía en una casa contigua a su establecimiento. Una bala que hizo añicos una de las ventanas de su casa lo puso en alerta. Al principio se refugió con su esposa y su pequeño hijo en el sótano de la casa, pensando que ahí estarían a salvo mientras pasaba el ataque. Sin embargo, al darse cuenta de que todo a su alrededor ardía, decide huir en su automóvil. Al cruzar el pasillo que va del interior de la casa al garage es herido en el brazo izquierdo. Aún así logra acomodar, recostados, a su mujer y a su hijo en el asiento trasero y, valiéndose tan sólo de su brazo derecho, conduce desaforadamente por algunas calles traseras en busca de la salida de la ciudad. Cuando está a punto de tomar la carretera que conduce a Demming es atacado por una partida de villistas que ametrallan el automóvil y lo vuelven a herir, ahora en el hombro derecho. A pesar de sus heridas, Frost logra llegar a Demming, en donde es hospitalizado de inmediato para salvarle el brazo herido. Al recobrar la conciencia se entera de que su mueblería y su casa han sido consumidas por las llamas y de que su automóvil muestra abundantes perforaciones de bala. Pero ha logrado su objetivo: su esposa y su hijo están ilesos.

John J. Moore, dueño de un almacén de abarrotes que vendía a crédito a los jornaleros mexicanos que trabajaban en los sembradíos de la región, no corrió con la misma suerte. Su esposa Susan, asustada porque había escuchado a dos clientas mexicanas comentar en la tienda que había intensos rumores de que Villa estaba a punto de atacar Columbus, fue a visitar a su sobrino, el coronel Moore, para platicarle lo que había escuchado. Tras reir a grandes carcajadas ante la ocurrencia, el desaprensivo sobrino se dirigió a su tía política para decirle: "Me hace usted reir, tía, ¿cómo cree usted que un bandido como ése se atreva a atacar una ciudad estadunidense? Vaya, vaya, deseche usted esos temores y duerma tranquila".[17]

El tranquilo sueño de los esposos Moore fue interrumpido por el resplandor de los incendios y por el paso incesante de soldados a caballo que gritaban a voz en cuello: "¡Viva México! ¡Viva Villa! ¡Mueran los gringos!"; así como por los aullidos de las mujeres secuestradas que imploraban auxilio en inglés. A pesar del aterrador espectáculo John Moore decide no hacer nada, confiado en la bondad innata de los mexicanos que conoce. Inclusive desoye la súplica que su esposa le formula con la más elemental de las lógicas: "John, éstos son otros mexicanos";[18] y prefiere observar los acontecimientos desde la cocina. Pronto la casa es invadida: John es baleado y apuñalado en la puerta de la blanca cocina; a Susan le arrebatan su anillo de bodas. Como la sed principal de los asaltantes es de dinero y joyas, Susan aprovecha la confusión que genera la destrucción indiscriminada de muebles en busca de objetos valiosos, y escapa por el patio trasero. Al tratar de escalar la cerca de su propia casa es herida en una pierna. Aún así logra llegar al otro lado y, casi arrastrándose, se oculta en un cercano bosque de mezquites. Al día siguiente una patrulla estadunidense la encuentra seminconsciente y la traslada a un hospital. Ha perdido todo: marido, tienda y casa, pero ha salvado la vida. Lo que no se sabe es si le volvió a dirigir la palabra a su sobrino, el optimista coronel Moore.

La clave del relativo éxito que Pancho Villa logró en su ataque a Columbus está en la forma en que sorprendió al campamento conocido como Camp Furlong, en el que dormían con placidez alrededor de trescientos soldados pertenecientes al 13° Regiment of Cavalry of the United States Army, al mando del coronel H. J. Slocum y del mayor Tompkins, que constituía la única fuerza de defensa efectiva con la que contaba la población. En el campamento, en un principio, las cosas no pudieron ir peor. El coronel Slocum —como se apuntó líneas atrás— se había marchado a la vecina ciudad de Demming, aparentemente para tratarse un agudo dolor de muelas que lo aquejaba. El mayor Tompkins decidió pasar la noche en su casa en el centro de Columbus y, por lo tanto, no pudo hacer otra cosa que ocultarse con su esposa todo el tiempo que duró el ataque. Camp Furlong quedó a cargo del teniente John P.

Lucas, que apenas la noche anterior había regresado de El Paso, Texas, sólo para encontrarse con que todas las ametralladoras de la guarnición se encontraban bajo llave para evitar que alguien se las robara y las vendiera a los agentes villistas que andaban ofreciendo hasta seiscientos dólares por pieza. Para colmo, tres "dorados" de Villa con la cautela y el sigilo propios de los nativos de la sierra de Chihuahua, sorprendieron a los centinelas del campamento y los apuñalaron sin hacer el menor ruido, ni despertar la menor sospecha.

Por eso, al comenzar el ataque, los soldados del 13° Regiment of Cavalry fueron tomados por sorpresa y ametrallados prácticamente en sus camas. Pero, al fin soldados profesionales, pronto se repusieron y contestaron con valor el fuego que se les hacía, primero con los fusiles que tenían a mano y después con las ametralladoras que lograron rescatar del "prudente" encierro en el que las encontró el teniente Lucas. Durante un tiempo la respuesta tuvo que ser limitada, debido a que los villistas —con toda probabilidad sin saberlo— se colocaron frente a la casa del doctor Dabney, ubicada a un costado del campamento, y a donde habían sido trasladados los primeros heridos. Sin embargo, una vez que los villistas cambiaron de posición —porque en un principio confundieron las caballerizas con las barracas y sus primeras víctimas fueron los caballos del regimiento—[19] fueron repelidos con tal fuerza que se vieron obligados a retirarse hacia la inestable línea divisoria.

Según narra el ingeniero Elías Torres, un certero disparo que paralizó el reloj de la aduana marca la hora del inicio de la invasión a Columbus: las cuatro y veinte minutos de la mañana del jueves 9 de marzo de 1916. Según los testimonios de varios historiadores, la invasión concluye aproximadamente tres horas después, es decir, alrededor de las siete con treinta minutos de la mañana del mismo día. Los invasores se alejan rumbo a sus inexpugnables madrigueras en la Sierra de Chihuahua arrastrando ramas que levantaban grandes nubes de polvo para proteger su retirada. Detrás de sí dejan —como sucedió en todas las ciudades mexicanas que ocuparon en su furor revolucionario— una estela de horror, saqueo, destrucción y muerte. Los principales establecimientos de Columbus —los hoteles Commerce y Hoover; las típicas hardware store, grocery store y drug store; los edificios de aduanas y correos; las tiendas de los hermanos Ravel; la mueblería del señor Frost y la tienda Lemmon and Payne— así como un buen número de residencias y casas particulares, arden sin remedio, y un sentimiento, violento y peligroso, de indignación en contra de Pancho Villa y de México empieza a inundar todo el sur de Estados Unidos.

En cuanto al número de muertos, heridos y mujeres desaparecidas, el informe del Departamento de Estado es deliberadamente vago. Sin embargo, una fotografía periodística de la época, que muestra a la guarnición de Columbus, Nuevo México, en la estación del ferrocarril, haciendo una guardia de honor ante los féretros de sus compañeros caídos, que están por ser enviados a sus familiares, aunada a los reportes sobre los civiles asesinados, permite asegurar que las defunciones no excedieron las veinte personas. En cuanto a las mujeres secuestradas y presuntamente violadas, todo hace suponer que su número no llegó a diez y que la mayoría fue liberada durante la retirada hacia la hacienda de Las Palomas, del lado mexicano de la frontera, que es el lugar en donde, tal y como se señaló con anterioridad, Pancho Villa aguardó convenientemente el regreso de sus fuerzas.[20]

De acuerdo con el ingeniero Elías Torres, seis soldados villistas fueron hechos prisioneros. Cinco de ellos fueron ahorcados días después, pero el sexto, un muchacho de escasos trece años de edad, de nombre Jesús Paéz e hijo de don Emilio Páez, administrador de uno de los muchos ranchos que el latifundista Luis Terrazas tenía en Chihuahua, llamado La Quinta Carolina, tras amputársele una pierna en la que había recibido una grave herida de bala, por ser menor de edad, fue enviado a un reformatorio en el que permaneció dos años. Posteriormente se le remitió a una escuela técnico-industrial en Alburquerque, Nuevo México, en la que recibió capacitación y entrenamiento, para volverlo útil en la vida civil. Muchos años después, cuando el ingeniero Torres tuvo oportunidad de entrevistarlo acerca de los sucesos de Columbus, el precoz "dorado" se había transformado en un pacífico y productivo ciudadano estadunidense, temeroso de Dios y de la ley, y ajeno por completo a cualquier tipo de inquietudes revolucionarias, a las que, en realidad, se había visto arrastrado por las tempranas circunstancias de su vida, más que por voluntad propia.[21]

El botín que Villa obtuvo de esta aventura fue más bien escaso, en especial si se le compara con los riesgos que tuvo que correr y con las consecuencias que tuvo que afrontar. Algunas armas, parque, caballos, tiendas de campaña y los exiguos fondos de una aduana que llevaba más de un lustro de funcionar a medias. Pero a cambio, el Centauro logró provocar un gigantesco incidente internacional que, en el curso de los meses subsecuentes, sometería a la diplomacia mexicana a una de las pruebas más duras de su casi siempre azarosa historia.

La Expedición Punitiva

La reacción del gobierno y de la opinión pública de Estados Unidos al ataque villista a Columbus, Nuevo México, no se hizo esperar. La influyente, y amarillista, cadena periodística Hearst pidió la inmediata declaración de guerra a México y la ocupación militar de los vastos territorios de Sonora, Chihuahua, Nuevo León y Tamaulipas. Inclusive, la madre del magnate William Randolph Hearst ofreció una recompensa de cincuenta mil dólares a quien le entregara vivo o muerto, al "infame bandolero" Francisco Villa.[22]

Woodrow Wilson, acosado por la opinión popular en plena campaña en busca de la reelección presidencial, tomó una decisión singular en la que se mezclaron la perfidia diplomática, el temor a la inminente guerra con Alemania, algunas consideraciones morales en torno a las bondades de la Revolución mexicana y la utilización del poderío militar estadunidense. Veamos estas razones en el orden enunciado:

a) Venustiano Carranza, actuando con su habitual sagacidad, giró de inmediato una nota diplomática al gobierno de Estados Unidos, fechada al día siguiente del ataque a Columbus, en la que después de recordarle todas las depredaciones que los estados mexicanos de Sonora y Chihuahua habían sufrido a lo largo de la segunda mitad del siglo XIX como consecuencia de las irrupciones de los indios comanches y pieles rojas de las reservaciones de Texas, Nuevo México y Arizona, ingeniosamente le solicitaba "el permiso necesario para que fuerzas mexicanas puedan pasar a territorio americano en persecución de esos bandidos, *concediendo la reciprocidad debida a las fuerzas de Estados Unidos para pasar a territorio mexicano, si la irrupción registrada en Columbus se repitiera, desgraciadamente, en cualquier otro punto de la línea fronteriza*".[23] La trampa diplomática no podía haber sido tendida con mayor habilidad: si quieres pasar a México a perseguir a Villa, primero tienes que darme permiso de pasar a territorio estadunidense a perseguir a tus comanches y pieles rojas, y después tienes que esperarte a que Villa repita lo de Columbus en cualquier otro punto de la línea fronteriza. Paralelamente, Carranza ordenó la ocupación del estado de Chihuahua por el Ejército Constitucionalista para perseguir, capturar y castigar al Centauro sin necesidad de "ayuda" por parte de Estados Unidos. Pero el nuevo secretario de Estado, Robert Lansing (que había sustituido al "inverosímil internacionalista" William Jennings Bryan) interpretó la nota a su modo y a la conveniencia de su gobierno y llegó, por sí y ante sí, a la conclusión de que el gobierno "de facto" (a pesar de que por esas fechas ya se había legitimado mediante la convocatoria a una magna Asamblea Constituyente), le había otorgado el permiso apropiado para ocupar el territorio que fuera necesario para perseguir y castigar al invasor de Columbus. "[...] el gobierno de facto de México [rezaba la correspondiente nota diplomática del 13 de marzo de 1916] concede un privilegio recíproco para que las fuerzas militares de Estados Unidos puedan perseguir, a través de la línea divisoria *dentro de territorio mexicano*, las partidas de bandidos armados que han penetrado de México a Estados Unidos, cometido ultrajes en suelo estadunidense y regresado a México".[24] Amparado en semejante interpretación unilateral de la nota mexicana, a las doce horas del miércoles 15 de marzo de 1916, el general John J. Pershing, al mando de seis mil efectivos divididos en dos regimientos de caballería, dos batallones de infantería, una batería de artillería de campaña, dos compañías de ingenieros, una compañía de sanidad, un hospital de campaña, un cuerpo de señales, un escuadrón aéreo y dos compañías de transporte, cruzó el punto fronterizo conocido como Las Palomas, invadió el estado de Chihuahua y dio inicio a la que de inmediato sería conocida como la Expedición Punitiva, porque su objeto y su justificación estribaban en punir —castigar— al osado Centauro cuyas fuerzas con tanta violencia habían hollado suelo estadunidense.[25]

b) A principios de 1916 la entrada de Estados Unidos a la primera guerra mundial era un hecho que simplemente aguardaba su consumación. La coincidencia de intereses geopolíticos y geoeconómicos con Gran Bretaña y la agresividad alemana que había llegado al extremo de comprar, mediante prestanombres, una fábrica de armamento en Connecticut para detener el flujo de pertrechos de guerra hacia Gran Bretaña y que, además, no se detenía para atacar y hundir barcos mercantes de países neutrales,[26] hacían punto menos que imposible la neutralidad y el aislacionismo que algunas voces, más o menos influyentes, le predicaban al predicador Wilson. Para julio de 1918, alrededor de quinientos mil soldados estadunidenses estarían combatiendo en los frentes europeos de Verdún, Argona y el Mosa. Una guerra en gran escala contra México habría hecho imposible esa intervención decisiva que selló el destino de la gran guerra europea. Woodrow Wilson, que consideraba esta guerra —"que acabaría con todas las guerras"— como la plataforma de lanzamiento definitivo de su doctrina de la seguridad colectiva internacional, no iba a poner en riesgo tan altos designios involucrándose en una guerra masiva y de alta intensidad en contra de México, sólo para castigar la ocupación por un espacio de no más de cuatro horas de un polvoso pueblo perdido en los confines de la frontera sur de la inmensa masa continental estadunidense. Esto último sin contar con que una invasión en gran escala a México, habría provocado la abierta participación del Estado Mayor alemán en apoyo de los mexicanos, lo que habría violentado, en perjuicio histórico de la administración Wilson, los postulados más elementales de la Doctrina Monroe y de la tesis de la gravitación política de John Quincy Adams.

c) En opinión del profesor Friedrich Katz, a Wilson le dolía moralmente tener que atacar a México. "No es fácil [sostenía Wilson] para un presidente declarar la guerra, especialmente contra una nación débil e indefensa como México [...] La gente olvida lo que está detrás de los combates que se desarrollan en México. Se trata de la lucha secular del pueblo por aquello que le pertenece y, mientras vemos los incidentes que están en primer plano, no debemos olvidar la trágica realidad que se halla en el fondo y que se divisa por encima del triste panorama. El caballero que me critica habla como si Estados Unidos tuviera miedo de pelear contra México. Pobre México con sus hombres, mujeres y niños lastimosos, que luchan por tener un lugar en su propia patria."[27] Al comentar esta declaración —a la que no se le puede negar la especial sensibilidad de la que está revestida— Katz sostiene que el presidente Wilson quería dirigir, y hasta controlar, la Revolución mexicana, pero no conquistar, y mucho menos subyugar, a su débil, empobrecido y convulsionado vecino.[28]

d) Partiendo de las premisas que se acaban de exponer, Woodrow Wilson decidió que, para castigar las tropelías de Pancho Villa, bastaba con la ocupación limitada del estado de Chihuahua por una fuerza militar que no rebasara los diez mil efectivos y que actuara bajo estrictas normas de contención. Así, entre las necesidades políticas del momento y sus por demás justificados escrúpulos morales, Wilson le impuso a la Expedición Punitiva de Pershing una serie de camisas de fuerza que, a la postre, la convirtieron en un rotundo fracaso. Las instrucciones expresas a Pershing debieron haber sido para él toda una pesadilla militar, pues le ordenó que debía cuidarse "de no hacer fuego sobre tropas pertenecientes al gobierno de facto de México y esforzarse por convencer a todos los mexicanos que el único fin que persigue la expedición es el de cooperar a la captura de Villa y sus bandidos".[29] Por si lo anterior no fuera suficiente, el secretario de Estado Lansing telegrafió a todos los cónsules de su país en México que: "El presidente ha dado a la prensa la siguiente información: una fuerza competente será enviada desde luego en persecución de Villa y tiene como único objeto la captura de éste, a fin de acabar con sus actos de bandolerismo. Esto puede ser y será llevado a cabo, como una ayuda enteramente amistosa a las autoridades constituidas de México, respetando escrupulosamente la soberanía de dicha República".[30] Cuando el señor James A. Carter, en la década de los setenta era presidente de Estados Unidos, se llegó a decir que no podía haber nada peor que un moralista metido a político y estadista. Creo que Woodrow Wilson es un buen antecedente en ese sentido; toda vez que sólo a un moralista se le podía ocurrir encomendarle a un comandante militar una misión imposible que jamás se había conocido en los anales de la historia universal: invadir militarmente a un país como un gesto "de amistad" hacia sus autoridades constituidas, evitando, al mismo tiempo, violar la soberanía del país invadido.

El general John Joseph Pershing, por su parte, era un personaje marcado por la buena estrella, con un trato hábil, deferente, disciplinado y obediente a los superiores que, a fin de cuentas, resultaron determinantes en su meteórica carrera militar.

Nacido en 1860, desde temprana edad manifiesta una decidida vocación por las armas y el ejército. Graduado como oficial de caballería, hace su debut persiguiendo y combatiendo apaches y otros nativos en las, en ese tiempo, remotas y agrestes planicies de Dakota del Norte. En 1898 participa en la guerra que Estados Unidos libró contra España por el control de la estratégica isla de Cuba. Su hoja de servicios reporta destacadas participaciones en las batallas de El Caney y Santiago de Cuba. Firmada la paz con España, marcha a las Filipinas (otra antigua posesión del gran imperio español el que lastimosamente se terminó de desmoronar a todo lo largo del siglo XIX) a combatir al caudillo nacionalista Aguinaldo, y tiene bajo su mando a un oficial de inteligencia militar llamado Ivar Thord-Gray. Pelea con valor durante varios años en las islas de Luzón, Joló y Mindanao al lado del general Frederick J. Funston, al que le correspondió el honor —al menos desde el punto de vista estadunidense— de capturar al rebelde Aguinaldo. Pershing combate con eficacia a los guerrilleros musulmanes filipinos, popularmente conocidos como "moros", y se maneja con tal habilidad con sus superiores Funston y Theodore Roosevelt que este último, al concluir con éxito la guerra filipina, lo asciende a general, "pasando por alto a ochocientos sesenta y dos oficiales que tenían precedencia".[31] Méritos en campaña aparte, buena estrella sin duda alguna y, probablemente, aunada a una excelente capacidad para las relaciones públicas.

En 1916 se le envía a la frontera mexicana como segundo de su antiguo compañero de luchas filipinas, el general Funston; al sobrevenir el ataque villista a Columbus, por recomendación de su superior, el presidente Wilson designa a Pershing comandante en jefe de la Expedición Punitiva. Las estrellas que inundan el cielo azul plomo de Chihuahua no le sonríen en los once meses que pasa deambulando por los extensos bosques, cañadas, planicies y desiertos del estado más grande de la enorme república mexicana. Gracias a las camisas de fuerza que le impuso Wilson, a la elusividad de Villa —que apoyaron y facilitaron los fieles habitantes de la región— y a la obstinación de Carranza, la Expedición Punitiva, como se verá a continuación, resultará un sonoro fracaso con graves repercusiones para Estados Unidos. No obstante, la fidelidad y la disciplina mostradas por Pershing, le permitirán conseguir un premio extraordinario y sorprendente —si se toma en consideración que salió de México sin lograr el objetivo para el que fue enviado—: en 1917 es nombrado comandante en jefe del ejército estadunidense que decidió el curso de la primera guerra mundial.

Los vientos europeos le resultan mucho más favorables que las ventiscas que suelen provenir de la insondable Sierra de Chihuahua. Al mando de un formidable ejército de alrededor de quinientos mil hombres, entre julio y noviembre de 1918, tras una serie de fragorosas batallas que empezaron en la saliente de Saint-Michel, al sureste de la plaza fuerte de Verdún, aniquila y rinde al poderoso y orgulloso ejército alemán, y destruye el mito de la superioridad prusiana que, por varias décadas, había alimentado el káiser Guillermo II, tan admirado por Porfirio Díaz y Venustiano Carranza. A su regreso a Estados Unidos lo aclaman millones de personas como el estratega militar más grande de todos los tiempos. Pancho Villa, mientras tanto, sigue más vivo que nunca, armado hasta los dientes y combatiendo con renovados bríos al "gobierno de facto" que tantos dolores de cabeza le provocaba a Wilson.

Concluida la primera guerra mundial, Pershing pasa a un merecido retiro. En 1925 preside la Comisión del Plebiscito entre Perú y Chile, que resolvió, por cierto a favor de esta última nación, el conflicto entre ambos países por la posesión de las ciudades fronterizas de Tacna y Arica. En 1931 publica sus memorias, a las que titula *Mis experiencias en la gran guerra*. Le toca contemplar la segunda guerra de lejos, pensando, con seguridad, en el curioso destino histórico de Estados Unidos: una nación que conforman inmigrantes europeos que, en su mayoría, se vieron obligados a huir de los incesantes conflictos bélicos que siempre han caracterizado a ese continente y que, a la vuelta de los años, se ve obligada a ofrendar la sangre de sus jóvenes generaciones para saldar esos mismos conflictos, de los que, en primer lugar, huyeron sus abuelos y padres fundadores.

John Joseph Pershing fallece de muerte natural en 1948, en la ciudad de Washington, a la venerable edad de ochenta y ocho años. A pesar de que pasó la mayor parte de su vida adulta librando encarnizadas batallas en diversos lugares del mundo, su buena estrella le deparó la fortuna de morir en paz en su cama como un respetado y admirado patriarca.[32]

Pero en marzo de 1916 los dioses y manes tarahumaras no parecían presagiar tan fructífero destino. Pershing, después de proclamar a los cuatro vientos que capturaría a Villa, lo metería en una jaula de hierro y lo exhibiría, cual atracción de feria, en las principales ciudades de la Unión Americana, cruza con tanta cautela la frontera mexicana que le toma más de cinco días recorrer los doscientos kilómetros que separan el punto fronterizo de Las Palomas del poblado de Casas Grandes, Chihuahua, en cuyas inmediaciones, en un lugar conocido como Colonia Dublán, decide organizar su campamento. Desde ahí envía tres columnas cuya misión era cortar la retirada del Centauro del Norte; sin embargo, esas columnas, al mando del coronel W. C. Brown y el mayor E. W. Evans, aunque capturaron algunos destacamentos villistas, apenas consiguieron avanzar a las poblaciones relativamente cercanas de El Rucio, Las Varas y San Miguel Bavícora. La ayuda de los aviones —pintados de amarillo, según narra el historiador Alberto Calzadías Barrera en su entretenido *Villa contra todo y contra todos*— que Pershing trajo consigo de poco o nada sirvió, pues su principal efecto fue el de, alternativamente, asustar y divertir a los humildes moradores del norte de Chihuahua, que jamás imaginaron que llegarían a ver en acción semejantes "máquinas voladoras". El problema era tan sencillo como complejo: Villa, literalmente, se había esfumado.

¿Dónde está Villa?, se preguntaba todo el mundo. La historia no sólo es digna de contarse, sino que revela una de las facetas más extraordinarias de este extraordinario personaje. Tras la invasión de Columbus, el Centauro decide pasar unos días en Namiquipa, pequeño poblado serrano de donde son originarios algunos de sus más fieles "dorados". Ahí participa, de manera abierta, en la contemplación del vuelo de algunos de los aeroplanos amarillos, sin que su estruendosa presencia lo perturbe en lo más mínimo. En Namiquipa se da cuenta de que ha quedado ubicado entre dos fuegos: Pershing en Casas Grandes, al norte de Namiquipa, y el coronel carrancista Apolonio Cano en Ciudad Guerrero, ubicada al noroeste de su posición, pues el Primer Jefe está tan o más decidido a capturarlo que el mismo Pershing.

Villa actúa con la celeridad que le era característica. Después de una centelleante marcha a caballo cae de improviso sobre Ciudad Guerrero y derrota en toda la línea a los odiados "carranclanes". Sin embargo, mientras dirige la batalla, nada menos que desde el cementerio de Ciudad Guerrero —otra singular evidencia mexicana de burla a la muerte—, sufre la peor herida de su azarosa vida militar: una bala perdida que rebota en una lápida se le incrusta abajo de la rodilla derecha. La herida, profunda y dolorosa, le provocará indecibles sufrimientos y torturas pero, paradójicamente, a la postre, contribuirá en gran medida a salvarlo tanto de Pershing como de los carrancistas.

Las primeras curaciones se las practica en Ciudad Guerrero un indio yaqui, especialista en chupar sangre ponzoñosa, y un aterrado herrero italiano de apellido Enriquetti. No logran extraer la bala y lo único que provocan es una espantosa inflamación de toda la pierna. De modo precario se le instala en un carricoche y sus fieles "dorados" internan al Centauro en los vericuetos de la Sierra de Chihuahua. Los tumbos que daba el primitivo vehículo hacen la travesía insoportable. Villa alternativamente aúlla de dolor, llora como un niño y lanza las peores maldiciones de su muy nutrido lenguaje al infeliz cochero. Por fin los "dorados" llegan a un rancho en el que, tras fusilar al propietario que pretendía escabullirse, construyen una camilla improvisada que les permite trasladarlo por los estrechos senderos, flanqueados por hondos y peligrosos precipicios, que conducen a las más solitarias cumbres de la Sierra de Chihuahua, ubicadas en una región conocida como la Sierra de Santa Ana. En este inhóspito lugar localizan una cueva que ofrece dos manifiestas ventajas: es casi inaccesible y permite dominar todo el amplio valle que se extiende a sus pies. Pero justo porque es inaccesible, Villa tiene que ser trasladado con la camilla en alto, lo que le provoca nuevos dolores y tormentos. La curación del Centauro en esa cueva casi desconocida es otra historia memorable. Para narrarla es necesario apoyarse en el testimonio de quien no sólo la escuchó de viva voz de Villa, sino que, algunos años después, recorrió en persona la zona y platicó con algunos de los pocos testigos que presenciaron estos hechos singulares: el ingeniero Elías Torres.

Por aquellos días vivía en Hidalgo del Parral, Chihuahua, precisamente en la casa marcada con el número 2 de la calle de Colegio, un reconocido médico, cirujano y partero que obedecía al elegante nombre de José de Lille y Borja. Era el doctor De Lille un hombre de gustos refinados, muy afecto a llevar una vida cómoda y rutinaria; habitaba una espaciosa casa que le servía de residencia y consultorio y cuyo ritmo regía con la exactitud de un reloj suizo. Por las mañanas solía tomar un reconfortante baño caliente en una suntuosa tina de mármol, con llaves de agua que simulaban las fauces de un león dorado y patas que se asemejaban a las grises garras del mismo animal. Presidía las comidas familiares sentado a la cabeza de una enorme mesa de roble, todos los días a la misma hora. Su dieta era especialmente seleccionada: pollo, pescado, verduras, consomés y, en general, todo aquel alimento blando que fuera incapaz de provocar el menor desdoro estomacal. La sola mención de los platillos típicos de la región: carne asada, lomo adobado, queso fundido, picosas salsas de chile, frijoles y tortillas de harina le provocaba tal sensación de náusea, que los sirvientes tenían que cocinar esta clase de guisos no sólo para su secreto consumo personal, sino en los rincones más apartados de la amplia cocina. El horario del consultorio estaba planeado para que el galeno pudiera disfrutar de su siesta diaria y se pudiera retirar a la tranquilidad de su recámara a una hora más que prudente. Supongo —y eso lo supongo sólo yo— que la vida marital que en ocasiones debió haber hecho con su señora esposa era digna de una de esas historias medievales que Anatole France era tan afecto a narrar. Envuelto en tantos algodones victorianos, la salud del doctor De Lille tendía a ser más bien precaria, por lo que requería del diario consumo de toda una batería de pastillas, polvos e infusiones que su solícita cónyuge le administraba con la debida, y programada, oportunidad.

Contra toda su voluntad se propagó en el estado de Chihuahua su bien ganada fama como cirujano de vastos conocimientos y manos de seda. Por supuesto esa fama llegó a oídos de Pancho Villa quien, al encontrarse postrado y rendido por el dolor en la apartada cueva a la que lo condujeron sus "dorados", se acordó de las buenas manos del "doctorcito", como dio en llamarlo, y sin más ordenó a sus hombres que se lo trajeran antes de que la pierna herida empezara a gangrenarse, lo que, de ocurrir, más temprano que tarde lo llevaría a la tumba.

Un buen día se presentaron dos hombres de aspecto sumiso y condescendiente en el augusto consultorio del doctor De Lille. Después de hacer con paciencia la consabida antesala y de aguardar su turno, le suplicaron, comedidos, que los acompañara a un rancho cercano porque el hijo de uno de ellos, de tan sólo siete años de edad, se había roto una pierna y no resistía los dolores. Para ello le ofrecieron una buena paga y un buen caballo. El doctor, conmovido por sus angustiadas súplicas, decidió acompañarlos y, sin sospechar nada, depositó en su maletín todo los materiales de curación requeridos para estos casos. En cuanto salieron de Hidalgo del Parral, los hombres cambiaron de aspecto y de tono de voz y le informaron que literalmente había sido secuestrado para atender al general Villa que, herido de gravedad, yacía en una cueva oculta en las lejanas montañas. Acto seguido le vendaron los ojos y, a ciegas, lo condujeron por incontables senderos y pasos, sorteando con habilidad los peligrosos precipicios y las hondas cañadas. El doctor, que, como se ha visto, no era precisamente un hombre de armas tomar, se dejó conducir con mansedumbre.

Al llegar a la cueva, don José de Lille y Borja de inmediato extrae la bala de la pierna del Centauro, exprime la sangre purulenta que se había semicoagulado en la herida, limpia la propia herida y la venda adecuadamente. El efecto es casi milagroso. La fiebre desaparece de la noche a la mañana y el herido puede dar los primeros pasos en muchos días. Esa noche el afamado galeno se ve obligado a cambiar su mullido colchón y su elegante edredón de plumas de ganso por un sarape mugriento y por un petate tirado ahí... en el vil suelo.

Don José pasa en total dos meses al lado de Villa. Su acomodada existencia sufre un giro radical. Se ve forzado a acompañar a su aguerrido paciente en sus continuas excursiones por la sierra, a bañarse en ríos y corrientes heladas, a comer carne asada, frijoles, tortillas, chile o los restos asados de cualquier animal que Villa hubiera cazado, y a tener a toda la tierra de la cueva por colchón.

Por esos días le toca presenciar, en compañía de Pancho Villa, el paso continuo de las partidas de exploradores enviadas por Pershing, que son incapaces de adivinar siquiera la existencia de la cueva. Es tan continuo y cercano el paso de las tropas estadunidenses que el Centauro aprende a tararear la tonadilla de moda en la Unión Americana "It's a Long Way to Tipperary", traduciéndola a su muy peculiar versión del español como "Se jaló el buey con tapadera".

Un buen día Villa despierta sintiéndose por completo aliviado y con renovados ánimos de seguirle haciendo la vida imposible a Carranza y a Pershing. Ha llegado la hora de enviar de regreso al "doctorcito". Le da las gracias comedidamente, le entrega una caja con cien monedas de oro de cincuenta pesos cada una —suma fabulosa para esa época; ya que si algo tenía el Centauro era que sabía ser agradecido con quienes en verdad le servían— y en compañía de dos de sus "dorados" lo manda de vuelta a Hidalgo del Parral. El regreso del doctor De Lille lo narra el ingeniero Elías Torres en forma por demás pintoresca: "El doctor De Lille se identificó como pudo y cuando le abrieron, se fue derecho al baño para quitarse la ropa que llevaba, los jirones de ropa, más bien dicho, que estaban atestados de piojos. Un baño lo volvió a la vida civilizada y aquella noche trabajo tuvo el peluquero para echar abajo la maraña de barbas y de pelo. Dos días después un mozo lustraba de nuevo la placa de metal que se había oxidado en el marco de la puerta de entrada de la casa número 2 de la calle del Colegio en Hidalgo del Parral, los pacientes hacían cola, más que por sus males, por la curiosidad, y toda la población era una sola lengua con la noticia: ¡Ya volvió el doctor De Lille, el médico de Villa!".[33]

Entre tanto, Pershing se desespera. Pasan los días y los meses y Villa está cada vez más lejos de irse a meter a la jaula de hierro en la que pensaba exhibirlo por toda la Unión Americana. Imposibilitado de emprender una campaña a fondo y de enfrentarse al ejército y a las autoridades carrancistas por las restricciones que, desde un principio, le impuso el presidente Wilson, ve transcurrir el tiempo en una monótona campaña de polvo, aburrimiento y cansancio. En un telegrama dirigido a sus superiores se queja de la "[...] actitud del pueblo mexicano. Sin duda gente ayudó Villa evadir tropas estadunidenses cercanías Namiquipa. Nuestros mejores guías e intérpretes conocen pueblo mexicano durante larga residencia aquí completamente engañados y columnas demoradas por falsedades de mexicanos. Cuando 7° Caballería dejó Bachiniva 29 de marzo para Guerrero peones mexicanos salieron de noche de ranchos vecinos para notificar Villa. Después combate Guerrero habitantes sin excepción ayudaron Villa escapar abiertamente dando información aparentemente auténtica basada por completo falsedades".[34]

Pero mientras Pershing se desespera, Venustiano Carranza emprende una de las batallas diplomáticas más brillantes de que se tenga memoria en la larga relación unilateral que México se ha visto obligado a sostener con Estados Unidos. Dos días después de la entrada de Pershing a territorio nacional, el gobierno constitucionalista le aclara terminantemente al de Washington que: "La Primera Jefatura tiene informes fidedignos de que, sin conocimiento ni aviso, a las autoridades políticas o militares más cercanas, y no habiendo mediado comunicación alguna del gobierno de Estados Unidos a este gobierno, ha pasado por Palomas a territorio mexicano una expedición llamada Punitiva con objeto de perseguir a Villa y su gente [...] El consentimiento expresado por este gobierno respecto del cruce de fuerzas armadas por la frontera, está siendo indebidamente interpretado en el sentido de que se deba permitir el tránsito de una expedición militar para buscar a Villa [...] cuando la mencionada nota indica con perfecta claridad que este gobierno está dispuesto a obrar dentro de los términos de la más estricta reciprocidad 'si desgraciadamente de aquí para lo futuro se repitieran irrupciones como la registrada en Columbus, o de otra cualquiera clase en algún lugar de la línea fronteriza', pues de ninguna manera debe ni puede interpretarse la nota mencionada en el sentido de que sean toleradas o permitidas expediciones para internarse en territorio nacional".[35]

Como esta nota le echaba en cara al secretario de Estado Lansing, la interpretación torcida y convenenciera que él había hecho de la enviada el 10 de marzo de 1916, para solapar la entrada a México de la Expedición Punitiva, el contenido no mereció respuesta alguna por parte de Washington.

En otra comunicación fechada el 11 de abril de 1916, el gobierno mexicano de plano le pidió al de Estados Unidos el retiro inmediato de sus tropas, en virtud de que "su presencia en suelo mexicano no estaba fundada en ningún convenio".[36] Dos semanas después la presión diplomática rindió los frutos deseados. Entre el sábado 29 de abril y el jueves 11 de mayo siguientes, se reunieron en Ciudad Juárez, Chihuahua, los generales Hugh L. Scott y Frederick J. Funston, en representación del gobierno estadunidense, y el general Álvaro Obregón, en su carácter de secretario de Guerra y Marina del gobierno constitucionalista. Discutieron con amplitud la situación y tras doce días de intensas negociaciones llegaron a una especie de principio de entendimiento, según el cual los estadunidenses se comprometían a retirar de manera gradual sus tropas a cambio de que el gobierno constitucionalista se obligara a aumentar la vigilancia en la frontera común y a intensificar su campaña en contra del bandidaje.[37]

Obregón —que en 1923, ya como presidente de la República, daría grandes muestras de blandura al negociar el reconocimiento de su propio gobierno por parte de Estados Unidos a través de las célebres Convenciones de Bucareli— creyó haberle encontrado, con este acuerdo, la cuadratura al círculo vicioso creado, en orden cronológico, por Villa, Wilson y Pershing y, paralelamente, dio por solucionado el conflicto internacional, y dio por muerto a Pancho Villa.

Al día siguiente, pública y diplomáticamente, Carranza lo desautorizó, y manifestó que el Memorándum de Entendimiento (Letter of Understanding) que habían suscrito Obregón, Scott y Funston no debía considerarse como una declaración del gobierno constitucionalista, porque el hecho de que el ejército mexicano estuviera persiguiendo con denuedo a las "bandas villistas", no podía tomarse como una precondición para el retiro "gradual" de la invasión estadunidense. Si esta invasión tuvo su origen en una incorrecta y convenenciera interpretación de su nota diplomática del 10 de marzo de 1916, entonces, razonaba el Primer Jefe, el retiro de la Expedición Punitiva debía ser inmediato e incondicional.

Si bien la postura de don Venustiano Carranza obedecía a los cánones más puros del derecho internacional, sugeridos con seguridad por sus dos consejeros predilectos, Isidro Fabela y Luis Cabrera, en el fondo esta declaración debe verse como una muestra más del agudo instinto político del viejo zorro mexicano. Conocedor de las intensas maniobras que, por esos días, llevaba a cabo el servicio de inteligencia del Estado Mayor alemán para provocar una guerra en gran escala entre México y Estados Unidos que imposibilitara a los estadunidenses de involucrarse en la guerra europea, con lo que ahora se llamaría "impecable lógica geopolítica", llegó a la conclusión de que Wilson no podía ni ir más al sur de Chihuahua, ni mantener al ejército de Pershing por mucho tiempo más en México. Entonces —entendiendo, quizá, con intuición, que la diplomacia es, ante todo, una relación relativa de fuerzas, en la que las naciones débiles, si la saben entender y aprovechar, pueden obtener significativas ventajas de los conflictos de intereses que, de tiempo en tiempo, suelen darse entre las grandes potencias— sin más demandó el retiro incondicional e inmediato de las tropas invasoras.

Woodrow Wilson, desconcertado porque jamás esperó encontrarse, al sur de la frontera, y mucho menos rigiendo los destinos de una nación a la que concebía "débil e indefensa",[38] a un hábil estratega político que, en medio de una terrible revolución y falto de toda clase de recursos económicos y elementos de gobierno, era capaz de ponerse a jugar "la carta alemana", como si estuviera al frente de toda una potencia internacional, no tiene otra alternativa que la de ordenarle a Pershing que se mantenga en Chihuahua al acecho de Pancho Villa.

Pero capturar al Centauro era una hazaña que estaba más allá de las posibilidades del futuro vencedor de la primera guerra mundial. Simplemente no sabía hacia dónde dirigirse, pues vivía rodeado de una permanente campaña de desinformación que lo obligaba no sólo a seguir pistas falsas sino a la humillación de tener que reconocer que los guías locales —a quienes primero había pagado en dólares— extraviaban en forma deliberada a sus columnas y las obligaban a pasar en reiteradas ocasiones por pueblos en los que los habitantes abandonaban sus humildes casas sólo para gritarles "¡Viva Villa!".[39]

Para colmo tenía entre sus subordinados a uno de los principales desinformadores. Presumiblemente afectado por el aire de la sierra y por el sol del desierto, el coronel Dodd envió un informe oficial en el que paladinamente sostenía que los soldados bajo su mando habían herido a Villa, que había muerto poco después y que su tumba había sido localizada al pie de una sierra. Dodd tuvo sus quince minutos de gloria: fue vitoreado por el congreso estadunidense y se le ascendió a general de brigada. Fuegos fatuos. Al poco tiempo Villa reapareció públicamente y se descubrió que su "tumba" contenía los restos de una vaca.[40]

Al fin Pershing recibe informes "fidedignos" de que el Centauro se encuentra oculto en las cercanías de Hidalgo de Parral porque, según el informante, ahí siempre solía refugiarse cuando era perseguido por sus enemigos. Pershing decide organizar una columna compuesta por cuatro escuadrones de caballería y uno de ametralladoras, y la pone bajo el mando de uno de sus ayudantes de más confianza: el mayor Frank Tompkins, al que manda en persecución de Villa pero con instrucciones expresas de no enfrentarse ni a la población civil, ni a las tropas carrancistas; lo que, dadas las circunstancias, hacía de la expedición otra lamentable pérdida de tiempo y esfuerzos.

Tompkins arriba a Hidalgo del Parral en la mañana del 12 de abril de 1916, y marca con ello el mayor grado de penetración de tropas estadunidenses en territorio mexicano logrado por la Expedición Punitiva: esta población se localiza al sur del estado de Chihuahua, casi en la frontera con el vecino estado de Durango, del que, por cierto, Pancho Villa era originario. Al llegar, Tompkins se encuentra con que la plaza ha sido tomada por el general carrancista Ismael Lozano, que comanda un destacamento de casi cuatrocientos hombres y que cuenta con el sólido respaldo de la población civil. Tompkins decide parlamentar.

No hay mucho que discutir. Lozano, que tenía fama de enérgico, de entrada le dice a Tompkins que la ciudad está muy indignada por la presencia de fuerzas extranjeras en suelo patrio y que sus habitantes no están dispuestos a tolerar su presencia un solo día, ya que no van a permitir que la captura de Pancho Villa se haga a costa de una afrenta nacional. Tompkins no tiene mucho que argumentar, toda vez que, como se acaba de señalar, tiene expresamente prohibido por sus superiores atacar tanto a civiles como a las tropas del "gobierno de facto".

Mientras su comandante trata de encontrarle alguna salida a su intempestiva llegada a Hidalgo del Parral, los soldados estadunidenses se ponen a descansar en un jardín ubicado frente a una escuela pública. Al poco tiempo los escolapios parralenses —que no por pequeños carecían de un decidido sentido de su identidad nacional— los empiezan a atacar a pedradas. Acto seguido, se presenta una multitud, encabezada por una nada delicada señorita de nombre Elisa Griense, la que, armada con el convincente argumento de un rifle máuser, reclama a gritos la salida inmediata de los intrusos. Llueven piedras e insultos. El general Lozano aprovecha la coyuntura para informarle a Tompkins que si no se retira de inmediato no tendrá más remedio que atacarlo con las tropas de que dispone.

Tompkins, haciendo gala de una gran disciplina militar, acata a la letra las órdenes que ha recibido de Pershing y opta por la retirada. La hace pacíficamente y en orden. Sin embargo, las pedradas escolares y algunos balazos aislados —no se sabe si provenientes del máuser de doña Elisa Griense o de los rifles de algunos otros indignados ciudadanos— le causan algunas bajas y tiene que lamentar dieciséis soldados heridos y siete caballos muertos. Él mismo sufre un ligero rozón de bala en el hombro. Con la cabeza baja emprende el largo camino de regreso al campamento fronterizo de Colonia Dublán, situado a más de diez días de penosa marcha. Ni por asomo vio o tuvo noticias del paradero del Centauro. Es más, ni siquiera se enteró de que en Hidalgo del Parral tenía su consultorio el médico de Villa, el atildado y antes delicado doctor José de Lille y Borja.

La lección que los parralenses —niños incluidos— le dieron al mayor Tompkins, fue un anticipo y una advertencia de lo que a Estados Unidos le esperaba si trataba de llevar a cabo una ocupación a gran escala de México. Por esa razón las hostilidades tuvieron que reanudarse, nada más que ahora, y de nueva cuenta, en el terreno diplomático.

Unos cuantos días después de que desautorizara el Memorándum de Entendimiento que había suscrito en Ciudad Juárez su ministro de Guerra y Marina, el general Álvaro Obregón, con los delegados del gobierno estadunidense, los generales Hugh L. Scott y Frederick J. Funston (este último el comandante en jefe de la fuerza expedicionaria que, en 1914, ocupó el puerto de Veracruz y con el que Thord-Gray sostuvo una larga conversación antes de abandonar México, tal y como se narró en su oportunidad), don Venustiano Carranza —para deleite del embajador del káiser, Heinrich von Eckardt, cuya misión diplomática se redujo a tratar de provocar el mayor conflicto posible entre México y Estados Unidos, acicateado por el soberano desprecio que, por igual, sentía por México, Carranza y Wilson y que lo llevó al extremo de conferir a estos dos últimos el extraño calificativo de "deshonestos en el sentido medieval de la palabra"—[41] decide pasar a la ofensiva.

En los Archivos Nacionales de Suecia —abiertos, en lo que a este periodo histórico se refiere, especialmente para la elaboración de esta obra— se encuentra un ejemplar de la versión en inglés de la nota diplomática que, con fecha 22 de mayo de 1916, dirigió el gobierno de México al de Estados Unidos. El documento aparece firmado por el general Cándido Aguilar, quien por esos días ocupaba la cartera de Relaciones Exteriores. Si he de creerle a mi abuela, el general Aguilar no puede ser el autor de este excepcional instrumento de política exterior, en virtud de que, según ella, don Cándido era "un generalote revolucionario muy escasamente ilustrado". De ser así, y no tengo razón para dudarlo en vista de que mi abuela lo conoció y trató en persona, la nota debe haber sido redactada, con seguridad, siguiendo instrucciones precisas de don Venustiano, por sus consejeros predilectos que, como se apuntó, eran Isidro Fabela y Luis Cabrera; ambos brillantes juristas de su tiempo, lo que le otorga a esta versión una credibilidad todavía mayor.

Pero cualquiera que haya sido el autor, se trata de uno de los documentos más valientes en la historia diplomática de México, que desde 1825, por lo menos, en general se ha caracterizado por la sumisión y la dependencia a los intereses estratégicos, políticos y económicos de Estados Unidos. Por eso vale la pena analizarla con cierto detalle.

Los puntos más sobresalientes de esta singular nota diplomática constituyen tanto la reafirmación de la soberanía territorial de México como la denuncia de las prácticas viciadas que Estados Unidos suele seguir para intervenir en los asuntos internos de otros países, cuando así conviene a sus intereses. Prácticas viciadas que no se concretan a desvirtuar y a malinterpretar el contenido de determinadas comunicaciones clave, sino a promover y a financiar a una serie de grupos, aparentemente "no gubernamentales", que, bajo el pretexto de buscar la paz internacional o de defender los derechos humanos, agravan, al "internacionalizarlos", los conflictos internos de las naciones débiles, como lo demuestran las experiencias que, a partir del primero de enero de 1994, los dos últimos gobiernos mexicanos han tenido en el estado de Chiapas.

Dentro de este contexto, los puntos más sobresalientes de la nota en cuestión son los siguientes:

1. El gobierno de México considera la Expedición Punitiva como un acto violatorio de la soberanía nacional y, por consiguiente, demanda con urgencia al gobierno de Washington que analice este asunto con el mayor cuidado posible, a fin de definir, de una vez por todas, cuál es la política que planea seguir en relación con la nación mexicana.

2. Como resultado de la propuesta contenida en la nota mexicana del pasado 10 de marzo, el gobierno de Estados Unidos, ya sea por error o por haber actuado con precipitación, se formó la opinión de que la actitud amistosa mostrada por el gobierno mexicano era suficiente como para considerarse autorizado a cruzar la frontera, y en efecto, sin esperar a que se concertara un acuerdo formal sobre la materia, ordenó que un cuerpo muy importante de su ejército entrara a territorio mexicano para perseguir a Villa y a su banda.

3. El gobierno mexicano no fue informado de que las tropas de Estados Unidos habían cruzado la frontera sino hasta el 17 de marzo, cuando este hecho le fue informado por fuentes extraoficiales a través de canales privados provenientes de El Paso, Texas. De inmediato este gobierno envió una nota al de Estados Unidos declarando que en atención a que aún no se habían acordado los términos y condiciones de un convenio formal que permitiera el paso de tropas, el gobierno de Estados Unidos no podía considerarse autorizado para llevar a cabo la expedición.

4. La actitud seguida hasta la fecha por el gobierno de Estados Unidos, fue la causa de que el gobierno de México tuviera que enviarle la nota del pasado 12 de abril, en la que le demandó el retiro de sus tropas, en virtud de que su presencia en suelo mexicano no se encuentra apoyada en ningún convenio formal; además de que ya no hay razón para su permanencia, puesto que los bandidos villistas ya han sido derrotados y se encuentran dispersos.

5. Las conferencias entre los generales Scott, Funston y Obregón se suspendieron el 11 de mayo, sin que se hubiera podido llegar a un arreglo para el retiro incondicional de las tropas estadunidenses. El general Scott insistió en la preparación de un memorándum para el retiro condicional de dichas tropas, pero no tomó en consideración el plan propuesto por el gobierno mexicano para la protección de la frontera mediante una mutua distribución de tropas a lo largo de la misma.

6. El gobierno mexicano entiende la obligación que le corresponde de custodiar la frontera, pero esta obligación no es enteramente mexicana, por lo que espera que el gobierno de Estados Unidos, al que también le corresponde la misma obligación, entenderá las dificultades materiales que esta tarea representa, en virtud de que las fuerzas estadunidenses, por sí mismas, no obstante su elevado número y el hecho de que su atención no está dividida por otras operaciones militares, son incapaces de proteger efectivamente la frontera desde el lado estadunidense.

7. El gobierno mexicano está del todo consciente de que en caso de que no se proceda al retiro de las tropas invasoras, no tendrá otro recurso que el de defender su territorio con la fuerza de las armas, aun cuando al mismo tiempo entiende que su deber es el de evitar, en la medida de lo posible, un conflicto armado entre ambos países, y con base en el artículo 21 de los Tratados de Guadalupe Hidalgo del 2 de febrero de 1848, considera su deber el recurrir a todos los medios pacíficos que sean necesarios para resolver el conflicto internacional que se está presentando entre las dos naciones.

8. Es un hecho del dominio público que la Expedición Punitiva cruzó la frontera sin el conocimiento del gobierno mexicano. Las

autoridades militares estadunidenses llevaron a cabo la expedición sin esperar a obtener el consentimiento del gobierno mexicano, a pesar de que fueron informadas de manera oficial de que este gobierno no había otorgado dicho consentimiento, y continuaron enviando más tropas, sin siquiera informarlo al gobierno mexicano.

9. El gobierno de Estados Unidos prefiere mantener inactivas sus tropas en territorio mexicano en vez de retirarlas y estacionarlas a lo largo de la frontera mediante un acuerdo con las autoridades mexicanas que podrían convenir en hacer lo mismo. Al actuar como lo ha hecho, el gobierno de Estados Unidos nos hace pensar que su verdadera intención es mantener sus tropas en México para el caso de que se pudieran llegar a requerir más adelante para futuras operaciones.

10. No debe perderse de vista que la decidida ayuda que, en un tiempo, le prestó a Villa el general Scott fue, en sí misma, la causa principal de que se haya prolongado la guerra civil en México.

11. El gobierno de Estados Unidos dice que ayudará al gobierno constitucionalista en su labor de pacificación y demanda con urgencia que dicha pacificación se efectúe en el menor tiempo posible y que, al mismo tiempo, se protejan las fronteras de la manera más eficaz que sea posible. No obstante, en varias ocasiones ha detenido los envíos de armas y municiones adquiridas por el gobierno de México en Estados Unidos, destinadas precisamente a acelerar las tareas de pacificación y a dar una protección eficiente a la frontera. Los pretextos para detener estos embarques de municiones han sido siempre fútiles y nunca se nos ha dado una razón verdadera. Se nos ha dicho, por ejemplo, que las municiones se han tenido que embargar porque no se conoce al verdadero destinatario o porque existe el temor de que puedan caer en manos de los villistas.

12. Las autoridades estadunidenses en Nueva York, a sugerencia de una sociedad neutral de pacifistas, han ordenado la detención de unas piezas de maquinaria que el gobierno mexicano envió para la fabricación de municiones. Este acto del gobierno de Estados Unidos que trata de impedir nuestros suministros de municiones, es otra clara indicación de que su actitud hacia México no es de carácter pacífico, porque mientras millones y millones de dólares en armas y municiones se exportan a Europa sin que estas sociedades de pacifistas protesten, las autoridades de Nueva York se muestran más que dispuestas a apoyar las peticiones de esta clase de sociedades, siempre y cuando se trate de la exportación a México de la maquinaria que requiere para la fabricación de sus propias armas y suministros.

13. El gobierno mexicano invita al gobierno de Estados Unidos a poner fin a esta situación de incertidumbre entre los dos países y a comprobar sus declaraciones y seguridades de amistad con actos rea-

les y efectivos que convenzan al pueblo mexicano de la sinceridad de sus propuestas. Estos actos, por el momento, no pueden ser otros que el retiro inmediato de las tropas estadunidenses que, al día de hoy, se encuentran en territorio mexicano.[42]

En la nota diplomática que se acaba de resumir es posible advertir algunos de los principios que deberían regir, bajo cualquier tipo de circunstancias, las casi siempre conflictivas relaciones entre México y Estados Unidos. Por principio de cuentas, la redacción es sobria y evita caer —como ocurrió con la política exterior mexicana entre 1970 y 1982— en frases y declaraciones grandilocuentes (como las de "autodeterminación de los pueblos", "lucha contra el imperialismo", "resistencia al neocolonialismo" y otras similares). En ese sentido procura seguir la línea trazada por el gran clásico de la diplomacia europea, Klemens von Metternich, quien sostenía que con frases rimbombantes, que cuando se analizan a fondo se disuelven en el aire, nada tangible se puede lograr en el terreno de la política internacional.[43]

Por otra parte, la nota es clara y tajante, sin dejar de ser protocolaria, virtudes por demás escasas en los últimos tiempos de la diplomacia mexicana. Demanda en términos inequívocos la salida inmediata de las tropas estadunidenses de territorio mexicano con base en la violación de las normas del derecho internacional derivada de la anticipación con la que supo actuar el gobierno constitucionalista al indicarle al gobierno de Estados Unidos exactamente al día siguiente de la invasión villista a Columbus que, en caso de que esa invasión se repitiera en cualquier otro punto de la línea fronteriza, estaba en la mejor disposición de negociar un convenio que regulara el cruce de las fuerzas de ambos países, a fin de contar con un previo instrumento jurídico que permitiera en el futuro sancionar de manera adecuada esta clase de "actos de bandidaje". Woodrow Wilson, desconcertado por la astuta reacción de su colega mexicano y presionado por su propia opinión pública, no tuvo otra alternativa que la de "malinterpretar" la nota y enviar a Pershing, a sabiendas de que estaba violando normas elementales de convivencia entre las naciones. Inclusive, el profesor Friedrich Katz sostiene que eran tales las dudas —tanto morales como políticas— de Wilson, que de haber encontrado Pershing resistencia armada al cruzar la frontera, le habría ordenado que regresara de inmediato a Estados Unidos.[44]

De manera muy importante esta nota diplomática le hace ver al gobierno estadunidense algo que los últimos gobiernos mexicanos parecen haber olvidado: que Estados Unidos suele culpar a México y pretende que él resuelva, con sus casi siempre escasos recursos, problemas cuya raíz se encuentra en el propio Estados Unidos. Sobre este particular, la nota es especialmente claridosa: No es posible que Estados Unidos le exija a México que vigile "efectivamente" la frontera, que persiga y castigue a Villa y que pacifique "en el menor tiempo posible" al país, si el propio Estados Unidos, no obstante su poderoso ejército y sus abundantes recursos, es incapaz de custodiar con eficacia su propio lado de la frontera; si en una época ayudó de manera abierta a Villa y lo trató como si fuera una potencia internacional; y si para colmo le embarga continuamente armas y municiones al gobierno al que quiere obligar a llevar a cabo esa inmediata obra de pacificación.

Además el párrafo relativo a las sociedades de "pacifistas" y "neutrales" que operaban en Nueva York, no tiene desperdicio. Tal y como sucede en la actualidad, cuando los modernos sucesores de esas sociedades están dispuestos a intervenir con estridencia en Chiapas a la menor provocación, mientras no mueven uno solo de sus piadosos dedos para tratar de detener el genocidio y los feroces bombardeos "estratégicos" que, a la vista de todo el mundo, están ocurriendo en varias de las regiones que formaron el antiguo bloque socialista de Europa del este en un aparente intento de retroalimentación de los conflictos que condujeron a la primera guerra mundial; así también, en esa época, a los "pacifistas" nada les importaba que se enviaran millones de armamentos para alimentar la carnicería que estaba teniendo lugar en Europa, mientras un país débil y que requería imperiosamente de la pacificación para empezar a reconstruirse, no recibiera un solo rifle. ¿Dos pesas y dos medidas o consignas del Departamento de Estado entregadas a trasmano?

La lectura cuidadosa de esta singular nota diplomática permite concluir que el gobierno carrancista conocía muy bien cuál era el verdadero trasfondo de la política estadunidense de la época: seguir desestabilizando a México bajo el pretexto de las inconsecuencias y los efectos contradictorios que toda prolongada guerra civil trae aparejados, a fin de que en el futuro ningún presidente mexicano volviera a hablarle de tú a tú a un presidente de Estados Unidos como lo hizo en 1909, en Ciudad Juárez, Chihuahua, y en El Paso, Texas, Porfirio Díaz a William Howard Taft, con los resultados históricamente conocidos.

Sin embargo, al ponerle al Departamento de Estado sobre la mesa, y de manera tan transparente, los verdaderos hechos y motivos que habían dado origen a la Expedición Punitiva, el gobierno constitucionalista estaba asumiendo graves riesgos. El 20 de junio de 1916, el secretario de Estado, Robert Lansing, dio respuesta a la nota mexicana con una inteligente mezcla de habilidad diplomática y agresividad política para hacerle ver al gobierno del señor Carranza dos verdades fundamentales, que siempre han estado presentes en la turbulenta relación entre las dos naciones: *a*) que Estados Unidos, en todo momento, tiene a su disposición las formas y los medios para hacer aparecer a México como el único culpable de todos los problemas que se presentan; y *b*) que México, al ser el país débil, está permanentemente expuesto a toda suerte de represalias cada vez que el hilo conductor de las respectivas relaciones internacionales tienda a romperse o, de plano, se rompa.

Dentro de semejante contexto, Lansing intentó desarticular por completo la posición mexicana sobre las siguientes bases:

1. Por principio de cuentas acusó al gobierno mexicano de dirigirse a su contraparte estadunidense de modo descortés y dando muestras de un violento temperamento, para, a lo largo de su propia nota, tratarlo de la misma manera llamándolo despectivamente "gobierno de facto" (con énfasis añadido una o más veces en cada párrafo); tildando a Carranza de "general" en vez de darle el tratamiento que legítimamente le correspondía de "Primer Jefe" o "presidente provisional"; y terminando la nota no con la despedida protocolaria que acostumbran los ministros de Asuntos Exteriores de casi todos los países del mundo ("aprovecho esta oportunidad para reiterar a Su Excelencia las seguridades de mi más distinguida consideración"), sino con un cortante y abrupto: "Acepte, etcétera". Según el más grande ideólogo del siglo XX mexicano, don Jesús Reyes Heroles, "en política la forma es fondo".

2. Como Lansing sabía perfectamente bien que no había ningún acuerdo internacional entre Estados Unidos y México que autorizara al ejército estadunidense cruzar a territorio mexicano, con astucia desvía la acusación que en ese sentido le había hecho el gobierno constitucionalista, poniéndose a narrar, con prolijo detalle, todos los incidentes fronterizos que habían ocurrido a lo largo del periodo revolucionario y todos los daños que ciudadanos estadunidenses habían sufrido, en ese mismo periodo, en sus vidas y propiedades, como si los daños causados por las revoluciones sólo debieran sufrirlos los nacionales de los países en los que ocurren y no los extranjeros que viven y tienen productivos negocios en esos países, ya que de no ser así, no se expatriarían. En esa forma, Lansing logró presentar la Expedición Punitiva como un acto de defensa casi natural y no como lo que en verdad era: una violación directa a la soberanía territorial de México.

3. El hábil secretario de Estado destruyó de un solo plumazo el argumento toral de la nota mexicana, que, con toda justicia, acusaba a Estados Unidos de ser incapaz de vigilar el lado que le corresponde de la frontera, a pesar de contar con muchos mayores recursos que México y no encontrarse inmerso en una guerra civil, con el peregrino alegato de que como las incursiones a las poblaciones fronterizas provenían de México, única y exclusivamente le correspondía a México evitar que esas incursiones —y las tropelías que solían traer aparejadas— se produjeran. Ya puesto en esta tesitura, Lansing le anunció al gobierno mexicano la inminencia de otra Expedición Punitiva por el estado de Tamaulipas. No deja de sorprender el paralelismo que existe entre el

contenido de esta nota diplomática y la política que en la actualidad Estados Unidos sigue en materia de tráfico de drogas, la que podría resumirse diciendo que corresponde al gobierno de México resolver todos los problemas que se derivan del consumo masivo de drogas en Estados Unidos, en virtud de que las drogas que se consumen en ese país cruzan el territorio mexicano.

4. Lansing le deslizó al gobierno carrancista otra joya diplomática, al decirle que las armas y municiones que le había embargado no se las podría entregar sino hasta que hubiera perseguido "vigorosamente" y castigado "severamente" a los villistas y a las demás bandas que asolaban las zonas fronterizas ya que, de lo contrario, se corría el riesgo de que cayeran en manos de esas mismas bandas. Entonces, ¿con qué armamento el "gobierno de facto" podía llevar a cabo la exigida pacificación de México y la eficaz vigilancia de la frontera común? La respuesta a tan elemental pregunta, por supuesto, no se encontraba en esta nota del gobierno de Washington.

5. En la nota mexicana se decía con claridad que si Pancho Villa se había transformado en un "monstruo de maldad", en gran medida la administración Wilson era la responsable de semejante metamorfosis; desde el momento mismo en el que por años le suministró grandes cantidades de armas, municiones y otros bastimentos; y de que, en 1914, el general Hugh L. Scott lo recibió en Fort Bliss, Texas, con honores militares máximos, y en 1915 sirvió de conducto, debidamente autorizado por el entonces secretario de Estado, William Jennings Bryan, para discutir altas cuestiones de política exterior como la postura de México en caso de una posible guerra entre Estados Unidos y Japón, dándole así, al ahora despreciado "bandolero", el tratamiento de entidad internacional. Si es cierto aquello de que la diplomacia es el arte de salirse con elegancia por la tangente, en este caso el secretario Lansing dio una muestra acabada de ese arte, pues tranquilamente se abstuvo de contestar esta imputación directa que le hizo su contraparte mexicana. Como se abstuvo de contestar —seguro también por la falta de argumentos adecuados— las imputaciones relativas a la injerencia selectiva de las "sociedades de pacifistas" que operaban en Nueva York, las que mientras permanecían calladas ante el envío millonario de pertrechos de guerra a Europa, creaban unos escándalos terribles, y claramente manipulados, cada vez que se intentaba mandar un solo cartucho a México.

6. Lansing termina su nota con un principio de declaración de guerra cuando le notifica al gobierno mexicano que si emplea las armas para detener a Pershing debe estar por completo consciente de que "la ejecución de esa amenaza solamente puede llevar a la más grave de las consecuencias".[45]

Las palabras del señor Lansing resultaron proféticas al día siguiente de haberlas escrito. En efecto, el 21 de junio de 1916, en un pequeño poblado chihuahuense conocido como El Carrizal se libró entre un destacamento de tropas estadunidenses y una avanzada del Ejército Constitucionalista la batalla que, para toda clase de efectos prácticos, pondría fin a la Expedición Punitiva. La razón de ser de este combate debe encontrarse más en la arrogancia y en el temperamento violento del jefe del destacamento estadunidense, que en las intenciones o los deseos del general Pershing o en las instrucciones recibidas por este último de Washington.

El 18 de junio, Pershing ordenó al capitán Charles T. Boyd que al mando de una fracción —compuesta de aproximadamente ciento cincuenta hombres, la mayoría de ellos negros y filipinos— del 10° Regimiento de Caballería, marchara a la población de Villa Ahumada —llamada así en honor de un gobernador chihuahuense del siglo XIX— la cual se encontraba situada a ciento cincuenta kilómetros del campamento fronterizo de Colonia Dublán. La razón de este movimiento no se ha aclarado del todo. En sus informes oficiales Pershing menciona tanto la presencia de una partida de "bandidos villistas" en ese lugar (suposición que los hechos posteriores demostraron que era por completo falsa) como la necesidad de capturar a un grupo de desertores, cuyo paradero, por cierto, jamás se ubicó. No obstante, todo parece indicar que, por instrucciones superiores, Pershing trató de probar la veracidad de la "descortés y violenta" nota diplomática mexicana del 22 de mayo anterior que, como ya se vio, amenazaba con el uso de las armas constitucionalistas en caso de que las fuerzas invasoras avanzaran más allá del perímetro constituido por la zona norte del estado de Chihuahua.

El 20 de junio el capitán Boyd y sus hombres acamparon en las inmediaciones de El Carrizal, en un rancho, propiedad del ciudadano estadunidense William P. McCabe, conocido como Rancho de Santo Domingo. McCabe, conocedor de la región y de la situación, le advierte a Boyd que no avance hacia El Carrizal ya que ahí se encuentra una fuerza constitucionalista de alrededor de trescientos hombres al mando del general Félix Gómez Uriosti y del coronel Genovevo Rivas Guillén. Boyd, a pesar de contar con órdenes expresas de no entrar en combate con ningún cuerpo del ejército mexicano, le contesta altanero, a su bien intencionado compatriota, que nadie le impedirá pasar por el centro del pueblo de El Carrizal y que eso es exactamente lo que va a hacer al día siguiente.

En la mañana del miércoles 21 de junio Boyd ubica sus tropas a la entrada de El Carrizal; le salen al paso el general Gómez Uriosti y el coronel Rivas Guillén, quienes le informan que tienen instrucciones precisas del Primer Jefe, Venustiano Carranza, para impedirle el paso a toda costa y lo conminan a regresar a su campamento de Colonia Dublán. Inclusive le proponen una tregua mientras consultan telegráficamente el asunto con el general Francisco González, jefe de la línea fronteriza que, a la sazón, estaba en Ciudad Juárez. Boyd, llevado de su inestable y feroz carácter, les contesta que él no tiene tiempo que perder, que va a cruzar El Carrizal por el centro del pueblo y que ese mismo día va a acampar en Villa Ahumada. Además remata su bravata con una expresión que, más o menos, decía: "Para morir son los hombres".

Y, en efecto, los hombres murieron. En cuanto Gómez Uriosti y Rivas Guillén se retiran a su posición dentro de El Carrizal, Boyd ordena a su destacamento que avance en posición de tiradores pecho a tierra. Los negros y los filipinos, para los que las planicies de Chihuahua representaban menos problemas que sus nativas junglas africanas y asiáticas, avanzan ágilmente y pronto se traba un feroz combate. El primero en morir es el general Félix Gómez Uriosti, víctima de un certero balazo en la frente. La pérdida, al inicio de las hostilidades, de su comandante en jefe descorazona y desorienta a las tropas mexicanas. Sin embargo, el coronel Rivas Guillén pronto las reorganiza y se cobra la afrenta. Al pie de una ametralladora inutilizada el iracundo capitán Charles T. Boyd cumple el destino que menos de una hora antes se había trazado: muere de un también certero balazo en un ojo.

El mando de las fuerzas expedicionarias lo asume un teniente de apellido Adair que trata de cambiar de táctica modificando la posición de tiradores por un asalto frontal, sólo para encontrarse de inmediato con una bala asesina. El combate se intensifica y en menos de tres horas el campo aparece regado de cadáveres de oficiales estadunidenses, de soldados negros y filipinos, y de soldados y oficiales mexicanos. Al final del día las fuerzas constitucionalistas se adueñan del campo de batalla y logran dispersar a los atacantes. Pero las bajas son enormes. De los ciento cincuenta expedicionarios, únicamente siete alcanzaron a regresar al campamento de Pershing en Colonia Dublán. El resto muere —para eso los mandó su capitán Boyd—, es hecho prisionero o se pierde en el desierto. El lado mexicano experimenta setenta y dos bajas entre muertos y heridos.[46]

Después de esta traumática experiencia, la presencia de Pershing en territorio mexicano se vuelve más bien simbólica. Aunque el inefable Lansing se queja con amargura en su nota diplomática del 28 de junio, de que las tropas al mando de Boyd fueron atacadas "sin provocación",[47] la realidad es que Wilson, el Estado Mayor del ejército de Estados Unidos y el mismo Lansing, paulatinamente, se empiezan a dar cuenta de que, a menos de que encuentren miles de hombres que estén convencidos de que "son para morir", la Expedición Punitiva ni puede avanzar hacia el sur, ni puede permanecer en México por mucho tiempo más.

El orgullo de Pershing, y con él el de Estados Unidos, sufre un golpe mortal cuando el 16 de septiembre de 1916 (que es precisamente la fecha conmemorativa de la independencia nacional de México), Pancho Villa —el bandido derrotado, perseguido y presuntamente muerto— renace de sus cenizas. Al mando de un ejército que milagrosamente ha logrado reorganizar, se apodera nada menos que de la ciudad de Chihuahua: derrota en toda la línea a la fuerte guarnición de la plaza que comandaba el general carrancista Jacinto B. Treviño. Y como la toma de la capital del estado coincide con la fiesta nacional, el Centauro aprovecha la ocasión para pronunciar un discurso nacionalista desde el balcón central del palacio de gobierno en el que acusa a los "carranclanes" (como despectivamente llamaba a los partidarios de don Venustiano) de estar vendidos a los ahora odiados "gringos".

El resurgimiento de Villa como líder revolucionario, además de colocar al gobierno de Carranza de nuevo a la defensiva, implica para la administración Wilson un agudo dilema. Si ordena a Pershing atacar la ciudad de Chihuahua para cumplir con el objetivo para el cual fue enviado a México (capturar a Villa), corre el riesgo de repetir en gran escala la humillante derrota de El Carrizal, con todas las consecuencias que esto último traería aparejado. Pero si le ordena al mismo Pershing que permanezca inactivo en suelo mexicano mientras Pancho Villa se enseñorea de nuevo como el amo de la mayor parte del estado de Chihuahua, entonces de inmediato transformaría la Expedición Punitiva en un ejercicio inútil y hasta ridículo, frente a una indignada opinión pública, excitada al máximo por la cadena Hearst, que inevitablemente lo llenaría de oprobio por su tontería y debilidad.

Ante el dilema, Woodrow Wilson, seguro aconsejado por el supuesto pragmatismo del que solía hacer gala su segundo secretario de Estado, Robert Lansing, opta por el viejo truco de tratar de ganar en la mesa de negociaciones lo que no pudo ganar en los campos de batalla.

Así, entre septiembre y noviembre de 1916, a instancias del gobierno estadunidense, se reúnen en las cercanías de Nueva York, primero en New London y después en Atlantic City, representantes de México y Estados Unidos para intentar resolver el "impasse" o estancamiento en el que había quedado colocada la Expedición Punitiva. La delegación mexicana la encabeza el secretario de Hacienda y Crédito Público Luis Cabrera, acompañado del subsecretario del ramo, Alberto J. Pani, y del embajador de México en Washington, Ignacio Bonillas. Por el lado estadunidense participan el secretario del Interior, Franklin K. Lane, el juez de la Corte del Circuito Federal de Nueva York, Geo Gray, y el asesor presidencial John R. Mott.

De entrada, la delegación estadunidense plantea un acuerdo que, de haberse aceptado, habría tenido el efecto de, en atinada expresión del profesor Friedrich Katz, "cubanizar" a México, en atención a que su principal cláusula era prácticamente idéntica a la famosa Enmienda Platt, que permitía al ejército estadunidense intervenir unilateralmente en Cuba cada vez que el gobierno de Washington lo juzgara conveniente o necesario. Sobra decir que la Enmienda Platt fue el precio que Cuba tuvo que pagar a cambio de que Estados Unidos la "independizara" de España.

La cláusula que se pretendía imponer a México decía lo siguiente: "El gobierno de México acepta solemnemente proporcionar protección plena y suficiente a las vidas y propiedades de los ciudadanos de Estados Unidos, u otros extranjeros, y esta protección será bastante para permitir a dichos ciudadanos de Estados Unidos crear y administrar las industrias en que puedan estar interesados. *Estados Unidos se reserva el derecho de reingresar a México y de proporcionar esa protección con sus fuerzas militares, en el caso de que el gobierno de México no lo haga*".[48]

La aceptación de esta cláusula por parte del gobierno constitucionalista habría liquidado la soberanía nacional y habría convertido a México en una especie de protectorado estadunidense; inclusive, ni siquiera en un Estado libre asociado como Puerto Rico, sino en una colonia cuya dominación directa se habría facilitado gracias a la existencia de una frontera porosa de más de tres mil kilómetros, puesto que en esencia: *a*) habría entregado el desarrollo y control de la industria nacional, y con ello el destino y aprovechamiento de toda la economía del país, a los ciudadanos estadunidenses, "u otros extranjeros", que sin límite crearan y administraran todas las industrias que quisieran; y *b*) habría constituido la convención internacional que Washington buscaba con denuedo para poder ocupar militarmente México todas las veces que lo deseara y por todo el tiempo que así conviniera a sus intereses. Dentro de semejante contexto, la ocupación de Veracruz en 1914 y la Expedición Punitiva de Pershing habrían sido tan sólo el aperitivo del festín en el que Estados Unidos habría acabado por engullirse a México entero.

Pero México no era una isla bananera, azucarera y tabacalera con la que las grandes potencias —España, Estados Unidos y cuatro décadas después, la Unión Soviética— podrían ponerse a jugar una especie de tenis geopolítico, pasándola sucesivamente de una esfera de influencia a otra y viceversa. México tenía un siglo de haber consumado su independencia de España, y su vasto e intrincado territorio, combinado con la presencia de aguerridos caudillos revolucionarios y de una población en su mayoría nacionalista, hacían por demás problemática la dominación total que la administración Wilson pretendía establecer mediante la firma de un simple acuerdo internacional. El combate de El Carrizal era un pequeño pero muy significativo botón de muestra.

La delegación estadunidense presionó a lo largo de más de dos meses para obtener la aprobación mexicana de la cláusula en cuestión, que, al parecer, Alberto J. Pani (que en 1923 se pondría con alegría a hacer concesiones unilaterales a Estados Unidos durante la negociación de las célebres Convenciones de Bucareli) y el zonzo (nunca este calificativo estuvo mejor aplicado) Ignacio Bonillas llegaron a inclinarse por aceptar, para así entregar la soberanía de la patria a cambio del retiro de un ejército que era incapaz de tocarle un solo cabello a Pancho Villa. Pero el jefe de delegación, Luis Cabrera, era de otro temple y de otro calibre. No sólo era el hombre de todas las confianzas del presidente Carranza, sino que reunía las dotes de un feroz abogado litigante, de un avezado negociador y de un convencido nacionalista. La táctica que empleó en New London y en Atlantic City, debidamente avalada por el señor Carranza, fue tan sencilla como efectiva: dijo "no" a las propuestas estadunidenses y demandó con insistencia el retiro inmediato e incondicional de las fuerzas al mando del general Pershing.

La situación que se presentó entre septiembre y noviembre de 1916, fue en particular angustiante para quienes la vivieron. Carranza y su gobierno se debatían entre dos males igual de funestos: una nueva revolución villista claramente encaminada al derrocamiento del régimen constitucionalista y/o una guerra declarada con Estados Unidos. Wilson, Lansing y el congreso estadunidense no sabían qué era lo mejor en el corto, mediano y largo plazo: si invadir y subyugar México o declararle la guerra a Alemania y relegar la "cuestión mexicana" a un segundo plano. La incertidumbre reinaba en todas partes.

Pero desde la inevitable perspectiva histórica, la situación no podía ser más ridícula. El gobierno de Carranza subsistía y se daba el lujo de coquetear con toda la gama de siniestros agentes provocadores que tuvieron a bien enviarle el Estado Mayor alemán y el ministro de Asuntos Exteriores, Zimmerman, con el deliberado propósito de provocar una guerra abierta entre México y Estados Unidos. Pershing, que había proclamado a los cuatro vientos —gracias a los periódicos del grupo Hearst— que "en cuestión de semanas" iba a apresar a Pancho Villa y a pasearlo enjaulado por las principales ciudades de la Unión Americana, era incapaz de abandonar su campamento fronterizo sin sufrir humillantes derrotas militares; mientras su supuesta presa, Villa, a no más de trescientos kilómetros de distancia, se pavoneaba como el renovado amo y señor de Chihuahua y como el líder indiscutido de un renaciente movimiento revolucionario, cuya principal demanda era nada menos que la inmediata expulsión de Pershing y sus tropas.

Y en medio de todo esto, la administración Wilson no tenía mejor idea para salir del embrollo en el que ella sola se había metido, que la de ponerse a dar manotazos "cubanizadores" en una mesa de negociaciones situada en una ciudad que se había hecho famosa por sus casinos.

A mediados de noviembre de 1916 el "impasse" diplomático y militar se volvió insostenible. La administración Wilson, a regañadientes, se tuvo que resignar a los imperativos de la realidad. Ninguna potencia, por grande que sea, puede ponerse a dictar los destinos de otra nación, cuando sus posibilidades de intervención armada se reducen a una escasa fuerza militar de no más de diez mil efectivos, permanentemente estacionada en un remoto e inhóspito puesto fronterizo.

El 24 de noviembre, Luis Cabrera y Franklin K. Lane, estamparon su firma en un simple acuerdo que garantizaba el retiro de la Expedición Punitiva, sin más compromisos por parte del gobierno mexicano que los de perseguir y castigar a los "bandidos villistas" e incrementar y mejorar el patrullaje de la región fronteriza, en particular la del estado de Chihuahua. Puesto en otras palabras, a cambio de todos sus esfuerzos para obligar a Carranza a someterse a su voluntad, lo único que Wilson obtuvo fue un par de declaraciones de buena voluntad.

Con el objeto de limpiar un poco su maltrecho prestigio, Pershing permaneció inactivo en el campamento de Colonia Dublán hasta principios de febrero de 1917. Antes de partir, Pancho Villa le demostró lo que suelen ser capaces de hacer los muertos resucitados. El 22 de diciembre de 1916, en una de sus clásicas combinaciones de cargas de caballería y asaltos frontales conquistó la plaza fuerte de Torreón para convertirse, una vez más, en una seria amenaza a la estabilidad del gobierno constitucionalista. Es decir, mientras Pershing se retiraba con el rabo entre las piernas, el "bandido Villa", al que había jurado exterminar, volvía a resplandecer como triunfante jefe revolucionario.

Tal vez sin comprender, o sin querer comprender, la ironía en la que todo había acabado, la Expedición Punitiva salió de México —por el mismo punto fronterizo por el que había entrado: Palomas— exactamente el día 5 de febrero de 1917, sin Villa y sin jaula. Como coincidencia histórica en esa misma fecha se promulgó, en la bella ciudad colonial de Querétaro, la Constitución Política de los Estados Unidos Mexicanos vigente. En el mismo día en que concluía la intervención armada, dejaba de existir el "gobierno de facto" al que con tanto desdén diplomático mirara el secretario de Estado Lansing.

Casi un año y medio después, el general John J. Pershing lavaría su maltrecha estrella militar con los resonantes triunfos que obtuvo en su campaña europea, y Estados Unidos emergería como la nueva potencia mundial. Pero a corto plazo el fracaso de la Expedición Punitiva —que, a fin de cuentas, lo único que logró fue castigarse a sí misma— tuvo ciertos efectos internacionales que pueden calificarse de desastrosos para la administración Wilson. El profesor Katz los explica de la siguiente manera: "La Expedición Punitiva tuvo un profundo efecto tanto en la historia mundial como en el desarrollo interno de la Revolución mexicana. El hecho de que no lograra sus fines contribuyó mucho a que el gobierno alemán tomara dos decisiones que afectarían de manera decisiva el resultado de la primera guerra mundial. Desde 1915, cuando Estados Unidos empezó a proporcionar armas, municiones y otros insumos a Gran Bretaña, Francia y Rusia, surgió entre los miembros del gobierno alemán un debate sobre si debía emplear sus submarinos contra los barcos estadunidenses, posibilidad a la que se referían como 'la guerra ilimitada de las naves U'. Una parte importante de los militares alemanes pensaba que esa medida destruiría la capacidad de combate de Inglaterra y la pondría de rodillas, pero a las fuerzas civiles dentro del gobierno les preocupaba que eso provocara la entrada de Estados Unidos en la guerra, lo que cambiaría por completo la relación de fuerzas. El fracaso de la Expedición Punitiva en México ayudó mucho a los militares alemanes que defendían 'la guerra ilimitada de las naves U', a convencer a sus adversarios, incluido el káiser, de que una declaración de guerra de Estados Unidos no tendría un impacto militar importante sobre la primera guerra mundial, ya que el ejército de ese país no era digno de ser tomado en cuenta.

"En marzo de 1916, la oficina de prensa de las fuerzas armadas alemanas escribía que 'la incompetencia militar de Estados Unidos ha quedado claramente revelada por la campaña contra Villa [...] Estados Unidos no sólo no tiene ejército, sino que no tiene artillería ni medios de transporte, ni aviones y carece de todos los demás instrumentos de la guerra moderna'. A consecuencia de la crisis mexicano-estadunidense, los alemanes también tendieron a sobrestimar la voluntad de Carranza de entrar en guerra con Estados Unidos y la disposición de Wilson a responder ante cualquier ataque de México con una nueva intervención militar. Como resultado, el partido de la 'guerra de las naves U' dentro del gabinete alemán ganó cada vez más ascendiente."[49]

Los hechos se encargarían de demostrar que Alemania, con la habitual prepotencia prusiana, juzgó con lamentable falta de objetividad el limitado entorno geopolítico en el que se desarrolló la Expedición Punitiva y sacó conclusiones tan equivocadas que, a la postre, ocasionarían indirectamente el fin del Segundo Reich. Mas cualesquiera que hayan sido sus consecuencias, la Expedición Punitiva tuvo la virtud de convertir a Pancho Villa en el símbolo histórico de México en Estados Unidos y en Europa. Por eso en el campeonato mundial de futbol que tuvo lugar en Francia en 1998, cuando los aficionados franceses empezaron a apoyar al equipo mexicano en un juego precisamente en contra del equipo alemán, no encontraron mejor forma de hacerlo que gritando: "¡Viva México! ¡Viva Villa!".

La lección de diplomacia

La forma en la que don Venustiano Carranza manejó y resolvió el grave problema creado por la Expedición Punitiva constituye toda una lección de política exterior para las naciones débiles que, en su tradicional posición de desventaja, se ven obligadas a tratar con una gran potencia. Cinco son las virtudes de este hábil manejo diplomático:

La anticipación

Rompiendo con la inercia habitual de la diplomacia mexicana, que se concreta a reaccionar frente a los ataques y actitudes de Estados Unidos con la socorrida propuesta de celebrar conferencias bilaterales —en las que, por lo general, se termina haciendo concesiones unilaterales—, don Venustiano con astucia se anticipó a los hechos. Así, al día siguiente de la invasión villista a Columbus, sin esperarse a averiguar cuál iba a ser la actitud de Washington, disparó —ésa es la palabra correcta— una nota diplomática en la que, recordando las invasiones sufridas por los estados mexicanos de Sonora y Chihuahua a todo lo largo del siglo XIX por comanches que provenían de reservaciones ubicadas del otro lado de la frontera, le pedía permiso a Washington para que tropas mexicanas pudieran cruzar la frontera común en persecución de las bandas invasoras, y ofrecía en reciprocidad debida la autorización necesaria para que las fuerzas de Estados Unidos pasaran a territorio mexicano, sólo "*si la irrupción registrada en Columbus se repitiera desgraciadamente en cualquier otro punto de la línea fronteriza*".[50] En esta forma colocó al gobierno estadunidense en una seria disyuntiva: o se sometía a una negociación bilateral con el gobierno constitucionalista antes de emprender cualquier tipo de acción militar; o bien se colocaba —como efectivamente sucedió— en la ilegalidad internacional, al ignorar o malinterpretar la nota mexicana, y decidir unilateralmente el envío a México de una fuerza armada.

El realismo y la firmeza

Para la diplomacia mexicana la firmeza y el realismo ha sido casi siempre una combinación estratégica muy difícil de alcanzar, porque en la precaria situación en la que usualmente se encuentra frente al poderoso vecino del norte, el realismo por lo normal la ha llevado por el cada día más trillado sendero de las concesiones unilaterales.

No obstante, Carranza la supo encontrar. De entrada permitió que Pershing se estacionara en un perímetro muy bien definido del norte del estado de Chihuahua, en el que resultaba lógico, y hasta cierto punto entendible, que tratara de localizar a Pancho Villa. Inclusive, el profesor Katz afirma que don Venustiano toleró, durante varios meses, el abastecimiento de las tropas de Pershing permitiéndole utilizar las vías y el material rodante del Ferrocarril del Noreste.[51]

Dadas las circunstancias ésta fue, sin duda, una muestra de realismo político y militar. Pero cuando Pershing, siguiendo instrucciones de Washington, pretendió avanzar hacia el sur para probar la capacidad de resistencia del Ejército Constitucionalista, el Primer Jefe mostró una firmeza que es en verdad inusitada en los anales de la historia de México, al grado de que en su afán por defender la integridad territorial de la República, estuvo a punto de provocar una guerra abierta con Estados Unidos. El incidente sufrido por el mayor Tompkins en Hidalgo del Parral y la aplastante derrota que experimentó el capitán Boyd en la batalla de El Carrizal a manos del coronel carrancista Genovevo Rivas Guillén, son muestras palpables de esa firmeza. A la vuelta de once meses la mezcla de realismo y firmeza rindió los frutos deseados: Woodrow Wilson no tuvo otra alternativa que la de ordenar el regreso de Pershing a Estados Unidos, sin que se hubieran logrado los objetivos para los que, en primer lugar, se había mandado la Expedición Punitiva a México.

El sano nacionalismo antes que las ganancias a corto plazo

Lo más admirable de la actitud desplegada por Carranza en esta delicada crisis internacional, fue que, en todo momento, estuvo necesitado con urgencia de las armas y municiones que entre el gobierno estadunidense y los vociferantes y moralistas grupos "pacifistas" le tenían embargadas en Nueva York. El Primer Jefe demandaba esos pertrechos militares para poder alcanzar la pacificación del país y poder así iniciar la etapa constructiva de la Revolución. Dentro de semejante tesitura, habría sido relativamente sencillo para el gobierno constitucionalista aprovechar las conferencias de Ciudad Juárez y de Atlantic City para ponerse a hacer concesiones unilaterales y a firmar "protocolos secretos", a cambio de asegurarse el vital suministro de armas y municiones estadunidenses. Si anteriores y posteriores gobiernos mexicanos lo han hecho sólo para obtener diversas formas de ayuda económica, con mucha mayor razón lo podía haber hecho el gobierno carrancista que vivía rodeado de todo tipo de contingencias, tanto internas como externas. Sin embargo, don Venustiano prefirió sacrificar la consolidación de su gobierno y su propio futuro político, antes que transigir en cuestiones que no sólo atentaban contra la integridad territorial de la República, sino que —tal y como sucedió con la versión corregida y mejorada de la Enmienda Platt que le propuso la administración Wilson a la delegación mexicana en las conferencias de Atlantic City— hipotecaban el futuro de México como nación independiente.

Un correcto diagnóstico de la situación global

La fuerza de las naciones débiles en sus negociaciones diplomáticas con las grandes potencias radica en saber canalizar a su favor las presiones que estas últimas enfrentan en su interactuar en el escenario global. Presiones que inevitablemente limitan su capacidad de maniobra en los conflictos regionales. México, debido a su histórico sometimiento a la "esfera de gravitación política de Estados Unidos", rara vez ha sabido aplicar en su provecho esta máxima de política internacional. Pero don Venustiano, con su talento natural para la política, sí supo extraerle todo el jugo posible. Desde 1914 comprendió que Estados Unidos no tenían opción y que entraría en guerra con Alemania, al darse cuenta —después de sus iniciales exabruptos nacionalistas— que el único propósito de la ocupación estadunidense del puerto de Veracruz fue instalar un bloqueo naval que impidiera el arribo de armas y municiones alemanas para el gobierno de Victoriano Huerta. Por esa razón se pudo dar el lujo de exigir la desocupación de Veracruz al mismo tiempo que combatía encarnizadamente a las huestes del dictador Huerta. En 1916 la situación no sólo no había cambiado sino que había empeorado. El embajador alemán Eckardt podía llamarlo en sus despachos "pedante mediocre y antiguo criador de vacas lecheras".[52] Allá él y sus estúpidos prejuicios sobre la realidad mexicana que, en menos de dos años, convirtieron su misión en un notorio fracaso. Pero Carranza supo leer sus intenciones desde el primer día y se dio perfecta cuenta de que Alemania en su afán de causar dificultades entre México y Estados Unidos acabaría por forzar a Wilson a declararle la guerra, ya que los intereses estratégicos estadunidenses de largo plazo —estrechamente vinculados a los de Gran Bretaña— no podían tolerar la presencia dominante en Europa de una potencia que habría aprovechado esa situación para minar la posición de Estados Unidos al sur de su frontera. Por eso actuó en consecuencia. Porque sabía que Wilson no podía emprender una guerra total en contra de México sin comprometer gravemente el imperativo de tener que detener el avance alemán en Europa. La comprobación de los envíos millonarios de armas y municiones estadunidenses a Gran Bretaña y Francia, mientras Pershing vagaba por el norte de Chihuahua tratando de atrapar al fantasma de Pancho Villa, fueron para el astuto don Venustiano indicios más que suficientes de que las prioridades geopolíticas de la administración Wilson se encontraban del otro lado del Atlántico y no en México. Es más que probable que durante los once meses que duró la Expedición Punitiva haya tenido múltiples momentos de duda, incertidumbre y hasta de temor, pero al final del camino su diagnóstico inicial acabó por imponerse. Pershing, sin lograr sus objetivos, tuvo que marcharse de México para irse a pelear a Europa. A fin de cuentas el juego diplomático lo ganó la carta alemana del señor Carranza.

La conveniencia de contar con agentes diplomáticos conocedores, experimentados y combativos

Por tradición, la Secretaría de Relaciones Exteriores de México se ha encomendado a una combinación de políticos, escritores, diplomáticos de carrera y últimamente de especialistas formados en universidades estadunidenses. Sin menospreciar las valiosas aportaciones que estas personas han hecho y pueden seguir haciendo al servicio exterior, cuando los destinos de esta secretaría se han encomendado a combativos abogados, forjados en la dura disciplina del litigio, conocedores del derecho internacional e imbuidos de un sano nacionalismo, los resultados han sido especialmente alentadores. Los dos principales agentes diplomáticos que Carranza empleó para enfrentar la crisis derivada de la Expedición Punitiva, Isidro Fabela y Luis Cabrera, reunían ampliamente estas y otras cualidades. De ahí los resultados obtenidos. No basta, como algunos piensan, con la lealtad incondicional al presidente en turno para ser un buen diplomático. Es necesario sumar a esa lealtad conocimientos, experiencias, imaginación, carácter y, sobre todo, una profunda conciencia de lo que ha sido la historia de México. No en balde Isidro Fabela y Luis Cabrera son dos de los personajes más destacados y respetados del siglo XX mexicano.

Algunos de los que han escrito de la Revolución mexicana —empezando por el más importante de todos, Martín Luis Guzmán— han visto con desprecio a Venustiano Carranza, calificándolo de autoritario, obstinado, tramposo, vanidoso y "Maquiavelo de pueblo". Todo lo cual es cierto en más de un sentido. Por ejemplo, al decidir sobre su propia sucesión presidencial dio claras muestras de autoritarismo, obstinación, necedad y hasta de pérdida del sentido de la realidad política. No obstante, como contrapartida tuvo momentos en particular luminosos en los que brilló como un consumado estadista. Entre ellos destacan: el haber tenido la suficiente capacidad de liderazgo y la consiguiente habilidad política para unificar a todas las fuerzas revolucionarias, después del siniestro golpe de Estado de Victoriano Huerta, bajo la impecable bandera de la restauración del orden constitucional; el haber impulsado la expedición de la Constitución federal de 1917, cuya esencia no sólo rige hasta la fecha los destinos de México, sino que en algunos de sus aspectos es un notable documento jurídico; y desde luego, la sagacidad diplomática y la dignidad republicana, con las que manejó y resolvió el en potencia explosivo asunto de la Expedición Punitiva.

En mayo de 1920, el Rey Viejo, como con acierto lo llamó el escritor Fernando Benítez, es derrocado por una revuelta militar al tratar de imponer la candidatura presidencial de su sucesor, bajo el argumento de que después de tantos años de guerra civil el país había alcanzado el derecho de sacudirse a los gobiernos militares. El mismo Benítez pone en boca de Carranza las siguientes palabras: "Yo creí que podía sucederme nuestro embajador no porque sea el embajador, sino porque es un civil. Podía ser él, podía ser usted o el ministro de Hacienda con tal de asegurar el carácter civil que distingue a mi gobierno. En cambio, estoy en contra del gobierno de un militar, de una imposición por la fuerza de las armas. México, en diez años, ha pagado con un millón de muertos su derecho a sacudirse las dictaduras militares".[53]

El hecho de que el candidato de don Venustiano hubiera sido el notoriamente impreparado y casi apolítico Ignacio Bonillas, hace pensar que, en el fondo, lo que el viejo zorro quería era sucederse a sí mismo, forzando la elección de un presidente decorativo; ya que si, por ejemplo, hubiera impulsado la candidatura del ministro de Hacienda, Luis Cabrera (destacado abogado, brillante tribuno y experimentado político), el carácter civil del gobierno habría quedado en efecto asegurado. Nada más que entonces el señor Carranza habría tenido que resignarse a un merecido retiro, lo cual, al parecer, no entraba en sus planes.

Obstinado hasta el último día de su vida, el Rey Viejo abandona la capital de la república a los militares rebeldes y pretende trasladarse a Veracruz para, desde ahí, tratar de seguir gobernando bajo la protección del cacique local, el general Cándido Aguilar, el mismo que fuera su transitorio secretario de Relaciones Exteriores durante la Expedición Punitiva de Pershing. Sin embargo, el tren presidencial ni siquiera alcanza a llegar a la cercana ciudad de Puebla. En el camino la artillería rebelde destroza el convoy y don Venustiano, en compañía de un reducido séquito, se ve obligado a internarse a caballo por los vericuetos de la Sierra de Puebla, hasta que en la madrugada del 20 de mayo de 1920, una partida militar lo ataca y asesina cuando trataba de dormir en una choza de adobe situada en la insignificante aldea serrana de Tlaxcalantongo. Hay quien sostiene, inclusive, que eran tales el orgullo y la obstinación del viejo que, al sentirse perdido, prefirió suicidarse antes que caer en manos de sus enemigos.

El mismo día de la muerte del señor Carranza, el sonorense Adolfo de la Huerta asume la presidencia provisional de México, y en diciembre de 1920 (es decir, casi seis meses después) el general Álvaro Obregón toma posesión como presidente constitucional. Aun cuando Obregón lleva a cabo una excelente tarea de gobierno, al grado de que, con justicia, puede considerársele como el iniciador de la etapa constructiva de la Revolución mexicana, no debe perderse de vista que la consolidación de su gobierno deriva, en gran medida, de las importantes concesiones que, en 1923, hizo a Estados Unidos en materia de petróleo, ferrocarriles y reforma agraria, con motivo de la celebración de las controvertidas Convenciones de Bucareli; que permitieron la cristalización si no de todas, sí de algunas de las principales demandas que la administración Wilson formulara al gobierno constitucionalista en 1916, a cambio del retiro de las tropas al mando de Pershing, y que Carranza rotundamente se negó a aceptar.

El 25 de mayo de 1920, cinco días después de la muerte del presidente Carranza, *The New York Times* publicó la siguiente nota: "En los círculos financieros de Wall Street se ha recibido con regocijo la muerte del expresidente, según notas publicadas por cinco reporteros de los más importantes diarios de esta ciudad, quienes en su sección financiera atribuyen al asesinato el alza que se notó en los valores mexicanos, especialmente los petroleros".[54]

Si como sostiene Martín Luis Guzmán: "Estados Unidos interviene de un modo sistemático casi orgánico, en los asuntos interiores de México",[55] entonces la pregunta es obligada: ¿ese regocijo capitalista y la propia muerte que lo provocó, tuvieron su origen en la forma magistral en la que en los terrenos, tanto diplomático como militar, don Venustiano Carranza derrotó a la Expedición Punitiva de Pershing?

Von Papen, Sommerfeld y compañía

No es posible concluir este capítulo sin abordar la cuestión relativa a las causas que llevaron a Pancho Villa a atacar la población de Columbus, Nuevo México. Al respecto, se ha tejido toda clase de versiones que va desde el carácter violento y acendradamente nacionalista del Centauro hasta el rejuego geopolítico de las potencias extranjeras que intervinieron en el curso de la Revolución mexicana, pasando por el tamiz de las pasiones propias de las venganzas personales. Resulta de interés analizar esas versiones porque nos permiten llegar a la conclusión de que es posible que la versión correcta —incluso aceptada, en principio y con algunas reservas, por la máxima autoridad contemporánea en la materia, el profesor Friedrich Katz— sea la que en noviembre de 1960 divulgara, prácticamente por vez primera, Ivar Thord-Gray.

La versión popular la recogió el novelista Rafael F. Muñoz —autor o divulgador de la famosa expresión "¡Vámonos con Pancho Villa!"— en uno de sus entretenidos, aunque un tanto líricos, relatos sobre los hechos del Centauro. Esta versión, por supuesto, toca todas las fibras del fervor nacional: "En aquellos tiempos de guerra, millares de campesinos mexicanos que no se decidían a participar en la lucha, imposibilitados para trabajar en faenas agrícolas, emigraban hacia Estados Unidos. Cruzaban la frontera andrajosos, sucios, melenudos, hambrientos como todo emigrante a quien la miseria impele a extrañas tierras. Daba pena verlos atravesar la línea divisoria y entrar a Estados Unidos: se les apelotonaba en grupos, como de reses, que eran arriados hacia las oficinas de migración, donde se les veía con asco. ¡Cuántas veces hubieran querido los americanos rechazar hacia México aquella sucia masa humana! Pero el mexicano era útil, bestia de trabajo incansable y barata, para los talleres que trabajaban día y noche fabricando productos que vender a la Europa en guerra y eran también agricultores sufridos, acostumbrados a arar la tierra antes de que saliera el sol [...] '¡Está bien, que pasen los mexicanos! [...]' ¡Pero cómo! Se les desnudaba, para que sus ropas fueran fumigadas, cual si fueran de enfermos de peste. Y como todavía podía quedar en los cuerpos algún bicho o una costra de mugre, a los hombres en un tanque, y a las mujeres en otro, desnudos, se les echaba, para ser bañados en una solución insecticida a base de gasolina, como el ganado que ha contraído la garrapata.

"Todo lo admitían aquellos hambrientos; la miseria era más fuerte que el decoro; el hambre y la esperanza de un bienestar próximo los hacían contener las lágrimas de la vergüenza, y entrar a los baños desinfectantes sin una protesta. Miles de hombres y miles de mujeres, centenares de niños famélicos, entraron a los tanques 'profilácticos' de El Paso, ciudad de Texas, como primer acto para ser aceptados como acémilas al servicio del capitalismo.

"Un día, cuando diecisiete hombres estaban en el baño, una llamita, casi invisible, de tan pequeña, apareció a ras de la solución insecticida; algún cerillo no apagado por algún fumador próximo, después de encender su tabaco. No se supo nunca qué había sido. El caso fue que aquel líquido en que estaban sumergidos los braceros ardió rápidamente; el agua no lo apagaba, y por varios segundos, quizá minutos, los mexicanos oyeron, en lenguaje desconocido, órdenes para que salieran, que ya les había dictado el instinto. Les ardía la cabellera, les salían llamas de la piel húmeda. Diecisiete murieron. Tal dice la leyenda.

"Pancho Villa lanzó un alarido cuando llegó hasta él la versión, agigantada en los vuelcos de boca a boca, de que treinta y cinco mexicanos habían sido quemados vivos 'intencionalmente', en El Paso. Tuvo Pancho muchos defectos, pero siempre amó al pueblo, sintiéndose una parte de él, y sintiéndolo una parte de sí mismo. El rebelde, que encendía su ira con la más leve chispa de contradicción o de defensa, parecía haberse vuelto loco. Jamás le vieron tan espantosamente trágico sus más cercanos tenientes como esa noche del 8 de marzo. Quizá en ese momento sí hubiera gozado con destrozar entre sus recias mandíbulas un corazón de aquellos hombres odiados. ¿Tenía ya deliberado el ataque a Columbus? ¿Había abandonado su plan cuando salió a Sonora, comprendiendo la inutilidad de una provocación al extranjero? ¿Fue sólo un pretexto el que encontró para convencer a sus hombres, para excitarlos contra los americanos? ¿O fue, en realidad, un rapto de loca ceguedad el que lo impulsó a través de la frontera para matar? Sólo él lo supo, y está muerto. Esa noche, cuando habló a sus hombres y les dijo lo que había sucedido en El Paso, dio esta orden trágica: ¡Muchachos! ¡Vamos a matar a diez por uno!"

Pero como el mismo Rafael F. Muñoz lo reconoce, se trata de una leyenda. Si bien el Centauro sentía una debilidad especial por las clases más desprotegidas de la población, de las que él provenía y a las que con afecto llamaba "mis hermanitos de raza", también lo es que era un astuto líder militar y político que no se iba a aventurar a atacar a Estados Unidos —con el que hasta ese momento había guardado una prudente relación—, a menos de que tuviera asegurada, de antemano, algún tipo de ganancia. Además, en ese momento, después de sus graves derrotas en Celaya y Agua Prieta estaba angustiosamente necesitado de armas, municiones y bastimentos.

El ingeniero Elías Torres, quien platicó largo con Villa sobre estos sucesos, en la hacienda de Canutillo, da una explicación un tanto más plausible: "Villa tenía un odio feroz contra los americanos en general, porque cuando invadió Sonora había obtenido las seguridades completas del cónsul Carothers, de que no permitiría a don Venustiano trasladar fuerzas por territorio americano para auxiliar al general Calles [en realidad era el general Obregón] que defendía Agua Prieta; pero que no bien había empezado el ataque contra esa ciudad fronteriza cuando llegaron refuerzos en gran número por trenes yankis y echaron por tierra todos sus planes. Desde entonces juró que invadiría Estados Unidos y se vengaría en las personas de los americanos cuantas veces pudiera".[56]

La explicación es lógica, acorde con el inestable y violento temperamento del Centauro y consecuente con la serie de exculpaciones históricas que el propio Centauro empezó a propalar desde su forzado retiro a Canutillo. Sin embargo, no aclara ni justifica la motivación esencial. Villa estaba urgido de armas y otras provisiones, que no podía conseguir mediante un rápido ataque a una población que, como Columbus, poseía apenas una modesta guarnición militar. La ecuación costo-beneficio, en este caso, simplemente no funciona.

El historiador Alberto Calzadíaz Barrera aventura la tesis de que el objetivo que Villa perseguía al atacar Columbus era el de castigar al traficante Sam Ravel, al que le había dado una gran cantidad de dinero para que le comprara armas y municiones que después, pretextando el embargo impuesto por el Departamento de Estado, se había negado a entregarle, embolsándose cínicamente el dinero recibido. Es cierto que los hombres de Villa tenían instrucciones precisas de localizar a Ravel y fusilarlo. Inclusive el destino de su hermano Arthur es objeto de versiones contradictorias. El ingeniero Elías Torres afirma que fue ametrallado por los villistas en su cama del hotel Commerce, del cual era propietario. En tanto que el profesor Katz sostiene que fue avisado a tiempo del ataque y que logró ponerse a buen recaudo. Pero en lo que ambos autores coinciden es que el pícaro de Sam Ravel esa fatídica noche ni siquiera se encontraba en Columbus. En tales condiciones, si hemos de creer esta versión, Villa resultó un terrible invasor pero un pésimo vengador. La verdad es que una acción militar de esta naturaleza no podía tomarse por una razón tan insignificante dentro del esquema general de toda una revolución. Cuando el Centauro decidió invadir Columbus sabía de antemano las consecuencias y represalias que su acción iba a provocar. Si en efecto deseaba castigar a Sam Ravel contaba para ello con una red de espías y agentes en el sur de Texas y Nuevo México que se podían haber encargado de eliminarlo con discreción sin tener que causar un serio conflicto internacional.

Friedrich Katz recoge, sin aceptarla, la versión de que un grupo de empresarios estadunidenses le había pagado a Pancho Villa una importante cantidad de dinero para que provocara una guerra entre México y Estados Unidos, para, tras el inevitable triunfo estadunidense, tener un mejor control sobre los ricos minerales de Chihuahua y Sonora. Katz, quien realizó una minuciosa y exhaustiva investigación de todos los archivos —mexicanos y extranjeros— de la época, llega a la conclusión de que no existe ninguna prueba que permita sostener esta versión.[57] A lo que habría que agregar que es muy poco probable que Woodrow Wilson se hubiera prestado a una maniobra de esta clase, ya que uno de los pilares de su política de la seguridad colectiva internacional lo constituía su férrea oposición a lo que despectivamente denominaba "diplomacia del dólar".

Entonces, si no fue la sed de venganza por la derrota en Agua Prieta, por los braceros calcinados o por los fraudes de Sam Ravel, ni la codicia de los diplomáticos del dólar, ¿qué o quién estuvo detrás de la invasión a Columbus?

En un párrafo perdido en el apéndice de *Gringo Rebel*, Thord-Gray hace una revelación que, en la época de la publicación de esa obra (1960), debe de haber parecido aventurada e improbable, pero a la que los estudios más recientes y especializados le otorgan un elevado grado de credibilidad. Así, el coronel sueco afirma: "En marzo de 1916 vino el ataque mexicano a Columbus, Nuevo México, Estados Unidos de América, en el cual alrededor de dieciocho americanos fueron asesinados, entre ellos varios soldados estadunidenses. Este hecho se le atribuyó a Villa y todo parece indicar que fue obra de él. Trajo como consecuencia la Expedición Americana al mando de Pershing. No obstante, *en esa época hubo insistentes rumores en el sentido de que el ataque había sido organizado por un grupo de conspiradores alemanes que así trataron de impedir que Estados Unidos se aliara a los británicos y a los franceses en contra de Alemania*".[58]

Como agente de inteligencia militar durante la primera guerra mundial, Ivar tuvo acceso a información tanto privilegiada como clasificada. Por consiguiente, cuando escribió este párrafo sabía perfectamente bien de lo que estaba hablando. Inclusive, siguiendo la promesa que formula en el prólogo de *Gringo Rebel*, en cuanto a que manejaría ciertos asuntos con discreción para no herir la susceptibilidad de algunos de los personajes que participaron en los hechos que narra y que en 1960 aún vivían, se abstiene de divulgar las fuentes de las que obtuvo esos "persistentes rumores". Pero sabiendo leer entre líneas resulta evidente que tuvo acceso directo a información confidencial y confiable, ya que de otra suerte no habría hecho esta revelación. En particular si se toma en consideración que en 1960 aún no habían transcurrido los cincuenta años en los que, como mínimo, los secretos de Estado se mantienen fuera del alcance de los ojos inquisidores de investigadores y académicos; y que, por ese entonces, la "versión oficial" y casi por unanimidad aceptada, hacía referencia a un acto de provocación de Pancho Villa encaminado a causarle un serio problema internacional al gobierno de su odiado enemigo Venustiano Carranza.

Por si lo anterior no fuera suficiente, el profesor Friedrich Katz, en su monumental obra sobre el Centauro del Norte, corrobora, en principio y en términos generales, esta explicación. Así, empieza por identificar al agente alemán que armó la operación: Felix Sommerfeld. Un oscuro personaje que por varios años sirvió a Villa como comprador de armas y representante en Estados Unidos. En 1915, al ser destrozada la División del Norte por Obregón en las batallas de Celaya, Sommerfeld, por la fuerza de las circunstancias, se queda sin su mejor cliente. Entonces decide ponerse a las órdenes del servicio secreto alemán. Su oferta es bienvenida. Para fines de 1915, el Estado Mayor del káiser veía con creciente preocupación los embarques masivos de armas y municiones que Estados Unidos enviaba a Francia y a Gran Bretaña. Temía, con razón, que el joven gigante estadunidense pudiera inclinar en su contra el fiel de la balanza de la guerra europea. Por lo tanto, llegó a la conclusión, más o menos lógica, de que si lograba provocar una guerra general entre México y Estados Unidos, entonces Alemania quedaría con las manos libres para enfrentarse a británicos y franceses sin intromisiones extraeuropeas.

Sommerfeld de inmediato se dio cuenta que, en verdad, dos y dos son cuatro. Sabía que Pancho Villa estaba dispuesto a pagar cualquier precio con tal de obtener las armas, municiones y suministros necesarios para levantar otro ejército que vengara las derrotas sufridas en Celaya. Sabía que Villa —temperamental y primario— al fin había empezado a odiar feroz y feralmente a los "gringos" después de los sucesos de Agua Prieta. Y también sabía que Alemania desde 1914, por lo menos, estaba más que dispuesta a intervenir en México, en la forma que fuera, con tal de limitar la acción geopolítica de Estados Unidos. Por si lo anterior no fuera suficiente, Sommerfeld creyó haber descubierto una conspiración texana: Bernhard Dernburg, representante alemán en Estados Unidos, informó a su gobierno, semanas antes del ataque a Columbus, que, en la calificada opinión de Sommerfeld, la provocación de un incidente fronterizo desencadenaría la deseada guerra, en virtud de que los estados de Texas y Arizona, fronterizos con México, forzarían al gobierno federal estadunidense a llevar a cabo la intervención armada que desde años atrás venían buscando.[59]

En semejantes condiciones la mesa quedó puesta. Sommerfeld, con la bendición del servicio secreto alemán, llegó a un arreglo, obviamente secreto, con Villa. Este último que ya nada tenía que perder y sí mucho que ganar, se lanzó sobre Columbus a cambio del ansiado armamento, y de pasada se vengó de Carranza, Obregón, Wilson, el general Scott y, en menor medida, del infiel traficante Sam Ravel. Eso sí, astuto como siempre, se quedó del lado mexicano de la frontera. Se trataba de conseguir pertrechos y de consumar una que otra venganza; no de colocarse en la jaula que, días después, el general Pershing trataría de confeccionarle.

Con base en estos hechos, el profesor Katz expresa una conclusión neutra aunque un tanto contradictoria y, a fin de cuentas, acusadora: "Aquí la situación es más compleja, *porque en efecto sí existió una conspiración alemana para provocar que Villa atacara a Estados Unidos* [...] Los alemanes expresaron gran entusiasmo después del ataque de Villa, *y al parecer sus agentes le proporcionaron armas.* Es muy posible que Sommerfeld y los estadunidenses Keedy y Linss, que al parecer tenían vínculos con Alemania y que fueron a ver a Villa en algún momento de 1915, le hayan prometido ayuda alemana si atacaba a Estados Unidos. No hay prueba alguna, sin embargo, de que los alemanes tuvieran realmente injerencia en el ataque de Villa. Sus documentos no contienen indicios de ello [...] ¿Estuvo implicado Sommerfeld de alguna manera en el ataque de Villa a Columbus? Lo que puede afirmarse es que durante 1915 y principios de 1916 Sommerfeld mantuvo relaciones cada vez más estrechas con el servicio secreto alemán al mismo tiempo que mantenía sus estrechos vínculos con Villa. Agentes del Departamento de Justicia estadunidense declararon que entre abril y agosto de 1915 se habían depositado trescientos cuarenta mil dólares en una cuenta a nombre de Sommerfeld en un banco de Saint Louis (Missouri). Aunque no se pudo precisar con exactitud quién había hecho el depósito en Nueva York, dichos agentes averiguaron que en la misma fecha, el mismo banco neoyorquino había depositado dinero en una segunda cuenta en el banco de Saint Louis en que se había abierto la cuenta de Sommerfeld. *La segunda cuenta pertenecía a la embajada alemana en Estados Unidos*. Ambas cuentas fueron cerradas el mismo día. Los agentes concluyeron que debió de haber alguna relación entre las dos cuentas, *y demostraron que todo el dinero de la cuenta de Sommerfeld había sido pagado a la Western Cartridge Company para el envío de armas a Villa* [...] *la ausencia de documentación no comprueba la inocencia alemana, ya que no todas las conspiraciones de este tipo están registradas en los documentos conservados en los archivos alemanes* [...]".[60]

Si se me permite expresar una opinión estrictamente personal, considero que si bien es cierto que no existe una prueba documental definitiva (aunque, en mi opinión, la evidencia de las cuentas bancarias antes señaladas y el destino que se le dio a los fondos ahí depositados, podría ser considerada como tal), también lo es que el enlace lógico de los hechos permite conseguirla. Trataré de explicarme:

A fines de 1915, Pancho Villa era un hombre derrotado y desesperado. Su orgullosa División del Norte, que llegó a tener cerca de cincuenta mil hombres, había sido literalmente destrozada por Obregón. A su regreso a Chihuahua se da cuenta de que le es materialmente imposible organizar otro ejército. Es entonces cuando decide "invadir" el norte del estado de Sonora. Su propósito es evidente: pretende desalojar a la guarnición carrancista, apoderarse de todo el ganado de la zona y permutarlo en Estados Unidos por armas, municiones y bastimento. Para ello, con mil de sus fieles "dorados", lleva a cabo una marcha extenuante por los más intrincados vericuetos y desfiladeros de la Sierra Madre Occidental, para tratar de caer de improviso y de noche sobre el puesto fronterizo de Agua Prieta, sólo para encontrarse con que Obregón ha contado con todas las facilidades necesarias para trasladar un grueso contingente de sus tropas en cómodos y rápidos trenes por el lado estadunidense de la frontera. Para mayor escarnio, el ataque nocturno fracasa de manera rotunda gracias a que los estadunidenses apoyan a Obregón con potentes reflectores que dejan al descubierto la posición y los movimientos de la afamada caballería villista.

De nueva cuenta en Chihuahua, el Centauro deambula sin idea fija y pleno de rencor hacia Carranza y los "gringos". En enero de 1916, tolera, por lo menos, la masacre de estadunidenses en la estación ferroviaria de Santa Isabel, perpetrada por su subordinado Pablo López. De pronto, aproximadamente dos meses después, se reorganiza y envía a una turba de quinientos hombres que ataca, saquea e incendia Columbus, Nuevo México, sin obtener —y en eso todos los historiadores serios concuerdan ampliamente— ningún botín de importancia. Luego, en Chihuahua, comete un doble error: atacar a un destacamento carrancista en el poblado de Ciudad Guerrero y ponerse a dirigir, como si nada, el combate desde el panteón municipal, lo que ocasiona que una bala perdida que tuvo la ocurrencia de rebotar en una lápida, le cause una dolorosa y casi mortal herida en la pierna derecha. Pasa más de dos sufridos y atormentados meses en una insalubre cueva perdida en los confines de la Sierra de Santa Ana, una de las más densas e impenetrables estribaciones de la Sierra Madre Occidental; y, consecuentemente, amigos y enemigos lo dan por muerto.

Pero mientras Pershing, con todo y sus aeroplanos amarillos, hace el ridículo en Hidalgo del Parral y en El Carrizal, Pancho Villa de repente reaparece al frente de tropas frescas y perfectamente bien armadas y, como por arte de magia, cae sobre la ciudad de Chihuahua, derrota y desaloja a la fuerte guarnición carrancista que ahí se encontraba bajo el mando del general Jacinto B. Treviño.

Para entender la dimensión de esta sorprendente victoria militar preciso es tomar en consideración que ante las presiones estadunidenses por la invasión a Columbus, don Venustiano Carranza literalmente decidió "invadir" el estado de Chihuahua con las mejores tropas de las que en ese momento disponía, y envió como comandante de las mismas a uno de sus lugartenientes de mayor confianza, el general Treviño. La intención del Primer Jefe era por demás obvia: capturar a Villa, castigarlo fusilándolo por supuesta "traición a la patria", y así lograr el inmediato retiro de las fuerzas de Pershing del territorio nacional. Pero todo le salió mal. El Centauro se apoderó de la capital de Chihuahua, desplazó al Ejército Constitucionalista del estado y, casi tres meses después, se dio el lujo de tomar la plaza fuerte de Torreón, situada en el vecino estado de Coahuila. Entre tanto Pershing, que meses atrás había jurado enjaular a Pancho Villa, contemplaba, inactivo e impotente, el increíble resurgimiento de su enemigo, desde la lejana soledad de su polvoso campamento de Colonia Dublán.

En todo este singular escenario, desde luego propio del inevitable surrealismo mexicano, hay, por supuesto, un eslabón perdido. ¿De dónde sacó Villa las armas, las municiones y los bastimentos necesarios para derrotar a una importante división carrancista y para mantenerse incólume ante la persecución de Pershing?

Es entendible el reclutamiento de los hombres necesarios debido al gran carisma que el Centauro ejercía entre la población de Chihuahua y al descontento que provoca el general Treviño —que, como lo demostraron sus hechos en esa época y en la posterior "etapa constructiva" de la Revolución mexicana, era un político bastante torpe— que tomó al estado como si hubiera sido una nación derrotada y lo sujetó a toda clase de abusos y expoliaciones. Pero el armamento, ¿de dónde salió?

Por razones más que obvias no podía haber provenido de Estados Unidos. Tampoco, como alguien por ahí lo señaló, de cuevas ubicadas en la Sierra de Chihuahua, en las que Pancho Villa supuestamente lo escondió antes de lanzarse sobre la capital de la república, porque de haber sido así, habría carecido de sentido la penosa marcha hacia Agua Prieta y la misma invasión a Columbus. Entonces la tesis que abiertamente plantea Thord-Gray y que Friedrich Katz ni afirma ni niega, aunque tiende más bien a aceptar, parece constituir la única explicación lógica y coherente.

Además, existen documentos que corroboran que Felix Sommerfeld era un agente secreto alemán que trabajó en combinación con el agregado militar de la embajada de Alemania en Washington, Franz von Papen, para provocar una guerra entre México y Estados Unidos, utilizando a Villa. Como consecuencia del ataque a Columbus el Departamento de Justicia estadunidense le siguió un juicio al propio Sommerfeld, en el que le hizo tres acusaciones muy concretas:

1. Proporcionar dinero alemán a Pancho Villa.

2. Participar en un circuito que falsificaba pasaportes para permitir a reservistas alemanes que vivían en Estados Unidos incorporarse a sus unidades en Alemania.

3. Haber enviado una carta a Von Papen en la que describía los contratos de los aliados con las compañías estadunidenses para la compra de municiones.

A su vez, Papen quedó al descubierto porque salió a la luz que en 1915 había pretendido organizar una red de sabotaje encaminada a destruir los pozos petroleros en el estado de Veracruz, para privar a la flota británica de los esenciales suministros de petróleo mexicano. Sommerfeld se escabulló del juicio pero Franz von Papen fue declarado por Washington persona non grata y expulsado de Estados Unidos sin contemplaciones, y con tan mala suerte que cuando su barco fue registrado en un puerto británico, los ingleses descubrieron que llevaba consigo un talonario de cheques con liquidaciones para operaciones de sabotaje.[61] Únicamente su inmunidad diplomática lo salvó de pasar un buen número de años en una prisión británica, "a disposición de Su Majestad".

Por ahí alguien (que por razones obvias debe permanecer en el anonimato) que se ostenta como descendiente de este siniestro agente provocador, me dijo que Von Papen era un personaje muy poderoso y encumbrado que pertenecía a la más rancia aristocracia prusiana y que estaba emparentado con la casa real de Rusia, a tal grado que su descendencia puede decir que proviene de las más puras líneas de la auténtica nobleza europea. Aparte de que los títulos nobiliarios no hacen a nadie ni decente ni brillante, se trata de una completa desinformación. La investigación que pude llevar a cabo me permitió comprobar que Franz von Papen no fue sino un burgués adinerado que provenía de una familia muy católica (es decir, ni protestante alemana ni ortodoxa rusa) y conservadora, que presumía de algunos tenues lazos con la aristocracia menor del pequeño principado germano de Westfalia; que al regreso de su fallido experimento en Estados Unidos como saboteador y agregado militar, casó con la hija de un rico industrial (también obviamente burgués) de la zona del Sarre, lo que le permitió multiplicar la fortuna familiar original y ser electo miembro de la Dieta prusiana, aunque no del en ese entonces exclusivo Reichstag; y que por un capricho del débil presidente Paul von Hindenburg, entre 1930 y 1931 encabezó, como canciller, el desastroso y transitorio gobierno de coalición que le allanó a Adolf Hitler el camino hacia el poder absoluto y hacia la destrucción mundial. Franz von Papen, como correspondió a los cómplices de Hitler, terminó sus días enjuiciado por el tribunal de crímenes de guerra que en 1945 se estableció en Nuremberg.[62]

Por si esto no bastara para darle la razón a Thord-Gray, el profesor Katz, a pesar de tratar de mantener una posición neutral en este asunto, no puede dejar de reconocer que: "Con todo, no fue demasiado difícil para el servicio secreto alemán hacer llegar armas estadunidenses a México. Cuando estalló la primera guerra mundial, en 1914, y Estados Unidos todavía era neutral, aunque estaba dando grandes préstamos a las potencias aliadas y vendiéndoles armas, los agentes alemanes procuraron impedir que éstas llegaran a su destino comprando algunas de las mayores fábricas de armamento, como la de Bridgeport, Connecticut. Tal vez pensaban enviar esas armas a Alemania, pero el bloqueo naval británico se los impedía, por lo que no sabían qué hacer con ellas. *Les encontraron destino después del ataque de Villa contra Columbus. No hay razón para dudar del informe de los agentes secretos británicos según el cual había contrabando de armas para los villistas desde Bridgeport, en ataúdes y barcos tanque.* El consulado alemán de San Francisco tenía, al parecer, un papel central en el envío de esos cargamentos".[63]

Creo que la conclusión salta a la vista. El enlace lógico de todos los hechos aunado a las evidencias documentales que se acaban de mencionar, tienden a favorecer la versión de Ivar Thord-Gray, en el sentido de que la invasión de Pancho Villa a Columbus fue organizada y financiada por un grupo de agentes provocadores del servicio secreto alemán como un gesto desesperado para tratar de mantener a Estados Unidos fuera de la guerra europea. A cambio, el Centauro recibió, "en ataúdes y barcos tanque", el armamento que le permitió reiniciar su movimiento revolucionario y, en el sorprendente lapso de tres meses, apoderarse de las importantes ciudades de Chihuahua y Torreón, que defendían algunos de los mejores contingentes del Ejército Constitucionalista. Todo esto después de que se le llegó a considerar muerto y aniquilado.

El que Thord-Gray, desde 1960, haya revelado, con toda naturalidad, sin mayores disquisiciones y como si se tratara de un hecho evidente, el verdadero origen del ataque villista a Columbus, demuestra que su participación en la Revolución mexicana se llevó a cabo no sólo al simple nivel de instructor de caballería y artillería, sino en los más altos planos de la inteligencia militar, diplomática y política. A mi juicio, esto último hace del estudio de dicha participación una tarea de la mayor importancia para comprender que si bien "el factor externo no determina nuestra historia política [...] ésta no puede entenderse sin aquél".[64]

Pero al margen de las causas que originaron la invasión de Villa a Columbus, con el paso del tiempo esta pequeña población fronteriza se ha enorgullecido de haber saltado a la fama mundial gracias al mundialmente famoso Centauro del Norte. No sólo le ha dedicado un parque y un museo a la hazaña villista, sino que a la entrada de la ciudad se encuentra una placa que invita a visitar "el único sitio de Estados Unidos que fue invadido por una potencia extranjera".[65]

UNA CARTA LLAMADA ZIMMERMAN

Por décadas, el telegrama Zimmerman formó parte de la "historia negra" de la Revolución mexicana. La historia oficial deliberadamente lo ignoró. En algunas publicaciones se le llamó mítico, y quienes llegaron a estar convencidos de su existencia parecían apenados de tener que confesar que "por la fuerza de las circunstancias" el venerable don Venustiano había tenido que entrar en tratos secretos con un grupo de "malvados" espías alemanes. Incluso llegué a escuchar, nada menos que en una cátedra universitaria, que el telegrama había sido una "ocurrencia" de un secretario privado del káiser, que actuó a espaldas del gobierno del Reich, de tal manera que Carranza había contado con la excusa perfecta para "oficialmente" ni siquiera darse por enterado de su contenido.

Toda esta serie de mitificaciones y verdades a medias cayeron en definitiva por su propio peso en 1982 con la publicación de la magistral obra de Friedrich Katz, *La guerra secreta en México*, en cuyo segundo tomo con extraordinario detalle se narra y se documenta toda la intriga diplomática y geopolítica que estuvo detrás de este apasionante asunto. Lo más sorprendente es que el elevado volumen de documentos y fuentes que Katz exhibe no muestran nada que pueda juzgarse como vergonzoso o vergonzante para el gobierno constitucionalista. Por el contrario, si de algo puede acusársele es de haber obrado con extremada cautela y discreción. Acosado por la Expedición Punitiva, por el embargo estadunidense, por la renovada revuelta villista en el norte y por el intransigente y fervoroso zapatismo en el sur, no sólo resulta explicable, sino elemental, el que el Primer Jefe haya buscado algún punto de apoyo en la única potencia que de, algún modo, podía servir de freno y contrapeso a los continuos vaivenes de la administración Wilson, que lo mismo apoyaba a Villa que a Carranza; y que lo mismo reconocía diplomáticamente al gobierno "de facto" de Carranza para, a renglón seguido, enviarle una intervención armada y privarlo de todo apoyo económico y militar. Dentro de semejante contexto, el haber buscado un cierto acercamiento con Alemania aparece como un intento lógico para tratar de sobrevivir en un incierto mundo plagado de malignas especies geopolíticas, del que nadie debería sentirse avergonzado.

Aún así hasta la fecha el caso se rodea de un velo de misterio, cual si se tratara de ocultar un pecado más o menos escandaloso. Hay quien acusa a Carranza de haber coqueteado de más con los alemanes y hay quien lo acusa de haber coqueteado de menos.[1] En mi opinión, a esas alturas del juego don Venustiano no estaba para coquetear con nadie, salvo con algunas distinguidas y maduras señoras a las que, según Martín Luis Guzmán, abordaba con "tacto finísimo".[2] En realidad, de lo que se trató fue de un intrincado juego geopolítico en el que el Rey Viejo, ante las inconsistencias, entre estratégicas y moralizadoras, de la "política mexicana" de Woodrow Wilson, decidió jugar con la carta alemana como si fuera el clásico "as debajo de la manga". No logró mucho; pero en el camino tuvo la satisfacción de pegarles a Wilson y a su secretario de Estado Lansing un buen susto, y de hacerlos sufrir uno que otro coraje ante lo que dieron en llamar la audacia alemana y la perfidia del viejo "general" Carranza.

Por su parte, Ivar Thord-Gray, desde noviembre de 1960, reveló, a quien quisiera leerlo, la inocultable existencia del telegrama Zimmerman; pero lo hizo dándole un giro y un efecto hacia la política interna de México tan singular, que, hasta la fecha, no ha sido ni mencionado ni analizado por ningún otro autor, que, por consiguiente, amerita la correspondiente evaluación crítica. Sin embargo, preciso es hacer referencia primero a los hechos:

Al parecer, la iniciativa provino del mismo gobierno constitucionalista. En octubre de 1916, cuando no era posible saber si la Expedición Punitiva sería retirada o se convertiría en el comienzo de una guerra integral de conquista, el agobiado gobierno mexicano dirigió una nota diplomática a Alemania en la que le pedía que hiciera una declaración en Washington "en el sentido de que no vería con agrado una intervención armada en México. Como compensación, los mexicanos ofrecían un amplio apoyo a los submarinos alemanes en el caso de que quisieran atacar a los buques petroleros ingleses que zarpasen del puerto de Tampico".[3]

Era un astuto grito de auxilio con el que don Venustiano trató de matar dos pájaros de una sola pedrada: forzar el retiro de Pershing y cobrarles a los británicos la cuenta que había quedado pendiente desde que su embajador, sir Lionel Carden (que como se vio tuvo que ser despedido de México por Thord-Gray), se dedicó a apoyar, con generosidad y entusiasmo, al inconstitucional gobierno de Victoriano Huerta.

Al recibir la nota, el ministro alemán de Asuntos Exteriores, Alfred Zimmerman —que no era ningún "secretario privado" sino uno de los funcionarios de más alto rango del Reich— creyó ver el cielo abierto. De inmediato estableció contactos confidenciales con el embajador mexicano en Berlín, en los que se llegó a hablar de un "tratado de amistad, comercial y marítimo", en cuyos términos México compraría a Alemania fábricas de armamento (con instructores incluidos), submarinos y una poderosa radioemisora.[4]

Como apunta el profesor Katz, el fracaso de la Expedición Punitiva hizo creer a los alemanes lo mismo que la China de Mao Tse-tung creería años después: que Estados Unidos era un "tigre de papel", y confiados en semejante presunción, a principios de 1917, tomaron dos decisiones que, a fines de 1918, les resultarían fatales:

1. Declarar la guerra submarina ilimitada, que significaba que Alemania se reservaba el derecho de atacar los barcos mercantes de cualquier bandera (la de Estados Unidos incluida) que navegaran en las aguas patrulladas por los propios submarinos alemanes.

2. Tratar de provocar una guerra general entre México y Estados Unidos, que comenzaría con un ataque mexicano en territorio estadunidense que haría aparecer la invasión villista a Columbus como un juego de niños.

Henchido de optimismo, Zimmerman compareció, en enero de 1917, ante la Comisión Presupuestal del Reichstag (por qué no lo hizo ante una comisión política o de asuntos exteriores es para mí todo un misterio) para, interesadamente, reivindicar la, hasta ese entonces ignorada (al menos en Europa), capacidad guerrera de la sufrida raza de bronce: "Se ha afirmado muchas veces, y yo no puedo sino suscribirlo, que los mexicanos son soldados extraordinariamente valerosos, y que los estadunidenses no obtuvieron ningún éxito cuando penetraron en México y tuvieron que retirarse. También es sabido, me lo han confirmado muchas fuentes, que en caso de que Norteamérica intentara una operación de limpieza en México, se enfrentaría a una guerra de larga duración y tropezaría con muchas dificultades. El odio de México contra Norteamérica es antiguo y bien fundado. México, por supuesto, carece de armas, en el sentido moderno de la palabra, pero las fuerzas irregulares están suficientemente bien armadas como para provocar molestias y desórdenes en los estados estadunidenses fronterizos. Además, estamos en condiciones de suministrar armas y municiones en submarinos, lo cual también debería tomarse en consideración".[5]

Pero Zimmerman partía de puras presunciones y esperanzas. Sus palabras optimistas no eran más que fuegos fatuos. Con cinismo buscaba aprovecharse del predicamento en el que Carranza se encontraba para, con la promesa de ayuda alemana, inducirlo a entrar a una guerra con Estados Unidos que tendría perdida de antemano. Era un duelo de pedradas diplomáticas. Mientras Carranza, como se acaba de ver, trataba de matar dos pájaros de una sola pedrada, Zimmerman pretendía recurrir al antiquísimo truco de tirar la piedra y esconder la mano. Días después de elogiar las recias virtudes del soldado mexicano ante la misma Comisión Presupuestal del Reichstag, Zimmerman paladinamente confesaba que: "No creo que los mexicanos estén en condiciones de conquistar estas regiones pero quise ofrecérselas de antemano como un objetivo para que no se conformaran con infligir daño a los estadunidenses dentro de México, sino que inmediatamente crearan incidentes en los estados fronterizos, obligando a la Unión [Americana] a enviar tropas allá y no acá".[6]

Dentro de este concepto, tan brutal como ingenuo, que Herr Zimmerman tenía de la realpolitik —seguro no había estudiado ni a Bismarck ni a Haushofer, y si los estudió no los entendió—, entre el 18 y el 19 de enero de 1917, transmitió a México su famoso telegrama. La transmisión en sí fue la muestra de ineptitud más grande que se pueda concebir. Se ha afirmado que el telegrama fue transmitido por conducto del Ministerio de Asuntos Exteriores de Suecia, aprovechando que durante la primera guerra mundial Suecia inteligentemente mantuvo una política de neutralidad absoluta, que le permitió actuar como un vehículo de buena fe entre las potencias beligerantes. En el mes de mayo de 1998, hice una minuciosa investigación en los Archivos Nacionales de Suecia de todos los expedientes —tanto oficiales como confidenciales— relacionados con México, del periodo comprendido entre 1909 y 1920. Encontré documentos muy interesantes. Destacan entre ellos :

a) El comunicado del 17 de junio de 1913 firmado por el cónsul general de Suecia en México, A. J. Brai de Szecseny, en el que confirma que a la revolución maderista la apoyaron poderosas corporaciones estadunidenses que esperaban conseguir con Madero las concesiones y los beneficios fiscales que no le habían podido arrancar a Porfirio Díaz, el que, al parecer, fue un presidente bastante más nacionalista de lo que por dogma nos quiere hacer creer la historia oficial de México; corporaciones que luego le voltearon la espalda al presidente mártir cuando, con su inconsistencia acostumbrada, no les concedió todo lo que les había prometido.

b) El telegrama del 21 de abril de 1914 que el embajador de Suecia en Washington, Ekengren, envió a su gobierno para informarle que el senado de Estados Unidos había autorizado al presidente Wilson llevar a cabo un bloqueo naval de todos los puertos del Golfo de México —no sólo del de Veracruz—, presumiblemente para impedir la llegada de ayuda militar alemana destinada a fortalecer el régimen de Victoriano Huerta.

c) El nutrido intercambio de notas diplomáticas entre el secretario de Relaciones Exteriores de México y el secretario de Estado estadunidense, durante los meses más álgidos de la Expedición Punitiva de Pershing.

Sin embargo, a pesar de haber revisado y vuelto a revisar con especial cuidado, los expedientes relativos a los años de 1916 y 1917, no encontré ninguna mención al telegrama Zimmerman; ni siquiera en los comunicados que aparecen parcialmente censurados. Por lo tanto, estoy en condiciones de afirmar que, al menos en los Archivos Nacionales de Suecia, no existe ninguna evidencia documental que acredite que el Ministerio de Asuntos Exteriores de ese país tuvo alguna intervención en la transmisión de esta famosa nota diplomática.

En tal virtud, todo tiende a confirmar la versión del profesor Katz en el sentido de que, aprovechando un canal especial de comunicación que se había abierto entre Berlín y Washington, única y exclusivamente para el envío recíproco de propuestas de paz, Zimmerman entregó el 16 de enero de 1917 su comprometedora nota al embajador estadunidense en Alemania, Gerard, junto con una serie de respuestas a los últimos planteamientos del presidente Wilson sobre la situación europea. El 18 de enero el Departamento de Estado, que había recibido toda la documentación por la vía telegráfica, hizo entrega de la nota al embajador alemán, conde Bernstorff.

La nota, por supuesto, venía en clave. Pero, además, en una clave que hacía poco habían modificado los servicios de inteligencia del Estado Mayor alemán. Bernstorff se encontró, entonces, con un problema singular. El telegrama tenía que estar en México antes del primero de febrero, que era la fecha en la que, unilateralmente, el gobierno alemán había decretado el inicio de la guerra submarina ilimitada. Sin embargo, el embajador germano en México, Eckardt, aún no había recibido la nueva clave. Bernstorff, apremiado por Zimmerman, simplemente decodificó el telegrama, lo puso en la clave antigua, y el 19 de enero lo envió nada menos que a la oficina central de Telégrafos Nacionales en la ciudad de México; es decir, ni siquiera tomó la precaución elemental de dirigirlo a la oficina especial de telégrafos que, por esos días, funcionaba en el Palacio Nacional, a disposición del presidente de la República.

Esa falta de precaución, a la postre, resultó fatal para Alemania. Un agente británico que trabajaba en la oficina de telégrafos de México interceptó el telegrama, hizo una copia de él y lo retelegrafió a Inglaterra. En Londres los servicios de inteligencia se tardaron alrededor de un mes en descifrarlo y en entregarlo al ministro de Asuntos Exteriores, Arthur James Balfour, el que, lívido de ira, lo depositó en manos del embajador estadunidense, Walter Page, el día 24 de febrero de 1917. Page pasó toda la noche de ese día transmitiendo el cable a su gobierno. A su recepción en Washington, el contenido del telegrama provocó nuevos ataques de ira, ahora del secretario Lansing y del presidente Wilson, en particular cuando se comprobó que se había enviado a través del "canal de buena fe" que el Departamento de Estado le había abierto al gobierno alemán. Para Wilson la inmoralidad diplomática de Zimmerman en este asunto no tuvo límites.

Pero inmoral o no, Wilson decidió aprovechar la nota en su beneficio. Por esos días el presidente estaba muy atareado intentando convencer a la opinión pública de su país, y en particular a su casi siempre conflictivo congreso, de la necesidad de que Estados Unidos entrara a la guerra europea. La imprudencia de Zimmerman le vino de perlas. Para ganar adeptos a su causa, Wilson ordenó que el telegrama se publicara en toda la prensa nacional e internacional. La reacción de la mayoría fue de incredulidad. No parecía creíble que Alemania pensara en serio que México podía conquistar territorios estadunidenses. Se trataba de una típica provocación británica —la siempre "pérfida Albión", una vez más entraba en acción— para forzar la participación de Estados Unidos en la primera guerra mundial. En particular, la cadena Hearst sostuvo que se trataba "con toda probabilidad [de] una falsificación y mentira absoluta preparada por el muy inescrupuloso departamento de un muy inescrupuloso procurador general. Todo el mundo sabe que la policía secreta es la fabricante más amoral de pruebas falsificadas que hay en el mundo".[7]

En medio de este debate —en el que también participaron activamente varios senadores que se oponían a la política de Wilson—, al gobierno estadunidense le llegó la ayuda definitiva de donde menos podía esperarla. El 3 de marzo, Zimmerman reconoció en público ser el autor de la controvertida nota diplomática. ¿Qué llevó a este inverosímil personaje a formular semejante reconocimiento? Lo más probable es que haya sido el arrogante desprecio que empezó a experimentar hacia el poderío militar de Estados Unidos, a partir del fracaso de la Expedición Punitiva. De cualquier manera, si la política que el Reich se había trazado, desde 1914, era en el sentido de evitar, a toda costa, la participación estadunidense en la guerra europea, mediante la provocación de una guerra general con México, Zimmerman no pudo haber actuado de forma más torpe y presuntuosa. Primero, al utilizar al Departamento de Estado como si fuera su telégrafo personal, y después al reconocer ser el autor del telegrama, cuando no sólo la más elemental de las estrategias geopolíticas, sino el mismo sentido común, aconsejaban desmentir el mensaje y exigir a los gobiernos estadunidense y británico que aportaran pruebas irrefutables de su autenticidad. En esencia, lo que hizo Zimmerman equivalió a proponer una alianza militar a una potencia neutral, a través de sus principales enemigos. Es evidente que lo perdió la soberbia. Un mes después de su insensato reconocimiento público, el 6 de abril de 1917, Estados Unidos le declaró la guerra a Alemania e inundó el teatro de la guerra europea con quinientos mil hombres, setecientos sesenta mil obuses, quince millones de cartuchos diarios, un millón de granadas y cinco mil ametralladoras semanales, veinticinco mil aviones y cien mil pilotos. Todo esto apoyado por una impresionante producción agrícola, ganadera y minera.[8] Gracias a la declaración unilateral de la guerra submarina ilimitada y al telegrama Zimmerman, Alemania estaba perdida. Katz califica al telegrama Zimmerman con una expresión lapidaria: "[fue] una mezcla de cinismo, ingenuidad, petulancia e ineptitud [...]".[9]

Para acabar de descalificar la incompetente actuación de este ministro del Reich, el telegrama llegó a México en el peor momento posible: cuando Carranza, tras haber resuelto con habilidad el problema de la Expedición Punitiva, confiaba en llegar a un arreglo definitivo con Wilson, al convertirse, el primero de mayo de ese mismo año, en presidente constitucional. Eso ponía fin al gobierno "de facto" que tanto parecía molestar al quisquilloso Robert Lansing. Para ello, en apariencia, contaba con el apoyo y el beneplácito del nuevo embajador estadunidense, Henry Pather Fletcher.

El telegrama que Carranza recibió de Zimmerman decía textualmente lo siguiente: "Tenemos intenciones de comenzar la guerra submarina ilimitada el primero de febrero. Con todo, se intentará mantener neutral a Estados Unidos. En caso de que no lo lográramos, proponemos a México una alianza bajo la siguiente base: dirección conjunta de la guerra, tratado de paz en común, abundante apoyo financiero y conformidad de nuestra parte en que México reconquiste sus antiguos territorios en Texas, Nuevo México y Arizona. Dejamos a Su Excelencia el arreglo de los detalles.

"Su Excelencia comunicará lo anterior en forma absolutamente secreta al presidente tan pronto como estalle la guerra con Estados Unidos, añadiendo la sugerencia de que invite al Japón a que entre de inmediato en la alianza, y al mismo tiempo sirva de intermediario entre nosotros y el Japón.

"Tenga la bondad de informar al presidente que el empleo ilimitado de nuestros submarinos ofrece ahora la posibilidad de obligar a Inglaterra a negociar la paz en pocos meses. Acúsese recibo.

Zimmerman."[10]

No debe perderse de vista que esta nota diplomática constituye una respuesta a la petición de ayuda militar formulada por México en octubre de 1916, cuando se tenía el fundado temor de que la Expedición Punitiva fuera únicamente el preludio de una invasión estadunidense en gran escala. Para enero de 1917, con el retiro y fracaso de la Expedición, la situación era radicalmente distinta. Aún así, se puede advertir que el famoso telegrama es una obra acabada de cinismo y de tontería. De cinismo porque no le ofrece a México, como botín de guerra, la recuperación de "sus antiguos territorios en Texas, Nuevo México y Arizona" (por alguna razón, probable fruto de la ignorancia de Zimmerman, no se incluye al "antiguo territorio" de la Alta California) sino que lo incita a que los reconquiste por su cuenta, ofreciéndole tan sólo un ilusorio "abundante apoyo financiero". De tontería porque en el mundo de la realpolitik resultaba absurdo suponer que México podía tener el peso específico en el escenario internacional para concertar primero, y servir de intermediario después, una alianza militar entre Alemania y Japón.

Carranza desde el primer momento consideró que se trataba de un despropósito, y así se lo dijo a su secretario de Relaciones Exteriores, Cándido Aguilar. Sin embargo, también le dijo que no le comunicara nada en ese sentido al embajador alemán Eckardt, toda vez que deseaba estudiar más a fondo la propuesta. A partir de ese momento y hasta el final de la crisis causada por Zimmerman (enero a abril de 1917), el todavía Primer Jefe y casi presidente constitucional, actuó como lo que era y casi siempre había sido: un viejo cazurro, para decirlo en castellano antiguo; es decir, un hombre que, mañosa y astutamente, oculta sus verdaderas intenciones y pensamientos detrás de un velo de silencios, medias palabras y trampas verbales.

Por principio de cuentas encarga a dos especialistas, Díaz Babio y López Portillo y Weber (este último abuelo de un futuro presidente de México), la preparación de lo que ahora se llamaría "un estudio de factibilidad" de la propuesta germana. Los especialistas —ambos altos oficiales del Ejército Constitucionalista— llegan a las únicas conclusiones a las que se podía arribar:

a) La única forma que tendría Alemania de pertrechar al ejército mexicano sería por medio de submarinos, puesto que los barcos mercantes serían sin remedio bloqueados por la flota estadunidense.

b) Alemania carecía de submarinos que pudieran utilizarse con regularidad para el transporte de armas.

c) El poder de los estadunidenses residentes en Texas, Arizona y Nuevo México era tan grande que, suponiendo que México pudiera reanexarse esos territorios, ellos pronto alcanzarían una influencia tan decisiva en México que no se "sabría quién se anexaría a quién, nosotros a ellos o ellos a nosotros".[11]

d) En suma, la alianza era irrealizable.

Don Venustiano recibe el informe y convoca a una reunión de gabinete para discutir la propuesta. Lo más memorable de la sesión resulta ser la tajante postura que adopta el ministro de Guerra y Marina, Álvaro Obregón, quien con vehemencia se opone a todo trato con los alemanes, hasta llegar al extremo de decir que "la salvación de México depende de los estadunidenses".[12] Según Thord-Gray es en esta cuestión en donde se desborda el rompimiento latente entre Carranza y Obregón.[13] No es que Obregón, en el fondo, no tuviera razón: la fatalidad geopolítica hacía punto menos que imposible cualquier alianza con una potencia europea que, además, en el futuro iba a exigir un elevado pago por la ayuda prestada. Sin embargo, en ese momento el problema central lo constituía la permanente amenaza de guerra que pendía sobre la cabeza de México, gracias a las cambiantes actitudes de la administración Wilson. Por lo tanto, la nota de Zimmerman podía utilizarse como una especie de carta marcada para hacerle ver a Washington que el mantener una actitud agresiva en contra de México podía llegar a tener un efecto fatal en el curso de la primera guerra mundial. Después de todo, en esos tiempos México era el cuarto productor mundial de petróleo y una alianza con Alemania podría llegar a poner en peligro el control de los campos petroleros que estaban concesionados a británicos y estadunidenses.

A Carranza debe haberle molestado la falta de sutileza diplomática de su ministro de Guerra y Marina que, ante una situación internacional en extremo compleja, reaccionaba en una manera tan obvia y visceral, y ni siquiera daba margen para buscar conseguir algún tipo de beneficio para México del embrollo geopolítico que Zimmerman había creado. Porque además Obregón, sin consultar al Primer Jefe, declaró a la prensa y al embajador estadunidense Fletcher, que consideraba absurda una alianza mexicana con Alemania lo que, a juicio de Thord-Gray, ocasionó una ruptura entre ambos personajes no sólo pública sino inevitable, puesto que Carranza, a partir de este desacuerdo, eliminó al sonorense de su lista de candidatos a sucederlo en la presidencia de la República. Decisión que a la postre le causaría la muerte.

Pero, mientras tanto, el viejo cazurro entró en acción para lograr el propósito básico de eliminar el espectro de una nueva invasión estadunidense, utilizando la carta Zimmerman. Dio instrucciones al canciller Cándido Aguilar de que, sin aceptar ni rechazar el contenido de la nota, discutiera con el embajador Eckardt las formas concretas de la ayuda que Alemania podría proporcionar a México en caso de guerra con Estados Unidos; y de que al embajador Fletcher le manifestara que el gobierno mexicano no tenía conocimiento de ninguna nota enviada por el ministro Alfred Zimmerman. Aguilar cumplió fielmente con este cometido en el breve lapso de seis días durante el mes de febrero de 1917.[14] En esa forma, el Primer Jefe alcanzó un doble propósito: hacer creer a Alemania que el camino hacia la alianza ofrecida estaba abierto; y mantener frente a Estados Unidos una actitud de aparente inocencia.

A principios de marzo de 1917, en la ciudad de Guadalajara,

don Venustiano Carranza recibió las cartas credenciales del embajador Henry Pather Fletcher. Sin mayores protocolos el enviado estadunidense abordó la cuestión del telegrama Zimmerman y exigió la ruptura inmediata de relaciones diplomáticas entre México y Alemania. Pausada y astutamente el Primer Jefe le contestó que no había recibido ninguna oferta de alianza de parte de Alemania y que, por consiguiente, no había ningún motivo para llevar a cabo una abrupta ruptura de relaciones diplomáticas. Además, le hizo ver que México se había declarado neutral en el conflicto europeo, que mantendría esa neutralidad y que, en tal virtud, permanecería ajeno a cualquier tipo de maniobras y presiones que el Reich pudiera ejercer.[15] Aunque al parecer el tono de la entrevista fue más bien frío y reservado, pues las tropas de Pershing tenían alrededor de un mes de haber abandonado el territorio nacional, Fletcher, en principio —puesto que en diplomacia casi nada es "en definitivo"—, aceptó las razones de Carranza y retiró la exigencia de que México rompiera relaciones diplomáticas con Alemania. Sin embargo, la carta Zimmerman siguió flotando en el enrarecido aire que antecedió a la entrada de Estados Unidos a la primera guerra mundial.

En los días subsecuentes, Fletcher siguió machacando sobre el tema. Redactó un Memorándum de Entendimiento en el que, entre otros puntos, incluyó una declaración categórica en el sentido de que en caso de que hubiera "una oferta de alianza alemana a México, ésta sería rechazada",[16] y se lo entregó a Cándido Aguilar. Al día siguiente el canciller mexicano devolvió el Memorándum con un solo cambio: la eliminación del párrafo relativo a Alemania. Fletcher, sorprendido, fue a ver a Carranza, y él cazurramente le contestó que no podía tomar ninguna posición sobre una propuesta que no le había sido presentada, lo que dejó al enviado estadunidense sin saber qué decirle. En buen castellano, lo dejó con un "palmo de narices". Probablemente sin saberlo, en este caso don Venustiano aplicó una de las máximas de la diplomacia británica: "The Foreign Office never answers hypothetical questions" (El Ministerio de Asuntos Exteriores nunca contesta preguntas hipotéticas). A pesar del desprecio con el que lo veía, la administración Wilson sistemáticamente se dejó sorprender por la astucia del zorro de Coahuila.

En los días que precedieron a la declaración de guerra a Alemania, el Departamento de Estado no supo, bien a bien, qué hacer con Carranza. Por una parte, la autenticidad del telegrama Zimmerman estaba fuera de toda duda; pero, por la otra, como el Primer Jefe decía desconocerlo, no había forma de presionarlo para que rompiera con Alemania. De una tercera parte, las trampas verbales a las que recurría don Venustiano podían ocultar los entretelones de un protocolo secreto con el Reich. Nadie sabía a qué atenerse. El único consuelo lo proporcionaba la obviedad del general Obregón, que le decía a todo el que quisiera escucharlo que una alianza militar entre México y Alemania era impensable.

El "impasse" concluyó el 14 de abril de 1917 (dieciséis días antes de la toma de posesión de Venustiano Carranza como presidente constitucional). Sabedor de que Estados Unidos había quedado irrevocablemente atado a la guerra europea y que, por lo tanto, estaba imposibilitado de embarcarse en otra aventura mexicana, el Rey Viejo mandó llamar al embajador alemán Eckardt para decirle que, dadas las circunstancias, México tenía la intención de permanecer neutral y que, en tal virtud, no podía concertar alianzas con ninguna de las potencias beligerantes. No obstante, le hizo ver que si las circunstancias variaban y México era arrastrado a una guerra entonces se podría volver a discutir la propuesta de Zimmerman.[17]

A buen entendedor, pocas palabras. Si Alemania perdía la guerra, México no se había comprometido a nada y podía mantener una relación, más o menos estable, con Estados Unidos. Si Alemania ganaba la guerra, la puerta quedaba abierta para tratar de recuperar Texas, Arizona y Nuevo México. Como alrededor de un año y medio después Alemania perdió la guerra, el petulante Eckardt acabó por caer, casi sin darse cuenta, en las habilidosas redes geopolíticas del distinguido estadista al que tuvo la precipitada arrogancia de llamar "pequeño criador de vacas lecheras". Concluida su fallida misión diplomática, Eckardt tuvo que regresar a la Alemania de la ilusa República de Weimar para encontrarse, entre otros muchos, con uno de los más lastimosos efectos de la posguerra: la escasez y el precio exorbitante de la leche de vaca.

La última consecuencia que se deriva de esta enredada historia —que tuvo aspectos siniestros y momentos de ópera bufa— está constituida por la grave repercusión que tuvo en la política interior de México, y la que Thord-Gray brevemente analiza en uno de los apéndices de *Gringo Rebel*. El problema puede resumirse de la siguiente manera:

Desde sus inicios, el brazo armado de la revolución constitucionalista lo representó el general Álvaro Obregón. Mientras Venustiano Carranza encarnaba, con la jefatura del movimiento, la restauración del orden constitucional y la consiguiente autoridad civil, Obregón dirigía al ejército, ganaba las batallas y se jugaba la vida día con día. En Chihuahua Pancho Villa estuvo a punto de fusilarlo hasta en dos ocasiones y en la primera batalla de Celaya perdió el brazo derecho. Carranza controlaba la política interior y eludía con habilidad los zarpazos de la política internacional, pero Obregón ganaba la revolución.

Al sobrevenir el triunfo y la consolidación del movimiento con la promulgación de la Carta Magna del 5 de febrero de 1917, se consideró como un valor entendido que don Venustiano ejercería el primer periodo constitucional para luego cederle el mando al invicto general Obregón, ya que, de no haber sido por la capacidad de liderazgo y la pericia militar del Manco de Celaya, las victorias carrancistas sobre sus enconados y peligrosos enemigos Victoriano Huerta, Emiliano Zapata y Pancho Villa habrían resultado punto menos que imposibles. En pocas palabras, Carranza le debió la presidencia de la República al genio militar de Álvaro Obregón.

Pero como en el amor y en la política la gratitud suele ser una virtud bastante escasa, al triunfo de la causa el Primer Jefe empezó a recelar y a desconfiar del más brillante de sus generales. Consideró, con razón, que Obregón representaba la entronización del autoritarismo militar del tipo del que había encarnado Porfirio Díaz, y que había dado origen a la Revolución, en primer lugar. Además le preocupaban las actitudes caudillistas y de hombre providencial que Obregón había ido adoptando conforme crecía su estrella militar. Por lo tanto, era indispensable sostener la línea civilista que él mismo había establecido al derrotar y expulsar del país al dictador militar Victoriano Huerta.

Sin embargo, por otra parte, Carranza también consideró, sin razón, que no había en todo México un civil con los atributos suficientes como para sucederlo al frente de los destinos de la nación, lo que lo llevó al autoengaño de tratar de sucederse a sí mismo al sacar, literalmente de la nada, a un pobre inepto (en sentido político, desde luego) a quien, a sabiendas, quiso imponer como presidente decorativo. En esto don Venustiano erró por completo. Tenía en su gabinete a un avezado político, acostumbrado a lidiar con militares y poseedor de firmes convicciones nacionalistas que habría sido un excelente presidente de México, y al cual los militares difícilmente habrían podido domeñar: Luis Cabrera. No obstante, el viejo zorro, sabedor de que si a Cabrera no lo iban a poder dominar los militares, mucho menos lo iba a dominar él, lo hizo a un lado en el momento clave, con lo que demostró no sólo una gran insensibilidad política, sino un reprobable deseo de perpetuarse en el poder.

Es dentro de semejante contexto donde Thord-Gray, con las ventajas que le daba el haber conocido y tratado a ambos personajes y el haber tenido acceso a información privilegiada de las inteligencias militares británica y estadunidense, ubica el principal efecto interno del telegrama Zimmerman. En su opinión, las divergencias que, en materia de política interior, se habían venido incubando entre Obregón y Carranza, por el destino civilista que éste quería imprimirle a los gobiernos que surgieran del nuevo pacto constitucional de 1917, se agravaron debido a la cauda de repercusiones internacionales que trajo aparejada la nota diplomática del ministro de Asuntos Exteriores del Reich.

En su momento, entre Zimmerman y la administración Wilson colocaron al gobierno mexicano en un serio dilema, de cuya solución podía llegar a depender el futuro de la República como nación independiente. La reacción de cada personaje ante el dilema fue radicalmente distinta y sirvió para alimentar los mutuos recelos. La obviedad, rapidez y publicidad con las que Obregón se alineó con los intereses estadunidenses, deben haber confirmado al Primer Jefe sus temores de entregar el destino del país a un militar henchido de victorias guerreras pero carente de la preparación y de la sutileza política y diplomática que eran indispensables para sortear, con posibilidad más o menos razonable de éxito, el mar de dificultades internacionales que la Revolución tendría que cruzar para consolidarse como gobierno. Por su parte, Obregón debe haber visto en el juego diplomático que cazurramente siguió el Rey Viejo por más de dos meses con Alemania y Estados Unidos, una especie de obstinación mañosa que, de dejarse incontrolada, un buen día le iba a ocasionar a México un problema bastante más grave que el de la Expedición Punitiva.

Así Thord-Gray le da un giro singular a los efectos de la nota Zimmerman. Por sí misma, en la esfera internacional no iba a llegar a ninguna parte, puesto que se trataba de un planteamiento que estaba tan fuera de la realidad que sólo se le podía haber ocurrido a un prusiano arrogante. Pero al estar dirigida al gobierno de un país débil y acosado militarmente por Estados Unidos, por fuerza tenía que sacudir a la clase gobernante. De ahí que, según el oficial sueco, haya sido el detonante del grave enfrentamiento político que se estaba dando entre el Primer Jefe y su ministro de Guerra y Marina.

Esta interpretación de Thord-Gray es, por supuesto, única y exclusiva del autor de *Gringo Rebel*. Se podrá o no estar de acuerdo con ella pero tiene a su favor el hecho de que proviene de las memorias de un experto en cuestiones de inteligencia militar que tuvo conocimiento, de fuentes directas, de los secretos políticos de su tiempo. Mas cualquiera que sea la conclusión a la que se llegue, me parece evidente que la interpretación de Thord-Gray confirma el aserto del distinguido historiador mexicano Lorenzo Meyer, en el sentido de que si bien el factor externo no determina nuestra historia, ésta no puede entenderse sin aquél.

Participación e intervención extranjera en la Revolución mexicana

Intervención extranjera

La Revolución mexicana obedeció de manera primaria a causas internas: la concentración de la propiedad rural en unas cuantas manos; la moderna servidumbre de la gleba que representaron la casta de los peones acasillados y las tiendas de raya de las haciendas porfiristas; la confiscación de tierras a pueblos y comunidades en beneficio de las "compañías deslindadoras" que trazaron, más o menos a su capricho, las rutas ferrocarrileras con las que el México de Porfirio Díaz creyó haber encontrado su pasaporte a la modernidad; la brutal represión militar de los primeros brotes del movimiento obrero organizado, representada por las trágicas huelgas de las fábricas de Río Blanco y Cananea, ocurridas en 1906 y 1907; la depauperización de las clases medias que inopinadamente vieron reducido su poder adquisitivo como consecuencia de la recesión sufrida por la economía estadunidense entre 1907 y 1909, que, por vez primera, se hizo extensiva a México en calidad de fruto de la dependencia comercial que generó un sistema ferroviario que, en esencia, sólo comunicaba el centro y el norte de la república con el sur de Estados Unidos; y la ausencia de un sistema político que permitiera el ejercicio de los más elementales derechos ciudadanos, y el consiguiente libre juego democrático, que llegó a asfixiar en lo político al país, al grado de provocar, hacia 1908, la clásica reacción en cadena de los "clubes antirreeleccionistas" que brotaron como hongos en las principales ciudades de la república. Podrían citarse otras causas, pero éstas, a juicio de la mayoría de los historiadores, son las más importantes.

Sin embargo, estas causas internas se agudizaron, e inclusive hicieron crisis, gracias a una serie de factores externos que hicieron del México de la época una especie de campo experimental de batalla; tanto de los tradicionales conflictos económicos angloestadunidenses como de los intereses geopolíticos, opuestos entre sí, que se confrontarían en la primera guerra mundial. Desde luego, los factores externos deben localizarse fundamentalmente en Estados Unidos, pero la intervención británica y alemana, aunque más oculta y a veces un tanto siniestra, no debe desdeñarse.

Porfirio Díaz logró consolidar su largo gobierno de treinta y cinco años (incluidos los cuatro de la gestión de su "compadre" Manuel González), gracias a una hábil combinación de elementos, entre los que destacan: el prestigio ganado a pulso como héroe en la guerra contra la intervención francesa (1862-1867); su incontrastable control sobre el ejército federal; el arreglo secreto al que llegó con los altos jerarcas de la iglesia católica y con la oligarquía mexicana después de casarse, en 1880, con una joven dama de la más alta sociedad: Carmen Romero Rubio, cuyo padre sería el miembro más confiable del gabinete presidencial hasta su muerte, ocurrida quince años más tarde; su brutal sentido del ejercicio del poder y, paradójicamente, la dignidad con la que supo revestir el más alto oficio de la República; y la decidida protección que, entre 1880 y 1900, otorgó a los intereses estadunidenses.

Las dos primeras décadas del porfiriato se caracterizaron por una marcada política proyanqui que rompió con la prudente distancia que habían impuesto los predecesores de don Porfirio, los presidentes Sebastián Lerdo de Tejada y Benito Juárez quienes, como eco del desastre sufrido por México con motivo de la guerra que en 1847 le impuso Estados Unidos, redujeron su visión de la política bilateral al célebre lema de "Entre Estados Unidos y nosotros, el desierto". El general Díaz, para bien y para mal, modificó esa visión.

Por principio de cuentas, a costa de grandes esfuerzos y hasta de humillaciones internacionales, logró el reconocimiento diplomático del gobierno de Estados Unidos, que, como de costumbre, se lo regateó bajo el pretexto de que había llegado al poder dándole un golpe de Estado al presidente constitucional, Sebastián Lerdo de Tejada. El reconocimiento lo tuvo tras negociar arduamente un convenio internacional que permitía el cruce fronterizo recíproco de tropas en persecución de las bandas de comanches, abigeos y asaltantes que asolaban ambos lados de la frontera y los que, cometidas sus fechorías, pretendían encontrar santuario en uno u otro país, según fuera el caso.[1]

Normalizadas las relaciones diplomáticas, en la década de 1880, Porfirio Díaz concede a Estados Unidos el privilegio económico que, en vano, había buscado desde 1825: la dependencia comercial respecto de sus productos y servicios. En 1825, el primer embajador estadunidense, Joel R. Poinsett, planteó al presidente Guadalupe Victoria y a su secretario de Relaciones Interiores y Exteriores, Lucas Alamán, la celebración de un tratado de comercio que implicaba la construcción de una larga carretera que comunicaría a la ciudad de Santa Fe, en Estados Unidos, con las principales ciudades del norte y del centro de la república mexicana hasta llegar a la capital; proyecto carretero que por ese entonces se conoció como el Camino de Santa Fe o Santa Fe Trail. México, que acababa de consumar su independencia de España y de constituirse como República federal, ya tenía celebrado un ventajoso tratado comercial con Gran Bretaña, seguido de un cuantioso préstamo que aseguraba la estabilidad del gobierno de Victoria. Por lo tanto, no tenía ningún interés en hacer tratos con un país respecto de cuyas verdaderas intenciones Victoria y Alamán poseían las más negras de las sospechas. Se le contestó a Poinsett que nada se discutiría con él a menos de que antes se concertara un tratado de límites que demarcara muy bien la línea fronteriza entre México y Estados Unidos. Como Poinsett tenía instrucciones expresas de su gobierno de dejar la cuestión de la frontera común en los términos más vagos posibles, nada se concretó.

La verdadera contrapropuesta de Poinsett no tardó en llegar: entre 1826 y 1827 promovió activamente la formación del partido yorkino que acabó por dividir a las fuerzas liberales de la República y destruir en el camino la política de "amalgamación" de todas las fuerzas del país que había buscado el presidente Victoria, propiciando la desintegración de la primera República federal; la "República feliz" que con tanto optimismo se había fundado en 1825. El advenimiento del centralismo conservador y de los sucesivos gobiernos de Antonio López de Santa Anna, terminaron por consumar la desintegración nacional y prepararon el terreno para la invasión estadunidense de 1847 y la consiguiente pérdida de más de la mitad del territorio original de la nación mexicana.[2]

Mas en 1884, don Porfirio veía la situación desde un mirador distinto. Las ambiciones territoriales estadunidenses parecían haberse extinguido, consecuencia de los procesos y tendencias hacia la expansión industrial y comercial. Fue entonces cuando empezó a difundirse la tesis —que en estricta justicia sólo puede calificarse de neocolonial— de que había otras técnicas, distintas de las militares, para invadir países. En tales condiciones, el abrir a México al comercio internacional a través de una extensa red ferroviaria que lo uniera al vecino del norte, se presentó como un reto de modernidad y como un factor de estabilidad y continuidad del propio régimen porfirista.

Los ferrocarriles estadunidenses se extendieron con rapidez por todo el norte y el centro de México, y con ellos el país se vio inundado por millonarias inversiones estadunidenses en los más diversos ramos: minería, comercio, banca, agricultura, ganadería y petróleo. Hacia fines del siglo, el viejo caudillo se dio cuenta de que iba rumbo a la dependencia económica total: las compañías ferrocarrileras fijaban tarifas a su entero arbitrio y daban preferencia a la transportación de productos estadunidenses, discriminando a los productos mexicanos y pagando sumas ridículas por concepto de impuestos y derechos; los consorcios estadunidenses prácticamente se habían adueñado de la industria minera, controlaban los sectores más importantes del comercio y poseían, ya sea como consorcio o a título individual por parte de sus principales accionistas, extensos latifundios en los estados limítrofes de Chihuahua y Sonora; además, la Standard Oil y otros grupos asociados a la poderosa familia Rockefeller habían conseguido significativas concesiones petroleras, como se estilaba en ese entonces, "a perpetuidad".[3]

El gobierno de Porfirio Díaz reaccionó ante la casi incontenible preponderancia estadunidense en dos vertientes tan radicales que, a la postre, contribuyeron a acelerar su caída. La primera: intensificar el intercambio comercial con las principales potencias europeas. Enfrentándose a la Standard Oil, otorgó las mejores concesiones petroleras al magnate británico Weetman Pearson, mejor conocido como lord Cowdray, dueño y fundador de la empresa petrolera privada más grande que ha existido en México, la Compañía Mexicana de Petróleo El Águila, S.A. Se recibió importante inversión francesa en los ramos bancario, textil y comercial; y se permitió que empresarios alemanes adquirieran las mejores fincas cafetaleras del sureste de la república y que operaran las principales casas bancarias del Reich, el Dresdner Bank y el Deutsche Bank Bleichröder, para el financiamiento de las operaciones en México de diversas empresas comerciales alemanas, incluyendo al famoso fabricante de armamento Krupp. Por si lo anterior no fuera suficiente, a la conocida empresa sueca Ericsson se le encomendó la sensible tarea de instalar y operar la red telegráfica nacional, así como las primeras líneas telefónicas que hubo en el país. Con el tiempo, esta labor adquiriría proporciones heroicas cuando, al comienzo del movimiento revolucionario, fuerzas villistas ahorcaron a varios representantes de la Ericsson por tratar de impedir que varios postes del telégrafo chihuahuense fueran dinamitados.[4]

La segunda vertiente significó la nacionalización o consolidación de los ferrocarriles que, tras complicadas maniobras financieras instrumentadas con habilidad por el secretario de Hacienda José Yves Limantour, se consumó el día 28 de marzo de 1907, con la fundación de lo que ahora se denominaría una "empresa paraestatal" que, a partir de esa fecha, se conoció como la Compañía de los Ferrocarriles Nacionales de México. El impacto económico de esta consolidación —en una época en que la doctrina socialista aún no había hecho glamoroso el término "nacionalización"— fue muy favorable para el gobierno mexicano, ya que no sólo ingresó al erario federal todos los abundantes recursos provenientes de fletes, tarifas, impuestos y derechos, sino que tomó el control de las respectivas rutas y líneas y, sobre todo, la selección de los productos a transportar.[5]

En Estados Unidos los golpes económicos que el viejo caudillo había empezado a tirar prácticamente al comenzar el siglo XX, no pasaron inadvertidos y provocaron un profundo malestar, en virtud de que contrariaban dos postulados esenciales del credo geopolítico estadunidense: la invulnerabilidad de la libre empresa, que no podía ser tocada ni con el pétalo de una consolidación nacionalista; y la vertiente económica de la Doctrina Monroe y de la tesis de la gravitación política, que no toleraban que sectores estratégicos como el petróleo y las telecomunicaciones se pusieran a disposición de empresas europeas.

En octubre de 1909, la situación hace crisis cuando se entrevistan en Ciudad Juárez, Chihuahua, y en El Paso, Texas, Porfirio Díaz y el presidente Taft. Aunque, como se dijo, nunca se ha sabido qué fue lo que se discutió en esa reunión y cuáles fueron los acuerdos o desacuerdos que hubo entre ambos jefes del Estado, los antecedentes, las personalidades de ambos estadistas y los sucesos posteriores permiten suponer que no se llegó a ningún arreglo que garantizara la continuidad del régimen de Díaz. Todo lo contrario. Taft siempre fue partidario de la diplomacia del dólar y de la política del "big stick" o gran garrote, en particular cuando se trataba de discutir con naciones atrasadas, a las que Estados Unidos se sentía en el deber de dictarles el camino a seguir. Por su parte, Porfirio Díaz era poseedor de la arrogancia propia de un reconocido héroe militar y de un autócrata que no estaba acostumbrado a recibir órdenes de nadie. Bajo semejantes condiciones, lo más probable es que no se hayan entendido y hayan tenido que tratarse con una fría y fingida cordialidad. Taft seguro debe haberle reprochado a Díaz la "consolidación" de los ferrocarriles y el estar siguiendo una política económica de marcada orientación proeuropea. Díaz debe haberse mantenido firme en sus decisiones y hacerle ver que no estaba dispuesto a recibir orientaciones de nadie, ni siquiera del presidente de Estados Unidos.

Meses antes de su caída, Díaz todavía se dio el lujo de volver a irritar a Taft con dos acciones, en las que con claridad reivindicó la soberanía de México: una protesta diplomática por la intervención militar que Estados Unidos llevó a cabo en Nicaragua para derrocar al presidente de ese pequeño país centroamericano, José Santos Zelaya, que había seguido una política decididamente antiestadunidense; y la negativa de prorrogar el contrato de arrendamiento de una estación abastecedora de carbón para la marina estadunidense en Baja California.

Aunque la historia oficial de México ha tratado de ocultarlo bajo un espeso y burocrático velo de loas al "apóstol de la democracia" Francisco I. Madero, la intervención de la administración Taft en la caída del régimen porfirista fue en verdad descarada y provocadora. Los historiadores serios han demostrado que:

1. Cuando Díaz dejó en libertad a Madero, al que había metido a la cárcel en San Luis Potosí, y éste huyó a Estados Unidos, en San Antonio, Texas, recibió toda clase de protección y facilidades (incluyendo armamento) para reorganizar su, hasta ese momento, decaído movimiento.

2. Cuando Madero regresa a México precisamente por Ciudad Juárez, y tras librar una batalla más o menos exitosa (en la que, por cierto, siempre tuvo a sus espaldas la línea fronteriza como vía de escape) pide la renuncia inmediata de Porfirio Díaz, Taft ordena la concentración de grandes unidades militares en la frontera mexicana y el envío de barcos de guerra a puertos mexicanos.[6] El mensaje era por demás evidente: si Díaz no se iba y le dejaba el camino libre a Madero, entonces sería responsable de provocar una intervención estadunidense similar a la de 1847. Unos años antes, Díaz habría sido capaz de infligirle a Taft dolores de cabeza parecidos a los que le provocó en 1867 a Napoleón III, cuando éste tuvo la peregrina idea de invadir militarmente a México. Pero en marzo de 1911 el caudillo estaba viejo, enfermo y fastidiado. El tigre de la batalla de La Carbonera[7] había pasado a la historia. Menos de dos meses después, el 25 de mayo de 1911 para ser precisos, Porfirio Díaz renuncia a la presidencia de la República, entre otras razones, para no exponer a la nación "a conflictos internacionales".[8] De inmediato parte a un exilio europeo en el que él —hasta su muerte acaecida en 1915— y su familia vivirán cómodamente por más de veinte años, gracias a las inversiones que previsoramente hicieron en la Compañía Mexicana de Petróleo El Águila S.A., propiedad de lord Cowdray. Nunca se le ofreció, y jamás habría aceptado, un exilio en Estados Unidos, como ocurrió en 1876 con su predecesor, Sebastián Lerdo de Tejada, quien se exilió y murió en Nueva York.

En un despacho dirigido a su gobierno en 1911, Kongl Svenska, cónsul general de Suecia en México, resume de manera admirable las causas de la caída del antiguo régimen y la dignidad con la que don Porfirio supo afrontar su destino: "El descontento general fue ocasionado en forma definitiva por la crisis comercial en Estados Unidos, que afectó adversamente las condiciones económicas en México, produciendo salarios bajos y precios elevados, lo que le dio la oportunidad que buscaban a los agitadores que trabajaban en contra del régimen existente. Fue el descontento popular el que le dio un ímpetu formidable a la rebelión. Los temores de una grave guerra civil y de un estado general de anarquía empezaron a tomar forma. El gobierno de Estados Unidos movilizó a su ejército a la frontera con México y amenazó con llevar a cabo una intervención armada, y se cuenta con amplia evidencia que demuestra que se trató de una amenaza sumamente seria. Era obvio que una vez que las tropas estadunidenses cruzaran la frontera una crisis de incalculables proporciones se habría presentado. El presidente Díaz pensó que era preferible sacrificar su propia dignidad antes que poner en riesgo la independencia del país por el que tanto había hecho".[9]

Por su parte, el sucesor de Svenska, el diplomático austrohúngaro habilitado como cónsul sueco en México, A. J. Brai de Szecseny, en un comunicado citado varias veces en estas páginas,[10] con claridad hizo del conocimiento del Ministerio de Asuntos Exteriores en Estocolmo, que la revolución maderista la financiaron poderosas corporaciones estadunidenses a cambio de futuros privilegios y concesiones; y llega al extremo de afirmar que Rockefeller pagó a los rebeldes para que destruyeran los puentes del ferrocarril entre San Luis Potosí y Tampico para evitar la transportación del petróleo generado por la compañía de lord Cowdray, favoreciendo así Rockefeller los intereses de su propia compañía, la Standard Oil. Es evidente que en los meses que Madero pasó en San Antonio, Texas, preparando su revolución, debe haber llegado a algún tipo de entendimiento con poderosos grupos financieros estadunidenses. De otra suerte la toma de Ciudad Juárez, enfrentando al poderoso y bien entrenado ejército federal, habría resultado materialmente imposible.

Hay quien sostiene que, en el fondo, Madero fue un astuto político que supo conjugar las fuerzas dominantes a su favor para alcanzar el poder supremo de la República, y que sus decisiones de no licenciar al ejército federal y de integrar su gabinete con familiares y partidarios del antiguo régimen, así como sus tratos secretos con tiburones financieros del tipo de Rockefeller, debe verse dentro de este contexto. Yo no comparto esta opinión. La cauda de errores maderistas cometidos en el corto espacio de dos años, es demasiado larga y absurda para hacer creíble esta versión que pretende mostrarlo como un sagaz estadista. "Por los frutos lo conoceréis", dice un precepto bíblico. Pues bien, los frutos de Madero son los de un predicador mesiánico que, a base de creer ciegamente en la bondad innata del ser humano y en la bondad natural de la democracia, logró resultados sorprendentes que, en gran medida, propiciaron las propias circunstancias únicas en las que su apostolado antireeleccionista se dio. Pero Madero carecía tanto de malicia política como de un programa social. Su rompimiento con Zapata es prueba más que palpable de esto último. A fin de cuentas, lo que don Francisco quería era la continuidad del clásico "statu quo ante" sin reelección presidencial y con democracia parlamentaria y libertad de prensa. Si a esto se le agrega que sus visiones espiritistas continuamente lo hacían cambiar de opinión, se tendrá el cuadro perfecto de un líder carismático y de un gobernante desastroso.

Por razones que se desconocen, Madero repudió los compromisos que había hecho con las grandes corporaciones estadunidenses, presumiblemente durante su estancia en San Antonio, Texas. No sólo no les otorgó las concesiones y privilegios que les había prometido, sino que introdujo un impuesto especial a la explotación del petróleo mexicano y ordenó el despido de todos los empleados estadunidenses de los Ferrocarriles Nacionales que no hablaran español. Por cierto que con esto creó un precedente curioso, ya que lo habitual ha sido que sean las compañías estadunidenses las que despidan a los trabajadores mexicanos que no hablen inglés.

Estas medidas y su permanente actitud evasiva y contradictoria, le granjearon la inmediata hostilidad del prepotente embajador de Washington, Henry Lane Wilson. Sería cuestión de llevar a cabo una especie de concurso histórico para determinar quién hizo mayor daño a México: si Joel R. Poinsett desestabilizando y eventualmente destruyendo a la primera República federal, o Henry Lane desviando el curso de la Revolución mexicana e, indirectamente, propiciando la pérdida de casi un millón de vidas. En términos estrictamente geopolíticos lo más probable es que Poinsett ganara el concurso, ya que su actuación preparó el terreno para la guerra de anexión que se libró en 1847, pero Henry Lane ocuparía un cercano segundo lugar.

En cuanto Henry Lane se dio cuenta de que Madero no seguía una política abiertamente proestadunidense, empezó a promover la caída de uno de los pocos presidentes que los mexicanos han elegido libremente en toda su historia. Para ello recurrió a un vasto arsenal de trucos entre diplomáticos y militares, que prueban tanto su gran capacidad política como su especial habilidad para coordinar y supervisar las más siniestras intrigas. A diario le presentaba al secretario de Relaciones Exteriores, Pedro Lascuráin, y al mismo presidente Madero, airadas reclamaciones por daños sufridos por ciudadanos estadunidenses en sus personas y en sus bienes, muchos de ellos inexistentes. Bombardeaba al secretario de Estado Knox con peticiones de intervención militar que después presentaba, amenazante, al gobierno mexicano, como si se tratara de hechos prácticamente consumados. Organizó, en fin, al cuerpo diplomático para que, en masa, exigiera la renuncia de Madero. En este aspecto contó con la colaboración de los ministros alemán y británico, almirante Paul von Hintze y sir Francis Stronge; aunque encontró una valerosa resistencia nada menos que en el joven y brillante representante de Cuba, Manuel Márquez Sterling, lo que no le impidió formular sus interminables reclamaciones a nombre de "todo el cuerpo diplomático acreditado en México". Curiosa expresión que, por cierto, llevara al ingenioso escritor mexicano Salvador Novo a preguntarse si no habría en México otro cuerpo diplomático que estuviera "desacreditado".[11]

La labor de Henry Lane, aunada a una serie de graves desaciertos maderistas en materia de política interior y al carácter vacilante del presidente, más temprano que tarde, rindió los frutos apetecidos. A principios de febrero de 1913 el general Félix Díaz, el famoso "sobrino de su tío don Porfirio", en unión de los generales Bernardo Reyes (antiguo secretario de Guerra en uno de los últimos gobiernos de Díaz) y Manuel M. Mondragón, intenta dar un golpe de Estado. Al fracasar la toma del Palacio Nacional (en la cual muere el general Reyes), los rebeldes se refugian en el cuartel de La Ciudadela y desde ahí ponen sitio al palacio presidencial. Es de hacerse notar que en 1912, Félix Díaz había viajado de La Habana, en donde se había refugiado tras la caída de su tío, a Washington, con una amplia carta de recomendación extendida a su favor por el representante en Cuba de la American Banknote Company, importante entidad del Tesoro estadunidense; y que en Washington se entrevistó, en secreto, con el general Leonard Wood, jefe del Estado Mayor del ejército estadunidense.[12]

Madero comete el error —el último en su larga cadena— de encomendar la defensa de su gobierno al general Victoriano Huerta. De inmediato, Henry Lane entra en contacto con Félix Díaz y Huerta para coordinar un plan maestro que le permita deshacerse del indeseable Madero. Huerta ladinamente se adhiere al plan. Envía a las tropas leales al gobierno a morir en la explanada que da acceso al cuartel de La Ciudadela y salvaguarda en las barracas del Palacio Nacional a los cuerpos del ejército que considera leales a su persona. En el colmo de la perversión moral desvía el cañoneo, supuestamente dirigido a La Ciudadela, a las casas vecinas, ocasionando una gran mortandad entre la población civil. Con lágrimas en los ojos confiesa una lealtad indeclinable al presidente mientras en secreto se reúne con Mondragón y Félix Díaz. Todo culmina el 18 de febrero de 1913, con el llamado Pacto de la Embajada, en el que en la oficina misma de Henry Lane y bajo la dirección y continuas presiones y amenazas de éste, Huerta se compromete a asumir la presidencia interina de la República, a convocar "cuanto antes" a nuevas elecciones y a apoyar la candidatura presidencial de Félix Díaz.[13]

Cuatro días después, el 22 de febrero, el presidente Madero y el vicepresidente Pino Suárez fueron asesinados por órdenes directas de Victoriano Huerta. Durante esos cuatro días Henry Lane ignoró las reiteradas peticiones que se le formularon para que intercediera ante Huerta, a fin de salvar la vida de Madero y Pino Suárez: al almirante Von Hintze le dio puras respuestas evasivas; descalificó con altanería la oferta de asilo político que, a nombre de su gobierno, oficialmente le presentó el embajador Manuel Márquez Sterling; y, en el paroxismo de la vileza, literalmente corrió de su oficina a la madre y a la esposa de don Francisco I. Madero, cuando fueron a implorarle por su vida, aduciendo que él no podía hacer nada y que el culpable de todo lo que estaba sucediendo era el mismo Madero, "por no haberle hecho caso". Fue una mentira atroz e inhumana, puesto que una palabra suya habría bastado para detener los instintos homicidas de Huerta, ya que tal y como en esos días lo comunicaba Von Hintze a su gobierno, "la embajada estadunidense gobierna sin mayor disimulo por medio del gobierno provisional, cuyos jefes, el general Huerta y el ministro De la Barra, dependen moral y pecuniariamente de ella [...]".[14]

Diez días después del asesinato de Madero y Pino Suárez, el 4 de marzo de 1913, Taft entregó la presidencia de Estados Unidos al antiguo profesor de ciencia política y ardiente partidario de la moralidad pública y privada, Woodrow Wilson. La política mexicana de la administración Taft quedó indeleblemente manchada por haber contribuido, en los aspectos financiero y militar, a la caída del héroe de la guerra contra la intervención napoleónica y por el protervo asesinato de un presidente y un vicepresidente que habían sido elegidos democráticamente; así como por el nada disimulado apoyo prestado a los intereses petroleros de Rockefeller y de la Standard Oil Company. Triste saldo para el gobierno de un país que basa sus instituciones en el más puro concepto de la democracia.

En un principio todo hizo suponer que el régimen de Victoriano Huerta contaría con la aceptación general, en virtud de que al corresponder a los intereses y deseos del gobierno de Estados Unidos contaría con los recursos necesarios para rencaminar a México por el sendero del orden y el progreso por el que tantos años lo había hecho transitar la mano firme de Porfirio Díaz. Por esa razón las potencias europeas se apresuraron a conferirle el necesario reconocimiento diplomático. En tal sentido se pronunció el cónsul general de Suecia en México, cuando, el 26 de marzo de 1913, le comunicó a su Ministerio de Asuntos Exteriores que: "Ahora se espera que, debido a la circunstancia de que hombres calificados integran el nuevo gobierno, se presentará un nuevo estado de cosas altamente favorable".[15]

Pero al margen de que Victoriano Huerta distaba mucho de ser un Porfirio Díaz, la política estadunidense, a causa del reciente cambio de administración ejecutiva, dio un vuelco sorprendente que dejó atónitas a las propias potencias europeas. En su campaña electoral Woodrow Wilson, capitalizando el descontento que entre las clases medias de su país había provocado la crisis comercial de 1907-1909 —cuyos efectos negativos aún no habían desaparecido por completo en 1913—, prometió que, de llegar a la primera magistratura, aplicaría una política interior y exterior independiente de los intereses particulares de las grandes corporaciones, cuyos, al parecer insaciables, apetitos especuladores eran los que, en primer lugar, habían originado la nefasta crisis comercial.

En lo tocante a política internacional, Wilson había prometido desarrollar un generoso —en términos estrictamente estadunidenses— proyecto de "seguridad colectiva" que para los países atrasados significaba el fortalecimiento de regímenes civilistas y democráticos con un fuerte acento en lo relativo a la celebración de elecciones libres y periódicas y al sostenimiento de parlamentos o congresos genuinamente independientes. Dicho en otras palabras, la seguridad colectiva internacional se alcanzaría en la medida en que los países ubicados en la esfera de influencia de Estados Unidos fueran capaces de instaurar sistemas de gobierno lo más parecido posible al sistema estadunidense.

México representó la primera prueba de la nueva visión —que tenía algo de solidaria y algo de moralista— del presidente Wilson. El giro entre la concepción que la administración Taft tenía de lo que debían ser los intereses estadunidenses en México y el concepto que de esos mismos intereses asumió la administración Wilson, fue de ciento ochenta grados. Para el severo profesor de ciencia política, Madero distaba mucho de ser el idealista incompetente, vacilante, necio y, a fin de cuentas, intratable, que había pintado el embajador Henry Lane en los múltiples despachos en los que clamaba por una intervención armada. Por el contrario, Wilson lo consideraba como el prototipo de lo que debía ser el nuevo líder de América Latina: relativamente joven, preparado, carismático y dueño de firmes convicciones morales en pro de la democracia, el sufragio efectivo y la libertad parlamentaria y de prensa. El hecho de que el largo régimen de Porfirio Díaz hubiera dejado a México notoriamente impreparado para semejantes experimentos de alta política, era secundario. Si Wilson hubiera asumido la presidencia de Estados Unidos un mes antes, Madero habría contado con todo su apoyo y, por consiguiente, el cuartelazo de La Ciudadela habría terminado en un notorio fracaso, y Victoriano Huerta, en vez de hacerse con el poder, habría terminado sus días rumiando sus penas y sus frustraciones en los rincones de las diversas cantinas de las que era asiduo concurrente. Parece mentira pero es de tal magnitud la influencia que Estados Unidos ejerce sobre México, que si Madero hubiera dispuesto de un reducido margen de maniobra de tres semanas más, es probable que hubiera salvado su vida y su gobierno. Pero el profesor universitario, por un capricho de la historia, sustituyó al diplomático del dólar, en palabras de mi abuela, "un poquito demasiado tarde".

Cuando las potencias europeas se apresuraban a conferir el consabido reconocimiento diplomático al presidente interino Huerta, creyendo que con tal medida se alineaban con los intereses de Washington, tal y como con reiteración los había expuesto Henry Lane, vino la sorpresa. Woodrow Wilson reprobaba con energía el procedimiento inmoral que Huerta había seguido para destituir, encarcelar y asesinar al presidente constitucionalmente electo y, por lo tanto, se negaba a reconocerle validez internacional a su gobierno, inclusive como gobierno "de facto". La sorpresa resultó en particular penosa para Gran Bretaña que, a instancias de lord Cowdray —quien estaba ansioso de asegurar los suministros del, a él concesionado, petróleo mexicano a la marina británica— llegó al extremo, inusual para la Foreign Office, de enviar su reconocimiento diplomático en una carta firmada nada menos que por el rey Jorge V.[16] Desde luego, no era la primera vez que la Foreign Office, por razones meramente geoeconómicas, reconocía al gobierno de un déspota, asesino y borracho; pero sí la primera vez que lo hacía a través de una carta firmada de puño y letra por Su Majestad Imperial.

Después de un fallido intento de sustituir a Victoriano Huerta por el poeta y novelista Federico Gamboa, quien se supuso contaba con el apoyo de un fantasmagórico Partido Católico Mexicano, Wilson comprende que la única oposición real está en el movimiento constitucionalista iniciado por el gobernador de Coahuila, Venustiano Carranza, con la proclamación del Plan de Guadalupe; por lo que, tras varios escarceos más o menos escabrosos, decide entrar en tratos directos con él, no sin antes experimentar a fondo con la posibilidad de reconocer a Pancho Villa como el futuro salvador de México. Cuando Huerta disuelve el congreso, encarcela a la mayoría de sus miembros, manda torturar y asesinar al senador opositor Belisario Domínguez, y en unas elecciones fraudulentas se autoproclama "presidente constitucional", el mandatario estadunidense literalmente lo abomina y, sin mayores preámbulos, le declara una guerra "de facto". Meses después de este travestismo de democracia, la marina de Estados Unidos ocupa el puerto de Veracruz.

Hago un paréntesis en la narración, para apuntar que haber hecho a don Federico Gamboa presidente de México, habría sido una obra acabada de ingenuidad. El bueno de don Federico, además de ser porfirista de corazón, era el típico escritor romántico de fines del siglo XIX, cuya obra más notable, *Santa*, trata de los avatares de una prostituta a la que literariamente intenta regenerar con el previsible resultado de abundantes recaídas morales y otros desajustes pasionales. En los ratos que la literatura le dejaba libres, Federico Gamboa la giraba de diplomático de ocasión. Fue precisamente en esta última vertiente de su vida, de donde lo tomó Huerta para, con toda la malicia del mundo, hacerlo en los inicios de su "administración" su inverosímil secretario de Relaciones Exteriores. En las condiciones en las que en esos momentos México se encontraba, un gobierno encabezado por este singular personaje —por mucho que Wilson lo apoyara— habría hecho aparecer al régimen maderista como una obra de estadistas maquiavélicos.

Rotas por completo las posibilidades de llegar a un entendimiento con la administración Wilson, Huerta no tiene otra opción que la de echarse en los interesados brazos de la diplomacia británica. La posición en la que lord Cowdray había quedado colocado no era para nada envidiable. La guerra europea acababa de estallar y la marina británica le había encomendado la mayor parte de sus suministros petroleros. Se trataba de una tarea en extremo delicada en la que se mezclaban un cierto deber patriótico con, sobre todo, grandes cantidades de dinero, puesto que de la conversión de los buques de guerra de carbón a petróleo dependía el que Britania siguiera rigiendo soberana sobre los conflictivos mares europeos. Cowdray, desde luego, se puso manos a la obra. Estuvo detrás del reconocimiento real al dictador Huerta, pero logró algo todavía más importante: el retiro de sir Francis Stronge y su remplazo por nuestro conocido sir Lionel Carden, como ministro plenipotenciario ante el gobierno de México.

Aunque en el capítulo "Sir Lionel Carden" se hizo amplia referencia a este personaje, no está de más recordar aquí algunos detalles. Carden había fungido como cónsul general en México durante un largo periodo (aproximadamente quince años) en los tiempos de Porfirio Díaz. Su innata vocación comercial y su consecuente deseo de enriquecimiento personal, pronto lo convirtieron en el aliado ideal de lord Cowdray para la obtención de las más importantes concesiones petroleras "a perpetuidad" que condujeron a la fundación de la Compañía Mexicana de Petróleo El Águila S.A. Al dejar México para representar a su país en otras naciones iberoamericanas, Carden ya era accionista en varias de las empresas mexicanas de Cowdray. De ahí que su regreso a México en la coyuntura del desconocimiento de Woodrow Wilson al gobierno que había surgido del golpe de Estado, coordinado por Henry Lane, haya sido una carta obviamente marcada: fue enviado a sostener los intereses petroleros británicos.

Su actuación en ese sentido resultó impecable. Pronto se convirtió en el consejero extranjero predilecto del dictador Huerta, al grado de que éste lo consultaba con frecuencia. El trato fue bastante ventajoso para ambas partes. El dictador recibió de Gran Bretaña los créditos y el armamento que le permitieron mantenerse en el poder por espacio de dieciocho meses, a pesar de la denodada oposición de Estados Unidos. Por su parte, la Compañía Mexicana de Petróleo El Águila S.A. recibió un trato tan preferencial que los ejecutivos de la Standard Oil protestaron airadamente ante el Departamento de Estado y ante los sucesivos secretarios de Relaciones Exteriores con los que Victoriano Huerta solía acordar en los principales bares y cantinas de la ciudad de México.

Para Carden todo era coser y cantar porque, entre sus muchas fallas como diplomático, le gustaba hacer gala de un sentimiento antiestadunidense exacerbado. Al extremo de que llegó a decirle al embajador alemán Von Hintze (para que éste lo transmitiera fielmente en uno de sus despachos al Ministerio de Asuntos Exteriores del Reich) que los estadunidenses: "Detrás de toda su palabrería de civilización, justicia, humanidad y moralidad, no eran otra cosa que comerciantes despiadados [...]".[17] Curioso juicio de parte de un diplomático del petróleo que lo único que buscaba era pervertir su oficio político para proteger las inversiones en acciones que poseía en las compañías de su verdadero patrón, lord Cowdray.

Más temprano que tarde, sir Lionel Carden recibió la respuesta que se merecía. Wilson, apoyando a Carranza, demostró a las potencias europeas los peligros que entrañaba, para su propia seguridad colectiva, el intentar modificar el curso de los asuntos internos de las naciones que se encuentran ubicadas dentro de la esfera de "gravitación política" de Estados Unidos. Al triunfo del constitucionalismo en julio de 1914, Gran Bretaña quedó colocada entre la espada y la pared. No podía seguir apoyando a Huerta, bajo la pena de comprometer lo que ya se vislumbraba como el apoyo estratégico clave que Estados Unidos le daría para poder salir triunfante de la primera guerra mundial. Asimismo, tenía que lograr, a toda costa, que Carranza le siguiera suministrando petróleo. Carden, casi de la noche a la mañana, se volvió redundante, estorboso y hasta peligroso. Por eso tuvo que salir de México de la manera nada protocolaria que se narró. La guerra europea selló la sumisión de Gran Bretaña a la política mexicana de Wilson y, de paso, mandó a Huerta al exilio en donde por varios años anduvo vegetando en calidad de paria político, hasta que su hígado tuvo a bien pasarle la cuenta final.

Pero meses antes de la caída del dictador, la intervención extranjera en la Revolución mexicana tuvo otro giro singular: Alemania, deseosa de mantener a Estados Unidos permanentemente ocupado con México, intentó rearmar a Victoriano Huerta. Tal y como lo narra Barbara W. Tuchman[18] unos días después de que el dictador disolviera el congreso mexicano, el almirante Von Hintze, sabedor de que el presidente Wilson había declarado en público que era "claramente su deber derribar al usurpador por todos los medios que fueran necesarios", logró que de Hamburgo partieran hacia Veracruz los buques *Ypiranga*, *Bavaria* y *Kromprinzessen Cecile*, cargados de rifles y municiones para el acorralado Huerta.

Von Hintze y sus superiores no contaban con la clase de "pacifismo" que Wilson pensaba desarrollar en México. Ante la sola posibilidad de que el Reich reforzara militarmente al tambaleante usurpador, el presidente obtiene del congreso estadunidense la autorización necesaria —como consta en los Archivos Nacionales de Suecia—[19] para bloquear todos los puertos del Golfo de México. La prudencia wilsoniana limita el bloqueo a Veracruz, por considerar que era el único puerto que tenía una comunicación fácil y directa con la ciudad de México. Lo que sigue es una especie de ballet acuático, el *U.S.S. Dolphin* bloquea a los vapores alemanes en aguas territoriales mexicanas y los envía de regreso a casa. Los alemanes no se resignan a perder lo que todo parece indicar que era un productivo negocio e intentan un desembarco en Tampico, en donde están a punto de ser apresados por los carrancistas. Por qué se dirigieron a un puerto que estaba en manos de los enemigos mortales de su cliente, es algo que desafía todo sentido de la lógica. De Tampico regresan a Veracruz para tratar de parlamentar con los comandantes de las fuerzas de ocupación, el almirante Mayo y el general Funston. En apariencia logran algún tipo de acuerdo, porque se les autoriza a dirigirse a Puerto México (actual Coatzacoalcos) en la frontera de los estados de Veracruz y Tabasco. Ahí efectúan una descarga parcial de cerca de veinte mil fusiles y quince mil cajas de municiones, que le llegan a Huerta cuando ya estaba casi rodeado y sitiado por las tropas victoriosas del Ejército Constitucionalista. Después, parafraseando a Herman Melville, los vendedores de armas se pierden en la bruma del "solitario Atlántico".[20]

El profesor Katz sostiene y documenta que detrás de esta más o menos fallida entrega de armamento, existió una siniestra conspiración internacional digna de una novela de espionaje —donde no hay héroes pero sí un número abundante de villanos—, en la que, al parecer, participaron un agente ruso, Leon Rast, que la giraba de vicecónsul en alguna ciudad de Estados Unidos; un consorcio de bancos franceses y británicos, representados nada menos que por el futuro "pacifista" y víctima propiciatoria de Hitler en Münich, sir Neville Chamberlain; los fabricantes de armas Cartoucheries Françaises, Saint-Chamont (que fabricaba toda clase de suministros de guerra a pesar de la santidad de su denominación social), Wichers and Armstrong; las autoridades militares del puerto ruso de Odessa (of all places); "un canalla", en palabras del mismísimo general Huerta, lo que ya es decir, de apellido De Kay, que operaba una empresa fantasma llamada National Packing Company; y, por supuesto, el esta vez nada sutil almirante Von Hintze.[21]

El telón final de todo este enredo lo constituyó la decisión inapelable de Wilson de acabar para siempre con el gobierno de Victoriano Huerta, a fin de liberar a México para la democracia, como lo ordenaba la doctrina de la seguridad colectiva internacional. Que esa liberación tuviera que hacerse a través de la nada democrática fuerza de las armas no era fruto de la doctrina, sino de las culpas compartidas de los inescrupulosos "diplomáticos del dólar y del petróleo", Henry Lane, Lionel Carden y Paul von Hintze, a los que Woodrow les dio una soberbia lección de lo que puede acontecer en la escena internacional cuando se combinan la moralidad y la geopolítica. Como afirma Tuchman: "[Wilson] se resistía al uso de la fuerza, pero su mano tendía hacia las armas".[22]

El aparente triunfo de Carranza en julio de 1914, no detuvo para nada la intervención extranjera en la Revolución mexicana. Seguirían Santa Isabel, Columbus, la Expedición Punitiva y el fatuo telegrama Zimmerman, ya analizados con algún detalle en los dos capítulos precedentes. Todo culminaría, el 15 de agosto de 1923, con la firma de las Convenciones de Bucareli, en las que el presidente Álvaro Obregón, a cambio del consabido reconocimiento diplomático, otorgó a Estados Unidos concesiones fundamentales en materia de petróleo —siempre el petróleo—, reforma agraria, ferrocarriles y protección y seguridades, en general, a la inversión extranjera. Concesiones que el testarudo Rey Viejo probablemente nunca habría hecho, al menos con tanta generosidad y carencia de elemental sentido del equilibrio diplomático.

Participación extranjera

No toda intervención extranjera en la Revolución mexicana fue negativa. También hubo participación extranjera en sentido positivo. El ejemplo más ilustrativo es el de Ivar Thord-Gray. Temo no estar de acuerdo con el profesor Friedrich Katz cuando lo califica de "mercenario y espía sueco".[23] (Ésos fueron exactamente los mismos calificativos que le endilgaron Rodolfo Fierro, Francisco Serrano y Juan Mérigo que, como se vio, eran un asesino despiadado, un intrigante con más ambiciones que cerebro y un vulgar ladrón, respectivamente.) Thord-Gray fue un distinguido oficial de carrera, especializado en caballería, artillería e inteligencia militar, que sirvió con distinción a los ejércitos británico y estadunidense. En México cumplió con un doble papel: entrenar y capacitar a las improvisadas fuerzas revolucionarias que requerían de ese entrenamiento y capacitación para poder enfrentar, con posibilidades razonables de éxito, a las mejor equipadas y profesionales tropas federales que Huerta había heredado cuando toma el poder; y servir de enlace, en el terreno, a los servicios de inteligencia británico y estadunidense para informarles lo que en realidad estaba ocurriendo en México. Su abundante correspondencia personal y los informes que ahora guardan los Archivos Nacionales en Washington, así lo demuestran.

Sus aportaciones a los ejércitos revolucionarios fueron múltiples y variadas. Literalmente ensambló y manejó las piezas de artillería que ayudaron a Pancho Villa a ganar la batalla de Tierra Blanca, que significó el punto de partida para el vertiginoso avance del Centauro de Chihuahua al centro de la república; y que ocasionó que la voz popular compusiera un corrido que forma parte de la leyenda musical de la Revolución. Cuando, a consecuencia del asesinato de William Benton —que, parafraseando a Talleyrand a propósito del asesinato del duque de Enghien, ordenado por Napoleón Bonaparte, "fue más que un crimen, una estupidez"—, sus superiores le ordenan trasladarse a Sonora para apoyar al carrancismo, entonces emergente, se vuelve un valioso colaborador: organiza divisiones de caballería y artillería; capacita militarmente a indios tarahumaras, yaquis y mayos; forma cuerpos de exploradores y de avanzada que son esenciales para la ejecución de operaciones militares de gran envergadura; dirige y participa en las batallas más importantes que marcan el avance triunfal del constitucionalismo de Sonora a la ciudad capital; le da sentido político y militar a las importantes divisiones que estaban bajo el mando del general Lucio Blanco; descubre al general Álvaro Obregón los secretos de la guerra de trincheras cercadas por alambres de púas, que de tanta utilidad le serían para neutralizar las cargas de la caballería villista en las más famosas de sus batallas: las de Celaya. En fin, entiende, analiza y, sobre todo, comunica a sus superiores en Washington y en Londres las raíces profundas de la Revolución mexicana y la necesidad imperiosa de que un ejército en esencia formado por clases medias, peones, indígenas y soldaderas derrote en toda la línea al tirano Huerta, para impedir la restauración del antiguo régimen de explotación e inequidad social y agraria.

Al retirarse de la carrera de las armas escribe importantes tratados sobre el arte y la ciencia de la guerra: *Attack and Defense in Trench Warfare* (Ataque y defensa en la guerra de trincheras), New York, 1917, y *Strategy and Tactics* (Estrategia y táctica), New York, 1926. El gran interés y la entusiasta curiosidad antropológica que le despiertan las civilizaciones indígenas mexicanas, lo lleva a escribir el único diccionario inglés-tarahumara/tarahumara-inglés que existe en el mundo (University of Miami Press, Coral Gables, Florida, 1955), el cual va acompañado de un extenso estudio sobre la historia, religión, ritos, costumbres y modos de vida de esta raza singular. De igual manera, en 1923 publica un estudio detallado sobre las civilizaciones mesoamericanas que lleva por título *Frän Mexikos Forntid* (Del México antiguo), Estocolmo, 1923.

Un mercenario que pelea por dinero y que siempre está dispuesto a venderse al mejor postor, no puede mostrar semejante currículum. Este currículum sólo puede pertenecer a un distinguido militar de carrera, antropólogo y humanista. Si no hubiera sido así, ni los muy desconfiados y suspicaces Venustiano Carranza y Álvaro Obregón le habrían conferido, con todos los honores del caso, el rango de coronel del Ejército Constitucionalista; ni la Universidad de Uppsala —uno de los centros de educación superior más prestigiados de Europa— lo habría hecho doctor honoris causa; ni hubiera sido miembro de la Real Academia de Artes y Ciencias de Suecia. Se trata de rangos y honores que no se otorgan a cualquier persona, y mucho menos a alguien que posea la despreciable fama que los mercenarios suelen llevar consigo.

Otro aspecto positivo de la participación de Thord-Gray en el turbulento México del verano de 1914, lo representa la remoción del embajador inglés sir Lionel Carden. Si se analiza este hecho con objetividad se advertirá que se trató de un hábil juego de equilibrio diplomático y protocolario que permitió encontrarle una salida, más o menos decorosa, a un potencial problema que con facilidad pudo haber desembocado en otra grave crisis internacional. Al ocupar los constitucionalistas la capital de la república, Carden —a consecuencia del declarado y descarado apoyo prestado a Huerta; de sus intereses personales en los negocios mercantiles de lord Cowdray; y de su manifiesto sentimiento antiestadunidense— se transformó en una bomba de tiempo ambulante. Su sola presencia al frente del cuerpo diplomático era una invitación abierta a la ruptura de relaciones entre el gobierno provisional y el de Gran Bretaña. Un paso que el señor Carranza era muy capaz de dar pero que habría tenido consecuencias imprevisibles, en un momento en que la marina británica —en vías de recibir el apoyo ilimitado de la potencia que ocupaba Veracruz— necesitaba el petróleo mexicano para evitar que el oso alemán acabara con Europa a base de zarpazos submarinos. El Primer Jefe no podía cortar los envíos de la Compañía Mexicana del Petróleo El Águila S.A. sin correr el riesgo de que las tropas estadunidenses estacionadas en Veracruz avanzaran hacia el Valle de México, ya que no se trataba de un simple problema de afectar concesiones otorgadas por un gobierno anterior o de restringir las actividades de una empresa privada extranjera, sino de interrumpir suministros de guerra vitales. Pero por otra parte, por razones de elemental dignidad republicana, Carranza no podía aceptar como ministro plenipotenciario a quien había sostenido con denuedo al usurpador, mediante un flujo casi continuo de armas y créditos.

Thord-Gray —con seguridad siguiendo instrucciones de los servicios de inteligencia estadunidense y británico— resuelve el embrollo. Aprovechando su triple condición de coronel del Ejército Constitucionalista, capitán del ejército británico y ciudadano sueco —recuérdese que, a partir del 14 de mayo de 1914 y hasta su forzada dimisión, cuatro meses después, Carden representó también los intereses diplomáticos de Suecia en México—[24] entre amenazas veladas y directas y un nutrido intercambio de cables cifrados con la Foreign Office en Londres, obliga a Carden a marchar a Veracruz y de ahí a Río de Janeiro, a fin de que la legación británica quede en manos de un burócrata de bajo perfil, el ministro consejero y primer secretario Thomas Hohler, que garantizaría un discreto entendimiento con el nuevo régimen.

En esta forma, Thord-Gray alcanza un cuádruple objetivo:

1. Remueve, dentro del más callado de los protocolos diplomáticos, a un embajador —al que su huertismo y su sentimiento antiestadunidense habían convertido en innecesario, redundante y hasta peligroso.

2. Elimina la posibilidad de que el gobierno de Carranza se vea obligado a adoptar medidas drásticas en contra de los intereses petroleros británicos que podían llegar a comprometer seriamente su posición frente a la administración Wilson, cuyo centro de operaciones para México, en ese momento, no se encontraba en Washington, sino en el puerto de Veracruz.

3. Asegura la continuidad de los suministros petroleros provenientes de México para la marina británica.

4. Deja la casa en orden, puesto que puede reincorporarse al ejército británico, que acaba de entrar a la guerra europea, después de haber cumplido con eficacia las diversas misiones que se le encomendaron en México.

Dentro de este contexto, me parece necesario dejar aclarado que durante su estancia en México (1913-1914), Ivar Thord-Gray, según consta en diversas referencias consignadas en su correspondencia personal, ordenó que sus salarios como capitán del ejército británico y como oficial de enlace del servicio de inteligencia militar de Estados Unidos, se le depositaran en una cuenta que tenía abierta en el First National Bank of Nogales (Arizona), y de la que, por lo menos en dos ocasiones, en los meses de febrero y marzo de 1914, retiró alrededor de tres mil quinientos dólares (suma bastante considerable en esa época) que entregó al general Lucio Blanco para que comprara las municiones que, por esos días, escaseaban en el Ejército Constitucionalista. Esto es, Thord-Gray no sólo no cobró por sus servicios —como lo habría hecho cualquier mercenario— sino que ayudó pecuniariamente a la causa que lo aceptó como instructor militar.

En lo que toca a la paga que recibió como oficial de las fuerzas carrancistas, al ser ésta en pesos mexicanos la gastó toda en México —ya que en el extranjero carecía por completo de valor—, principalmente en ayudas a sus fieles Pedro y Tekwe y en la adquisición de un buen número de piezas arqueológicas que hoy se encuentran en el Museo Etnográfico de Gotenburgo, Suecia.

En suma, la participación de Thord-Gray en la Revolución mexicana resultó positiva desde cualquier ángulo que se le analice. Colaboró con los dos principales líderes revolucionarios: Pancho Villa y Venustiano Carranza. Fungió como asesor militar del vencedor final del movimiento revolucionario: Álvaro Obregón. Organizó militarmente a tarahumaras, yaquis y mayos. Fue amigo y asesor del carismático Lucio Blanco. A riesgo de su vida y a costa de grandes esfuerzos logró entrevistarse con el libertador agrario del sur, Emiliano Zapata, para intentar reconciliarlo con el nuevo orden de cosas que, en 1914, el Primer Jefe trataba de establecer. Por si lo anterior no fuera suficiente, prestó un invaluable servicio a la astuta y combativa diplomacia que estaban por empezar Venustiano Carranza, Isidro Fabela y Luis Cabrera, al remover de México, rápida y discretamente, a sir Lionel Carden.

A lo anterior debe agregarse que los informes que, al salir de México, proporcionó en Veracruz al alto mando de la marina y el ejército de Estados Unidos sobre la fuerza, consistencia y características del movimiento constitucionalista, deben haber coadyuvado a la decisión del presidente Wilson de desocupar Veracruz en cuanto tuvo la seguridad de que Victoriano Huerta no regresaría al poder y de, eventualmente, reconocer a Carranza como el gobernante legítimo de México. De otra suerte, esos informes no se encontrarían, hasta la fecha, en los Archivos Nacionales de Washington.

Como colofón de todo lo anterior, están sus memorias, *Gringo Rebel*. Cuando las escribió, en 1960, el fervor por la Revolución mexicana comenzaba a estar a la baja, en atención a que cuatro décadas de gobiernos revolucionarios no habían logrado satisfacer a plenitud los anhelos de justicia social, reforma agraria y sufragio efectivo que habían dado origen a la magna gesta iniciada en 1911. Por lo tanto, Ivar Thord-Gray, si así lo hubiera sentido y pensado, pudo haberse referido a México y a los mexicanos con los aires de superioridad y condescendencia a los que nos tienen acostumbrados algunos escritores extranjeros. Pero por el contrario, en sus cuatrocientas setenta y tres páginas, *Gringo Rebel* literalmente rebosa de admiración por México; por su cultura antigua; por los valores de sus razas autóctonas; por las virtudes inexploradas y lamentablemente desaprovechadas de tarahumaras, yaquis y mayos; por el sombrío valor con el que las soldaderas se resignaban a los sufrimientos y a la muerte; y por la serena, espontánea y digna belleza de las mujeres de sus provincias.

Su comprensión de los problemas sociales que produjeron el estallido revolucionario es evidente y llena de compasión por la situación en la que vivían indios y peones. En ningún momento deja de señalar que el derrocamiento de la dictadura de Victoriano Huerta era indispensable para el mejoramiento de las condiciones sociales en el país. Cada vez que se refiere a Carranza y a Obregón lo hace con una mezcla de admiración y respeto. Es palpable el genuino afecto que llegó a sentir por Lucio Blanco y Miguel M. Acosta. Al águila yaqui Tekwe, no sólo le rinde el honor más grande que un compañero de armas puede rendirle a otro al llamarlo Guerrero (así, con mayúscula), sino que a la vuelta de más de cuarenta y seis años lo sigue considerando como un verdadero hermano de sangre. Al chamán tarahumara, Pedro, en correspondencia a sus enseñanzas nunca olvidadas, le dedica, cual tributo monumental, su diccionario inglés-tarahumara/tarahumara-inglés. Esto en un país, como México, en el que hasta el día de hoy la palabra "indio" se utiliza como un insulto, sólo puede calificarse de refrescante y aleccionador.

Cuando se compara todo lo anterior con las acciones y omisiones de la galería siniestra de mercachifles y agentes provocadores a la que ha sido necesario hacer referencia (Henry Lane, lord Cowdray, Lionel Carden, Felix Sommerfeld, Franz von Papen, Neville Chamberlain, Heinrich von Eckardt y Alfred Zimmerman, para no citar sino a los más importantes), se advierte la gran diferencia que hay entre los extranjeros que intervinieron de manera negativa en la Revolución mexicana y los que participaron en ella en sentido positivo. Ivar Thord-Gray pertenece a esta última categoría y eso es lo que, en estricto rigor histórico, justifica la elaboración de esta obra, cuya principal y más entusiasta partidaria, Karin Enbhom Palmquist, ha querido que sea un modesto pero digno puente cultural entre Suecia y México.

La Revolución revisitada

En los últimos diez años, por lo menos, la Revolución mexicana ha sido objeto de una sorda campaña de descrédito que pretende mostrarla como una obra inacabada que, reducida a un conjunto de lemas y proclamas de carácter oficial y semioficial, ha acabado por traicionar los principios que le dieron origen, así como sustento social e ideológico. Razones no les han faltado a los críticos. Los frutos de la reforma agraria están en la evidencia de los millones de campesinos que han emigrado y que emigran diario a Estados Unidos —las más de las veces en condiciones infrahumanas— en busca del trabajo que el miserable y "parcelizado" campo mexicano no está en condiciones de ofrecerles. El sufragio efectivo lo simbolizó la omnipresencia de un partido corporativista de Estado que, a lo largo de más de setenta años, canceló la existencia de postulados tan elementales de la democracia como la alternancia en el poder y la independencia de los poderes legislativo y judicial frente al también omnipresente poder ejecutivo. Los recursos estratégicos nacionalizados (petróleo, energía eléctrica y uranio) quedaron en manos de empresas estatales ineficientes y corruptas, y su destino futuro parece ser el de regresar a manos de grandes consorcios internacionales, tal y como sucedió en los tiempos de Porfirio Díaz. El antes combativo sindicalismo en su mayor parte cayó en manos de estructuras tan arcaicas como complacientes con el gobierno en turno. Los grandes políticos e ideólogos, formados y forjados en la antigua Escuela Nacional de Jurisprudencia, como Luis Cabrera, José Vasconcelos e Isidro Fabela, fueron sustituidos por técnicos egresados de Harvard, Yale, Stanford y otras universidades estadunidenses; lo que necesariamente los vinculó a modos de pensar ajenos al ser nacional y a la verdadera historia de México. En fin, el profundo legado nacionalista de la Revolución parece perderse más y más, cada día que pasa, en las estrategias económicas de la globalización internacional y en el lento, pero al parecer inexorable, proceso de sustitución del Estado por el mercado.

Todos y cada uno de estos puntos de vista constituyen más que una desvalorización de la Revolución en sí, una crítica, en términos generales acertada, al modelo económico y social que prevalece en México a partir de 1989. Ante semejante coyuntura resulta válido preguntarse: ¿qué futuro tiene el legado social, económico, ideológico y diplomático que se deriva de los diez años más sangrientos del siglo XX mexicano? Creo que para poder contestar de manera adecuada esta pregunta, resulta necesario hacer primero una serie de reflexiones retrospectivas.

El legado revolucionario puede dividirse en cuatro etapas que, en lo general, van de 1920 a 2000: *a*) el periodo de reconstrucción; *b*) el desarrollo estabilizador; *c*) el populismo estatista; y *d*) el resurgimiento del liberalismo capitalista. La primera etapa comprende de 1920 a 1946; la segunda de 1946 a 1970; la tercera de 1970 a 1982; y la cuarta de 1989 a 2000, con un periodo de transición que va de 1983 a 1988.

El primer periodo se caracterizó por el retorno a la estabilidad política y social, aunque marcada por algunos brotes de violencia, el más grave de los cuales fue la guerra cristera (1926-1929) en la que amplios sectores de la extensa población católica de México se rebelaron en contra de las cuentas que el presidente Plutarco Elías Calles pretendió pasarle a la iglesia católica por la denodada oposición que ésta hizo valer en contra del movimiento revolucionario. Y fue también este periodo la época de la fundación de las instituciones clave para el futuro desarrollo del país: las centrales obreras y campesinas; el vasto programa de educación pública y de renacimiento cultural y artístico, inspirado por José Vasconcelos; la fundación del Banco de México y del Banco Agrario; el otorgamiento del estatuto autónomo a la Universidad Nacional; y la fundación, en 1929, del Partido Nacional Revolucionario que, al aglutinar a todas las fuerzas políticas en un solo partido de Estado, se convirtió, en los setenta y un años siguientes, en el garante eficaz de la estabilidad política y de la continuidad institucional, si bien no en el instrumento idóneo para lograr la democracia en la prosperidad. Todo ello dentro del marco de la consolidación de los ideales sociales y constitucionales que la Revolución inspiró, y que se vieron cristalizados en el periodo presidencial del general Lázaro Cárdenas (1934-1940) con la profundización de la reforma agraria y con la nacionalización del petróleo.

En la segunda etapa se buscó, y en gran medida se logró, el desarrollo económico del país sin renunciar a los postulados y a las conquistas revolucionarias. Mediante un conjunto de facilidades otorgadas al capital privado, nacional y extranjero, se alcanzó la transformación de una sociedad que siempre había sido en su mayoría agrícola en una sociedad más o menos industrializada. Las cifras macroeconómicas de ese venturoso periodo hacen palidecer de envidia a los gobernantes de hoy y provocan suspiros de nostalgia a quienes no lo son: tasas de inflación de tres por ciento anual; estabilidad en el tipo cambiario ante el dólar de Estados Unidos; y niveles ínfimos de desempleo. Todo ello dentro de un clima permanente de paz social y de estabilidad política. Lo paradójico del caso es que, en ningún momento, el Estado perdió el papel de rector de la vida nacional. El fomento del desarrollo económico no impidió la subsistencia y el crecimiento de las instituciones revolucionarias: el partido de Estado, la reforma agraria, las centrales obreras y campesinas, una política exterior relativamente independiente frente a Estados Unidos; la red de seguridad social, y las empresas administradoras de los recursos estratégicos nacionalizados: Petróleos Mexicanos y la Comisión Federal de Electricidad. Por algo se le llamó "desarrollo estabilizador". Porque los gobiernos que rigieron los destinos de México de 1946 a 1970, supieron con prudencia conjuntar el impulso al crecimiento económico con la estabilidad política heredada de la Revolución, bajo la égida vigilante del Estado.

El tercer lapso, que va de 1970 a 1982, algunos analistas políticos lo han llamado la "docena trágica", utilizando como símil histórico los diez días en los que se decidió la suerte, y la vida, del presidente Francisco I. Madero. Semejante calificativo da una clara idea de que se trató de la etapa del siglo XX mexicano en la que la obra de la Revolución se transformó en una parodia política y en una tragedia económica. Guiados por una serie de nebulosas concepciones populistas, que no eran socialistas propiamente dichas, pero que tendían a serlo, los gobernantes de esos años desmantelaron el prudente equilibrio logrado por el desarrollo estabilizador —al que bautizaron, por cierto, con una palabra que no existe en el noble idioma castellano, "desarrollismo"— sin tener una idea definida a cabalidad de qué era lo que buscaban establecer en su lugar. El principio intermedio de "economía mixta" se sustituyó por la expresión radical, aunque al mismo tiempo imprecisa, que denota el concepto de "rectoría económica del Estado". Y del dicho se pasó al hecho: el gasto público se destinó a financiar el crecimiento vertiginoso de toda clase de entidades paraestatales. En un plazo no mayor de tres años, el Estado pasó de administrador público a empresario, y así intervino de manera directa en todos los sectores posibles de la economía: minería, siderurgia, textiles, teléfonos, banca y crédito, líneas aéreas, hotelería, petroquímica, generación de energía nuclear, desarrollos turísticos, producción de café y hasta embotellado de bebidas gaseosas, entre otros muchos rubros. En palabras de Octavio Paz el gobierno se convirtió, de pronto, en el "ogro filantrópico" que, en materia económica, lo mismo era el dispensador de prebendas que el devorador de industrias y comercios. Así, en lo que toca a este último sector, se le aplicaron todas las trabas posibles a la inversión extranjera directa y a la transferencia de tecnología —que son las dos únicas formas de verdad productivas de las que puede revestirse la inversión foránea— y se impidió el crecimiento de la empresa privada nacional. Cuando el gasto público fue insuficiente para financiar el monstruoso aparato estatal, se recurrió a un indiscriminado endeudamiento externo, y se creyó con ingenuidad que las reservas petroleras del país alcanzarían para todo. Este contexto dio lugar a un esquema en particular perverso: se prohibió la inversión extranjera productiva pero, en cambio, se recurrió a la más perniciosa de sus formas: el endeudamiento público en cadena con la banca extranjera. Cuando en 1981, el precio internacional del petróleo se desplomó, los casi doce años de populismo tocaron a su trágico fin; su herencia la constituyó una cadena de fuertes devaluaciones monetarias, una inflación galopante y una desorbitada fuga de divisas, como nunca se había visto en la historia de México. Además, el final se expresó en toda una paradoja. A lo largo del periodo populista el discurso presidencial aludió, en una verborrea que, a veces, parecía interminable —y la que más tuvo de pose que de realpolitik internacional—, "al rescate de la soberanía nacional ante los embates del imperialismo capitalista". En 1982, tras sobrevenir el colapso casi mortal, la "soberanía nacional" quedó en las garras de uno de los instrumentos más intolerantes del "imperialismo capitalista": el Fondo Monetario Internacional.

El periodo gubernamental, que va de 1983 a 1988, marca una etapa de transición entre el populismo estatista y el neoliberalismo globalizador que vendría después. Tres fueron sus rasgos más sobresalientes: *a*) el paulatino desmantelamiento del enorme aparato paraestatal; *b*) la eliminación de las trabas y barreras legales a la inversión extranjera directa y a la transferencia de tecnología; y *c*) un discreto proceso de apertura comercial preparatorio de la globalización que se instauraría a partir de 1990. Pero el Estado, a mi juicio con tino, se siguió reservando la rectoría de una economía, sin embargo, mucho más racionalizada. Quien se tome la molestia de leer el largo, pero interesante, Plan Nacional de Desarrollo 1982-1988, podrá comprobar lo anterior.

1989 marca el inicio del que probablemente sea el sexenio más controvertido de la segunda mitad del siglo XX mexicano. Bajo el esquema autoritario del partido de Estado que nació en 1929, uno a uno se fueron transformando, y al mismo tiempo, mediatizando, los principales postulados de la Revolución. Tres ejemplos son más que suficientes. Entre 1989 y 1994 se aniquiló al sindicato más poderoso y combativo del país: el de los trabajadores petroleros, que, gracias a la nacionalización de 1938, se había convertido en un poder dentro del Estado, al resultar indispensable para el desarrollo de la industria que genera las divisas sin cuyo concurso la economía nacional tiende a colapsarse. En ese mismo periodo se revirtió la reforma agraria como consecuencia de un complicado esquema legal que, de hecho, conduce a la privatización y semiprivatización de los ejidos y tierras comunales; y se restablecieron los derechos constitucionales de la iglesia católica, cuya desaparición del escenario político fue uno de los principales objetivos de varios de los presidentes revolucionarios, en especial de Plutarco Elías Calles.

A lo anterior es necesario agregar una economía política de corte marcadamente liberal y capitalista que significó la privatización o liquidación de las miles de empresas paraestatales que se habían creado en los tiempos del populismo —en manos del Estado únicamente quedaron la compañía petrolera y la Comisión Federal de Electricidad— y la apertura comercial indiscriminada ("la economía más abierta del mundo"), simbolizada por el Tratado de Libre Comercio celebrado con Estados Unidos y Canadá, que omitió las dos salvaguardas fundamentales que, según lo demuestra la reciente experiencia de la Unión Europea, son indispensables para que una determinada área geográfica en efecto pueda transformarse en una zona de libre comercio: la regulación de los flujos migratorios y un acuerdo monetario, como el europeo de 1972, que impida que la moneda de uno de los países miembros se devalúe en más de cinco por ciento respecto de las monedas que emiten los otros países miembros.

De manera paralela, se privilegió la inversión extranjera de tipo especulativo, es decir, la que se canaliza a través de bolsas de valores y que no aporta ni capital, ni impuestos, ni fuentes de trabajo, ni tecnología. El mercado sustituyó al Estado, y dentro de semejante contexto, la Revolución pasó a ser un hecho meramente histórico y hasta anecdótico, tan remoto como puede serlo la expulsión de los jesuitas de todos los territorios de la Nueva España, ordenada el 25 de junio de 1767 por el virrey Marqués de Lacroix, en acatamiento de lo decretado por su señor el rey Carlos III.

Este programa funcionó en los primeros años de su instrumentación porque tuvo la doble virtud de corregir muchos de los desvíos y excesos del populismo estatista, y porque le dio a México una presencia económica internacional que antes no tenía. Pero con el tiempo las grietas de un edificio construido tan rápido comenzaron a hacerse evidentes. Las privatizaciones se dieron en medio de notables fenómenos de corrupción. El publicitado Tratado de Libre Comercio inundó a México de productos estadunidenses que significaron el cierre o la quiebra de miles de pequeñas y medianas industrias y comercios nacionales; y al mismo tiempo restringió la entrada a Estados Unidos de un buen número de productos mexicanos de exportación, bajo diversos pretextos legalistas; algo en lo que los estadunidenses suelen ser expertos. Además, precisamente por la falta de un acuerdo monetario, este tratado fue incapaz de prevenir las gravísimas secuelas económicas derivadas de la abrupta devaluación del peso mexicano ocurrida en diciembre de 1994; es decir, a los escasos doce meses de haber entrado en vigor.

La visión autoritaria que sostenía que las reformas económicas no tenían que ir acompañadas de reformas políticas, canceló —como en la era del porfiriato— las vías del escape democrático y, como efecto natural, condujo a la violencia: 1994 vio nacer un movimiento guerrillero en las selvas de Chiapas y los asesinatos de dos prominentes políticos, lo que no había ocurrido desde 1928, cuando Álvaro Obregón fue asesinado al reelegirse como presidente de la República. El proyecto de convertir a México en una nación "del primer mundo" hizo agua por todos lados. Los viejos fantasmas de la pobreza secular, la preponderancia de los intereses estadunidenses, la inflación, el endeudamiento externo y la violencia política, no pudieron ser erradicados por este acelerado ensayo neoliberal, como no lo habían sido por los engendros populistas.

Hoy se sigue tratando de aplicar el modelo neoliberal —a veces con incomprensible intransigencia— en medio de una creciente insatisfacción popular. La situación no es fácil. Más de la tercera parte de los habitantes de México vegeta en la pobreza. Con reforma agraria o sin ella los brazos fuertes, por miles y miles, abandonan cada año el territorio nacional para buscar trabajo —las más de las veces en condiciones deplorables— en el sur de Estados Unidos. Las clases medias urbanas y rurales viven en la más pavorosa de las inseguridades, acosadas todos los días por asaltos, secuestros, violaciones y asesinatos, sin que el gobierno haga nada por evitarlo. El sector productivo sufre día con día los embates de una voraz burocracia decidida a recaudar impuestos a toda costa, pasando por encima de las garantías individuales que consagra la Constitución, y sin tomar en cuenta para nada los imperativos propios de toda legislación fiscal moderna: fomentar el empleo, la reinversión y la inversión productiva.

A todo esto se responde con argumentos de orden técnico que hacen referencia a la cierta estabilidad que parece haberse logrado en algunas cifras macroeconómicas como tasas de inflación, tipo de cambio y crecimiento del producto interno bruto; y al imperativo de llevar a cabo nuevas y mayores privatizaciones. Este diálogo de sordos ha llevado a los pensadores más lúcidos a plantearse la necesidad de encontrar una "tercera vía" para el país; un proyecto intermedio entre el populismo y el neoliberalismo. Es aquí en donde las miradas más agudas se han vuelto hacia los legados de la Revolución y de su síntesis: el desarrollo estabilizador.

La reciente publicación (1998) de la obra de Antonio Ortiz Mena —quien de 1958 a 1970 fuera el más brillante y efectivo de todos los secretarios de Hacienda y Crédito Público que ha tenido México en el siglo XX—, titulada *El desarrollo estabilizador: reflexiones sobre una época*, ha venido a demostrar, casi treinta años después de que se cerrara este ciclo, que los gobiernos que de verdad provinieron de la Revolución tuvieron una visión mucho menos "econométrica" pero mucho más lógica y realista que los gobiernos populistas y neoliberalistas, acerca de la forma de conducir las finanzas públicas y la economía nacional. La simple lógica indica que no es posible consolidar el bienestar general mediante el "crecimiento en inflación", el endeudamiento incontrolado y la desincentivación fiscal de la industria y el comercio. Ambas corrientes —populismo y neoliberalismo— en distintos momentos y por diferentes razones pecaron de lo mismo y, en su soberbia, que no reconocía el valor de ninguna crítica, se apartaron de los genuinos postulados de la Revolución y llevaron al país a un estado casi permanente de inestabilidad económica en el que el atavismo de la pobreza ancestral, combinada con los también ancestrales problemas de autoritarismo y corrupción, han tendido a acentuarse. Con todo acierto, Ortiz Mena señala que: "El problema de la pobreza era —y es— tan grave en México que su abatimiento debe ser parte central de la política económica. Pretender reducir la pobreza sin un sustento de estabilidad y crecimiento económico sostenido resulta ilusorio. Debiera estar claro que la inflación es el impuesto más regresivo. El desarrollo económico no sólo quiere decir que debe existir una mayor cantidad de ingreso para la sociedad en su conjunto, sino que debe llevar consigo el fortalecimiento de la clase media como ocurrió en la etapa del desarrollo estabilizador. La estrategia de abatimiento de la pobreza debe consistir en lograr la plena incorporación de los grupos de menores recursos a la clase media, y la ampliación de esta clase requiere indefectiblemente de un crecimiento económico estable [...] En numerosas ocasiones, los recursos externos se utilizaron para sostener el tipo de cambio o para financiar fugas de capital y, en la mayoría de los casos, no fueron utilizados en inversiones productivas que generaran las divisas futuras para el pago de los créditos. Las generaciones futuras tendrían la carga de la deuda pero sin el beneficio de proyectos productivos que aumentaran el ingreso nacional".[1]

Para quienes hemos vivido en el México de los últimos treinta años y pensado —así haya sido desde modestas posiciones privadas— en su destino, la progresiva depauperización de las clases medias es el peor de los males que aquejan al país, por dos razones esenciales: *a*) las clases medias son una especie de colchón social que atenúa las fricciones entre las oligarquías y los grupos marginados; y *b*) la movilidad social propiciada por el crecimiento sostenido de las clases medias es el mejor freno económico que puede haber para el potencial estallido de conflictos sociales.

Es en este punto —que no es coyuntural sino de supervivencia de todo el aparato social— en donde la revaluación del legado histórico de la Revolución mexicana y de su síntesis y fruto, el desarrollo estabilizador, cobra importancia y trascendencia. Resumiendo los conceptos, puede afirmarse que de la conjunción de ambos ciclos se derivó la creación de un México mucho más igualitario y estable que el que existió en los tiempos de Porfirio Díaz, y que el que, por desgracia, han arrojado los sucesivos gobiernos populistas y neoliberales. A ello contribuyeron los siguientes factores:

1. La reforma agraria —con sus excesos e insuficiencias— implicó una importante redistribución de la riqueza nacional. Es cierto que un buen número de líderes revolucionarios y de empresarios privados acumularon tierras fértiles mediante figuras legales como la pequeña propiedad y la unión de parcelas entre miembros de una sola familia, y que a los ejidatarios jamás se les educó ni se les dotó de los elementos indispensables para hacer de sus ejidos verdaderas unidades productivas, pero también lo es que, gracias a la reforma agraria, se evitó el resurgimiento de la vieja oligarquía latifundista que, aliada al ejército, habría provocado un retorno reaccionario al pasado porfirista o, lo que hubiera sido mucho peor, un desvío antihistórico a los regímenes militares de marcadas tendencias conservadoras que rigieron a la mayoría de las naciones centro y sudamericanas durante gran parte del siglo XX. La reforma agraria fracasada en lo social, en lo político resultó una bendición oculta.

2. La integración de las centrales obreras y campesinas como sectores fundatorios y fundamentales del partido político de Estado, abrió un buen número de oportunidades de participación e influencia en los asuntos públicos a grupos que por tradición habían estado marginados del quehacer político. Además, estos grupos presionaron para la creación de una red de seguridad social que hasta la fecha, y a pesar de sus muchos tropiezos y tropezones, constituye para millones de mexicanos la única opción viable para contar con servicios médicos, asistenciales y educativos.

3. La nacionalización del petróleo —formalizada en 1938 pero prevista originalmente en la Constitución de 1917— permitió tanto el restablecimiento de la soberanía nacional sobre este recurso estratégico como la consolidación, por varias décadas, de una base económica propia y de una presencia continua en los mercados internacionales.

4. El régimen de economía mixta, aunado a un decoroso respeto de las libertades individuales, propició un ritmo, más o menos sostenido, de crecimiento con estabilidad y de endeudamiento externo muy razonable destinado al financiamiento de actividades productivas, tal y como expresamente lo ordena la fracción VIII del artículo 73

de la Constitución federal de 1917. Disposición que, a partir de 1970, ha sido olímpicamente ignorada, con las inevitables consecuencias de dependencia internacional que se derivan de toda pérdida de la soberanía crediticia.

Al repasar estos factores surgen algunas ideas generales acerca de lo que podría ser esa "tercera vía" que ya no sería estrictamente revolucionaria, pero tampoco populista ni neoliberal. Inclusive algunos autores la empiezan a llamar "socialdemocracia". Pero cualquiera que sea el nombre con el que se le designe, en el caso concreto de México significaría recuperar el espíritu original de la Constitución de 1917, que combina con prudencia la genuina doctrina liberal del siglo XIX (no ese engendro que se ha dado en llamar "neoliberalismo") generosamente individualista y libertaria, con un conjunto de reivindicaciones sociales en materia educativa, agraria, laboral y de seguridad social, dentro de un esquema que permite al Estado tener el dominio directo sobre los recursos estratégicos de la nación y ejercer una especie de rectoría económica, sin que esto último sea un impedimento para que en todos los sectores no estratégicos pueda participar la libre inversión privada, tanto nacional como extranjera, dentro de un régimen fiscal que, a diferencia de lo que sucede en la actualidad, se ajuste a los principios constitucionales de certidumbre, generalidad, legalidad, proporcionalidad, equidad, fomento económico y vinculación con el gasto público.

El que el Estado mexicano del siglo XXI se inspire o no en estos lineamientos, que no son otra cosa que normas de buena administración pública y de sana administración financiera, es algo que en este momento —de transición política y de indefinido tiempo histórico— no se puede asegurar o negar. Sin embargo, si es cierto el socorrido lugar común que nos dice que los pueblos que no entienden sus lecciones históricas están condenados al fracaso, entonces los legados de la Revolución y de su síntesis, el desarrollo estabilizador, tendrán mucho que decir en el futuro inmediato de México.

Por todas estas razones ha sido una experiencia muy gratificante revisitar la Revolución mexicana, con los ojos del escepticismo primero y del entusiasmo después, gracias a la mágica y mercurial participación que en ella tuvo ese caballero andante venido de la lejana Suecia a cuya memoria se consagra la presente obra. La revisión y la revaloración de las ideas históricas propias cuando, desde el pasado, nos visita un mensajero de buena fe, tiene por necesidad un efecto revitalizador. Todos los años de mi vida adulta había tenido una actitud ambivalente hacia nuestra máxima gesta social. Gracias a las charlas con mi abuela paterna —mezcla de nostalgias, reaccionarismo porfirista y mal disfrazada satisfacción por las grandes transformaciones que le había tocado presenciar y vivir— y a mis lecturas incipientes de los clásicos de la época: Mariano Azuela, Martín Luis Guzmán, Rafael F. Muñoz y Francisco L. Urquizo, primero llegué a admirarla sin reservas. Después, la machacona propaganda oficial y el mal nombre que a todo a lo que oliera a "revolucionario" le dieron los gobiernos populistas, me hicieron relegarla al olvido, como se olvidan los sucesos que hace muchos años tal vez fueron notables pero que nunca formaron parte de nuestras vidas. Al final, el desdén al que la sujetaron los economicistas y extranjerizantes gobernantes —sería aventurado llamarlos políticos— neoliberales, me llevaron a verla como algo anacrónico y, sobre todo, carente de proyección hacia el futuro.

Ahora, gracias a la investigación que significó este trabajo, la he revalorado, la he vuelto a admirar y la he entendido no sólo como la raíz de nuestro pasado histórico inmediato, que aún debe germinar si los futuros afanes nacionales son capaces de rescatar lo mejor de los factores reales de poder que coadyuvaron a la configuración del moderno Estado mexicano. En este sentido ha sido una experiencia en especial refrescante.

Desde mis primeras lecturas de *Gringo Rebel*, ciertas palabras de Ivar Thord-Gray, por provenir de quien provienen, me hicieron entender que si me decidía a aceptar esta encomienda tendría que efectuar una revisión a fondo de mis concepciones primarias y de mis olvidos posteriores de lo que en verdad fue y significó la Revolución mexicana. Como acepté la encomienda y no me arrepiento para nada de haberlo hecho, me parece de justicia elemental concluir estas breves reflexiones sobre la naturaleza y destino del movimiento revolucionario, que se desarrolló en México de 1910 a 1920, con la reproducción de esas palabras que tanto me interesaron de entrada por haber sido escritas por alguien que tuvo la rara virtud de vivir los hechos de cerca y juzgarlos de lejos.

"El feroz levantamiento de las multitudes a las que la servidumbre y las tiendas de raya habían hecho la vida intolerable no movió a las clases dirigentes a la compasión o al entendimiento. Por el contrario, prohibieron a sus peones que tomaran parte en la lucha por su liberación y la Iglesia los amenazó con la excomunión si desobedecían a sus amos [...]

"El surgimiento de una nueva vida para los peones e indígenas se encontraba al alcance de la mano, y la copa de la amargura se estaba acabando. El pueblo se salió de control y se lanzó detrás de las banderas de Tierra y Libertad, indiferente a los anatemas.

"Los males diabólicos que habían sufrido indígenas y peones hicieron que esta gente, esencialmente decente, se transformara en una canalla desbordada por la pasión de venganza, lo que causó el imponente río de sangre que inundó a México.

"Sin embargo, a pesar de la oposición de la clase gobernante, los peones e indígenas, la clase de los parias en la escala social mexicana, se impulsaron por sí mismos a un mejor nivel de vida.

"Con este amanecer del renacimiento indígena, surgieron líderes políticos y militares de gran capacidad entre maestros de escuela, capataces, rancheros, tenderos, peones, indígenas puros y bandidos, que acabaron por retornar, aunque no siempre, a sus orígenes gracias a la bala de un asesino [...] A fin de cuentas quien salvó al país de la anarquía fue un líder natural para esta difícil tarea, Álvaro Obregón. Tomando el toro por los cuernos, Obregón obligó a Carranza a legislar ciertas reformas sociales en beneficio de las masas. Las más importantes fueron el Manifiesto de Veracruz del 12 de diciembre de 1914, y la Ley Agraria del 6 de enero de 1915 [...]".[2]

Cualquiera que sea el juicio que para el lector merezcan estas palabras, no puede dejar de advertirse la especial originalidad de la que están revestidas, en virtud de que fusionan, en una especie de sincretismo laico, los orígenes y las causas de la Revolución mexicana con las raíces más profundas de la cultura indígena, que un día lejano rigiera soberana esta rica pero infortunada Mesoamérica, que aún sigue buscando su redención definitiva.

EPÍLOGO: EL LARGO CAMINO HACIA EL PARAÍSO DE LOS CAZADORES

Al dejar Veracruz en la mañana del 13 de septiembre de 1914, Thord-Gray regresa a Inglaterra para continuar su carrera como oficial de inteligencia militar. Seguirán seis años de intensas aventuras en diversos lugares del mundo. De 1914 a 1917 estará en el frente francés participando en la interminable guerra de trincheras; luego tendrá acceso a información clasificada del Estado Mayor alemán, lo que le permitió conocer de primera mano qué fue lo que en realidad aconteció en los casos de la invasión villista a Columbus y del telegrama Zimmerman, y revelarlo sin falsos pudores y sin decir verdades a medias, cuando escribió sus memorias.

A principios de 1917, con la declaración de guerra de Estados Unidos a Alemania, regresa a Estados Unidos para servir como instructor de tropas; labor esencial para que la, en ese entonces, joven potencia pudiera estar en condiciones de inclinar con rapidez el fiel de la balanza de la primera guerra mundial; y tarea para la cual había adquirido vasta experiencia en los campamentos constitucionalistas de Sonora y Sinaloa.

La suma de estas experiencias, aunada a las de sus años en los campos de batalla del frente de Verdún, se verá reflejada en su primer libro *Attack and Defense in Trench Warfare* (Ataque y defensa en la guerra de trincheras), McGraw-Hill, New York, 1917, que lo confirmará como lo que en realidad fue en la primera parte de su vida: un distinguido militar de carrera, altamente especializado en tres áreas vitales para los ejércitos de fines del siglo XIX y principios del XX: trincheras, artillería y caballería.

1918 lo sorprende como jefe de inteligencia militar de la fracasada campaña británica que trató de arrebatar los abundantes recursos estratégicos de Siberia de las garras rojas de los revolucionarios bolcheviques. En Vladivostok es herido y capturado por el enemigo; permanece prisionero por casi dos años, por lo que es hasta 1920 cuando para él termina la "guerra que iba a acabar con todas las guerras" —famosas últimas palabras de Woodrow Wilson— gracias, según él mismo confiesa, "a la ayuda de Dios y a un muy decente y considerado comandante del Ejército Rojo".[1]

En 1920 parte de Vladivostok a Estados Unidos para regresar a sus antiguas labores de instructor militar. A fines de ese año, de nuevo como oficial de inteligencia militar, participa en un movimiento encaminado a derrocar al presidente Gómez de Venezuela, uno de los clásicos tiranuelos sudamericanos aliados al ejército y a la oligarquía local, cuya nociva especie nunca pudo brotar en México debido al sentido social de la Revolución de 1910, y a la institucionalización política que se derivó de la creación de un partido político de Estado.

Su agitada vida militar concluye en 1923, cuando interviene en un intento de restauración de la monarquía en Portugal, que fracasa porque ese bello, soleado, festivo y, por lo general, pacífico y amable país, desde 1908 había dado una feroz —e inusual en los gentiles portugueses— muestra de antimonarquismo al asesinar en el mismo día (primero de febrero) al rey Carlos I y al príncipe heredero Luis.[2]

En 1926, Ivar Thord-Gray, para ilustración de futuras generaciones de guerreros, condensa en una segunda obra, *Strategy and Tactics, For the 9th Coast Defense Command* (Estrategia y táctica), New York, 1926, toda su experiencia militar, lo que permite que por años esta obra sea utilizada como libro de texto en las principales academias militares de Estados Unidos.

A partir de 1927, ya en el mundo de los civiles, se dedica a las más variadas actividades en los más variados lugares: inspector de minas en África del Sur; inspector de la policía británica en el este de África; hombre de negocios en Asia; agricultor y banquero en Estados Unidos. Es decir, continúa fiel al reflejo del pegaso que cruza los siete mares en busca de un destino cambiante, que tan bien pintara su pariente Gunnar Hallström —por cierto en 1920— en su estudio de la bella isla nórdica de Björkö.

Pero a pesar de haber vivido, sufrido y gozado en tantos países, México siempre estará en su mente, en su recuerdo y en su imaginación. No sólo retornará al país un buen número de veces, sino que los tres libros que escribió a lo largo de su vida sobre temas no militares, están íntegramente consagrados a México. Ni Sudáfrica, ni las Filipinas, ni China, ni Siberia, ni Venezuela, ni Portugal lo motivaron en la forma en que lo motivó la cultura mexicana para narrar —con detalle y genuina admiración— las interesantes experiencias aleccionadoras que debió haber tenido en todas esas naciones, tan alejadas y contradictorias entre sí. Sólo México, con su conflictiva historia, sus graves desigualdades sociales y su rico pasado antropológico, inspiró a este contumaz peregrino a vaciar en el papel el arcón de sus múltiples recuerdos.

En 1923, publica en Suecia, *Frän Mexikos Forntid* (Del México antiguo), A. B. Gunnar Tisells Tekniska Förlag, Stockholm, un resumen sobre las culturas que existieron y prosperaron en México antes de la Conquista, que es en particular detallado en lo que concierne al periodo llamado "posclásico" que aproximadamente comprende del año 900 al 1519 d.C. Aunque de 1923 a la fecha los estudios sobre este ciclo etnohistórico han hecho progresos notables que hacen aparecer la obra de Thord-Gray como un tanto obsoleta e incompleta, de cualquier manera se contienen en ella conceptos que, en su tiempo, fueron absolutamente originales y que obras recientes muy especializadas han venido a corroborar. Entre ellos destacan: la identificación de Tula y sus imponentes atlantes como el centro ceremonial y la capital política de la civilización tolteca;[3] y la curiosa presencia de una tribu de mayas "mexicanizados" que se incorporaron a uno de los periodos "posclásicos" de la civilización azteca o mexica, tras la misteriosa desaparición (¿guerra de exterminio, plagas incontrolables, lluvia de meteoritos, cambio radical de las condiciones climáticas y, por ende, de vida? La respuesta no se conoce con precisión) de su otrora vibrante y avanzada cultura, que por varios siglos sentara sus reales en la península de Yucatán.

Además, *Frän Mexikos Forntid* se constituyó en la primera obra que dio a conocer a la siempre culta y progresista elite académica sueca la esencia, los misterios, los ritos, tradiciones y costumbres y, en general, la enorme riqueza cultural y antropológica de las antiguas civilizaciones mexicanas, que poblaron y desarrollaron Mesoamérica antes de la llegada de los conquistadores europeos.

En 1955, Ivar Thord-Gray culmina un sueño largamente acariciado: la publicación de su obra magna, *Tarahumara-English/English-Tarahumara Dictionary*, University of Miami Press, Coral Gables, Florida. En esta obra monumental (consta de 1,170 páginas) paga la enorme deuda de gratitud humanista que sentía tener con el fiel chamán Pedro, al vaciar para la posteridad el profundo conocimiento que llegó a adquirir en relación a la concepción del mundo, las costumbres, las tradiciones, la historia de la tribu, las leyendas, las plantas, las hierbas medicinales, las curaciones, la magia y los rituales alucinógenos de los tarahumaras. El contenido antropológico de este diccionario —que es único en su género— es extraordinariamente vasto, ya que no se concreta a los meros aspectos lingüísticos como podría suponerse, sino que cubre todos los aspectos de la civilización tarahumara. Así, en adición a los conceptos que se acaban de consignar, se ocupa de la descripción de la vida diaria de los tarahumaras y de los lugares en los que ésta se desarrolla, de la intrincada nomenclatura de parentesco, de sus maratónicas competencias deportivas en las que se mezclaban lo mismo ritos ceremoniales y mágicos que estímulos y curaciones chamanísticas (véase el capítulo "Interludio tarahumara") y, en general, de cualquier cuestión de interés que permita entender y asimilar la verdadera naturaleza de este pueblo tan individualista y, por ello, singular.

Por si lo anterior no fuera suficiente, el diccionario está redactado en una prosa sencilla y clara, de modo que cualquier lector que tenga cualquier tipo de interés sobre las culturas indígenas del Nuevo Mundo y sobre una de las regiones más bellas —y gracias a ello más poco conocidas— de lo que hoy en día es la multifacética república mexicana, puede aprovecharlo. Además, como mexicano, no puedo dejar de apreciar —y de valorar— el profundo respeto que Thord-Gray muestra por la cultura y la civilización del pueblo tarahumara.

México, siempre México, parece ser el leitmotiv de las últimas décadas de la vida en reposo de este incansable guerrero de todas las guerras y de todos los mares de su tiempo. Platica tanto de México y de su Revolución (así, con mayúscula inicial) que la continua presión de sus amigos estadunidenses y mexicanos, combinada con la de sus hermanos, su esposa Winnifred y de lo que él mismo da en llamar "toda una camada de sobrinos, sobrinas y hasta descendientes de la cuarta generación"[4] lo lleva a escribir, casi medio siglo después, sus detalladas memorias sobre lo que fue su participación en la Revolución mexicana.

Era algo que tal vez llevaba en el subconsciente. La gesta mexicana tuvo un espíritu de violenta generosidad que, por sí misma, le confirió los tintes de una genuina lucha social, por completo distinta de las guerras raciales y de anexión de Sudáfrica y Filipinas, o del complejo y siniestro "internacionalismo" que dio origen a la Revolución rusa, ahora caída en el más espantoso de los descréditos.

La correspondencia personal de Thord-Gray demuestra que México y sus compañeros revolucionarios —de alta o baja posición— jamás lo abandonaron del todo. El recuerdo de Pedro y Tekwe lo acompañó por el resto de sus días. Pero hubo dos incidentes que indeleblemente quedaron grabados en su corazón. Uno tuvo que ver con la batalla de Tierra Blanca. El otro, con el destino de su jefe, discípulo y amigo, Lucio Blanco.

Como se narró en su momento, la victoria en Tierra Blanca significó para Pancho Villa el acceso a los medios que le fueron indispensables para sus célebres tomas de Torreón y Zacatecas: armas, municiones, una incipiente artillería (que Thord-Gray le organizó), el control sobre un importante centro ferroviario, la admiración de los corresponsales y observadores estadunidenses y, más que nada, una gran confianza en sí mismo.

Pero, repitamos con Tolstoi, una gran batalla no es sino la suma de las más variadas acciones individuales cuyo heroísmo, sacrificio, cobardía y vacilaciones las más de las veces acaban por decidir el curso de los combates por encima de la voluntad y de las decisiones de quienes se imaginan que los dirigen. En este sentido, Tierra Blanca es todo ejemplo, ya que de no ser así una tropa desordenada, mal vestida, peor armada y sin otras provisiones que las que le podían arrancar a la tierra seca y avara las estoicas soldaderas —que, indiferentes a la muerte más por resignación que por valentía adquirida a la fuerza, marchaban detrás de sus hombres contrariando las órdenes del mismo general Villa— no podría haber derrotado a un ejército profesional, compuesto de siete mil efectivos que contaban con cuatro trenes bien abastecidos, cinco juegos de ametralladoras montadas en plataformas ferroviarias, ocho cañones de campaña, siete ametralladoras de campo, cuatrocientos rifles, trescientos caballos y alrededor de cuatrocientas mil rondas de municiones.[5]

Una de esas acciones individuales que conjuga el espíritu que dio lugar a esta inverosímil victoria, la representó un niño de aproximadamente diez años de edad, cuyo nombre jamás registró la historia, y que horas antes del combate, hambriento y fatigado, se acercó a Thord-Gray para pedirle una tortilla y un poco de agua para recuperar algunas de las fuerzas que le permitieran seguir desempeñando su humilde labor de enlace entre la retaguardia y las columnas que con anarquía marchaban al frente. Ivar aprovecha la ocasión para platicar con él. No tiene tiempo de averiguar muchas cosas. Sólo alcanza a saber que viene de un pueblo del norte de Chihuahua que se nombra Lago Guzmán; que anda en busca de sus padres que, hasta donde recuerda, un buen día desaparecieron de la modesta choza familiar arrastrados por la vorágine revolucionaria; y que está muy orgulloso de portar un viejo rifle, tipo máuser, que capturó en el primer combate en el que se unió a los villistas. Antes de despedirse de este precoz guerrero para retornar a la rudimentaria batería a cuyo mando lo puso el Centauro, el oficial sueco alcanza a advertir que el niño lleva mal vendado el brazo derecho y que tras las sucias vendas se advierten grandes manchas de sangre coagulada.

Al concluir la batalla, Thord-Gray ordena a Pedro que localice al niño. Lo encuentra después de varias horas y en un estado deplorable. El brazo derecho lo tiene por completo gangrenado y no es mucho lo que se puede hacer por él. No obstante lo intentan. Ante la carencia de agua en el asolado campo de batalla, se ven forzados a limpiar la herida con su propia orina. Después, mientras Ivar le aplica las únicas dos dosis de morfina que llevaba consigo, Pedro, utilizando con destreza tanto sus conocimientos chamanísticos como su tradicional cuchillo tarahumara de doble filo, le amputa el brazo gangrenado. Es inútil, la gangrena se ha extendido a la parte superior del magro y sufrido cuerpecito. No queda otro recurso que el de aplicarle en la frente uno de los tantos cocimientos de hierbas que el chamán siempre acarrea en su bolso de tela cruda, para tratar de bajarle la fiebre que devora su corto, inocente y brutal paso por la vida; y colocarlo en una camilla para sentarse a esperar lo inevitable. El final es patético y, paradójicamente, de un luminoso romanticismo, propio de tiempos idos: "Cuando lo colocamos en la pobre camilla, volvió en sí y su débil sonrisa de reconocimiento fue algo maravilloso de verse. Su rifle que lo habíamos colocado junto a él le sirvió de punto de referencia y al hacer un esfuerzo para encontrarlo, volvió a regalarnos con una sonrisa agradecida, plena de entendimiento. Entonces tomó algo de su bolsillo, me lo dio y me dijo: 'Esto me lo regaló mi madre hace mucho tiempo, ¿me lo podría guardar?'. Era una moneda brillantemente pulida de veinticinco centavos de dólar [...] el niño volvió a perder la conciencia después de recibir mi última ración de morfina, y murió al día siguiente. Pedro consiguió dos hombres a los que dio dos palas, lo cargamos por más de una milla y lo enterramos con su rifle y con la moneda que le había dado su madre, en el bolsillo".[6]

La muerte de Lucio Blanco —que tanto impresionara a Thord-Gray por la especial camaradería que lo unió a él— es un ejemplo más de cómo el sistema político mexicano, sea del signo que sea, tiende a frustrar las aspiraciones de sus mejores y más brillantes hombres, para, en general, dar paso a una sucesión de conspiraciones de mediocres, como la que pretendió llevar a la presidencia de la República a Ignacio Bonillas.

Al triunfo definitivo del constitucionalismo, el joven y carismático general Blanco atrae sobre sí muchas miradas y corrientes de opinión que lo ven como un candidato natural para la presidencia en las elecciones que deberían celebrarse en 1920. Esto le atrae de inmediato la feroz enemistad de Carranza y Obregón, quienes lo encarcelan y lo someten a un consejo de guerra, acusándolo de mantener tratos secretos con los "traidores y bandidos reaccionarios", Francisco Villa y Emiliano Zapata. Lo del primero era una completa falsedad. En lo que toca al segundo, hemos sido testigos de que, por conducto de Ivar Thord-Gray, al menos hubo un intento de acercamiento.

Lucio Blanco permanece dos años en prisión. En 1919, cuando Obregón se lanza abiertamente a buscar la presidencia de la República, don Venustiano lo excarcela y lo regresa a la vida pública para oponerlo a las ambiciones del Manco de Celaya, gesto tan extemporáneo como inútil. Obregón arrasa con toda oposición y Carranza muere, en circunstancias no del todo aclaradas, en la lodosa aldea serrana de Tlaxcalantongo. Blanco comprende que al ser Obregón el triunfador final de la Revolución, ya no tiene nada qué hacer en México y se refugia en Estados Unidos. Inclusive se retira de la vida política y militar, pues vive con lujo y comodidad en el hotel Saint Anthony en San Antonio, Texas, en donde se dedica a pasear con sus múltiples amantes (según parece era un hombre extraordinariamente bien parecido), casi siempre en compañía de su más fiel seguidor, el coronel Aurelio Martínez. En ocasiones se traslada a la ciudad fronteriza de Laredo, Texas, no con fines políticos, sino para encontrarse con familiares y amigos.

A pesar de su lejanía e inactividad política, Obregón sigue desconfiando de él y se muestra temeroso de que un eventual retorno a México pueda despertar nuevas y renovadas corrientes de simpatía a su favor, pues percibe que la opinión pública siente que ha sido muy injustamente tratado. Es entonces cuando decide darle el mismo tratamiento que le daría a Pancho Villa un año después: lo manda matar.

El 7 de junio de 1922, se publica en México la noticia de que el "sedicente" general Lucio Blanco fue abatido por tropas federales cuando trataba de internarse al país para encabezar una "rebelión armada". Como todas las versiones oficiales en estos casos, se trataba de una sarta de mentiras. Los hechos ocurrieron de modo por completo distinto.

En una de sus frecuentes visitas a Laredo, Texas, Blanco, en unión de su inseparable amigo Aurelio Martínez, fue secuestrado por agentes de la Secretaría de Guerra de México que seguían órdenes expresas del presidente Obregón. Maniatado, se le conduce en una lancha de remos por el río Bravo hacia el lado mexicano de la frontera. Antes de desembarcar, sus captores intentaron ahogarlo —después de haber asesinado de un balazo en la cabeza a Aurelio Martínez— pero era tal la fortaleza física del antiguo comandante constitucionalista que, a pesar de estar atado, logró arrastrar en su caída al agua al jefe de la banda de secuestradores, un sujeto de nombre Ramón García. Los secuestradores, temerosos de que el general se les escapara, lo acribillaron en forma conjunta con su propio cabecilla. José Vasconcelos escribió por esos días que Blanco y García se fundieron en un abrazo "de odio y muerte". Días después el fiscal estadunidense John Wells, contradijo, con evidencias objetivas, la "versión oficial" del gobierno mexicano. El general Lucio Blanco —sostuvo, sin que nadie fuera capaz de rebatirlo— no murió en México al tratar de huir de los agentes federales que lo habían capturado por conspirar en contra del régimen de Álvaro Obregón; sino que fue secuestrado en las afueras del hotel de Laredo, Texas, en el que pacíficamente se albergaba en compañía de un grupo de amigos y familiares; y fue asesinado a mansalva en las aguas del río Bravo, que, en ese lugar, sirve de línea divisoria entre México y Estados Unidos.[7]

La muerte de Lucio Blanco fue el primer síntoma de la descomposición autoritaria en la que, con el tiempo, empezarían a caer los gobiernos surgidos de la Revolución, y la que tendría su crisis final en los últimos treinta años del siglo XX. El truncar así la vida de un carismático militar que gozaba de una enorme simpatía popular, constituyó una enorme afrenta al postulado revolucionario del sufragio efectivo. En lo sucesivo, y por los siguientes setenta años cuando menos, el pueblo mexicano tendría la libertad de votar pero no la de elegir. Los candidatos le serían impuestos por un cúpula corporativa que, en generaciones sucesivas, monopolizaría el poder al amparo de un sólido pero excluyente partido de Estado. Los sueños libertarios y democratizadores de 1910 y 1917 aterrizaron en una estructura monocorde y casi monolítica de disciplina burocrática y partidista, impuesta verticalmente.

Por la ruptura y pérdida de la promesa de reforma y regeneración que Lucio Blanco simbolizaba, Thord-Gray lamentó, en los años venideros, su temprana muerte. "El general Blanco, que comandó la mejor caballería de la que jamás dispuso Obregón, era un hombre sumamente popular tanto entre las tropas como entre la población civil. Obregón siempre estuvo prejuiciado en su contra debido a los celos que le inspiraba su gran popularidad. Carranza y Obregón en su intento de relegar a su mejor general, como previamente lo habían hecho con Felipe Ángeles, lo obligaron a alejarse de ellos por completo [y eventualmente] causaron su eliminación [física] para no tener que contender con él por la presidencia."[8]

Desde la correspondiente perspectiva histórica, el destino de Lucio Blanco resulta en particular frustrante. No sólo por su carisma, juventud y arrastre con el pueblo, sino por su idealismo y autenticidad revolucionaria. Aunque con el tiempo estas dos últimas expresiones se han desgastado a fuerza de ser manoseadas, en este caso no lo están. Dos hechos bastan para demostrarlo. Repitamos que Blanco llevó a cabo, en 1913, el primer acto de reforma agraria del que se tiene noticia en el periodo revolucionario, al expropiar, para repartirlo entre peones e indígenas, el latifundio llamado Los Borregos, que poseía, en el estado de Tamaulipas, Félix Díaz. Acto expropiatorio que provocó el enojo del también terrateniente Venustiano Carranza, pero que, en esencia, correspondió a la genuina dinámica del movimiento revolucionario, que Blanco parecía entender mucho mejor que el Primer Jefe. Y repitamos, también, que Lucio Blanco fue el único líder constitucionalista que tuvo el idealismo y el realismo suficiente para buscar un acercamiento de buena fe con Emiliano Zapata.

Por estas razones, Thord-Gray rinde a su amigo y jefe directo el más válido de todos los homenajes que se le pueden rendir, al equipararlo —en un por demás evidente paralelismo histórico— al otro héroe puro de la Revolución mexicana: el general Felipe Ángeles.

En noviembre de 1960, y a la serena distancia que dan más de cuarenta y cinco años, publica con la Universidad de Miami, sus memorias mexicanas, *Gringo Rebel*. Al consignar sus experiencias, vivencias y recuerdos en este grueso volumen que se lee como si fuera una novela de aventuras, Thord-Gray cumplió lo prometido a amigos y parientes, pero también entregó a la posteridad un documento invaluable para entender el doloroso proceso por el que México tuvo que pasar en su intento —hasta la fecha no del todo logrado— por transformarse de una sociedad semifeudal en una moderna social democracia. La importancia de esta obra radica en el hecho de que, con una gran agilidad narrativa, sabe combinar datos de primera mano, incluyendo algunos en especial ilustrativos en torno a la oscura telaraña de la participación e intervención extranjera, con descripciones militares y con profundos juicios de valor acerca de la trascendencia histórica de la cultura mexicana y de la necesidad de crear en México una sociedad más igualitaria y democrática que vaya acorde con la riqueza ancestral que proviene de esa cultura.

Gringo Rebel casi no ha circulado en México. Su autor escribió el libro a la avanzada edad de ochenta y dos años y ya no tuvo el tiempo y el vigor necesarios para regresar, por última vez, al país de sus recuerdos para difundirlo entre sus muchos amigos y conocidos que todavía a fines de 1960, eran testigos vivientes —y, algunos de ellos, luminosos, como el general Miguel M. Acosta, del que la primera edición de la obra muestra una espléndida fotografía de sus tiempos (contemporáneos a los de Ivar) de coronel constitucionalista— de los terribles y magníficos años de 1913 y 1914.

1960 también trajo para Ivar Thord-Gray la distinción académica más importante de su notable y prolongada existencia: se le otorgó el doctorado honoris causa en artes y letras por la Universidad de Uppsala, la más prestigiada de Escadinavia y una de las más importantes de Europa; y fue con solemnidad admitido como miembro de la Real Academia de Artes y Ciencias de Suecia. Debe destacarse que estos elevados honores le fueron conferidos por sus brillantes estudios antropológicos y etnográficos sobre México, Mesoamérica y la cultura tarahumara. A pesar de su vida errante y multinacional, México quedó permanentemente adherido a su destino.

En 1964, a los ochenta y seis años de edad, Ivar Thord-Gray fallece de causas naturales. Por regla general no es fácil encontrar el epitafio apropiado para una vida que no sólo es notable sino en esencia polifacética. Por eso la sencillez en la expresión quizá sea la forma más adecuada de hacerlo. Ivor Hallström (que, en su juventud, cambiaría su nombre por el más británico de Ivar Thord-Gray) llevó una vida intensa y larga, desempeñando con excelencia todas las actividades que despertaron su ingenio dinámico y trashumante: niño cazador en la isla de Björkö; joven marinero sueco; oficial de carrera en el ejército británico; capitán de caballería en la guerra de los bóers; especialista en artillería y guerra de trincheras de los ejércitos británico y estadunidense; oficial de inteligencia militar del Estado Mayor estadunidense en Filipinas y China; instructor de tropas y revolucionarios mexicanos; de nuevo oficial de inteligencia militar e instructor de tropas en la primera guerra mundial; analista político de los movimientos más confidenciales del Estado Mayor alemán; contrarrevolucionario en Siberia; monarquista en Portugal; autor de dos libros sobre tácticas y alta estrategia militar; estudioso de las civilizaciones que poblaron el México antiguo; autor de una obra extraordinaria, tanto desde el punto de vista lingüístico como etnográfico: el único diccionario tarahumara-inglés/inglés-tarahumara que existe en el mundo, obra que representa uno de los estudios más profundos y extensos que jamás se hayan escrito sobre la lengua y la civilización de una de las tribus más remotas y complejas de las cincuenta y seis culturas indígenas con las que México cuenta; inspector de minas en el este de África; hombre de negocios en Asia; banquero en Estados Unidos; historiador, testimonial y objetivo, de los años críticos de la Revolución mexicana. Y, en los últimos años de su prolífica vida, distinguido académico en la sobria y exigente Universidad de Uppsala. En síntesis, no puede haber mejor elogio para este hombre singular que la simple narración de los hechos más sobresalientes de su vida.

Si la muerte es un sueño interminable, entonces Thord-Gray, que a la vida que puede o debe de existir después de la muerte, frecuentemente la llamaba "el paraíso de los cazadores", tal vez se encuentre ahora dedicado a su actividad predilecta —tal y como lo presagia la mitología tarahumara— en un nirvana que fusione a los bosques de Björkö y de Chihuahua y que lo una, con gancho de acero, como decía Shakespeare, a los dos guerreros a los que *Gringo Rebel* está dedicado: el chamán tarahumara Pedro y el águila yaqui Tekwe.

Estocolmo, mayo de 1998,
ciudad de México, julio de 2000

Ilustraciones

La isla de Björkö en invierno (*cortesía de la familia Hallström*).

Los bosques de la isla de Björkö, lugar de nacimiento de Ivar Thord-Gray (*cortesía de la familia Hallström*).

De izquierda a derecha: Ivar Thord-Gray en una rápida visita a la isla de Björkö en el año nuevo de 1912, con sus parientes Gustaf y Gunnar Hallström; el primero arqueólogo y el segundo pintor. En noviembre del año siguiente Thord-Gray cruzaría la frontera mexicana para "irse con Pancho Villa" (*cortesía de la familia Hallström*).

El pegaso que cruza el mar Báltico, óleo, circa 1920, de Gunnar Hallström.

Grupo de revolucionarios villistas en el norte de Chihuahua, 1913.

Un tren del Ejército Constitucionalista, Sonora-Sinaloa, 1913-1914.

Reclutas yaquis, Sonora, 1913.

Indios yaquis con soldaderas, Sonora, 1913.

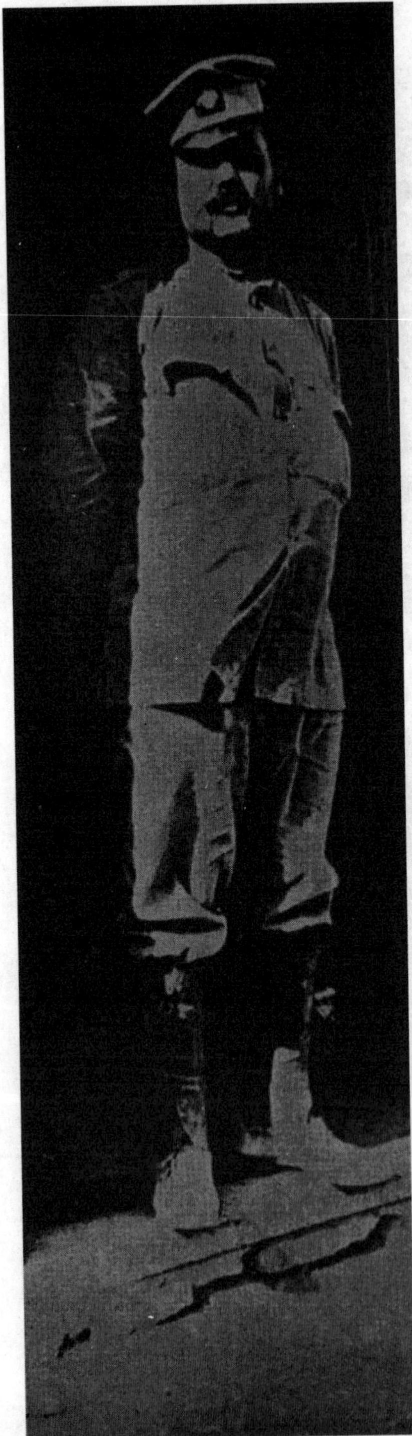

General Álvaro Obregón, Sonora, 1913.

Venustiano Carranza, Sonora, 1913.

De izquierda a derecha: capitanes A. Salinas, J. Madero y C. Salinas, del Estado Mayor de Carranza.

El general Lucio Blanco recibe al poeta José Santos Chocano. Blanco aparece al centro de la fotografía con un puro en la mano, Culiacán, 15 de febrero de 1913.

Artillería constitucionalista. De derecha a izquierda: teniente coronel Juan Mérigo, capitán primero Ivar Thord-Gray y artilleros yaquis.

Fusilamiento de espías y traidores huertistas, 1914.

"Los colgados", aterradora pero común escena en el campo mexicano, 1913-1914.

Ivar Thord-Gray, coronel del Ejército Constitucionalista, México, septiembre de 1914.

Ruinas del Commerce Hotel; parte del poblado fue incendiado por las fuerzas villistas, Columbus, Nuevo México.

Soldados villistas muertos durante el asalto a Columbus, Nuevo México, son transportados por sus compañeros a territorio nacional, para ser inhumados.

General Miguel M. Acosta en una fotografía tomada en 1920 y dedicada a Thord-Gray.

Cuerpo de Ejército del Noroeste.
COMANDANCIA.

N° 929.-

Esta Comandancia ha tenido a bien disponer cause alta con esta fecha en el Primer Regimiento de Artillería que es a las ordenes del C° Mayor Juan Mérigo, con el grado de Capitán 1°

Sufragio Efectivo. No Reelección.
Hermosillo, Diciembre 9 de 1913.
El Gral en Jefe.

Al C° Ivor Thord Gray, Capitán 1°
Presente.

Comisión especial para el capitán primero Ivar Thord-Gray firmada por el general en jefe Álvaro Obregón.

COMANDANCIA.

Número. 790.

De acuerdo con su petición, este Cuartel General concede a usted licencia ilimitada para separarse del Ejército Constitucionalista y marchar a Europa al arreglo de sus asuntos particulares.

Es la oportunidad de darle las gracias por sus magníficos servicios que prestó a nuestra causa, estando al frente del Regimiento que confié a su digno mando.

Hágole presente mi atenta consideración y aprecio.

Constitución y Reformas.

México, septiembre 3 de 1914.

El General, Jefe de la División de Caballería.

Al C Coronel I. Thord Gray Presente.

Licencia limitada para separarse del Ejército Constitucionalista y regresar a Europa, concedida al coronel Ivar Thord-Gray por el general Lucio Blanco.

Ärendet som var liktydigt med ett ultimatum gjorde Hohler mållös. Sedan han hämtat sig svarade han att han skulle framföra budet till sir Lionel nästa morgon. Thord gjorde Hohler ännu mer bestört genom att råda honom framföra ärendet samma dag, eftersom rebellerna var otåliga och krävde handling. Det framgick av Thords samtal med en brittisk post, då han lämnade legationen, att sir Lionel var hemma och sannolikt hade lyssnat till samtalet med Hohler.

Ungefär vid denna tid inbjöd George G de Parade jr Thord att bo i sitt hus, Casa de la Condessa, i Tacubaya, ett av de vackraste i huvudstaden. Thord tackade ja och flyttade in.

Zapata

Ytterligare ett mycket ömtåligt uppdrag föll på Thords lott i dessa augustidagar.

Blanco kallade till konferens. Han var upprörd och talade om att Carranza var tjurigare än någonsin och vägrade att förhandla med general Emilio Zapata om inte denne "indianske bandit" kom till honom med hatten i hand och erkände honom som överbefälhavare. Blanco avslöjade att han och fyra andra generaler, alla missbelåtna med Carranzas attityd gentemot Zapata och Villa, haft ett samtal. Han ville veta vad hans compañeros hade för mening - därför denna konferens.

Det var väl känt, att Obregon inte kände sig väl till mods med Villas stora armé i norr nästan klar att slå till. Zapata i söder var rent av obehagligt nära. Känt var också, att Villa och Zapata sedan någon tid konspirerat för att kasta ut Carranza och Obregon ur huvudstaden samt avlägsna dem från den politiska scenen.

Thord föreslog att Acosta och han själv skulle rida till Zapata för ett samtal. Blanco ansåg dock att det skulle vara oklokt att båda gav sig iväg samtidigt. "Det vore besvärligt för mig att på en gång mista både min vänstra och högra hand". Thord berättade då om sina möten med zapatisterna, striden mot federalisterna och samtalet med överste Morales. Att döma av dessa samtal borde det enligt Thords mening inte vara omöjligt att komma överens med Zapata. Blanco hade stora betänkligheter, men då Thord erbjöd sig att ensam rida till Zapata för att försöka övertyga denne om att Carranza inte var så farlig som han lät och att indianerna säkerligen skulle få sin jord, gick Blanco med på detta under förutsättning att uppdraget uträttades i absolut hemlighet och med undvikande av väpnad sammanstötning med zapatisterna annat än till självförsvar. Thord ville för uppdraget vara lätt utrustad och bara ta med sig sina två spanare Pedro och Tekwe, men Blanco sade bestämt ifrån att eskorten måste bli minst hundra man med hänsyn till alla banditband som härjade i området. Thords invändningar mot att ha en ohanterlig skvadron att dra försorg om hjälpte inte. Han visste att Blanco menade väl. Blanco gav Thord en mycket vacker 11 mm Colt-revolver, utsökt vackert ciselerad och med guldinläggningar och bad honom överlämna denna till Zapata plus tvåhundra patroner som en vänskapsgåva.

Reproducciones facsimilares de diversos documentos en sueco de Ivar Thord-Gray.

Det skulle föra för långt att närmare följa hur denna märkliga expedition genomfördes. Väsentligt är att de vägvisare Thord fick sig tilldelade var zapatistiska agenter som ledde truppen i fälla. Detta klarades av med uppoffrande till sista man av en eftertrupp av yaquiindianer och Thord fick kontakt med överste Morales, vilken ansåg sig tvungen avväpna truppen men lovade underrätta Zapata. I väntan på dennes svar fick Thord tillfälle att besöka pyramidtemplet i Tepoztlan, där han fick en gammal indian som vägvisare. Av tacksamhet för Thords vänlighet kom denne senare att bli till ovärderlig nytta vid återvändandet till huvudstaden.

Efter tempelbesöket ägde nytt sammanträffande rum med Morales i närvaro av en icke presenterad man i bakgrunden, vilken uppenbarligen måste ha varit Zapata själv. Men Morales hävdade att chefen inte fanns tillgänglig och därför inte kunde ge något svar på Thords ärende. Han fick själv den för Zapata avsedda revolvern och gjorde ett sista försök att vinna Thord och hans män över på Zapatas sida. Med en varning för att de skulle bli förföljda och sedan de återfått sina vapen släppte han dem som tack för den hjälp de lämnat zapatisterna i huvudstaden några dar tidigare.

Återfärden blev en kurragömmaritt i två dygn med den gamle indianen som vägvisare för att undgå zapatiststyrkor som ihärdigt sökte hejda och jaga expeditionen.

En av Blancos reflexioner efter Thords redogörelse för vad som förevarit var: "En marsch ända in i hjärtat på hans område med en beväpnad styrka kanske hos Zapata kan skapa vissa tvivel på att hans ställning är så osårbar som han vill skryta med." Denna Blancos förmodan visade sig fullt riktig. Zapata uppsköt sin redan försenade attack mot huvudstaden. Först i november förenade han sig med Pancho Villa, jagade bort Carranza och Obregon från staden och ockuperade den själv för en tid.

Från ett krig till nästa

Den besvärliga affären med sir Lionel fick sin lösning genom att Hohler nödgades telegrafera till regeringen i London och rekommendera omedelbar förflyttning av sin chef, vilket skedde. Thord och sir Lionel kunde ändå skiljas som vänner. Hohler blev senare minister i Mexiko.

Ända sedan Thord fått reda på att det var krig i Europa, hade han tid efter annan förgäves försökt att få avsked från mexikanska armén. Det var Serrano som bromsade. På omvägar kunde inhämtas från Carranza en antydan om möjligheten för Blanco att ge "permission" utan att fråga armechefen. I brev, daterat 3. september 1914, fick Thord "permission på obestämd tid" från mexikanska armén. Han var då sedan någon tid befordrad till överste.

Även avfärden blev ett äventyr. Thord hade på framställning från Blanco till Obregons stab fått sig tilldelad en privat järnvägsvagn för färden från huvudstaden till Veracruz. Det föreföll mystiskt att Serrano som stabschef gått med på denna

131

Kapitel X

1913–1914

Möte med Pancho Villa; krigets bakgrund; hos Carranza-organisation och utbildning; självständiga uppdrag; hårda bud för gringon; taktik och ledning; Mexico City; Zapata; från ett krig till nästa

388

Möte med Pancho Villa

Vadslagningen på tyska klubben i Shanghai har skildrats i föregående avsnitt. "Den tvingade mig att resa till Mexico genom de nedsättande uttalanden om rebellerna, som gjordes".

Thord steg i land i San Francisco i början av november 1913 och tog första tåg till El Paso vid gränsfloden Rio Grande, passerade gränsen och uppsökte Pancho Villas högkvarter nära Juarez. Från första stund var uppenbart att utlänningar inte var önskvärda i landet. Villa tog ingen notis om Thords person, tog emot det resetillstånd som mexikanska konsuln i Shanghai utfärdat, kallade Thord "gringospion" och röt en order att han skulle försvinna från Mexiko. En begäran att få tillbaks resetillståndet besvarade Villa med att riva sönder detta, varpå Thord avlägsnade sig beredd att återvända till El Paso.

På återvägen genom Villas läger lade Thord märke till två fältkanoner och bredvid dem en officer som verkade bekymrad. Thord blev intresserad och stannade för att se vilka pjäser de hade. Officeren, en förrymd amerikansk underofficer, ville lätta sina bekymmer och anförtrodde Thord att han visste mycket litet om artilleri, och att de federala artilleristerna hade mixtrat med pjäserna innan de övergav dem och de kom i rebellernas händer. Thord undersökte mekanismerna, fann att tändspetsarna var avbrutna och föreslog honom att tillverka nya. I denna situation kom Villa med sällskap. Thord arresterades. Officeren vid pjäserna trädde då fram och förklarade Thord vara expert på artilleri. Arresteringen upphävdes och Thord fick i uppdrag att skaffa nya tändspetsar, vilket han lyckades med genom samarbete med en mekanisk verkstad vid gränsen.

Thord var tydligen användbar. Han kvarhölls under bevakning och beordrades delta i en provskjutning med artilleripjäserna, fast man saknade både riktmedel och avståndsinstrument Skotten gick utan att målen träffades, men sand och bråte vräktes upp. Villa blev belåten och utropade Thord till artillerichef med rang av förste kapten (capitan primero) och han blev kallad både vän och kamrat. Han blev också i tillfälle att genom tolk diskutera andra militära spörsmål med Villa, såsom utbildning, disciplin, taktik och strategi.

Som spanare och rapportkarlar mellan Villa och kanonerna fick Thord två fullblodsindianer av tarahumarastammen som bor högt uppe i Sierra Madre. Den ene av dessa hette Pedro och var egentligen schaman-läkare. I samtal med denne blev Thord så intresserad att han började skriva ned uppgifterna. Anteckningarna växte med åren och sammanfattades till ett tarahumara-engelskt och engelskt-tarahumaralexikon, tryckt hos University of Miami Press 1955.

Redan dagen efter provskjutningarna och samtalen med Villa bröt rebellarmén upp, gick emot och slog en överlägsen fiende vid Tierra Blanca. Lastad med krigsbyte var man tillbaks i Juarez den 28. november. Segern hade inte vunnits på grund av överlägsen strategi eller taktik utan på grund av en felexpedierad order och en tydligen harhjärtad federal chef. Det var en blodig seger. Nästan alla sårade fiender dödades. Det togs som självklart att alla officerare i federala armén och inom frivilligkåren skulle skjutas. Den artilleristiska insatsen var blygsam men icke utan betydelse.

Tidigt den 29. november blev Thord kallad till Villa. Denne satt i en stol med båda läderklädda benen på bordet, hatten på nacken och allvarsam min. Thord orienterades om att en vapenleverans av någon underlig och mystisk anledning kommit på avvägar i USA. Villa förklarade att han behövde en pålitlig person som genast reste till Tucson i Arizona för att träffa hans agent och därifrån leda en klövjefora med vapen och ammunition mot och över mexikanska gränsen. "Vill ni hjälpa mig med detta"? frågade Villa.

Att ta tjänst vid rebellarmén var en sak, vapensmuggling något helt annat. Det var ett osmakligt uppdrag, men då Thord visste att Villas snabbt växande armé behövde leveransen, gick han med på saken. Villa föreföll mycket lättad och förvånade Thord med att säga: "När ni är klar med ert uppdrag fortsätter ni till Hermosillo och anmäler er för Carranza . -- Han har beordrat till sig mannen som lagade mina kanoner. Han har flera stycken som behöver tillsyn. Adjö kamrat!"

Den 2. december 1913 fanns följande notis i en amerikansk tidning: "Rapport har ingått till polisstationen i El Paso, Texas, att alla lager av ammunition i staden är slut. Man tror att den blivit smugglad över gränsen till Villas styrkor".

Transporten blev äventyrlig men lyckades bl a tack vare ett rådigt ingripande av en mexikansk charro (cowboy) bland Thords manskap, Lopez, som sedan dess blev en av hans ständiga följeslagare.
Den 3. december kom Thord till Hermosillo efter att ha avlämnat transporten då gränsen passerats.

Detta var slutet på Thords samröre med Pancho Villa som han karaktäriserar på följande sätt: " älskad av de fattiga, hatad av cientificos och fruktad av federala armén. Han var hård, hänsynslös och grym många gånger, men han kunde skänka bort skjortan för att hjälpa en vän. - - man måste ta hänsyn till hur han hade det under uppväxtåren - -".

Vid tagandet av Tula, den forna huvudstaden i kejsardömet Toltec, fann Thord en stor mängd relikter från Toltectiden i form av skulpturer i vulkanisk sten och statyetter i terrakotta. Han köpte en del av de större skulpturerna och en mängd av de mindre. Föremålen lämnades till förvar, hämtades efter 7 år - orörda - och skänktes till Etnografiska museet i Göteborg.

Mexico City

När rebellkavalleriet nådde i närheten av Mexico City uppstod en del säregna situationer. Den federala guvernören i området med befäl över huvudstadspolisen hade på egen begäran förts till rebellsidan, där han togs emot av Acosta och Thord. Han ville ha hjälp för att hindra banditligornas i staden fortsatta marodering och för att skaffa mat till tusentals svältande människor. Kavalleriet hade emellertid klara order att inte marschera in i huvudstaden före Obregons ankomst, varför guvernören måste återvända.

Några medlemmar av diplomatiska kåren sände en kurir till Obregon och förkunnade sin önskan att få träffa honom, innan någon omfattande belägring av huvudstaden sattes igång. De föreslog ett möte viss tid den 9. augusti i Teoloyucan, som var besatt av kavalleridivisionen. Obregon hade ännu inte anlänt men förslaget accepterades och omfattande förberedelser vidtogs för uppvisning av första kavalleribrigaden i samband med mötet. Vid angiven tid stod brigaden klar för uppsittning, men inga diplomater kom. Efter tre timmars väntan utan att skymten av några diplomater syntes, fick truppen rycka in. Att begära samtal och sedan inte bry sig om att komma gjorde dåligt intryck. Det ansågs att brytandet av överenskommelsen gjorts med avsikt för att sätta rebellerna på plats. Detta dumma beteende hämnade sig senare, särskilt för britternas del som närmast hade svarat för arrangemanget och var generande för Thord med hans brittiska anknytning.

Det kom en besynnerlig ursäkt till Obregon. Det hade förekommit "missförstånd" och diplomaterna skulle i stället komma den 11. augusti. Förklaringen betraktades som en medveten förolämpning.

Det blev en kort och påtagligt kylig mottagning av gästerna den 11. Det blev inte den vanliga paraden eller revyn, inte ens en hedersvakt var utkommenderad. Obregon visade inte minsta spår av hjärtlighet, och det syntes tydligt att gästernas bryderi roade honom.

Thord tog ingen del i förhandlingarna men följde med Blanco på dennes begäran. När Thord föreställdes för Storbritanniens sändebud, sir Lionel Carden, nämnde denne något om att han kände igen namnet och sade: "Ni är ju inte mexikan, eller hur?" Thord berättade då om sin anställning i brittiska armén och då kom sir Lionel ihåg honom. Han nämnde att ett telegram låg och väntade på legationen och gav Thord den första officiella uppgiften om att ett krig pågick i Europa.

Konferensen mellan Obregon och diplomaterna körde fast och slutade med att han rent ut bad dem sköta sina egna affärer.

Sir Lionel kom över till Thord och satte igång med en stormeld av frågor rörande militära förhållanden av ömtåligt slag. Varje fråga var lömsk och samtidigt en förolämpning mot Thorc lojalitet för rebellernas sak, hans uniform och hans redbarhe Thord var bestört över mannens arrogans men insåg att han mås behärska sig och hålla god min i elakt spel. Han svarade därf med förvrängningar av fakta och klara lögner samt tillade att det han talat om inte får omnämnas för en själ. I så fall skulle han bli skjuten som förrädare. Samtalet slutade med att sir Lionel på grund av det läge Thord målat upp utbrast: "Det finns inget hopp för de federala trupperna. Jag ska försöka få dem ut ur huvudstaden i morgon".

Eftersom Thord blivit helt upptagen av sir Lionel, fick han inte tillfälle att tala med några andra med undantag av kommendör Harry Hopkins, tidigare i amerikanska flottan, med vilken han blev vän för livet.

Nästa dag ryckte kavalleriet fram till huvudstadens omedelbar närhet. Spanare hade rapporterat att stadens centrum var utrymt av de federala trupperna, men att det rådde avsevärd militär verksamhet öster och sydöst om staden. Blanco hade order att följande dag utforska och rensa infartsvägarna. Acosta och Thord brann av iver att få ta en titt på staden, ty här låg en gång i forna tider Tenochtitlan, huvudstad i det fabulösa aztekiska kejsardömet. De var överens om att - kosta vad det ville - skulle de redan samma kväll åtminstone se sig om som hastigast. Denna olämpliga och oförsiktiga eskapad fick stor inverkan på den kommande verksamheten. Med Pedro till fots 200 m i förväg, beväpnad med revolver, bowiekniv och slunga, red Acosta, Thord och en hästskötare med karbiner i sadelhölster och revolvrar. Kl 9 på kvällen stötte de i stadens utkant på 20 beväpnade soldater under befäl av en sergeant Herrera. Det visade sig vara en tropp guerreraindianer, d v s Zapatister, som var ute på spaningsuppdrag. Efter samtal utökades kvällens kringstrykande styrka från fyra man till tjugufem, tills det småningom blev dags att åter skiljas åt. Strax efter avskedstagandet hördes rop och gevärseld. Thord och hans kamrater trodde att deras guerreravänner råkat illa ut, gjorde helt om och galopperade mot skottljudet Indianerna hade råkat i kläm mellan två federala patruller men kunde bita väl ifrån sig efter att ha ställt sig i gatportarna. Acostas och Thords grupp kom överraskande, och striden blev kort. Guerrerasoldaterna hade förlorat fyra man och de federala sexton döda eller döende på gatan. Utflykten slutade kl 2 på natten mer av tur än skicklighet.

Vid påföljande dags patrullering av stadens gator för att ta reda på om fienden verkligen utrymt kom Blanco och Thord genom ödets ironi att passera just den plats, där sammandrabbningen ägt rum på natten. De döda låg fortfarande kvar på marken och anblicken förbryllade Blanco, eftersom det var federala soldater - guerreroindianerna hade tagit bort sina döda - men nattens deltagare gav inte frivilligt några upplysningar.

Den 14. augusti red kavalleridivisionen in i huvudstaden som en styrkedemonstration. I den stadsdel Thord fått på sin lott fick han rapport om att förtraven till ett av Zapatas regementen var nära. Det visade sig att chefen var sergeanten Herrera från två nätter tidigare, som hälsade med honnör och ett glatt leende. Det var nödvändigt att få veta mer om dessa zapatister och Thord antog Herreras inbjudan att träffa hans överste, red med honom omkring 5 km och fann ett avsuttet zapatistregemente klart för fortsatt marsch. Thords regemente

fick göra halt och färdiga till strid ett stycke därifrån, medan han själv red fram och träffade chefen, överste Morales, som visade sig vara en trevlig guerreroindian och uppträdde fint och förnämt som en indiansk hövding. Han kände till sammandrabbningen med federalisterna den där natten och var mycket tacksam för hjälpen.

När Thord red tillbaka längs en annan gata lade han märke till utländska flaggor på en del av husen. En sådan var svensk, och den ene av två män ropade inåt huset på svenska: "Kom ut får ni se på rebellerna!" Det var Carl Erik Östlund och Gösta Lundberg, som blev nära vänner till Thord, en vänskap som fortsattes av barn och barnbarn.

Den 16. augusti bjöd Blanco Acosta och Thord att följa med honom och se på hur det såg ut i Nationalpalatset, de mexikanska presidenternas residens. I ett prydligt rum med ett stort skrivbord låg en hel del saker med initialerna P.D. ingraverade och sålunda måste ha tillhört Porfirio Diaz, säkert presenter som han fått vid olika tillfällen, bl a en stor tung silverkniv och en imitation i silver av en gammalmodig handgranat i naturlig storlek, arrangerad som cigarrtändare. Blanco överlämnade dessa två föremål till Thord och sade: "Ta de här sakerna som minnen av revolutionen". (De är nu i nedskrivarens av dessa rader ägo).

Samma dag uppvaktades Blanco av en kommitté på fyra överstelöjtnanter med ett för Thord obehagligt överraskande ärende. En grupp officerare hade sammanträtt för att diskutera den verksamhet som bedrevs av främmande makters representanter och beskickningar, särskilt den brittiska. Brittiska regeringen var motståndare till Revolutionära partiet och sir Lionel Carden hade oavbrutet motarbetat detta och givit Huerta stöd så fort möjligt var. Kommitten föreslog nu att brittiska legationen ofördröjligen skulle stängas och sir Lionel förklaras persona non grata samt skickas hem. Om britterna vägrade att stänga och resa hem, skulle legationen brännas, ministern arresteras och skickas med sin personal till amerikanerna i Veracruz.

Det var drastiska förslag. Thord var orolig för att Blancos nationella entusiasm och hans oerfarenhet när det gällde internationella problem kunde föra honom på villovägar och föreslog att någon sökte upp sir Lionel för att anmoda honom att lämna Mexiko innan han tvingades till det. Förslaget godtogs, men "anmoda" skulle ersättas med "beordra" och det beslöts att Thord skulle underrätta ministern. Sir Lionel var inte hemma och det blev nödvändigt att meddela förste legationssekreteraren Thomas Hohler om ärendet, vilket var mycket obehagligt.

PLATE

ESTADOS UNIDOS MEXICANOS

Venustiano Carranza, Gobernador Constitucional del Estado Libre, Soberano e Independiente de Coahuila de Zaragoza. Primer Jefe del Ejército Constitucionalista:

En atención al mérito, servicios y virtudes cívicas del C. Ivor Thord Gray *le confiero el empleo de* Cap. 1º de Artillería *en el propio Ejército Constitucionalista, que le será ratificado a la restauración del orden constitucional, y que le servirá como timbre de honor por haber sabido conservar incólumes los principios del honor, del deber y de la legalidad.*

Cuartel General en Culiacán Sin. a 4 Julio *de 1914*

El Primer Jefe del Ejército Constitucionalista.

V. Carranza

El General Subsecretario
de Guerra E. del D.

Felipe Ángeles

El Gobernador, Primer Jefe del Ejército Constitucionalista, confiere el despacho de Capitán Primero de Artillería *al C.* Ivor Thord Gray

Nombramiento oficial de Ivar Thord-Gray como capitán primero de artillería del Ejército Constitucionalista firmado por el Primer Jefe, Venustiano Carranza, y rubricado por el general Felipe Ángeles.

Stockholm, October17th 1913.

Mexikanska frågan

A. a.

Excellency:-

I have the honor to state that I have been directed by the President to communicate to Your Excellency the text of the following dispatches which have been sent to our Embassy at the City of Mexico.

" To the Chargé d'Affaires

Please see the Minister for Foreign Affaires immediately and have him communicate to General Huerta the following; Any violence done to legislators will shock the civilized world, and raise serious questions with ourrown and other Governments. The United States as a neigboring nation could not be indifferent to the political execution of officials, Government to be deserving of respect must conform to established laws and usage, and these require a fair and impartial hearing of all charges before punishment can be legally inflicted,"

and also: " Call upon the Foreign Office at once and deliver the following message: The president is shocked at the lawless methods employed by General Huerta and as a sincere friend of

His Excellency

~~Mr. Staaff~~ Count Ehrensvärd

~~ne~~ Minister for Foreign Affaires.

Comunicación enviada por el Departamento de Estado de Estados Unidos al encargado de negocios de Suecia en Washington, y retransmitida al Ministerio de Asuntos Exteriores en Estocolmo, por la que se desconoce, en términos absolutos, al gobierno de Victoriano Huerta (*Archivos Nacionales de Suecia*).

friend of Mexico is deeply distressed at the situation which has risen. He finds it impossible to regard otherwise than as an act of bad faith towards the United States General Huerta's course in dissolving the Congress and arresting deputies.

It is not only a violation of constitutional guaranties but it destroys all possibility of a free and fair election. The President believes that an election held at this time and under conditions as they now exist would have none of the sanctions with which the law surronds the ballot and that its result therefore could not be regarded as representing the will of the people. The President would not feel justified in accepting the result of such an election or in recognizing a President so chosen."

I am directed to communicate the foregoing to Your Excellency that You may be acquainted with this action and to report to the President any comments that may be made thereon.

I take this opportunity to renew to Your Excellency the assurances of my most distinguished consideration.

Charles H. Graves

American Minister.

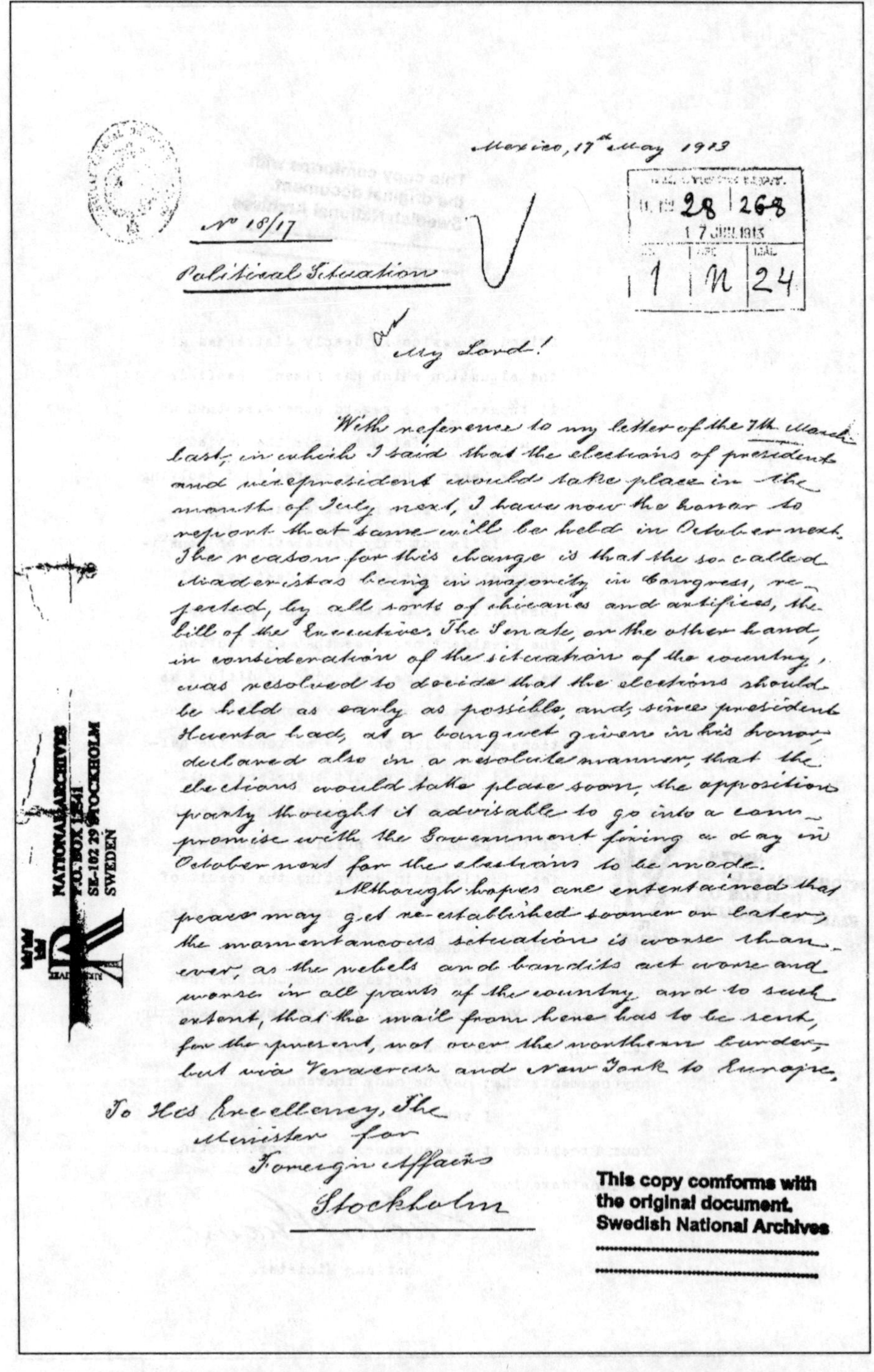

Mexico, 17th May 1913

N° 18/17

Political Situation

My Lord!

With reference to my letter of the 7th March last, in which I said that the elections of president and vicepresident would take place in the month of July next, I have now the honor to report that same will be held in October next. The reason for this change is that the so-called Maderistas being in majority in Congress, rejected, by all sorts of chicanes and artifices, the bill of the Executive. The Senate, on the other hand, in consideration of the situation of the country, was resolved to decide that the elections should be held as early as possible, and, since president Huerta had, at a banquet given in his honor, declared also in a resolute manner, that the elections would take place soon, the opposition party thought it advisable to go into a compromise with the Government fixing a day in October next for the elections to be made.

Although hopes are entertained that peace may get re-established sooner or later, the momentaneous situation is worse than ever, as the rebels and bandits act worse and worse in all parts of the country and to such extent, that the mail from here has to be sent, for the present, not over the northern border, but via Veracruz and New York to Europe.

To His Excellency, The Minister for Foreign Affairs Stockholm

Mensaje confidencial enviado por el cónsul general de Suecia en México al Ministerio de Asuntos Exteriores en Estocolmo, en cuya parte medular se dice que Rockefeller y la Standard Oil ayudaron económicamente a Francisco I. Madero para derrocar a Porfirio Díaz a cambio de futuras concesiones petroleras (*Archivos Nacionales de Suecia*).

Several days ago, about 2000 bags containing mail arrived here together with a delay of many days. Also the American Post-Office Administration delivered up 200 bags of mail to the rebels instead of doing so to the federal authorities.

Bills of exchange on foreign markets can be obtained again, although the rate of exchange does not correspond to the present price of silver in London and to the duties of the Exchange Commission. The circumstance that bills can be had again is founded on speculation in connection with the loan of 150,000,000 Pesos that is about to be made.

The following newspaper articles go under cross-band.

1) Concentration of Zapatistas in the State of Morelos (cutting)
2) Statement of Mr. de La Barra, Minister for Foreign Affairs (cutting)
3) L'attitude des Américains (")
4) Loan bill (newspaper copy)
5) Interview with the American Ambassador Wilson (newspaper)
6) Contract for new mail steamers (newspaper)
7) Notes politiques (cutting)

The Mexican press attack severely the United States, reproaching the Government of that country that, on one side, they make the recognition of the Mexican Government depend on the pacification of the country while, on the other hand, they (the American Government) foment the revolution by allowing the rebels to introduce war material; also, it is claimed that some large concerns in the United States supply the rebels with money.

The non-recognition of General Huerta's Government on the part of the United States is said, according to running

accounts, to be founded not only on the controversies regarding the Chamizal, the division of the water of the Colorado river and claims for damages, but also, which cannot be guaranteed, to the circumstance that powerful American corporations, that own important interests in Mexico, helped Mr. Madero, in his fight against General Porfirio Diáz, with money, with the view of obtaining from him privileges and concessións, which can, impossibly, be granted, and, thus, by their great influence, increase the difficulties prevailing already. Even quite lately, the best and serious paper „El Pais" insists in saying that Rockefeller pays the rebels in order to destroy bridges between San Luis Potosi and Tampico, so as to prevent the transportation of petroleum — which has also been done as regards railway bridges.

With reference to my letter of the 13th inst, concerning recognitión of General Huerta's Government, I beg to say now, that since then, also Germany, Portugal, Italy, China, Argentine and Guatemala have recognized it.

I have the honor to remain your Excellency's most obedient and humble servant

O. J. Brai de Szécsény

Consul General

Several days ago, about 2000 bags containing mail arrived here together with a delay of many days. Also the American Post-Office Administration delivered up 200 bags of mail to the rebels instead of doing so to the federal authorities.

Bills of exchange on foreign markets can be obtained again, although the rate of exchange does not correspond to the present price of silver in London and to the duties of the Exchange Commission. The circumstance that bills can be had again is founded on speculation in connection with the loan of 150,000,000 Pesos that is about to be made.

The following newspaper articles go under cross-band,

1) Concentration of Zapatistas in the State of Morelos (cutting)
2) Statement of Mr. de La Barra, Minister for Foreign Affairs (cutting)
3) L'attitude des Américains (")
4) Loan bill (newspaper copy)
5) Interview with the American Ambassador Wilson (newspaper)
6) Contract for new mail steamers (newspaper)
7) notes politiques (cutting)

The Mexican press attack severely the United States, reproaching the Government of that country that, on one side, they make the recognition of the Mexican Government depend on the pacification of the country, while, on the other hand, they (the American Government) foment the revolution by allowing the rebels to introduce war material; also, it is claimed that some large concerns in The United States supply the rebels with money.

The non-recognition of General Huerta's Government on the part of The United States is said, according to running

398

accounts, to be founded not only on the controversies regarding the Chamizal, the division of the water of the Colorado river and claims for damages, but also, which cannot be guaranteed, to the circumstance that powerful American corporations, that own important interests in Mexico, helped Mr. Madero, in his fight against General Porfirio Díaz, with money, with the view of obtaining from him privileges and concessions, which can, impossibly, be granted, and, thus, by their great influence, increase the difficulties prevailing already. Even quite lately, the best and serious paper "El País" insists in saying that Rockefeller pays the rebels in order to destroy bridges between San Luis Potosí and Tampico, so as to prevent the transportation of petroleum — which has also been done as regards railway bridges.

With reference to my letter of the 13th inst., concerning recognition of General Huerta's Government, I beg to say now, that since then, also Germany, Portugal, Italy, China, Argentine and Guatemala have recognized it.

I have the honor to remain your Excellency's most obedient and humble servant

O. Brai de Szécsény

Consul General

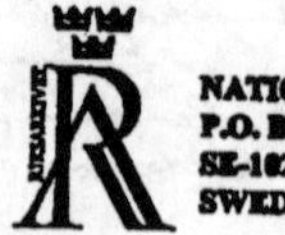

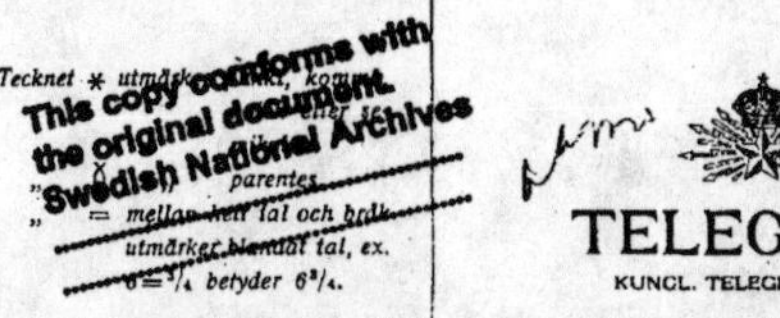

TELEGRAM.

KUNGL. TELEGRAFVERKET.

washington z 497 956 52 21 april nil -

cabinet sthm

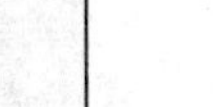

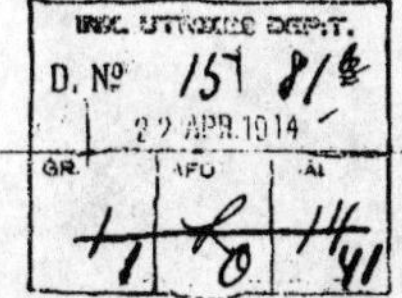

president delivered message congress yesterday asking permission to us armed forces against mexico if necessary to enforce demand for due respect for this government house has already consented while senate not yet but is expected to do so today a blockade of the mexican ports wile probably immediately follow

- ekengren -

Telegrama urgente enviado por el embajador de Suecia en Washington al Ministerio de Asuntos Exteriores en Estocolmo, para informarle que el presidente Wilson acaba de solicitar la autorización al congreso estadunidense para bloquear todos los puertos mexicanos (*Archivos Nacionales de Suecia*).

Ivar Thord-Gray demuestra a un grupo de militares estadunidenses el uso del arco y la flecha al más puro estilo yaqui, Nueva York, circa 1917. Thord-Gray sostuvo en esa ocasión que una flecha yaqui podía alcanzar un blanco fijo a la misma velocidad que una bala de revólver. La demostración la llevó a cabo con éxito en el Biltmore Hotel y la reseña fue publicada por el *New York Tribune*.

Ivar Thord-Gray, en uniforme militar, luce las principales condecoraciones que obtuvo a lo largo de su carrera, 1961.

Ivar Thord-Gray y su esposa Winnifred, circa 1960.

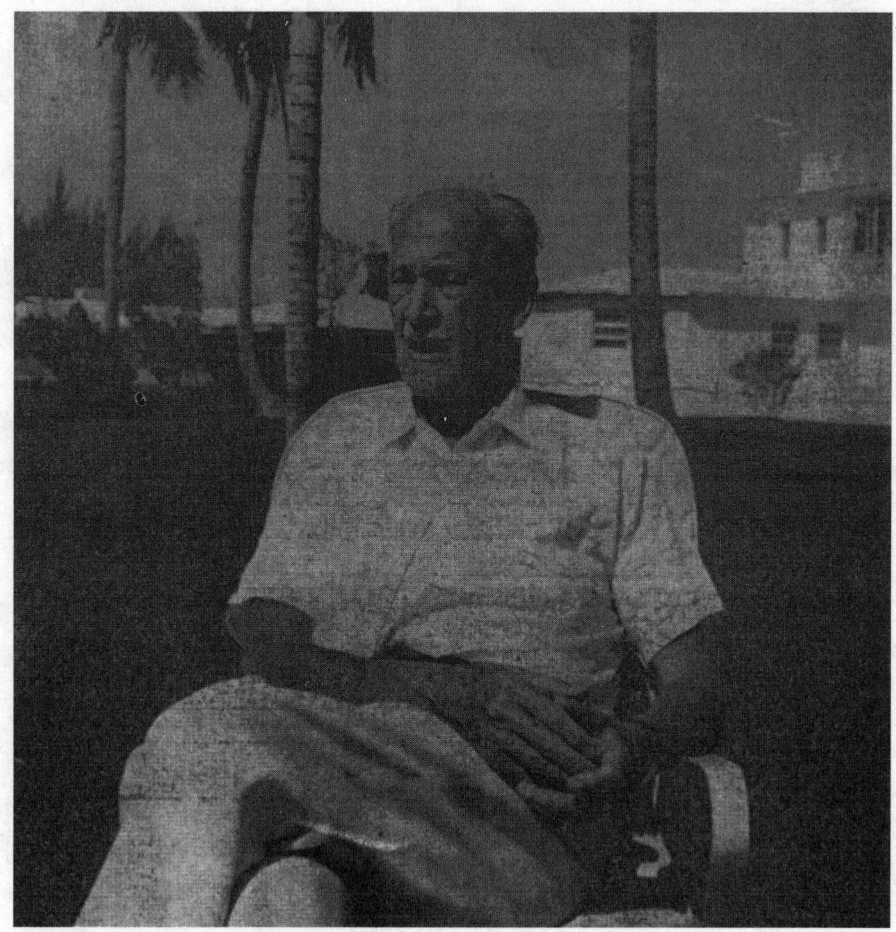

Ivar Thord-Gray en los últimos años de su vida, en su residencia de Coral Gables, Florida.

NOTAS

INTRODUCCIÓN

1 Para todo lo relacionado con la vida y obra de don Rafael F. Muñoz (la F. es de Felipe, nombre que don Rafael odiaba cordialmente porque sentía que lo identificaba con algún rey español "medio idiota"), véase el prólogo que Roberto Suárez Argüello y Marco Antonio Pulido escribieron a la reedición que, en 1979, llevaron a cabo Espasa-Calpe, la Sucesión de Rafael F. Muñoz y Promociones Editoriales Mexicanas, de las obras cumbre de este autor, *¡Vámonos con Pancho Villa!* y *Se llevaron el cañón para Bachimba*, pp. IX-XX.

2 Gómez, Marte R., *Pancho Villa, un intento de semblanza*, Fondo de Cultura Económica, Colección Popular, México, 1974, pp. 64-67.

EL PARAÍSO DE LOS CAZADORES

1 Ivar Thord-Gray, *Gringo Rebel*, University of Miami Press, Coral Gables, Florida, 1960.

2 Toda la información relativa a la isla de Björkö y a la familia Hallström (recuérdese que el nombre original de Ivar Thord-Gray era Ivor Hallström) está tomada de la obra, *Björkö Saga-Gunnar Hallström*, cuyos derechos editoriales pertenecen a Författarna och CEWE-Förlaget, 1997. Esta obra está únicamente publicada en sueco.

3 Esta cita está tomada del artículo no publicado titulado "General Ivar Thord-Gray; oficial y antropólogo", escrito por Steffan Brunius, académico del Instituto de Estudios Latinoamericanos de la Universidad de Estocolmo, Suecia.

4 Ivar Thord-Gray, *op. cit.*, pp. 447-48. (T. del A.)

5 *Ibíd.*, p. 9.

6 *Ibíd.*, p. 21.

7 *Ibíd.*, p. 11.

FATALIDAD GEOPOLÍTICA

1 Martín Luis Guzmán, *Notas sobre México y Estados Unidos*, Fondo de Cultura Económica, México, 1997, p. 38.

2 Rima y tonada popular de Guanajuato transmitida por tradición oral, de la cual tuve conocimiento por medio de mi abuela paterna, doña Naborina González Roa de Arrioja.

3 Fernando González Roa, *El problema ferrocarrilero y la Compañía de los Ferrocarriles Nacionales de México*, Secretaría de Hacienda y Crédito Público, México, 1919, p. 27.

4 Martín Luis Guzmán, *op. cit.*, p. 49.

5 Ivar Thord-Gray, *Gringo Rebel*, University of Miami Press, Coral Gables, Florida, 1960, p. 216.

6 E. L. Doctorow, *Ragtime*, Random House, New York, 1975, p. 130. (T. del A.)

7 Véase Gustavo Casasola, *Historia gráfica de la Revolución mexicana*, Trillas, México, 1964, pp. 138-41.

8 Inclusive esta frase, atribuida directamente a Porfirio Díaz, sirve de título a un libro sumamente detallado e interesante *So Far from God* (*Tan lejos de Dios*), escrito por el historiador militar John Eisenhower (hijo del presidente estadunidense Dwight D. Eisenhower), en el que con gran objetividad se narra la historia de la guerra que, en 1846-1847, Estados Unidos libró en contra de México.

9 Riksarkivet. (T. del A.)

10 Varios autores, *Crónica ilustrada de la Revolución mexicana*, t. 1, Pueblex, México, 1966, pp. 15 y ss.

11 Enrique Krauze, *Biografía del poder. Caudillos de la Revolución mexicana (1910-1940)*, Tusquets, México, 1997, p. 57.

12 *Ibíd.*, p. 194.

13 Fernando González Roa, *El aspecto agrario de la Revolución mexicana*, Secretaría de Hacienda y Crédito Público, México, 1918, pp. 115 y ss.

14 Riksarkivet, Archivos Nacionales de Suecia. S-102 29, Stockholm, Sweden.

15 *Ibíd.*

16 Varios autores, *Crónica ilustrada de la Revolución mexicana*, *op. cit.*, t. 2, p. 7.

17 Enrique Krauze, *op. cit.*, p. 34.

18 Riksarkivet, *op. cit.*

19 *Ibíd.*

20 Henry Kissinger, *Diplomacy*, Simon and Schuster, New York, 1994, pp. 29-30. (T. del A.)

21 Riksarkivet, *op. cit.*

22 *Ibíd.*

23 Nemesio García Naranjo, "El bandolerismo de Villa", en *Excélsior*, 17 de marzo de 1926.

24 Elías Torres, *Vida y hechos de Francisco Villa*, Época, México, 1975, p. 231.

25 Martín Luis Guzmán, *Memorias de Pancho Villa*, Compañía General de Ediciones, México, 1960, p. 70.

26 *Ibíd.*, p. 97.

27 *Ibíd.*, p. 151 y ss.

28 Enrique Krauze, *op. cit.*, p. 150.

TIERRA BLANCA

1 Ivar Thord-Gray, *Gringo Rebel*, University of Miami Press, Coral Gables, Florida, 1960, p. 22.

2 *Ibíd.*, p. 23.

3 *Ibíd.*, p. 23.
4 *Ibíd.*, p. 30.
5 *Ibíd.*, p. 32.
6 *Ibíd.*, p. 31.
7 *Ibíd.*, p. 33.
8 *Ibíd.*, p. 38.
9 *Ibíd.*, p. 44.
10 *Ibíd.*, p. 44.
11 *Ibíd.*, p. 48.
12 *Ibíd.*, p. 52.
13 *Ibíd.*, p. 63.
14 *Ibíd.*, p. 53.
15 Martín Luis Guzmán, *Memorias de Pancho Villa*, Compañía General de Ediciones, México, 1960, p. 230.
16 Ivar Thord-Gray, *op. cit.*, p. 55.
17 *Ibíd.*, p. 56.
18 Martín Luis Guzmán, *op. cit.*, p. 248.
19 Ivar Thord-Gray, *op. cit.*, p. 59.
20 *Ibíd.*, p. 60.
21 *Ibíd.*, p. 61.
22 *Ibíd.*, p. 61.

EL CASO BENTON

1 Véase Adolfo Arrioja Vizcaíno, "El Congreso Constituyente", en *El federalismo mexicano hacia el siglo XXI*, Themis, México, 1999.
2 Jesús Reyes Heroles, "Los orígenes", en *El liberalismo mexicano*, t. I, Fondo de Cultura Económica, México, 1968, p. 365.
3 Enrique Krauze, *Biografía del poder. Caudillos de la Revolución mexicana (1910-1940)*, Tusquets, México, 1997, p. 203.
4 Ivar Thord-Gray, *Gringo Rebel*, University of Miami Press, Coral Gables, Florida, 1960, p. 263
5 *Ibíd.*, p. 265.
6 *Ibíd.*, p. 262.
7 *Ibíd.*, p. 271.
8 Martín Luis Guzmán, *Memorias de Pancho Villa*, Compañía General de Ediciones, México, 1960, p. 258.
9 *Ibíd.*, p. 258.
10 *Ibíd.*, p. 260.
11 Enrique Krauze, *op. cit.*, p. 153.
12 Ivar Thord-Gray, *op. cit.*, pp. 270-71.
13 *Ibíd.*, pp. 272-73.
14 Friedrich Katz, *Pancho Villa*, t. 2, Era, México, 1998, p. 326.
15 *Ibíd.*, p. 326.

CARRANZA, OBREGÓN Y COMPAÑÍA

1 Ivar Thord-Gray, *Gringo Rebel*, University of Miami Press, Coral Gables, Florida, 1960, p. 75.
2 *Ibíd.*, p. 76.
3 *Ibíd.*, p. 358.
4 Martín Luis Guzmán, *El águila y la serpiente*, Porrúa, México, 1964, pp. 56-57.
5 Ivar Thord-Gray, *op. cit.*, pp. 78-79.
6 Elena Garro, *Felipe Ángeles*, Fondo de Cultura Económica, Colección Popular, México, 1964.
7 Ivar Thord-Gray, *op. cit.*, p. 85.
8 *Ibíd.*, p. 86.
9 *Ibíd.*, pp. 92-93.
10 Martín Luis Guzmán, *Memorias de Pancho Villa*, Compañía General de Ediciones, México, 1960, p. 384.
11 Martín Luis Guzmán, *El águila y la serpiente*, *op. cit.*, p. 61.
12 Ivar Thord-Gray, *op. cit.*, p. 104.
13 *Ibíd.*, pp. 104-105.
14 *Ibíd.*, p. 119.
15 *Ibíd.*, p. 117.
16 *Ibíd.*, pp. 126-27.

BILIMBIQUES

1 Ivar Thord-Gray, *Gringo Rebel*, University of Miami Press, Coral Gables, Florida, 1960, p. 111.
2 *Ibíd.*, p. 113.
3 Riksarkivet, Archivos Nacionales de Suecia. S-102 29, Stockholm, Sweden.
4 Ivar Thord-Gray, *op. cit.*, pp. 113-14.
5 Martín Luis Guzmán, *Notas sobre México y Estados Unidos*, Fondo de Cultura Económica, México, 1997, p. 51.

INTERLUDIO TARAHUMARA

1 Ivar Thord-Gray, *Gringo Rebel*, University of Miami Press, Coral Gables, Florida, 1960, p. 141.
2 *Ibíd.*, p. 142.
3 Correspondencia personal de Ivar Thord-Gray, compilada y conservada por A. G. Hallström, Estocolmo, Suecia. (T. del A.)
4 Ivar Thord-Gray, *op. cit.*, p. 146.
5 *Ibíd.*, p. 154.
6 Correspondencia personal, *op. cit.*
7 Ivar Thord-Gray, *op. cit.*, p. 164.
8 Correspondencia personal, *op. cit.*
9 *Ídem.*
10 Ivar Thord-Gray, *op. cit.*, p. 174.
11 *Ibíd.*, p. 11.
12 *Ibíd.*, p. 179.

¿POR QUÉ WOODROW WILSON ORDENÓ LA OCUPACIÓN DE VERACRUZ?

1 Ivar Thord-Gray, *Gringo Rebel*, University of Miami Press, Coral Gables, Florida, 1960, pp. 184-85.
2 *Ibíd.*, p. 192 y correspondencia personal de Ivar

Thord-Gray, compilada y conservada por A. G. Hallström, Estocolmo, Suecia. (T. del A.)
3 Ivar Thord-Gray, *op. cit.*, pp. 191-92.
4 *Ibíd.*, p. 200.
5 *Ídem.*
6 *Ibíd.*, p. 207.
7 *Ibíd.*, p. 215.
8 *Ibíd.*, p. 217.
9 *Ibíd.*, p. 216.
10 *Ibíd.*, pp. 217-18.
11 Correspondencia personal, *op. cit.*
12 Ivar Thord-Gray, *op. cit.*, pp. 217-18.
13 *Ibíd.*, pp. 9-10.

TAMBORES SOBRE ACAPONETA

1 Ivar Thord-Gray, *Gringo Rebel*, University of Miami Press, Coral Gables, Florida, 1960, p. 220.
2 *Ibíd.*, p. 198.
3 *Ibíd.*, p. 231.
4 *Ibíd.*, p. 241.
5 *Ibíd.*, p. 247.
6 *Ibíd.*, p. 251.
7 *Ibíd.*, p. 254.
8 *Ibíd.*, p. 239.
9 *Ibíd.*, pp. 255-56.

LA CABALLERÍA ENTRA A GUADALAJARA

1 Ivar Thord-Gray, *Gringo Rebel*, University of Miami Press, Coral Gables, Florida, 1960, p. 288.
2 *Ibíd.*, pp. 292-93.
3 *Ibíd.*, p. 283.
4 *Ibíd.*, p. 323.
5 *Ídem.*
6 *Ibíd.*, p. 324.
7 *Ibíd.*, p. 326.
8 *Ibíd.*, p. 336.
9 *Ibíd.*, p. 337.
10 *Ibíd.*, p. 338.
11 *Ibíd.*, p. 339.
12 Fernando González Roa, *El problema ferrocarrilero y la Compañía de los Ferrocarriles Nacionales de México*, Secretaría de Hacienda y Crédito Público, México, 1919, p. 22.
13 Ivar Thord-Gray, *op. cit.*, p. 342.
14 *Ibíd.*, p. 342.

LA RENUNCIA DE VICTORIANO HUERTA

1 Riksarkivet, Archivos Nacionales de Suecia. S-102 29, Stockholm, Sweden.
2 Véase Adolfo Arrioja Vizcaíno,"El entorno histórico", en *El federalismo mexicano hacia el siglo* XXI, Themis, México, 1999.
3 Riksarkivet, *op. cit.*
4 Barbara W. Tuchman, "El telegrama Zimmerman", en varios autores, *Crónica ilustrada de la Revolución mexicana*, t. 4, Pueblex, México, 1966, p. 131.
5 Riksarkivet, *op. cit.*
6 Varios autores, *Crónica ilustrada de la Revolución mexicana*, *op. cit.*, t. 4, pp. 201-202.
7 Ivar Thord-Gray, *Gringo Rebel*, University of Miami Press, Coral Gables, Florida, 1960, p. 387.

DE CHAPALA A TULA

1 Ivar Thord-Gray, *Gringo Rebel*, University of Miami Press, Coral Gables, Florida, 1960, p. 353.
2 *Ibíd.*, p. 359.
3 *Ibíd.*, p. 366.
4 *Ibíd.*, p. 367.
5 *Ibíd.*, p. 369.

EL KÁISER EN EL PALACIO NACIONAL

1 Ivar Thord-Gray, *Gringo Rebel*, University of Miami Press, Coral Gables, Florida, 1960, p. 373.
2 *Ibíd.*, p. 386.
3 *Ibíd.*, pp. 391-92.
4 Martín Luis Guzmán, *El águila y la serpiente*, Porrúa, México, 1964, p. 76.
5 Enrique Krauze, *Biografía del poder. Caudillos de la Revolución mexicana (1910-1940)*, Tusquets, México, 1997, p. 255.
6 Martín Luis Guzmán, *op. cit.*, p. 64.
7 Enrique Krauze, *op. cit.*, pp. 260 y 267.
8 Ivar Thord-Gray, *op. cit.*, pp. 389-91.

SIR LIONEL CARDEN

1 Carlos Tello Díaz, *El exilio. Un relato de familia*, Cal y Arena, México, 1994, p. 35.
2 Riksarkivet, Archivos Nacionales de Suecia. S-102 29, Stockholm, Sweden.
3 Barbara W. Tuchman, "El telegrama Zimmerman", en varios autores, *Crónica ilustrada de la Revolución mexicana*, t. 4, Pueblex, México, 1966, p. 131.
4 Véase Adolfo Arrioja Vizcaíno, "El entorno histórico", en *El federalismo mexicano hacia el siglo* XXI, Themis, México, 1999.
5 Ivar Thord-Gray, *Gringo Rebel*, University of Miami Press, Coral Gables, Florida, 1960, p. 376.
6 *Ídem.*
7 *Ibíd.*, pp. 378-79.
8 *Ibíd.*, p. 391.
9 Riksarkivet, *op. cit.*
10 Ivar Thord-Gray, *op. cit.*, p. 393.
11 *Ibíd.*, p. 428.
12 *Ídem.*

13 *Ídem.*

14 Correspondencia personal de Ivar Thord-Gray, compilada y conservada por A. G. Hallström, Estocolmo, Suecia. (T. del A.)

15 Lorenzo Meyer, "Los siete pilares de una política", en *Reforma*, 12 de noviembre de 1998, p. 9A.

16 Ivar Thord-Gray, *op. cit.*, p. 379.

ZAPATA PAGA UNA DEUDA

1 Enrique Krauze, *Biografía del poder. Caudillos de la Revolución mexicana (1910-1940)*, Tusquets, México, 1997, p. 86.

2 Ángeles Mastretta, *Mal de amores*, Alfaguara, México, 1996, p. 156.

3 Enrique Krauze, *op. cit.*, p. 107.

4 Ángeles Mastretta, *op. cit.*, pp. 248-49.

5 Enrique Krauze, *op. cit.*, p. 110.

6 Ivar Thord-Gray, *Gringo Rebel*, University of Miami Press, Coral Gables, Florida, 1960, p. 395.

7 *Ibíd.*, p. 396.

8 Enrique Krauze, *op. cit.*, p. 113.

9 Ivar Thord-Gray, *op. cit.*, p. 406.

10 *Ibíd.*, p. 400.

11 *Ibíd.*, p. 405.

12 *Ibíd.*, p. 406.

13 *Ibíd.*, p. 410.

14 *Ibíd.*, p. 413.

15 *Ibíd.*, pp. 414-16.

16 *Ibíd.*, pp. 416-17.

17 *Ibíd.*, p. 420.

18 *Ibíd.*, p. 423.

COMO DE PELÍCULA

1 Ivar Thord-Gray, *Gringo Rebel*, University of Miami Press, Coral Gables, Florida, 1960, pp. 434-36.

2 *Ibíd.*, p. 439.

3 *Ibíd.*, p. 440.

4 *Ibíd.*, p. 454.

5 *Ibíd.*, p. 443.

6 *Ibíd.*, p. 444.

7 *Ibíd.*, p. 445.

8 Salvador Novo, *La vida en México en el periodo presidencial de Adolfo Ruiz Cortines*, Consejo Nacional para la Cultura y las Artes, México, 1996, p. 118.

9 Ivar Thord-Gray, *op. cit.*, p. 446.

10 Friedrich Katz, *Pancho Villa*, t. 1, Era, México, 1998, pp. 293 y 511.

11 Ivar Thord-Gray, *op. cit.*, p. 448.

12 *Ibíd.*, p. 448.

13 *Ibíd.*, p. 448.

14 *Ibíd.*, p. 448.

COLUMBUS, UNA LECCIÓN DE DIPLOMACIA

1 Friedrich Katz, *Pancho Villa*, t. 2, Era, México, 1998, p. 110.

2 Elías Torres, *Vida y hechos de Francisco Villa*, Época, México, 1975, pp. 71-72.

3 *Ibíd.*, p. 73.

4 *Ibíd.*, p. 75.

5 "Minutes of the Proceedings of the United States-Mexican Comission", convened in Mexico City, May 14th, 1923, Article III, pp. 86 y 87.

6 Fernando González Roa, "Reclamaciones por los sucesos de Santa Isabel", archivo privado del comisionado mexicano.

7 *Ídem.*

8 Nemesio García Naranjo, "El bandolerismo de Villa", en *Excélsior*, 17 de marzo de 1926.

9 Fernando González Roa, *op. cit.*

10 *Ídem.*

11 *Ídem.*

12 Nemesio García Naranjo, *art. cit.*

13 Elías Torres, *op. cit.*, pp. 81-110.

14 *Ibíd.*, p. 7.

15 Varios autores, *Crónica ilustrada de la Revolución mexicana*, t. 6, Pueblex, México, 1966, p. 34.

16 *Ibíd.*, p. 36.

17 Elías Torres, *op. cit.*, p. 106.

18 *Ibíd.*, pp. 107-108.

19 Varios autores, *Crónica ilustrada de la Revolución mexicana*, *op. cit.*, t. 6, p. 35.

20 *Ibíd.*

21 Elías Torres, *op. cit.*, pp. 104-105.

22 Varios autores, *Crónica ilustrada de la Revolución mexicana*, *op. cit.*, t. 6, p. 37.

23 *Ibíd.*, p. 41.

24 *Ibíd.*, p. 41.

25 *Ibíd.*, p. 42.

26 Friedrich Katz, *op. cit.*, t. 2, p. 257.

27 *Ibíd.*, p. 153.

28 *Ibíd.*, p. 153.

29 *Ibíd.*, p. 154.

30 Varios autores, *Crónica ilustrada de la Revolución mexicana*, *op. cit.*, t. 6, p. 43.

31 Friedrich Katz, *op. cit.*, t. 2, p. 153.

32 Varios autores, *Crónica ilustrada de la Revolución mexicana*, *op. cit.*, t. 6, p. 45.

33 Elías Torres, *op. cit.*, p. 154.

34 Friedrich Katz, *op. cit.*, t. 2, p. 156.

35 Varios autores, *Crónica ilustrada de la Revolución mexicana*, *op. cit.*, t. 6, p. 54.

36 *Ibíd.*, p. 54.

37 *Ibíd.*

38 Friedrich Katz, *op. cit.*, t. 2, p. 153.

39 Varios autores, *Crónica ilustrada de la Revolución mexicana*, *op. cit.*, t. 6, p. 50.

40 *Ibíd.*, pp. 49-50.

41 Friedrich Katz, *La guerra secreta en México*, t. 2, Era, México, 1982, pp. 33-34.

42 Riksarkivet, Archivos Nacionales de Suecia. S-102 29, Stockholm, Sweden.

43 Citado por Henry Kissinger, *Diplomacy,* Simon and Schuster, New York, 1994, p. 86. (T. del A.)

44 Friedrich Katz, *Pancho Villa, op. cit.*, t. 2, p. 155.

45 Riksarkivet, *op. cit.*

46 Varios autores, *Crónica ilustrada de la Revolución mexicana, op. cit.*, t. 6, pp. 56-57.

47 Riksarkivet, *op. cit.*

48 Citado por Friedrich Katz, *Pancho Villa, op. cit.*, t. 2, pp. 165-66.

49 *Ibíd.*, p. 203.

50 Varios autores, *Crónica ilustrada de la Revolución mexicana, op. cit.*, t. 6, p. 41.

51 Friedrich Katz, *Pancho Villa, op. cit.*, t. 2, p. 155.

52 Friedrich Katz, *La guerra secreta en México, op. cit.*, t. 2, p. 33.

53 Fernando Benítez, *El rey viejo*, Fondo de Cultura Económica, México, 1992, p. 10.

54 *Ibíd.*, p. 180.

55 Martín Luis Guzmán, *Memorias de Pancho Villa*, Compañía General de Ediciones, México, 1960, pp. 97 y 99.

56 Elías Torres, *op. cit.*, p. 88.

57 Friedrich Katz, *Pancho Villa, op. cit.*, t. 2, pp. 261-65.

58 Ivar Thord-Gray, *Gringo Rebel*, University of Miami Press, Coral Gables, Florida, 1960, p. 465.

59 Friedrich Katz, *Pancho Villa, op. cit.*, t. 2, p. 139.

60 *Ibíd.*, p. 138, y *La guerra secreta en México, op. cit.*, t. 2, pp. 21-22 y 26.

61 *Ibíd.*, p. 12.

62 Alan Bullock, *Hitler. Estudio de una tiranía*, t. I, Grijalbo, Barcelona, 1971, pp. 218-22.

En publicaciones recientes he encontrado diversas referencias a Franz von Papen que lo identifican como "distinguido aristócrata alemán". Sin embargo, la profunda investigación histórica llevada a cabo por el profesor de la Universidad de Oxford, Alan Bullock —que escribió el estudio más completo que se conoce sobre la Alemania nazi—, no deja lugar a duda sobre los orígenes burgueses de Von Papen, aunque vinculados a la nobleza westfaliana. La confusión probablemente se debe al aspecto físico y a los modales de Von Papen, a quien Bullock describe como: "un hombre encantador, con amplios conocimientos y relaciones sociales, vinculado a los magnates de la industria francesa y alemana [...] [aunque totalmente] falto de escrúpulos [...] [que supo captarse las simpatías del presidente Von Hinderburg], y adularle hasta tal punto que pronto entabló con Papen relaciones tan estrechas como no había tenido con ningún otro ministro" (*Hitler. Estudio de una tiranía, op. cit.*, t. I, pp. 218-19). Es decir, Papen era el clásico personaje que suele "brillar" en los salones de sociedad, en las recepciones diplomáticas y en ciertos círculos políticos, para alcanzar posiciones a base del servilismo y la adulación a los poderosos, ocultando tras la cortina de humo de la vanidad y los elogios interesados, su incompetencia y su falta de escrúpulos.

De cualquier manera, el resumen de su vida pública es realmente patético: agente provocador, aprendiz fracasado de saboteador, y diplomático ignominiosamente expulsado de Estados Unidos; espía puesto al descubierto por los servicios británicos de inteligencia; canciller del inepto gobierno de coalición que allanó el camino a la tiranía hitleriana; subordinado, cómplice y colaborador de Hitler; y años más tarde, criminal de guerra.

63 Friedrich Katz, *Pancho Villa, op. cit.*, t. 2, p. 257.

64 Lorenzo Meyer, "Los siete pilares de una política", en *Reforma*, 12 de noviembre de 1998, p. 9A.

65 Varios autores, *Crónica ilustrada de la Revolución mexicana, op. cit.*, t. 6, p. 40.

UNA CARTA LLAMADA ZIMMERMAN

1 Véase Enrique Krauze, *Biografía del poder. Caudillos de la Revolución mexicana (1910-1940)*, Tusquets, México, 1997, p. 249.

2 Martín Luis Guzmán, *El águila y la serpiente*, Porrúa, México, 1964, p. 70.

3 Friedrich Katz, *La guerra secreta en México*, t. 2, Era, México, 1982, p. 35.

4 *Ibíd.*, p. 35.

5 *Ibíd.*, pp. 37-38.

6 *Ibíd.*, p. 38.

7 *Ibíd.*, p. 48.

8 Varios autores, *Crónica ilustrada de la Revolución mexicana*, t. 6, Pueblex, México, 1966, p. 115.

9 Friedrich Katz, *op. cit.*, t. 2, p. 91.

10 *Ibíd.*, p. 41.

11 *Ibíd.*, p. 52.

12 *Ibíd.*, p. 52.

13 Ivar Thord-Gray, *Gringo Rebel*, University of Miami Press, Coral Gables, Florida, 1960, p. 460.

14 Friedrich Katz, *op. cit.*, t. 2, p. 53.

15 *Ibíd.*, pp. 53-54.

16 *Ibíd.*, p. 54.

17 *Ibíd.*, p. 55.

PARTICIPACIÓN E INTERVENCIÓN EXTRANJERA EN LA REVOLUCIÓN MEXICANA

1 Véase Daniel Cosío Villegas, *Estados Unidos contra Porfirio Díaz*, Clío, México, 1997.

2 Véase Adolfo Arrioja Vizcaíno, "El entorno histórico", en *El federalismo mexicano hacia el siglo XXI*, Themis, México, 1999.

3 Fernando González Roa, *El aspecto agrario de*

la Revolución mexicana, Secretaría de Hacienda y Crédito Público, México, 1918, p. 109.

[4] Riksarkivet, Archivos Nacionales de Suecia. s-102 29, Stockholm, Sweden.

[5] Fernando González Roa, *El problema ferrocarrilero y la Compañía de los Ferrocarriles Nacionales de México*, Secretaría de Hacienda y Crédito Público, México, 1919.

[6] Riksarkivet, *op. cit.*

[7] La Carbonera es el lugar del estado de Puebla en donde el 2 de abril de 1867, los ejércitos republicanos de México, comandados por Porfirio Díaz, derrotaron al ejército francés y a sus aliados, los conservadores mexicanos, precipitando el retiro de las tropas francesas de México y la caída del imperio de Maximiliano de Habsburgo, que había sido impuesto por Napoleón III.

[8] Varios autores, *Crónica ilustrada de la Revolución mexicana*, t. 1, Pueblex, México, 1966, p. 204.

[9] Riksarkivet, *op. cit.*

[10] *Ídem.*

[11] Salvador Novo, *La vida en México en el periodo presidencial de Adolfo López Mateos*, Consejo Nacional para la Cultura y las Artes, México, 1997, p. 358.

[12] Friedrich Katz, *La guerra secreta en México*, t. 1, Era, México, 1982, p. 69.

[13] *Ibíd.*, p. 131.

[14] *Ibíd.*, p. 132.

[15] Riksarkivet, *op. cit.*

[16] Friedrich Katz, *La guerra secreta en México*, t. 1, p. 203.

[17] *Ibíd.*, p. 200.

[18] Barbara W. Tuchman, "El telegrama Zimmerman", en varios autores, *Crónica ilustrada de la Revolución mexicana*, t. 4, Pueblex, México, 1966, p. 131.

[19] Riksarkivet, *op. cit.*

[20] Herman Melville, *Moby Dick*, Octopus Books, New York, 1984, p. 394.

[21] Friedrich Katz, *La guerra secreta en México*, *op. cit.*, t. 1, pp. 268-77.

[22] Barbara W. Tuchman, *op. cit.*, t. 4, p. 131.

[23] Friedrich Katz, *Pancho Villa*, t. 1, Era, México, 1998, pp. 264-65.

[24] Riksarkivet, *op. cit.*

LA REVOLUCIÓN REVISITADA

[1] Antonio Ortiz Mena, *El desarrollo estabilizador: reflexiones sobre una época*, El Colegio de México-Fideicomiso Historia de las Américas-Fondo de Cultura Económica, México, 1998, pp. 291-92.

[2] Ivar Thord-Gray, *Gringo Rebel*, University of Miami Press, Coral Gables, Florida, 1960, p. 453.

EPÍLOGO: EL LARGO CAMINO HACIA EL PARAÍSO DE LOS CAZADORES

[1] Ivar Thord-Gray, *Gringo Rebel*, University of Miami Press, Coral Gables, Florida, 1960, p. 449.

[2] Steffan Brunius, "General Ivar Thord-Gray; oficial y antropólogo", Instituto de Estudios Latinoamericanos de la Universidad de Estocolmo, Suecia (artículo no publicado).

[3] *Ídem.*

[4] Ivar Thord-Gray, *op. cit.*, p. 10.

[5] *Ibíd.*, p. 48.

[6] *Ibíd.*, p. 51.

[7] Carlos Tello Díaz, *El exilio. Un relato de familia*, Cal y Arena, México, 1994, pp. 240-41.

[8] Ivar Thord-Gray, *op. cit.*, pp. 471-72.

ÍNDICE DE NOMBRES

El sueco que se fue con Pancho Villa,
escrito por Adolfo Arrioja Vizcaíno,
subraya que en el siglo xx americano,
la intervención extranjera
es la madre de todas las revoluciones
nacionalistas.
La edición de esta obra fue compuesta
en fuente palatino y formada en 11:15.
Fue impresa en este mes de agosto de 2000
en los talleres de Litográfica Ingramex, S.A. de C.V.,
que se localizan en la calle de Centeno 162,
colonia Granjas Esmeralda, en la ciudad de México, D.F.
La encuadernación de los ejemplares se hizo
en los talleres de Dinámica de Acabado Editorial, S.A. de C,V.,
que se localizan en la calle de Centeno 4-B,
colonia Granjas Esmeralda, en la ciudad de México, D.F.